지식·카페·블로그·웹문서·페이스북·트위터·미투데이 마케팅 실무서

## 실시간 검색 모바일에서도 통하는
# 인터넷·검색 소셜 네트워크
## 마케팅 최적화

앤써북

실시간 검색 · 모바일 검색에서도 통하는
## 인터넷 · 검색 · 소셜 네트워크 마케팅 최적화

**초판 1쇄 발행** · 2011년 03월 15일
**지은이** · 김병성 · 박대윤
**펴낸이** · 김병성
**펴낸곳** · 앤써북
**출판등록** · 제 25100-2009-000030호
**주소** · 경기도 고양시 일산 서구 가좌동 565번지
**전화** · 070-8877-4177

© 김병성 · 박대윤 2011

**정가** · 22,000원
**ISBN** · 978-89-963240-4-1 03320

이 책의 일부 혹은 전체 내용을 무단 복사, 복제, 전재하는 것은 저작권법에 저촉됩니다.
본문 중에서 일부 인용한 모든 프로그램은 각 개발사(개발자)와 공급사에 의해 그 권리를
보호하고 있습니다.

**도서문의** · 앤써북  http://www.answerbook.co.kr

앤써북은 독자 여러분의 의견에 항상 귀기울이고 있습니다.

## 저자의 글

인터넷 쇼핑몰 창업, 참 쉬워졌습니다. 인터넷 창업 환경이 많이 개선되어 최소의 자본으로 손쉽게 시작할 수 있게 되었습니다. 하지만 적은 자본으로 손쉽게 시작 시작할 수 있다는 점은 장점이 아니라 단점이 되었습니다. 이제는 쇼핑몰을 잘 만들어서 성공하는 시대는 지났습니다. 이제는 인터넷 마케팅 무한 경쟁의 시대입니다.

아쉽게도 인터넷 쇼핑몰 창업하는 분들 중 6개월 이내 폐업하는 사례가 70~80%에 이르고, 그 중 창업자가 만족할 만한 수익률이 발생하는 쇼핑몰은 10% 미만입니다. 이는 비단 인터넷 쇼핑몰 창업자들만의 상황은 아닙니다. 병의원의 인터넷 마케팅, 소규모 기업의 인터넷 마케팅, 점포의 인터넷 마케팅 등 경우는 광고비 대비 효율성이 떨어져 광고를 중단하는 경우가 많습니다.

이런 상황을 만든 가장 큰 요인 중 한 가지는 '키워드 광고비' 입니다. 쇼핑몰 창업 후 쇼핑몰·사이트를 홍보하는 도구로 가장 손쉽게 접근할 수 있는 방법은 '키워드 광고' 입니다. 하지만 키워드 광고를 시작하는 순간 창업 자본이 모두 소진돼서야 '키워드 광고'는 달콤한 유혹이었던 것을 깨달게 됩니다.

'키워드 광고'를 대처할 수 있는 방법은 없는 것일까요? 바로 '인터넷·검색·소셜 네트워크 마케팅 최적화'를 통해서 그 해답을 찾을 수 있습니다.

이 책이 인터넷 마케팅에 관한 모든 것을 알려줄 수는 없겠지만, 이 책을 토대로 직접 인터넷 마케팅을 경험 해본다면 몇 배의 좋은 결과가 있으리라 생각합니다. 끝으로 이 책의 시작부터 끝까지 함께 고생하신 박대윤 팀장님과 불철주야 좋은 책을 만드느라 고생하는 앤써북 임직원들에게 감사의 말을 전합니다.

저자 씀

이 책의 정오표, 인터넷 마케팅 새소식, 업그레이드 및 추가 내용, 책을 보면서 궁금한 내용은 앤써북 카페(www.answerbook.co.kr)의 [도서 자료방/Q&A]-[인터넷 마케팅] 카테고리와 [도서 내용 정정]-[인터넷 검색 소셜 네트워크 마케팅 최적화] 카테고리를 참조하세요.

# Contents

## CHAPTER 01 인터넷 마케팅 진단과 해결

**Lesson 1**  쇼핑몰 CEO의 광고 마케팅 이야기 _18
　1. 오픈 3개월까지의 이야기 _18
　2. 오픈 6개월 후의 모습 _20

**Lesson 2**  선택과 집중이 필요하다 _23
　1. 컨셉과 차별화를 위한 조건 _23

**Lesson 3**  키워드 광고, 해야 하나 말아야 하나? _26
　1. 키워드 광고로부터 자유로워지기 위해서 해야 될 일 _26
　2. 광고로 유입된 방문자와 커뮤니티로 유입된 방문자의 이탈율 비교하기 _28
　3. 키워드 광고, 제대로 집행하라 _29
　4. 광고 분석과 집행에 문제점은 없나요? _31

**Lesson 4**  키워드 광고 후 매출이 저조한 이유 _33
　1. 대상층에 근접하도록 설정하라 _33
　2. 구매전환율을 점검하라 _33
　3. 방문 횟수 늘리기 _34
　4. 3~5회 방문 시 반드시 구매할 수 있도록 만드는 요소 _34

**Lesson 5**  키워드 광고 없이 사이트를 홍보하는 방법 _38
　1. 키워드 광고 없이 구매전환율이 높은 고객 유입시키는 방법 _38
　　1-1. 사람들의 관심이 많은 콘텐츠 만들기 _39
　　1-2. 콘텐츠 배포하기 _40

**Lesson 6**  인터넷 마케팅의 현재와 미래 _42
　1. 지식iN, 카페, 블로그, 소셜 네트워크 콘텐츠는 어디서, 누구에게, 어떻게 퍼지나요? _42

2. 선순환구조를 만들기 위해 인터넷 마케터가 해야 될 일은 무엇일까요? _43
   3. 선순환 구조를 만드는 실시간 마케팅 도구를 적극 활용하라 _44
   4. 소셜 네트워크 검색과 네이버미를 통한 클러스터링 마케팅에 집중하라 _46
   5. 클러스터링 진화는 소셜 커머스의 성공을 불러온다 _47

# CHAPTER 02 검색엔진의 검색과 노출 원리

### Lesson 1 검색 포털 사이트의 검색 흐름 이해하기 _50
1. 인터넷 마케팅을 하려면 왜 검색엔진의 원리를 이해해야 하나요? _50
   1-1. 검색엔진, 알고리즘, 검색로봇 _50
   1-2. 검색 포털 사이트의 검색 흐름 이해하기 _51
2. 검색 포털 사이트의 인터페이스에서 배우는 인터넷 마케팅 전략 _51

### Lesson 2 검색엔진의 원리를 알아야 제대로 마케팅 할 수 있다 _54
1. 구글의 검색엔진과 네이버 검색엔진의 차이 _54
2. 검색로봇의 작동 원리 이해하기 _55
   2-1. 검색로봇의 역할 _55
   2-2. 로봇 텍스트 파일 이해하기 _56
3. 검색로봇의 문서 수집 과정 이해하기 _58
4. 수집한 문서의 가공과 색인 과정 이해하기 _59
5. 단어 사용에 따른 검색로봇의 반응 _61
6. 내가 만든 콘텐츠의 검색 상위 노출 과정 이해하기 _62

### Lesson 3 웹·모바일 검색 항목의 검색 원리와 특징 _64
1. 검색 포털 사이트의 검색 서비스 종류 _64
2. 검색 포털 사이트의 검색 서비스별 특징과 검색 항목 _65
3. 모바일 웹 검색 서비스 살펴보기 _74
   3-1. 모바일 웹 검색 체험 방법 _75
   3-2. 검색 포털 사이트의 모바일 검색 서비스별 특징과 검색 항목 _75

# CHAPTER 03 검색 상위 노출의 원리 이해하기

### Lesson 1 검색 상위 노출의 가치와 검색 서비스별 상위 노출 기준 _82
1. 검색 상위 노출의 바른 생각과 바른 행동 _82
   - 1-1. 검색 상위 노출이 뭔가요? _82
   - 1-2. 검색 상위 노출 우대자와 상습 어뷰징 등록자 _83
2. 검색 상위에 노출된 콘텐츠의 가치는 얼마일까요? _84
3. 통합 검색의 노출 순위 기준 항목 _87

### Lesson 2 검색 상위 노출의 규칙 이해하기 _89
1. 검색로봇이 판단하는 검색 상위 노출 요인 _89
2. 키워드의 반복과 검색 상위 노출 관계 _90
   - ■ [따라하기] 검색 상위 노출된 콘텐츠의 검색어 배치 전략 확인하기 _90
3. 글자의 크기, 색상과 검색 상위 노출 관계 _93
4. 이미지와 동영상과 검색 상위 노출 관계 _94
5. 이미지의 개수 및 크기와 검색 상위 노출 관계 _95
6. 타이틀 이미지 배치에 따른 검색 노출 순위의 극과 극 _96
7. 이미지, 동영상 검색 탭의 상위 노출 원리 _97
   - 7-1. 이미지 노출 순위를 결정하는 핵심 요소 _98
8. 검색엔진은 새 글을 좋아한다 _100
9. 사례로 살펴보는 상위 노출 유지 방법 _101
10. 어뷰징 콘텐츠의 최후 _102
    - 10-1. 어느 날 갑자기 노출 순위가 급격히 떨어지는 이유와 해결 방안 _103

### Lesson 3 검색 상위 노출을 위한 키워드 최적화 _104
1. 키워드 최적화의 출발, 키워드 종류 이해하기 _104
2. 상위 노출 키워드 최적화 시스템 활용하기 _106
   - 2-1. 검색 상위 노출이 보장되는 롱테일 전략의 핵심 키워드 _107
3. 때(時)가 있는 키워드 _107
   - 3-1. 최상위 키워드를 사용한 콘텐츠가 통합검색에 노출되지 않는 이유 _108
   - 3-2. 키워드 광고를 시작하면 유리한 사례 _109
4. 정보 검색용 키워드와 쇼핑용 키워드를 구분하라 _110
5. 상위 노출이 잘되는 콘텐츠의 키워드 배합 공식 _111
6. 콘텐츠와 키워드를 진단하여 방문자를 읽어라 _113
   - 6-1. 사례로 살펴보는 진단과 개선 그리고 명분과 실리 _113

### Lesson 4 사이트·쇼핑몰의 웹문서는 어떻게 검색 상위에 노출되는 건가요? _114
1. 검색로봇은 쇼핑몰의 웹문서를 어느 정도 수집하나요? _114

2. 쇼핑몰의 웹문서 내용 중 검색로봇이 수집한 내용 확인하기 _115
- ■ [따라하기] 내 쇼핑몰 속 웹문서에서 검색로봇이 수집한 자료 확인하기 _115
3. 검색 상위에 노출되는 사이트의 웹문서 기준은 무엇인가요? _117
- 3-1. 키워드와 웹문서 상위 노출의 관련성 _117
- 3-2. 검색엔진은 어떤 웹문서를 좋아하나요? _119
- 3-3. 트위터의 링크 주소는 웹문서 인기도 상승에 영향을 주나요? _122
- ■ [따라하기] 트위터와 블로그를 통해서 웹문서의 상위 노출 이해하기 _123
- 3-4. 검색로봇이 수집하기 좋은 사이트 구조가 따로 있나요? _124
4. 사이트의 타이틀 태그는 최적화시키셨나요? _125
- 4-1. 타이틀 태그가 무엇인가요? _125
- 4-2. 타이틀 태그는 어떻게 활용하나요? _127
- 4-3. 타이틀 태그와 사이트 노출 순위가 관계있나요? _128
5. 웹문서 상위 노출은 모바일에서도 통한다 _131

## Lesson 5  마케터들이여 실시간 검색을 집중 공략하라 _133

1. 실시간 검색 이해하기 _133
2. 키워드에 따라 다르게 산출되는 실시간 검색의 특징 _135
3. 실시간 검색에 유리한 키워드가 따로 있나요? _136
 - 3-1. 노출이 보장되는 키워드는 무엇인가요? _137
- ■ [따라하기] 네이버와 다음의 실시간 검색 테스트하기 _139

## Lesson 6  소셜 네트워크 서비스의 상위 노출 요인과 비중 _142

1. 소셜 네트워크 검색 상위 노출 요인과 비중 _142
2. 소셜 네트워크 검색과 상위 노출의 원리 이해하기 _143

## Lesson 7  한눈에 보이는 네이버미와 네이버 se _146

1. 한눈에 보이는 네이버미(me) _146
2. 한눈에 보이는 네이버 se _148

## Lesson 8  콘텐츠가 전파되기까지의 고객 행동 흐름 이해하기 _149

1. 콘텐츠가 전파되기까지의 고객 행동 흐름 _149
2. 검색 서비스별 방문자의 의사 표현 방법 _150

## Lesson 9  소셜 네트워크에서 통하는 지식인, 블로그, 카페에서의 의사표현 _151

1. 지식 서비스에서 의사를 표현할 수 있는 방법은 무엇인가요? _151
2. 마이지식의 검색 노출과 홍보 효과 최적화 _152
 - 2-1. 마이지식 웹주소와 미투데이를 연동하라 _151

2-2. 네임카드 프로필 관리로 PC 웹과 모바일 웹에 노출시켜라 _153
2-3. 키워드를 잘 선택하면 네이버미를 통해서 전파된다 _154
3. 블로그에서 의사를 표현할 수 있는 방법은 무엇인가요? _155
4. 카페에서 의사를 표현할 수있는 방법은 무엇인가요? _159
5. 모바일에서 의사를 표현할 수 있는 방법은 무엇인가요? _163
 5-1. 모바일 지식iN, 블로그, 카페, 트위터, 미투데이의 실시간 질문을 잡아라 _163

# CHAPTER 04 키워드 광고의 힘을 누르는 콘텐츠 만들기

## Lesson 1 콘텐츠 제작 계획과 분명한 운영 목적을 세워라 _168
1. 콘텐츠 주제와 목차 만들기 _168
2. 나에게 최적화된 콘텐츠 생산 및 등록 주기 산출하기 _169
3. 사례 분석을 통한 콘텐츠 배포 계획 세우기 _170
4. 운영 목적 선정과 운영 전략 세우기 _171

## Lesson 2 노가다 인터넷 마케팅과 자동 솔류션의 효능 비교 _173
1. 카페·블로그·지식iN·소셜 네트워크 마케팅 자동 솔루션을 찾는 이유? _173
 1-1. 인터넷 마케팅 전문업체에 의뢰해도 될까요? _173
 1-2. 카페·블로그·지식iN·소셜 네트워크 마케팅 자동 솔루션의 효능 _174
 1-3. 노가다 인터넷 마케팅은 자동 솔루션의 장점을 접목시켜라 _176

## Lesson 3 광고의 힘을 누르는 콘텐츠 _178
1. 키워드 광고, 이제 탐내지 마세요 _178
 1-1. 왜 키워드 광고를 선택할 수밖에 없었던 걸까요? _179
 1-2. 검색 포털 사이트의 키워드 광고 영역, 이제 탐내지 마세요 _180
 1-3. 키워드 광고의 생명력과 콘텐츠의 생명력 비교 _180
2. 콘텐츠의 소재 발굴부터 배포까지 _181
 2-1. 콘텐츠의 복제·가공·공유·배포 과정 _182
 3-2. 빵과 콘텐츠의 공통점이 무엇인가요? _183

## Lesson 4 웹 콘텐츠를 만드는 양식 _185
1. 콘텐츠의 기본 양식 _185
 1-1. 검색 상위 노출 콘텐츠의 기본 양식 _185
 1-2. 검색로봇이 좋아하는 콘텐츠 본문 구조 _185

1-3. 실시간 검색 상위에 노출되는 콘텐츠의 기본 양식 _186
2. 콘텐츠의 유형을 결정하라 _187
3. 고객을 유입시키는 콘텐츠 제목과 본문 구성 _187
4. 콘텐츠가 키워드 광고를 이기기 위해서 반드시 지켜야 할 5가지 _189

### Lesson 5 웹 콘텐츠 소재와 실시간 검색 소재는 어디서 찾아야 할까요? _193
1. 커뮤니티 속에는 내게 필요한 콘텐츠 주제가 다 들어있다 _193
- ■ [따라하기] 분야별 콘텐츠 창고에서 소스 찾기 _193
2. 콘텐츠 소스 타당성 분석하기 196
- ■ [따라하기] 트렌드차트로 통계 분석하기 _196
- ■ [따라하기] 핵심 키워드로 고객 추이 파악하기 _197
3. 콘텐츠 구성 벤치마킹하기 _198
- ■ [따라하기] 찾기 단축키로 콘텐츠 구성 벤치마킹하기 _199
- ■ [따라하기] 검색어표시로 콘텐츠 구성 벤치마킹하기 _200
4. 실시간 이슈 검색어 파악하기 _201
- ■ [따라하기] 카테고리별 실시간 이슈 검색어 살펴보기 _201
  - 4-1. 마케터들은 쥐식빵 사건을 어떻게 활용할까요? _202
5. 시즈너블한 소재 vs 이슈 소재 _203
- ■ [따라하기] 시즈너블한 소재 찾기 _204
6. 사용자 그룹별 인기 검색어 vs 핫토픽 키워드 _205
7. 분야별 랭킹뉴스와 콘텐츠 등록시간 체크하기 _206
- ■ [따라하기] 실시간 검색 상위 노출 소재 찾기 _207

### Lesson 6 소셜 네트워크용 콘텐츠 작성과 등록하기 _209
1. 블로그, 카페, 지식in, 사이트 커뮤니티 게시판에서 사용할 콘텐츠 만들기 _209
- ■ [따라하기] 웹에 등록할 콘텐츠 만들기 _209
2. 소셜 네트워크에 등록할 콘텐츠를 작성하기 _210

## CHAPTER 05 검색 노출과 소셜 네트워크에 최적화된 지식 마케팅

### Lesson 1 한눈에 보이는 지식 마케팅 원리 _214
1. 지식 서비스의 등장인물과 그들의 역할 _214
  - 1-1. 마케팅 대형업체가 활용하는 지식인 서포터즈 _215
  - 1-2. 지식, 블로그, 카페 마케팅 효과의 속도 비교 _216

2. 한눈에 보이는 지식 서비스의 콘텐츠 구조 _216
3. 한눈에 보이는 마이지식 구조 이해하기 _218

### Lesson 2  마이지식의 검색 노출과 홍보 효과 최적화 _220
1. 마이지식 웹 주소와 미투데이를 연동하라 _220
- [따라하기] 마이지식을 미투데이와 연동 관리하기 _220
2. 네이버미에 노출되는 키워드를 선택하라 _221

### Lesson 3  마이지식 네임카드 최적화시키기 _222
1. 검색로봇과 검색자가 좋아하는 네임카드 구성 요소 _222
2. 한눈에 보이는 네임카드 프로필 최적화 _223
3. 채택 답변 5개 전과 후에 해야 될 일 _224
4. 대표 답변과 주요 활동 분야 최적화하기 _225
5. 검색 포털은 왜 외부수집의 초기값을 비허용으로 설정할까요? _226

### Lesson 4  지식 마케팅의 허와 실 _227
1. 자작글을 자제하라 _227
- [따라하기] 질문자용 ID와 답변자용 ID를 사용한 자작 글 테스트하기 _227
2. 사례로 분석하는 마케터의 답변 _229
3. 검색 상위 노출을 걱정할 필요 없는 지식 마케팅 방법 _233
- [따라하기] 오픈 사전에서 노하우 등록하기 _235

## CHAPTER 06  검색 노출과 소셜 네트워크에 최적화된 카페 마케팅

### Lesson 1  한눈에 보이는 카페 마케팅 최적화 _238
1. 한눈에 보이는 카페의 등장인물과 그들의 역할 _238
2. 한눈에 보이는 검색 노출에 최적화된 카페 환경 _239
   2-1. 검색 노출에 반영되는 카페 정보 관리 항목 _244
3. 한눈에 보이는 카페 게시글 구성 요소 최적화 _245

### Lesson 2  카페 메뉴 구조 최적화 _250
1. 소셜 네트워크에 최적화된 카페 메뉴 구조 _250
2. 카페 게시판의 종류와 성격 파악하기 _252
3. 검색에 최적화된 메뉴 구성 _252

## Lesson 3  카페 환경과 네임카드 최적화  _255
1. 카페 환경을 소셜 네트워크에 최적화 시켜라  _255
2. 네임카드 이미지 최적화  _255
3. 게시판, 지식iN, 카페 네임카드 연동으로 검색 최적화시키기  _257
- ■ [따라하기] 질문답변게사판의 지식iN 연동과 카페 네임카드 사용  _258
4. 미투밴드 연동으로 소셜 네트워크 검색에 최적화시키기  _261
    4-1. 미투밴드를 만들기 전에 해야 될 일  _261
    4-2. 미투밴드를 소셜 네트워크 검색에 최적화시키기  _262
- ■ [따라하기] 미투밴드를 카페및 소셜 네트워크와 연동시키기  _262

## Lesson 4  카페 랭킹과 검색 상위 노출 기준값 분석하기  _264
1. 카페 랭킹 순위에 따라 무엇이 달라지나요?  _264
2. 카페 등급의 혜택과 노출 순위 항목  _265
3. 카페 등급을 올리는 대표적인 방법  _266
4. 카페 활동 점수 계산법으로 카페 운영 최적화  _267
5. 카페 유입 경로 파악과 분석 결과 확인하기  _268
6. 카페를 홍보하고 회원을 늘리는 방법  _270
    6-1. 양질의 회원이 주는 소셜 네트워크 검색 효과  _270
- ■ [따라하기] 양질의 멤버만 골라서 초대하기  _270

# CHAPTER 07  검색 노출과 소셜 네트워크에 최적화된 블로그 마케팅

## Lesson 1  한눈에 보이는 블로그 마케팅 최적화  _274
1. 블로그의 등장인물과 그들의 역할  _274
2. 블로그와 카페의 차이점은 무엇인가요?  _273

## Lesson 2  한눈에 보이는 블로그 포스트와 화면 구성 요소  _277
1. 한눈에 보이는 블로그 포스트 구성 요소와 소셜 네트워크 관계  _277
2. 한눈에 보이는 블로그 화면 구성  _282
    2-1. 블로그 타이틀 영역  _282
- ■ [따라하기] 블로그 타이틀 이미지 사용하기  _283
    2-2. 상단 대표 메뉴 영역  _284
- ■ [따라하기] 블로그 상단 대표 메뉴 설정하기  _284

2-3. 메인화면 최적화시키기 _285
■ [따라하기] 블로그 메인화면 최적화시키기 _286
3. 검색에 최적화된 메뉴 구성과 사이드바 _288
   3-1. 카페 메뉴와 차별화된 블로그 메뉴 _289
4. 검색로봇에 최적화된 블로그 프로필 만들기 _290
■ [따라하기] 블로그 프로필 최적화시키기 _290
5. 최적화된 포스팅 페이지 구성 요소 _291

### Lesson 3  블로그 최적화시키기 _297

1. 방문자의 페이지 뷰를 늘리는 카테고리 최적화 _297
2. 블로그와 미투데이 연동 메뉴 설정하기 _298
■ [따라하기] 블로그 대표 메뉴에 미투데이 설정하기 _298
3. 포스트에 추천 버튼 달기 _300
■ [따라하기] 블로그에 다음뷰 버튼 달기 _301
■ [따라하기] 다음뷰에 노출되는 콘텐츠 제목과 원본 콘텐츠 제목 다르게 설정하기 _304
4. 블로그가 오픈캐스터를 만나면 홍보 효과는 배가된다 _305
■ [따라하기] 추가 유입을 늘릴 수 있는 위젯 설치 _305
■ [따라하기] 주소창에서 네이버 이웃커넥트 설치 _307
5. 블로그의 지수를 높이는 5가지 표준 항목 _308
   5-1. 검색 유입분석 리포트 _309

## CHAPTER 08  검색 노출에 최적화된 트위터 마케팅

### Lesson 1  소셜 네트워크 마케팅 이해하기 _312

1. 사례로 살펴보는 소셜 네트워크 서비스의 활용 방법 _312
2. 사례로 살펴보는 트위터, 페이스북, 미투데이의 마케팅 핵심 기능 비교 _314

### Lesson 2  한눈에 보이는 트위터 마케팅 최적화 _316

1. 트위터의 등장인물과 그들의 역할 _316
2. 한눈에 보이는 트위터 메인 화면 구성 요소 _318
3. 검색로봇이 수집하는 트위터의 항목 _322

### Lesson 3  검색 노출에 최적화된 트위터 환경 만들기 _323

1. 검색 노출에 최적화된 회원 가입 _323

　　　　　　　　　1-1. 검색엔진에 최적화된 트위터 회원가입 페이지 _323
■ [따라하기] 검색엔진에 최적화된 트위터 회원 가입 페이지 만들기 _323
2. 검색에 최적화된 트위터 기본 정보 설정하기 _326
■ [따라하기] 계정 정보 설정하기 _326
■ [따라하기] 프로필 정보 설정하기 _328

## Lesson 4　검색 노출에 최적화된 트위터 핵심 기능 익히기 _330

1. 누구를 팔로우해야 노출에 유리할까요? _330
■ [따라하기] 팔로우하기 _332
2. 검색 노출에 최적화된 트윗하기 _333
■ [따라하기] 검색 노출에 유리한 글 올리기 _333
3. 답글과 멘션하기 _334
　　　3-1. 누구와 멘션해야 검색 노출에 유리할까요? _335
■ [따라하기] 특정인에게 질문하기 _336
4. 검색 노출에 유리한 해시태그 사용하기 _337
■ [따라하기] 해시태그 사용하기 _338
5. 리트윗 원리와 검색에 최적화된 리트윗하기 _339
　　　5-1. 리트윗 이해하기 _339
　　　5-2. 누구와 리트윗해야 검색 노출에 유리할까요? _340
■ [따라하기] 리트윗하기 _341

## Lesson 5　트위터의 입소문 마케팅 기능익히기 _342

1. 리스트 만들기 _343
■ [따라하기] 리시트 만들고 추가하기 _343
■ [따라하기] 리스트 구독 해지하기 _344
2. 트윗에 이미지 넣기 _345
■ [따라하기] 트윗픽으로 트윗에 이미지 넣기 _345
3. 사이트 주소를 줄여서 트윗하기 _348
■ [따라하기] 카페의 정보 페이지 주소를 줄여서 트윗하기 _348
4. 검색 정확도가 높아지는 블로그 포스트와 트위터와 페이스북 연동 _350
■ [따라하기] 트위터피드를 이용하여 블로그와 트위터 연동시키기 _350
5. 관심 있는 글 등록 기능 익히기 _354
■ [따라하기] 관심 있는 글 등록하기 _354
6. 팔로우의 숫자를 늘리는 방법 _355
7. 나의 리트윗 진단과 최적화 _357

# CHAPTER 09 검색 노출에 최적화된 페이스북 마케팅

## Lesson 1 한눈에 보이는 페이스북 구성 요소들 _360
1. 페이스북의 등장인물과 그들의 역할 _360
2. 트위터와 페이스북 핵심 요소 비교하기 _361
3. 페이스북 메인 화면과 메뉴 바 구성 요소 _362
   - 3-1. 페이스북 메인 화면 구성 요소 _362
   - 3-2. 페이스북 메뉴 바 구성 요소 _364

## Lesson 2 페이스북 핵심 기능 익히기 _367
1. 친구 찾기와 친구 맺기 _367
   - ■ [따라하기] 친구 맺기 요청하기 _368
   - ■ [따라하기] 친구 초대하기 _368
2. 친구를 늘리는 가장 확실한 방법 _369
3. 친구와 대화하기 _370
   - 3-1. 실시간 채팅하기 _370
   - ■ [따라하기] 친구와 채팅하기 _371
   - 3-2. 주고받는 쪽지도 검색 노출 대상인가요? _371
   - ■ [따라하기] 쪽지 보내기 _372
4. 담벼락의 글은 검색 노출 대상인가요? _373
   - ■ [따라하기] 나의 담벼락 글쓰기 _373
   - ■ [따라하기] 담벼락에 사진, 동영상, 링크 첨부하기 _374
   - ■ [따라하기] 담벼락 게시글에 사이트 주소 링크하기 _375

## Lesson 3 사례로 배우는 페이스북 마케팅 _377
1. 그룹 개설과 인터넷 쇼핑몰 이벤트 활용 _377
   - ■ [따라하기] 관심사가 비슷한 그룹에 가입하기 _377
   - ■ [따라하기] 그룹 만들고 초대하기 _378
   - ■ [따라하기] 유아용품 무료 체험 이벤트 만들고 초대하기 _379
2. 페이지 개설과 광고하기 _382
   - ■ [따라하기] 쇼핑몰 상품 할인 안내 페이지 만들고 광고하기 _383
   - 2-1. 페이지 광고 통계 분석 _386
   - ■ [따라하기] 페이지 광고 통계 분석하기 _387
3. 블로그에 페이스북 명함 위젯 추가하기 _388
   - ■ [따라하기] 페이스북 명함으로 블로그 방문 유도하기 _388

## Lesson 4 페이스북 계정 최적화와 연동 _392
1. 페이스북 계정(URL) 만들기 _392
   - ■ [따라하기] 페이스북 계정 만들기 _392

2. 트위터의 계정을 페이스북에 연동하기 _394
- ■ [따라하기] 트위터의 글을 페이스북으로 자동 배달시키기 _394
3. 트위터와 페이스북 연동하기 _396
- ■ [따라하기] 헤시태그로 트위터의 특정 글만 페이스북과 연동하기 _396
- ■ [따라하기] 트위터의 모든 글을 페이스북으로 연동하기 _398

## CHAPTER 10
# 검색 노출에 최적화된 미투데이 마케팅

### Lesson 1
**한눈에 보이는 미투데이 _402**
1. 미투데이 메인화면과 구성 요소 _402
2. 미투데이 프로필과 외부 연동하기 _404
　2-1. 검색 노출에 최적화된 미투데이 기본 프로필 설정 _404
　2-2. 검색 노출에 최적화된 미투데이 외부연동 설정 _405

### Lesson 2
**검색 정확도에 유리한 글쓰기 기능 익히기 _407**
1. 검색 노출이 잘 되게 글쓰기하기 _407
2. 댓글과 댓댓글의 숫자와 검색 정확도 관계 _408
- ■ [따라하기] 댓글 쓰기와 댓글 달기 _409

### Lesson 3
**검색 정확도와 입소문 마케팅에 유리한 기능 익히기 _411**
1. 검색 정확도에 유리한 링크 걸기와 이미지 첨부 기능 _411
- ■ [따라하기] 문장에 링크 걸기 _411
- ■ [따라하기] 문장에 이미지 첨부하기 _412
2. 검색 정확도를 높이는 핑백 걸기 _413
- ■ [따라하기] 링크 핑백으로 입소문 내기 _414
- ■ [따라하기] 댓글 핑백으로 입소문 내기 _415

NAVER me2DAY

Google

twitter

Find us on:
facebook

Daum

# Chapter 01

# 인터넷 마케팅 진단과 해결

**Lesson 1.** 쇼핑몰 CEO의 광고 마케팅 이야기
**Lesson 2.** 선택과 집중이 필요하다
**Lesson 3.** 키워드 광고, 해야 하나 말아야 하나?
**Lesson 4.** 키워드 광고 후 매출이 저조한 이유
**Lesson 5.** 키워드 광고 없이 사이트를 홍보하는 방법
**Lesson 6.** 인터넷 마케팅의 현재와 미래

# 쇼핑몰 CEO의 광고 마케팅 이야기

Lesson 01

## 1 오픈 3개월까지의 이야기

1~2개월이면 멋들어진 인터넷 쇼핑몰을 만들 수 있는 시대입니다. 불과 1~2개월 만에 뚝딱 쇼핑몰이 만들어지는 모습을 보면서 신기하기도 하고 뿌듯한 마음을 갖게 됩니다. 그리고 대부분의 창업자들은 쇼핑몰 오픈을 준비하는 과정에서 수백만 원, 수천만 원 등 높은 수익이 발생할 것이라는 상상과 기대를 합니다.

오픈 다음날 두근거리는 마음으로 쇼핑몰 판매관리 페이지를 열어보면서 오늘 방문한 고객 숫자, 주문량 등을 확인합니다. 기대와 달리 방문 고객 숫자는 쇼핑몰 오픈 축하 글을 작성하기 위해 방문한 지인 몇 명뿐 순수 방문자 '0', 주문량은 '0' 상태입니다. 쇼핑몰을 오픈한지 하루밖에 되지 않아서 그럴 것이라고 스스로를 위로합니다. 하지만 이런 상태는 일주일, 보름이 지나도 크게 나아지지 않습니다.

그러던 어느 날 사무실의 전화벨이 울립니다. 주문 전화라고 생각하고 기대에 부푼 마음으로 전화를 받습니다.

"(활기찬 목소리로) 감사합니다. ○○○○ 쇼핑몰입니다."
"사장님 안녕하세요. 저는 ○○ 광고 대행업체의 아무개라고 합니다."
"(순간, 기대에 부풀었던 가슴은 실망감으로 가득합니다.)무슨 일이시죠?"
"쇼핑몰 홍보는 어떻게 하고 계시나요?"
"하루에 몇 명 정도 방문하나요?"
"(청산유수와 같은 말솜씨로 내가 처한 상황과 문제점과 개선할 점 등을 늘어놓습니다.)"
"(그러던 중 매우 희망적인 제안을 합니다.)"
"저희가 ○○○○ 쇼핑몰을 분석해본 결과 키워드 광고를 진행하지 않으면 쇼핑몰 운영이 쉽지 않습니다. 우선은 쇼핑몰을 방문하는 고객 숫자를 늘려야 할 것 같습니다."
"저희가 제안해드리는 방법을 이용하시면 하루 방문 고객 숫자는 1,000~2,000명 정도는 무난합니다."
"방문 고객 숫자가 늘어나면 매출은 자연스럽게 상승하게 됩니다."
"(하루 방문 고객 숫자가 10 정도에 불과한 상태였고, 매출이 없는 상태에서 아무개 광고업체 직원의 이야기는 솔깃할 수밖에 없었습니다.)"
"(순간, 광고를 해야 되겠다고 생각합니다.)"
"생각 좀 해보고 연락드리겠습니다."

아직 창업비용이 충분히 남아 있는 상태이기 때문에 광고를 시도해보기로 결심합니다. 그리고 광고 업체의 직원의 말대로 키워드 광고를 시작합니다. 키워드 광고가 시작된 다음날, 쇼핑몰 판매 관리 페이지를 보는 순간 믿을 수 없는 일이 벌어집니다. 광고 효과로 인해 방문자가 1,200명이고 판매량이 5건 발생했습니다. 키워드 광고 이전에 하루 방문

자가 고작 10명 남짓한 상태이고 매출은 거의 발생하지 않은 상태였기 때문에 키워드 광고의 놀라움은 이루 말할 수 없음을 느낍니다. '역시 키워드 광고를 시작하길 잘했다' 고 스스로 대견해하고 아무개 광고업체 직원을 신뢰하게 됩니다.

하지만 그 기쁨도 오래가지 않습니다. 그 이유는 매일 지출하는 광고비가 너무 큰 부담이었기 때문이었습니다. 전체 매출액에서 광고비를 제하면 순이익이 거의 발생하지 않았기 때문입니다. 그래서 광고를 줄이기로 결심하고 일일 광고비용을 줄여서 집행합니다. 하지만 광고를 줄이면 방문자 숫자, 판매량, 매출액이 동시에 떨어지는 상황이 발생합니다.

```
오늘의 방문자 : 400명
오늘의 판매량 : 2건
오늘의 매출액 : 80,000만원
오늘의 광고비 : 50,000만원
```

수익이 조금 발생한 달이 있는가하면 적자인 달도 나타나게 됩니다. 이렇게 3개월 정도 흐르면 쇼핑몰 창업을 계획할 당시 꿈에 부풀었던 마음은 사라지고, 막막한 현실에 부딪히게 됩니다. 다급한 마음으로 광고 대행사와 통화를 시도합니다.

"안녕하세요. ○○○○ 쇼핑몰인데요."
"(돈으로 보였는지 엄청 반가운 목소리로) 사장님 안녕하세요."
"제가 요즘 너무 힘들어서 그러는데요. 방문자 숫자 대비 판매도 저조하고, 광고비도 부담되고…"
"사장님, 현 시점에서 매출을 더 높이시려면 광고비를 높여서 집행해야 할 것 같습니다."
"지금이 매우 중요한 시점이거든요. 조금 힘드시더라도 광고비 책정을 높여 보세요."

## 2  오픈 6개월 후의 모습

쇼핑몰을 오픈한지 6개월 지났다. 이 시점에 대부분의 쇼핑몰 운영자들은 3중고를 겪게 됩니다. 첫째는 판매량이 늘어나지 않고, 둘째는 방문 고객의 숫자도 늘어나지 않고, 셋째는 광고비는 매월 지출해야 됩니다. 이렇게 3중고를 겪게 되면, 꼬박꼬박 월급 받으면서 직장 다니는 친구들이 부럽게만 느껴집니다. 폐업 신고를 고민해야 하는 현실을 받아들이기가 쉽지 않은 상황이 발생합니다.

지금처럼 쇼핑몰 솔루션이 활성화되지 않았을 때까지만 하더라도 인터넷 쇼핑몰은 백지 상태에서 기획부터 디자인까지 모든 과정을 직접 제작해야 했고, 소요되는 기간과 비용도 만만하지 않았습니다. 카페24, 메이크샵, 후이즈몰 등 쇼핑몰 솔루션을 이용하면 저렴한 비용으로 빠르게 만들 수 있기 때문에 대부분의 쇼핑몰들은 솔루션을 이용합니다. 손쉽게 쇼핑몰을 만들 수 있다 보니 카페24, 메이크샵 등 쇼핑몰 솔루션을 이용해서 하루에도 수많은 쇼핑몰들이 만들어지고 사라집니다.

쇼핑몰 솔루션으로 인해 쉽고 빠르게 쇼핑몰을 만들 수는 있다는 장점은 있지만, 위의 사례와 같이 마케팅 문제, 특히 키워드 광고비 부담은 오픈 이후부터 발생하기 시작하여 꼬리표처럼 달고 다녀야합니다.

대부분의 쇼핑몰은 오픈 이후 6개월을 채 넘기지 못하고 폐업을 하거나 6개월을 이상 운영했다 하더라도 만족스러운 수익을 발생시키는 쇼핑몰은 극히 일부에 그칩니다. 1년이 지난 후 대부분의 쇼핑몰은 사라지고 정상적인 수익률을 발생하는 쇼핑몰은 10%에도 미치지 못합니다.

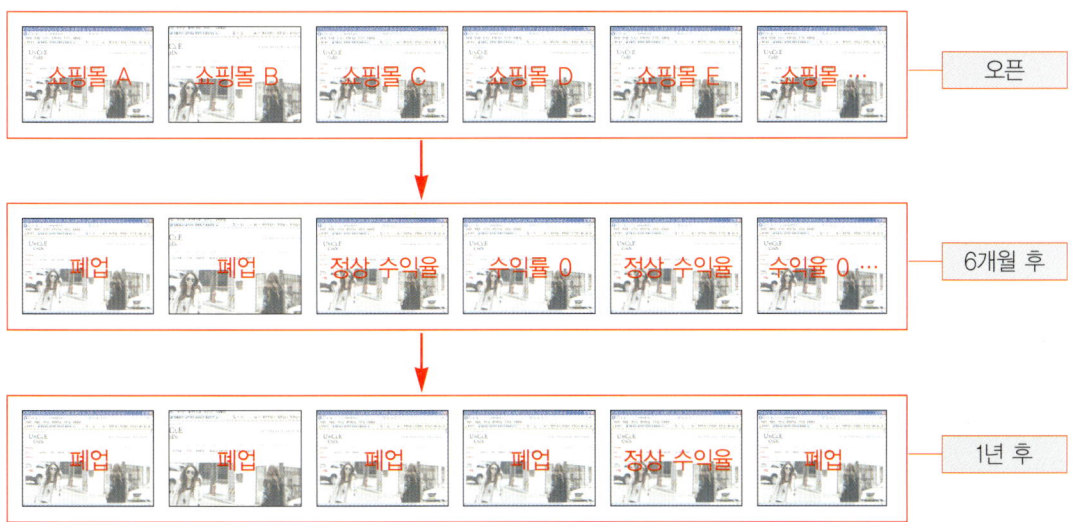

오픈 후 3~6개월을 넘기지 못하고 조용히 사라지는 인터넷 쇼핑몰들은 대부분 위 사례와 같은 수순을 밟아 왔으며, 이는 결코 과장된 것이 아닌 누구나 겪을 수 있는 현실입니다. 여러분들도 위와 같이 6개월 후 조용히 사라지는 쇼핑몰 중 한 곳이 되지 않기 위해서는 자기만의 전략이 필요합니다. 특히 광고비에 대한 부담을 해결할 수 있는 쇼핑몰의 마케팅 체질을 계선할 필요가 있습니다.

검색 포털 사이트에서 '티셔츠'를 검색하면 파워링크 광고, 플러스광고, 비즈사이트, 지식쇼핑 등 광고 코너에 티셔츠를 판매하는 인터넷 쇼핑몰이 수없이 많이 노출됩니다. 인터넷 쇼핑몰들이 홍수를 이루는 상황에서 고객에게 선택 받는 곳은 단 한곳입니다. 그 한 곳의 쇼핑몰이 되기 위해서는 수많은 쇼핑몰들과 차별화된 전략이 있어야 합니다. 즉 고객에게 노출되어 쇼핑몰로 끌어들인 후 구매로 이어지게 하기 위해서는 차별화된 마케팅 전략이 필요합니다.

어떻게 해야 광고비 부담으로부터 벗어나 고객이 찾아오고 구매와 재구매가 발생하는 충성 고객을 만들 수 있을지 그 방법에 대해서 연구하고 노력해야 쇼핑몰 오픈 1년 후에도 원하는 수익률이 발생하는 건전한 쇼핑몰을 만들 수 있습니다. 이제부터 키워드 광고비 부담으로부터 벗어난 차별화된 인터넷 마케팅 방법이 무엇인지에 대해서 자세히 알아보도록 하겠습니다.

# 선택과 집중이 필요하다

Lesson 02

## 1  컨셉과 차별화를 위한 조건

자본력이 충분하다면 그 자본력을 바탕으로 상품을 저렴하게 공급 받아 최저가로 판매할 수 있습니다. TV 광고에도 수차례 노출되어 우리에게 익숙한 아웃도어 포털 전문 쇼핑몰인 "OK○○보다 싼 곳이 있다면 신고하십시오."와 같이 국내 최저가로 쇼핑몰을 차별화할 수 있습니다. 하지만 대부분의 소호 쇼핑몰들은 자본력이 충분하지 않은 상태에서 시작합니다. 그러면 소호 쇼핑몰들은 어떻게 차별화를 해야 할까요? 첫째는 판매 아이템을 세분화하여 집중 공략하는 방법입니다. 아웃도어 포털 전문 쇼핑몰보다는 트레이닝복 전문 쇼핑몰과 같이 선택과 집중이 필요합니다.

세분화라는 의미를 쉽게 설명하면 '패션 쇼핑몰 < 의류 쇼핑몰 < 여성의류 쇼핑몰 < 20대 초반 여성을 위한 여성의류 쇼핑몰 < 트레이닝복 전문 쇼핑몰'과 같이 전체 시장을 세세하게 분류합니다. 세세하게 분류한 상태에서 특정 분야를 선택하고 그 분야만을 집중적으로 공략하는 것입니다. 분야를 세세하게 나눈 후 선택 범위를 좁힌 후 그 분야에만 집중해야 만 무엇을 차별화해야 할지를 계획을 세울 수 있습니다.

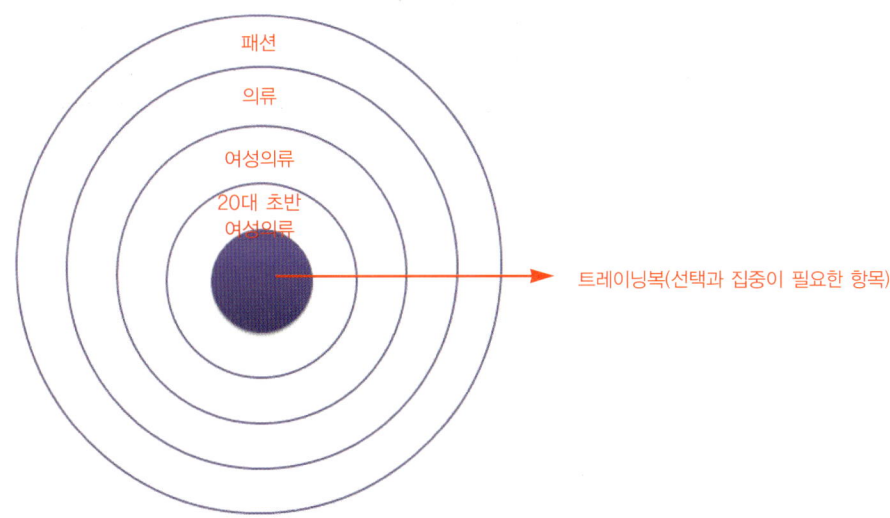

20대 초반 여성 트레이닝복에 대해서 분석해보겠습니다. 20대 초반 여성에게 트레이닝복은 한두 벌쯤 필수적으로 준비하는 아이템입니다. 대상층이 20대 여성이기 때문에 평범한 운동복 스타일이기 보다는 외출용과 운동용을 겸비한 패션 트레이닝복 스타일로 접근해야 합니다. 대부분 상하의 셋트 판매이기 때문에 부담 없이 한 벌을 구입할 수 있도록 중저가 가격대로 판매 합니다.

| 차별화 항목 | 내용 |
| --- | --- |
| 대상층 | 대상층을 20대 초반이라고 세분화하였습니다. |
| 아이템 | 20대 초반 여성을 위한 트레이닝복 전문 쇼핑몰이라고 아이템을 세분화하였습니다. |
| 대상층의 특징 | 운동복은 필수 아이템입니다. |
| 대상층의 소비 욕구/취향 | 패션과 다이어트에 민감한 세대이기 때문에 이들에게 운동복을 필수 아이템입니다. 이들은 운동복 기능과 외출용으로도 손색이 없도록 패션 스타일을 겸비한 스타일을 원합니다. |
| 대상층의 경제력 | 20대 초반은 사회 초년생이거나 대학생이기 때문에 20대 중반 이후의 직장인들에 비해 경제적 여유가 충분하지 않습니다. 그렇기 때문에 중저가 상품을 선호합니다. |

❖ 선택과 집중의 사례

다음은 트레이닝복 분야에서 국내 최대 규모의 트레이닝복 전문 쇼핑몰 오씨에와의 비교 사례 입니다. 만약 트레이닝복 전문 쇼핑몰을 운영해야 한다면 '20대 여성 트레이닝복' 대표 키워드로 검색했을 때 오씨에와 비교될 것입니다. 고객들이 여러분의 트레이닝복 전문 쇼핑몰과 오씨에와 비교했을 때 최종적으로 여러분의 쇼핑몰을 선택할 수 있게 만들어야 합니다. 오씨에와 비교했을 때 내가 뭔가 부족하고 자신감이 떨어진다고 느끼는 분들이 많을 것입니다. 그렇게 느낀다면 '20대 초반 여성 트레이닝복' 에서 좀 더 세분화가 필요합니다.

20대 초반 여성을 위한 트레이닝복 전문 쇼핑몰

'20대 초반 여성 트레이닝복' 에서 한 번 더 세분화한다면 외출과 운동복을 겸비한 트레이닝에서 외출 목적을 제외하고 운동을 전문 트레이닝복으로 세분화할 수 있습니다. 운동 전문 트레이닝복에는 휘트니스, 헬스, 요가 등 특수 트레이닝복이 있습니다. 20대 초반 여성들이 다이어트를 목적으로 가장 선호하는 운동은 휘트니스, 헬스입니다. 20대는 초반 여성은 패션트렌드를 중시하는 세대이기 단순 헬스복 보다는 패션 트랜드를 겸비하고 요가 수요층을 흡수할 수 있는 '헬스 패션 트레이닝복' 을 선택하는 것이 바람직합니다.

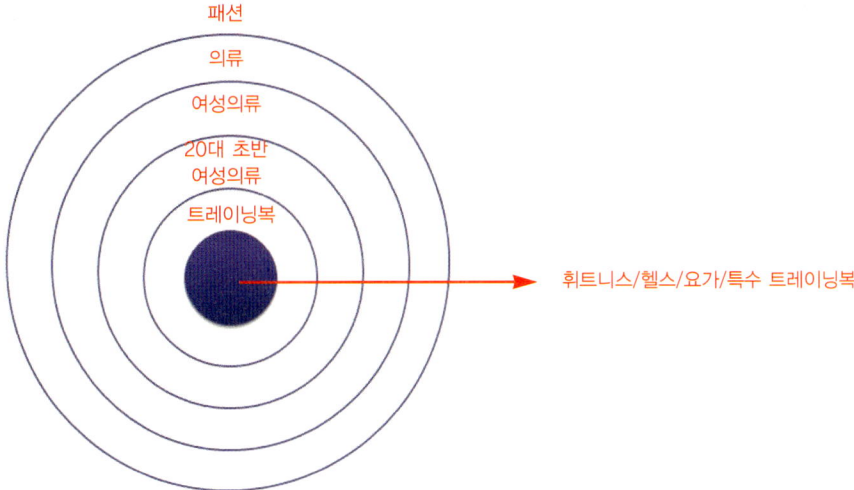

이제 '헬스 패션 트레이닝복' 전문 쇼핑몰으로 선택과 집중시켜야 합니다. 그러기 위해서는 수반되어야 하는 것이 '어떤 쇼핑몰로 고객에게 인식시켜야 하는 것인가 입니다?' 고객들에게

'20대 초반 여성들이 헬스/요가 다이어트 할 때 입는 트레이닝복을 판매하는 쇼핑몰'
'이쁜 헬스/요가 트레이닝복이 많은 쇼핑몰'

로 인식되면 좋습니다. 이와 같이 쇼핑몰의 확실한 컨셉과 차별화가 세워지면 이제부터는 쇼핑몰 디자인 컨셉을 세울 수 있고, 마케팅에 사용될 대표 키워드와 카페, 블로그, 소셜 네트워크에서 사용할 콘텐츠 제작 계획을 수 있습니다. 즉 무엇으로 어떻게 고객에게 다가가야하고 어떻게 구매하도록 유도해야 되는지에 대한 구체적인 마케팅 계획도 세울 수 있습니다.

| 마케팅 항목 | 세부 내용 |
| --- | --- |
| 대표 키워드 | 트레이닝복, 헬스복, 헬스트레이닝복, 요가복, 여성트레이닝복, 여성헬스트레이닝복, 다이어트트레이닝복, 20대 헬스요가트레이닝복 등 |
| 콘텐츠 | 다이어트에 대해서, 올바른 헬스 방법, 단계별 다이어트 방법, 다이어트에 좋은 음식, 헬스 트레이닝복 종류에 따른 다이어드 효과 등 |

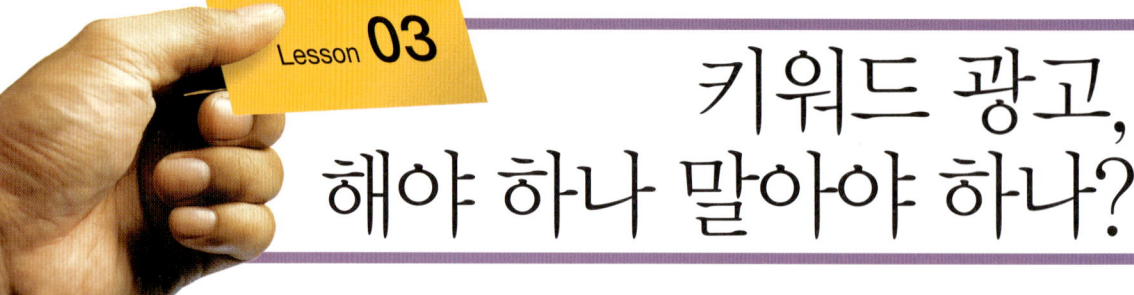

# Lesson 03
# 키워드 광고, 해야 하나 말아야 하나?

## 1 키워드 광고로부터 자유로워지기 위해서 해야 될 일

쇼핑몰을 운영하면서 키워드 광고의 유혹을 뿌리치기는 쉽지 않습니다. 물론 키워드 광고는 필요합니다. 하지만 너무 키워드 광고에만 의존하기 보다는 블로그, 카페, 지식서비스, 소셜 네트워크 서비스 등 네트워크 마케팅과 커뮤니티 마케팅을 적절히 배합시키는 것이 '키워드 광고 집행 정도에 따라 매출이 춤추지 않는 쇼핑몰'을 만드는 방법입니다.

네트워크 마케팅과 커뮤니티 마케팅의 핵심은 여러 사람들과 공감하고 공유할 수 있는 '콘텐츠' 입니다. '콘텐츠'의 기본은 글과 그림 그리고 동영상을 조합하여 고객들에게 필요한 자료를 만드는 것입니다. 그리고 만들어진 콘텐츠를 다양한 채널을 통해 마케팅해야 실속 있는 쇼핑몰을 만드는 기반을 구축할 수 있습니다.

다음은 고객이 쇼핑몰을 방문한 후 구매 과정을 거쳐 단골고객이 되기까지의 과정을 나타낸 그림입니다. 쇼핑몰을 방문한 상당 수 고객은 '고객 유입부터 단골고객 만들기까지의 6단계' 과정 중 어느 한 부분이나 쇼핑몰의 어떤 페이지에서 만족스러운 결과를 얻지 못한다면 구매 단계까지 이어지지 못하고 쇼핑몰을 이탈하게 됩니다.

쇼핑몰을 방문한 고객이 쇼핑몰 메인페이지에서 어떤 상품을 클릭하고, 어떤 페이지를 클릭해서 이동하는지 그리고 쇼핑몰의 어떤 페이지에서 구매로 이어지지 않고 빠져나가는지 각 페이지별 고객 이탈율 등 쇼핑몰 방문 고객의 이동경로와 이탈율, 구매전환율 등을 파악해야 합니다. 파악된 자료를 토대로 어느 부분에서 구매로 연결되지 않았는지 무엇을 보강해야 하는지 등을 알 수 있기 때문입니다.

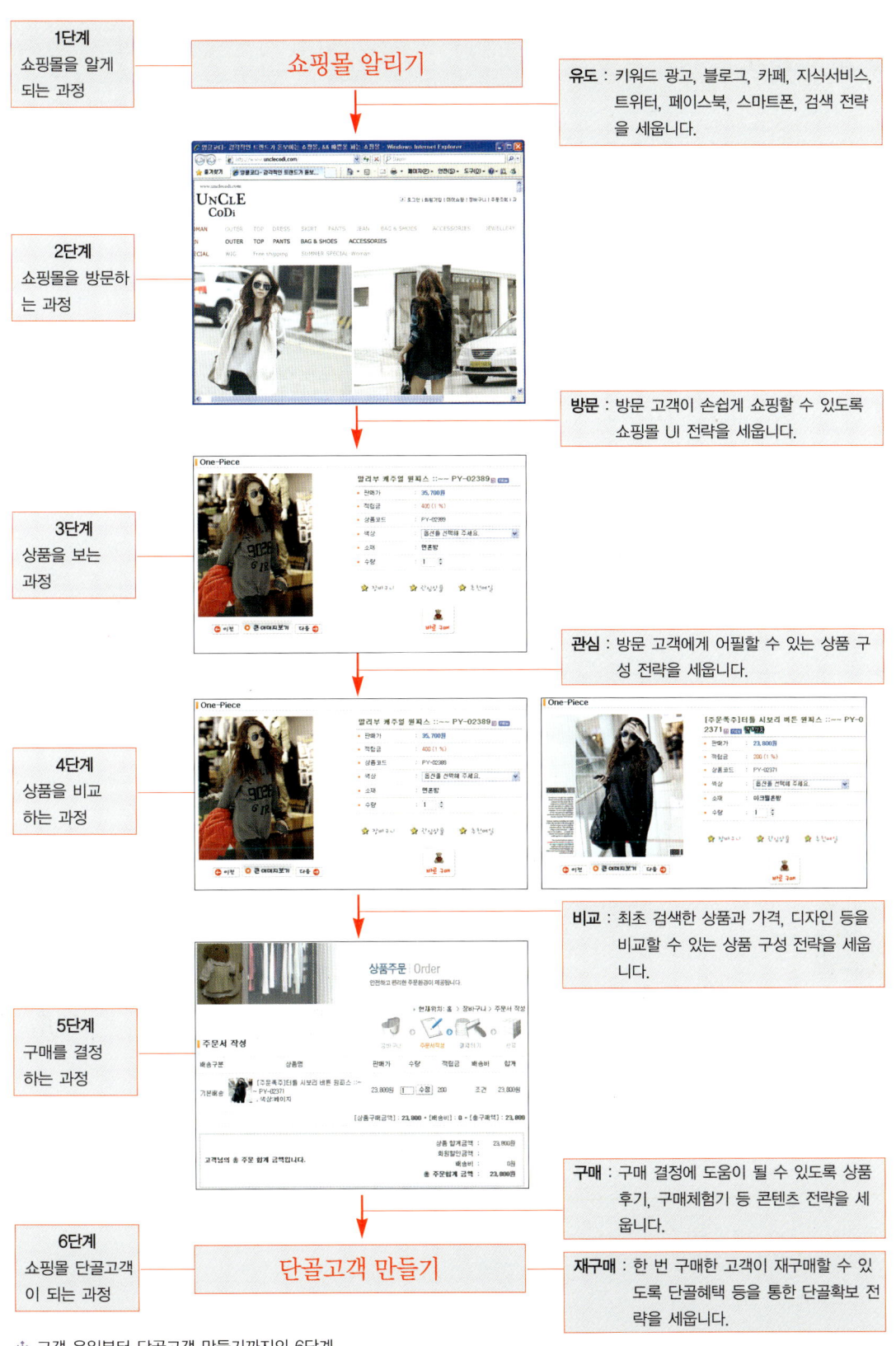

❖ 고객 유입부터 단골고객 만들기까지의 6단계

## 2. 광고로 유입된 방문자와 커뮤니티로 유입된 방문자의 이탈율 비교하기

방문 고객의 이탈율은 커뮤니티 마케팅 도구를 사용해서 유입된 고객보다 키워드 광고를 통해서 유입된 고객들에게서 더 높게 나타납니다. 왜냐하면 블로그, 카페, 지식서비스, 트위터, 미투데이, 페이스북 등을 통해서 들어오는 고객은 콘텐츠라는 '공유와 공감'을 통해서 유입되기 때문에 키워드 광고에 비해 신뢰도가 높기 때문입니다. 그렇기 때문에 키워드 광고로 유입된 고객보다 커뮤니티를 통해서 유입된 고객의 충성도가 높은 것이 일반적입니다.

다음 사례1은 검색 포털 사이트의 '캐주얼 원피스' 키워드 광고를 통해서 쇼핑몰에 접속을 유도한 경우이고, 사례2는 쇼핑몰에서 운영하는 블로그에서 상품 콘텐츠와 함께 신상품 예약판매를 통해서 쇼핑몰로 유도하고 미투데이를 통해서 상품을 홍보하는 사례입니다. 사례1에서 검색 결과를 클릭하면 쇼핑몰 메인페이지로 이동되며 '고객 유입부터 단골고객 만들기까지의 6단계'를 거치게 됩니다. 반면 사례2는 블로그를 통해서 유입된 고객은 상품 정보에 관련된 콘텐츠를 확인한 후 쇼핑몰을 방문하고, 미투데이를 통해서 유입된 고객은 미투데이 친구나 친구의 친구를 통해서 쇼핑몰을 방문하게 됩니다. 사례1과 사례2를 비교해보았을 때 '고객 유입부터 단골고객 만들기까지의 6단계'를 통해서 이탈하지 않고 구매 과정까지 도달하는 비율은 사례2가 높습니다.

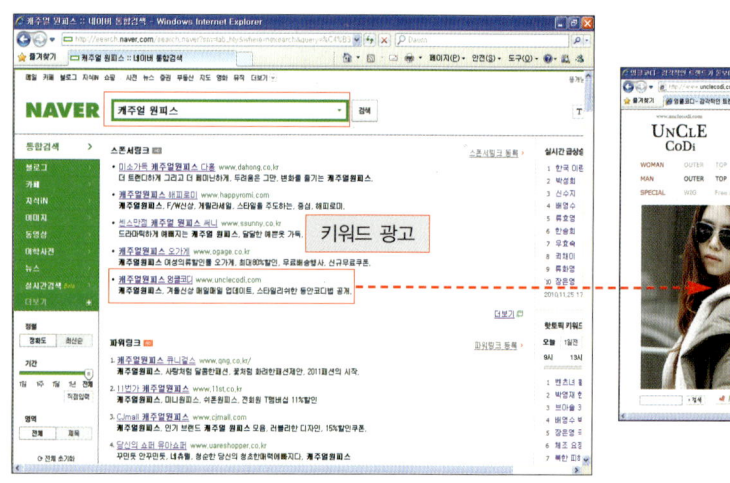

❖ 사례1. 키워드 광고로 쇼핑몰에 유입되는 경우

❖ 사례2. 블로그와 미투데이를 통해서 쇼핑몰에 유입되는 경우

## 3  키워드 광고, 제대로 집행하라

쇼핑몰 운영자가 키워드 광고를 하는 이유는 검색 포털 사이트의 상위에 노출시켜 보다 많은 사람들이 자신의 쇼핑몰로 유입시킬 수 있기 때문입니다. 다음 그림과 같이 네이버나 다음의 검색 창에서 '여성헬스트레이닝복' 키워드로 검색하면 상단에 키워드 광고가 진행 중인 쇼핑몰들이 노출됩니다. 위의 사례1과 사례2에서 보았듯이 적지 않은 광고비를 지출하면서 키워드 광고를 반드시 해야 할까요? 쇼핑몰을 운영하는 분들에게 마치 필수처럼 되어 버린 키워드 광고, 물론 쇼핑몰을 알리기 위해서는 필요하겠지만 그렇다고 키워드 광고가 쇼핑몰을 알리는 정석은 아니며 또한 반드시 해야 되는 것도 아닙니다.

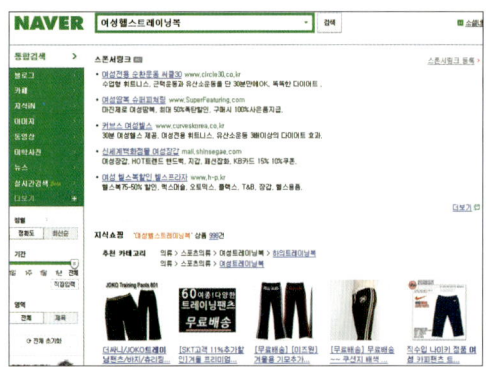 

만약 키워드 광고를 해야 된다면 제대로 광고를 집행하기 전에 우선적으로 갖추고 있어야 할 조건들이 있으며, 그 중 가장 우선되어야 할 일이 로그분석입니다. 인터넷 쇼핑몰, 홈페이지 등을 운영함에 있어 로그분석은 매우 중요합니다. 로그분석을 통해서 쇼핑몰을 어떤 검색엔진을 이용해서 유입되는지, 어떤 키워드를 통해서 유입되는지, 얼마나 많은 사람들이 유입되는지 등 쇼핑몰의 유입 경로를 분석할 수 있습니다. 특히 각 키워드별로 실제 구매가 발생하는 비율은 어느 정도인지 등은 파악할 수 있어야 합니다. 이런 과정을 거친 후 구매전환율이 높은 최적의 키워드를 사용해서 광고를 집행해야 하며, 이런 과정도 없이 광고 대행업체에만 의존하는 광고나 무작정 집행하는 광고는 쇼핑몰 오픈 후 3~6개월 뒤 조용히 사라지는 만드는 가장 큰 요인이 될 수 있음을 알아야 합니다.

### 키워드 노출 정도와 구매전환율의 관계

- **구매전환율** : 고객이 쇼핑몰이나 사이트를 방문한 후 구매하거나 이벤트에 참여하는 등 단순한 서핑이 아닌 적극적인 의사 표현으로 전환하는 비율을 의미합니다.

$$\frac{\text{광고를 통한 구매자 수}}{\text{광고를 통한 쇼핑몰 방문자 수}} \times 100 = \text{구매전환율}$$

- 노출이 많은 인기 키워드 일수록 클릭의 양은 많지만, 경쟁이 치열하고, 가격이 비싸고, 구매전환율은 떨어집니다.
- 노출이 낮은 세부 키워드 일수록 클릭의 양은 적지만, 경쟁이 적고, 가격이 싸고 구매전환율은 높아집니다.

## 4. 광고 분석과 집행에 문제점은 없나요?

키워드 광고를 집행할 때 갖추어야할 조건이 광고 집행에 따른 수익 구조를 파악 한 후 재정비하는 것입니다. 키워드 광고 후 방문자 대비 매출액 그리고 수익률 등을 종합적으로 분석하여 광고비에 비해 수익률이 개선되지 않는다면 광고에 사용하는 키워드를 분석한 후 다시 집행하거나 광고를 중단해야 합니다. 즉, 구매전환율이 저조하다면 키워드 광고 분석과 집행에 어떤 문제점이 있다는 것을 의미합니다.

키워드 광고는 얼마나 철저히 분석하는가에 따라 비용을 절약하고 구매전환율을 높일 수 있습니다. 다음 표의 내용은 '트레이닝복', '여성트레이닝복', '여성헬스복' 키워드 광고비와 구매전환율을 가정한 산출 결과입니다. 산출된 표의 광고비와 구매전환율을 고려했을 때 '트레이닝복' 키워드로 광고하는 것보다 '여성헬스복' 으로 광고하는 것이 광고의 효율성이 높습니다. 즉 핵심 키워드가 트레이닝복이라면 연관 키워드(여성헬스복)와 확장 키워드(여성트레이닝복)를 발굴해야 효율적으로 광고를 할 수 있습니다. 물론 경쟁업체들이 찾지 못한 연관 키워드나 확장 키워드는 계속 발굴해야 하지만 키워드 광고 시장은 경쟁업체들의 과도한 입찰 경쟁으로 인해 광고비가 계속 증가하고 있고 시간이 지날수록 광고비에 대한 부담이 더욱 가중되고 있는 것이 지금의 현실입니다.

| 키워드 | 클릭 당 광고비 | 구매전환율 |
|---|---|---|
| 트레이닝복 | 396원 | 1.5% |
| 여성트레이닝복 | 332원 | 1.9% |
| 여성헬스복 | 145원 | 6.5% |

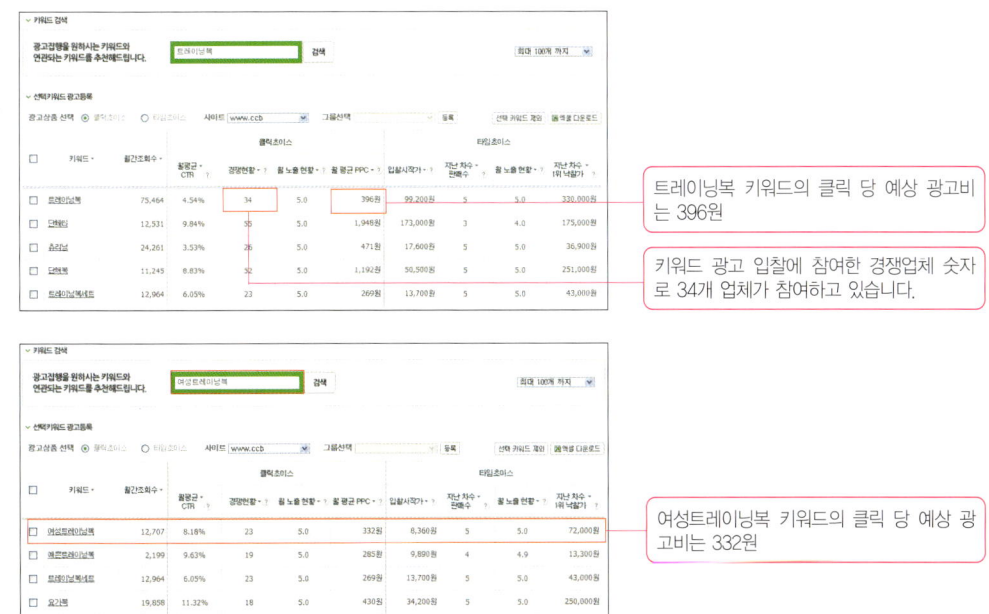

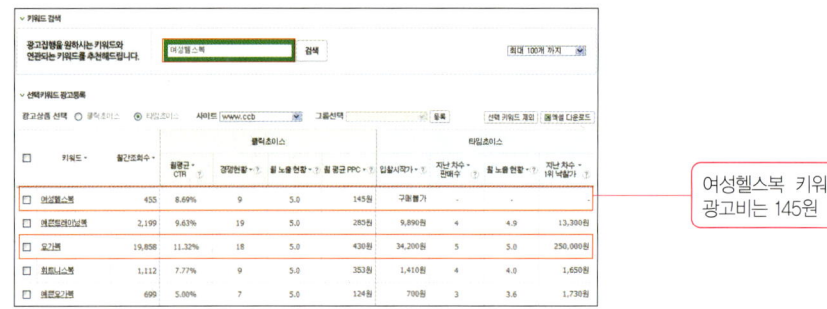

여성헬스복 키워드의 클릭 당 예상 광고비는 145원

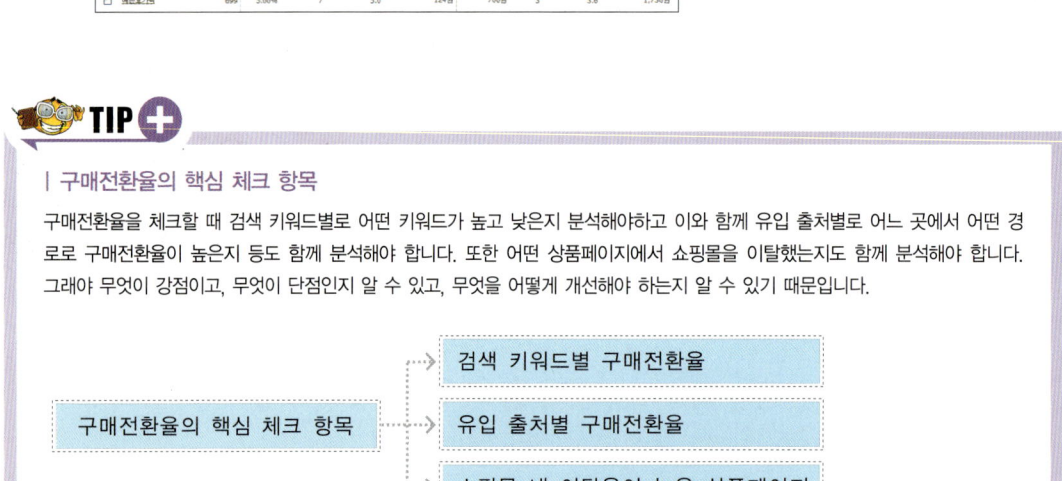

| 구매전환율의 핵심 체크 항목

구매전환율을 체크할 때 검색 키워드별로 어떤 키워드가 높고 낮은지 분석해야하고 이와 함께 유입 출처별로 어느 곳에서 어떤 경로로 구매전환율이 높은지 등도 함께 분석해야 합니다. 또한 어떤 상품페이지에서 쇼핑몰을 이탈했는지도 함께 분석해야 합니다. 그래야 무엇이 강점이고, 무엇이 단점인지 알 수 있고, 무엇을 어떻게 개선해야 하는지 알 수 있기 때문입니다.

# 키워드 광고 후 매출이 저조한 이유

## 1 대상층에 근접하도록 설정하라

고객들은 원하는 상품을 찾기 위해 다양한 유형의 키워드(검색어)를 포털 사이트에서 검색합니다. 이때 어떤 유형의 키워드를 검색하느냐에 따라 그 고객이 대상층이 될 것인지 아닌지를 판가름 납니다. 포괄적인 범위의 키워드를 입력하는 고객보다 상품이나 서비스에 해당하는 직접적인 키워드를 입력하는 고객이 실구매자로 이어질 가능성이 높습니다. 이렇게 구체적인 키워드를 입력하여 적극적으로 구매활동을 하는 고객을 '대상층'이라고 합니다. 검색 키워드 광고를 계획할 때는 등록한 키워드가 세부적일수록 대상층과 근접해진다는 점을 유념하는 것이 좋습니다. 다음 표는 세 가지 종류의 키워드를, 예를 들어 1단계에서 3단계까지 유형을 나눠놓은 것입니다. 1단계에 포함된 키워드 일수록 대상층과 멀어지고, 3단계에 포함된 키워드일수록 대상층과 가까워집니다. 이 점을 잘 숙지하여 키워드를 설정하도록 합니다.

| 1단계 | 2단계 | 3단계 |
|---|---|---|
| • 여성의류<br>• 밥솥<br>• 자동차용품 | • 스커트<br>• 압력밥솥<br>• 네비게이션 | • 주름 스커트<br>• 쿠쿠 압력밥솥<br>• 아이나비 네베게이션 |

## 2 구매전환율을 점검하라

키워드 광고를 집행할 때는 광고를 통해 고객을 유입시키는 것보다 먼저 선행되어야 할 일이 있습니다. '고객 유입부터 단골고객 만들기까지의 6단계'는 크게 고객을 유입시키는 과정과 유입된 고객을 구매하게 만드는 과정으로 구분할 수 있습니다. 3~6개월 안에 망하는 쇼핑몰의 대표적인 특징이 고객을 유입시키는 것에만 집중한다는 점입니다. 하지만 고객을 유입시키는 것보다 더 중요한 것은 유입된 고객이 상품을 구매하고 그 고객이 재구매할 수 있는 전략입니다. 옷가게를 오픈한다고 가정해보겠습니다. 오픈하기 전에 사입처, 옷에 대한 판매 상식, 매장 관리 방법, 코디하는 방법, 고객 관리 방법, 고객이 편리하게 쇼핑할 수 있도록 인테리어하기 등 수많은 항목들을 모두 익힌 후 오픈해야 합니다. 그런 지식도 없이 오픈부터 해

놓고 광고를 한다면 이 매장은 어떻게 되겠습니까? 매장을 방문한 고객을 놓치기 일쑤일 것입니다. 인터넷 쇼핑몰이나 회사의 사이트도 마찬가지입니다. 방문한 고객들이 구매 또는 재구매가 원활하게 이루어질 수 있도록 쇼핑몰 내부의 전략을 세워야 합니다. 이런 전략이 없다면 방문한 고객은 불과 몇 초 만에 이탈하는 상황이 발생합니다. 방문 고객이 이탈하는 상황이 지속되면 '방문율은 높은데 구매전환율은 낮은 실속 없는 쇼핑몰'로 전락하게 됩니다. 결국 방문율을 유지하기 위해서는 키워드 광고를 계속해야 하고, 하지만 구매전환율이 낮아 수익구조는 개선되지 않는 악순환이 반복됩니다. 이런 악순환을 겪지 않기 위해서는 우선 '방문객수당 구매전환율이 높은 쇼핑몰'로 개선해야 될 필요가 있습니다.

## 3 방문 횟수 늘리기

쇼핑몰을 처음 방문한 고객이 바로 구매까지 도달하는 경우는 많지 않습니다. 처음 방문한 고객이 구매까지 도달하기 위해서는 아이템에 따라서 차이는 있지만 평균적으로 3~5회 정도 재방문해야 합니다. 즉 나의 쇼핑몰을 3~5번 정도 방문해야 첫 구매가 이루어진다는 것입니다. 그렇기 때문에 쇼핑몰의 구조도 최소 3~5번은 방문할 수 있어야 개선되어야 합니다.

특히 한 번 방문한 고객이 다시 방문을 하지 않는 비중이 높다면 반드시 재방문될 수 있도록 쇼핑몰을 개선해야 합니다. 이는 비단 쇼핑몰뿐만 아니라 기업의 사이트도 마찬가지이고 카페, 블로그 등도 마찬가지입니다. 예를 들어 카페를 방문한 고객이 회원가입도 하지 않거나 클릭한 페이지만 보고 이탈한다면 분명 그 카페의 구조에 문제가 있다는 것을 의미합니다. 쇼핑몰은 재방문 횟수가 많아질수록 구매 발생 빈도가 높아지고, 카페나 블로그 등은 재방문 횟수가 많아질수록 카페나 블로그의 콘텐츠를 구독하는 구독자, 이웃이 될 확률이 높아집니다. 문제는 대부분의 쇼핑몰 운영자들은 광고를 해서라도 고객을 끌어들인 후 구매과정까지 한 번에 완성시키려 하며, 블로그나 카페 운영자들은 콘텐츠와 무관한 상위 노출만 고려한 어뷰징 콘텐츠로 낚시질을 하기 때문입니다. 너무 성급하게 자기의 본 모습을 보이면 아무리 좋은 콘텐츠, 상품이라도 거부반응을 불러일으킬 수 있습니다. 매출로 이어지지 않고 이탈하는 사람들 만큼의 신규 방문자를 유입시키기 위해 또다시 광고를 하거나 어뷰징 콘텐츠를 만드는 악순환이 계속됩니다.

## 4 3~5회 방문 시 반드시 구매할 수 있도록 만드는 요소

첫 방문 이후 다시 방문하는 고객은 일단 쇼핑몰의 상품이나 커뮤니티의 콘텐츠 또는 커뮤니티에 관심이 있다는 것을 의미합니다. 그 고객이 매출로 이어지지 않는다면 관심은 있지만 구매 결정을 하기에는 뭔가 부족함이 있다는 것을 의미하기도 합니다. 이때 중요한 것은 신뢰도입니다. 쇼핑몰, 카페, 블로그 등을 방문한 방문자에게 신뢰를 주기 위해서 가장 필요한 것이 '콘텐츠'입니다. 특히 콘텐츠가 있는 쇼핑몰은 콘텐츠가 없는 쇼핑몰에 비해 재방문 횟수가 월등히 높으며, 콘텐츠가 구매 결정을 손쉽게 만드는 요인으로 작용합니다.

다음 쇼핑몰 A와 쇼핑몰 B는 모두 여성의류 전문 쇼핑몰입니다. 쇼핑몰 A를 방문한 고객은 옷 구경을 하다가 마음에 드는 상품을 발견하지 못하면 쇼핑몰 바로 빠져나갈 수밖에 없는 구조입니다. 쇼핑몰 A는 방문자와 운영자가 소통할 수 있는 공간은 '상품 사용후기'가 유일하기 때문입니다. 반면에 쇼핑몰 B는 옷 구경을 하다 마음에 드는 상품을 발견하지 못했다 하더라도 바로 이탈하지 않을 확률이 매우 높습니다. 왜냐하면 쇼핑몰 B에는 전면은 물론 곳곳에 '메이크업 강좌', '패션 강좌', '코디 코너', '소셜, 웹툰 이야기', '연예인 정보', '헤어, 다이어트 다이어리', '사소한 고민상담', '우리들의 이야기' 등 다양한 주제의 콘텐츠들이 있고 사소한 이야기 거리로도 여러 사람들과 소통할 수 있는 공간이 많이 있기 때문입니다. 또한 쇼핑몰 B는 처음 방문한 사람이 마음에 드는 상품을 발견하지 못했더라도 재방문 확률이 매우 높아집니다. 이외에도 트위터(twitter), 미투데이(me2day), 요즘(yozm) 등 소셜 네트워크 서비스와 카페를 통해서 쇼핑몰과 유대관계를 맺을 수 있는 서비스도 진행하고 있습니다. 이들 마케팅 채널을 통해서 유입된 고객들로 쇼핑몰 B의 재방문율이 높아지게 됩니다.

쇼핑몰 A에서 유일하게 방문자가 상품 이외에 볼 수 있는 콘텐츠인 '상품 사용후기' 게시판 내용을 살펴보겠습니다. 다음 '상품 사용후기' 게시판에 등록된 콘텐츠는 3가지 문제점이 있음을 알 수 있습니다.

| 구분 | 항목 | 내용 |
|---|---|---|
| 문제점 A | 제목 | 상품 후기로 등록된 모든 콘텐츠 제목이 '~요' 끝나기 때문에 고객 스스로 작성했다는 자연스러움을 느낌이 없고 인위적으로 만들어졌다는 느낌이 듭니다. |
| 문제점 B | 작성자명 | 동일인이 한 번에 2~3개의 콘텐츠를 연속적 등록하여 운영자가 직접 작성했다는 느낌을 줄 수 있습니다. |
| 문제점 C | 콘텐츠 내용 | 색상, 재질 등이 어떻게 좋은지 구체적인 설명이 없기 때문에 방문자가 보았을 때 상품을 구매하는데 영향을 줄 수 없습니다. |

쇼핑몰 B는 다양한 콘텐츠가 있어 볼거리가 많습니다. 또한 운영자와 고객이 직접 커뮤니티로 소통할 수 있는 콘텐츠들도 많습니다. 그 중 '코디가 궁금해?' 코너는 고객과 고객이 서로서로 댓글을 달며 코디 관련 정보를 공유할 수 있는 공간이기도 합니다. 쇼핑몰 A와 달리 쇼핑몰 B는 운영자가 직접 개입하고 고객과 고객이 서로의 글에 댓글을 작성되었습니다. 작성된 글을 오른쪽에 IP 주소가 적혀있어 고객들이 직접 작성한 글이라는 것을 간접적으로 표시되었습니다.

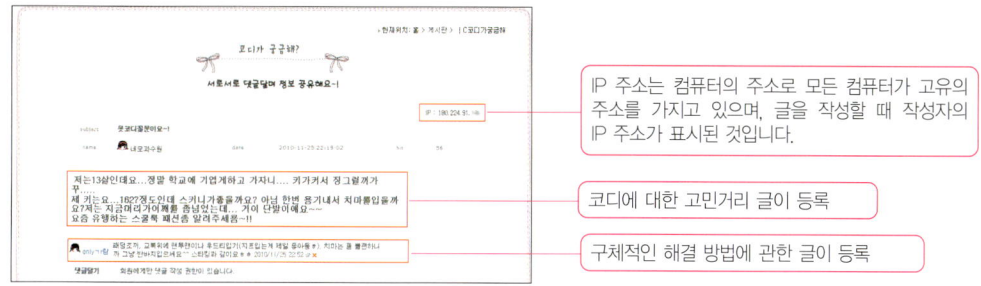

다음은 쇼핑몰 A와 쇼핑몰 B의 전략의 초점과 기대 효과를 비교한 표입니다. 쇼핑몰 A가 쇼핑몰 B에 비해 쇼핑몰 방문 고객을 유치하기 위해 더 많은 광고비용이 발생해야 됨을 알 수 있습니다. 결론적으로 쇼핑몰 A는 광고로 신규 고객을 유치하기 보다는 쇼핑몰 내부를 충성도가 높은 고객을 만들 수 있도록 개선해야 될 필요성이 있습니다. 특히 충성도의 핵심 요소인 다양한 콘텐츠 서비스가 절실히 필요한 상태입니다.

| 구분 | 전략의 초점 | 기대 효과 |
| --- | --- | --- |
| 쇼핑몰 A | 광고로 신규 고객을 유치해서 첫 방문자를 바로 구매로 성급하게 유도하려고 있습니다. | 이탈 고객 발생율이 높아지기 때문에 지속적인 광고가 필요합니다. |
| 쇼핑몰 B | 광고, 카페, 소셜 네트워크 채널 등 다양한 방법으로 신규 고객을 유치하고 있고, 첫 방문자에게 상품을 판매하기 보다는 재방문을 유도할 수 있도록 다양한 콘텐츠와 커뮤니티 서비스를 제공하고 있습니다. | 고객의 충성도 높아질 가능성이 매우 높아지기 때문에 광고 예산을 줄일 수 있습니다. |

### TIP

**｜쇼핑몰의 콘텐츠는 검색 결과에 노출된다.**

쇼핑몰의 상품 정보(상품명, 상품 상세설명 등)는 물론 상품후기, 콘텐츠 게시판, 회사정보 등 모든 텍스트는 검색 로봇의 수집 대상이기 때문에 검색 포털의 웹문서 검색 탭의 검색 결과에 노출됩니다.

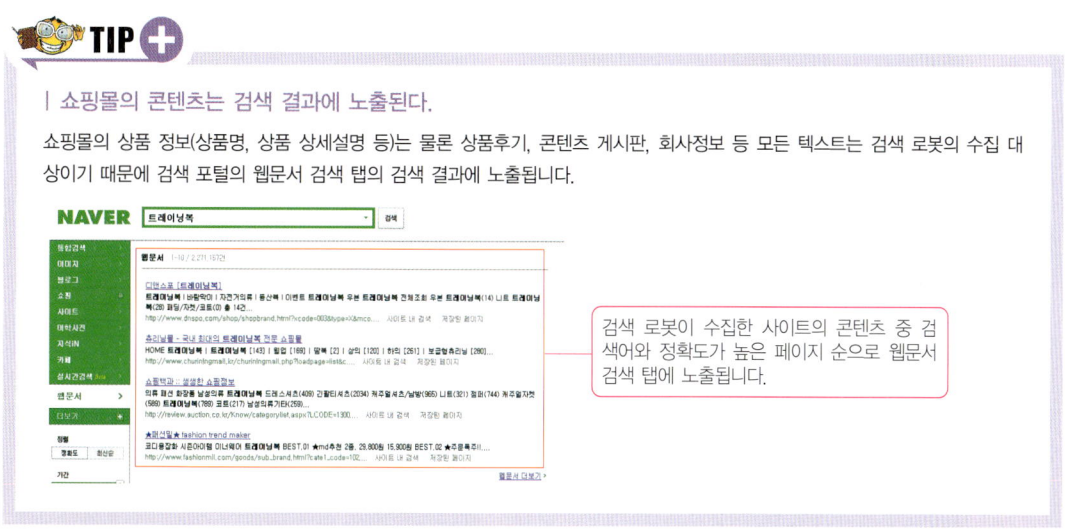

# 키워드 광고 없이 사이트를 홍보하는 방법

## 1. 키워드 광고 없이 구매전환율이 높은 고객 유입시키는 방법

광고에 의존하지 않고 사이트를 알리는 것은 결코 쉬운 일이 아닙니다. 앞에서 소개한 쇼핑몰 A도 그랬듯이 광고를 시작하면 광고 효과로 인해 신규 고객들의 유입율이 늘어나는 것이 눈에 띄게 느낄 수 있기 때문입니다. 쇼핑몰을 운영하는 사람들에게 광고, 특히 키워드 광고는 마약과도 같이 중단하기가 쉽지 않다고 합니다. 많은 사람들은 쇼핑몰이 재기하기 힘들어진 상태가 되어서야 광고 중단의 필요성을 느끼게 됩니다.

그렇다면 광고에 의존하지 않고 사이트를 알릴 수 있는 방법은 없는 것일까요? 결론부터 말하자면 방법은 많습니다. 기존의 카페, 블로그, 싸이월드, 검색 포털 업체의 지식서비스 등을 비롯하여 트위터, 미투데이, 페이스북과 같은 소셜 네트워크 채널과 스마트폰을 활용하면 광고 없이도 사이트를 무료로 홍보할 수 있습니다.

무료 마케팅 채널은 사이트의 특징이나 목적에 따라서 카페, 블로그, 지식서비스, 트위터, 미투데이, 페이스북, 스마트폰 등 모든 채널을 한꺼번에 이용할 수도 있고, 카페와 트위터, 블로그와 트위터 그리고 미투데이 등과 같이 몇몇 채널만 선택적으로 이용할 수도 있습니다. 예를 들어 10 여성의류 쇼핑몰이라면 10대들이 선호하는 채널인 싸이월드와 미투데이를 중점적으로 이용하고, 연령대나 직업 등에 무관한 병의원 사이트라면 카페, 블로그, 트위터, 페이스북 등 다양한 채널을 이용하는 것이 좋습니다.

쇼핑몰에서 블로그, 카페, 지식서비스, 소셜 네트워크 채널(트위터, 미투데이, 페이스북 등) 등 무료 마케팅 채널을 운용하는 최종적인 목적은 무료 마케팅 채널을 통해서 사이트로 유입되는 고객을 늘리기 위함입니다. 그러기 위해서는 나의 블로그 포스트(글)나 내 카페의 게시글이 검색 결과의 상위에 노출시켜 보다 많은 사람들에게 홍보될 수 있도록 해야 합니다. 하지만 블로그 포스트나 카페의 글에 콘텐트의 유용성을 배제하고 쇼핑 유도만을 목적으로 한다면 설상 콘텐츠가 상위에 노출되어 블로그나 카페에 유입되었다 하더라도 궁극적인 목적인 쇼핑몰로 유입되는 고객의 수는 극히 제한적일 수밖에 없습니다.

그렇다면 '어떻게 블로그나 카페 등을 통해서 사이트로 사람들을 유입시킬 수 있는가?' 라는 문제가 발생합니다. 그 해답은 사람들이 관심을 많이 가질 수 있고 공감할 수 있는 콘텐츠를 검색 상위에 노출될 수 있도록 만들어야 합니다. 쇼핑몰로 고객을 유입시키는 콘텐츠에 관한 내용은 앞으로 자세히 설명하고, 여기서는 대략적인 흐름에 대해서만 설명하겠습니다.

## 1-1. 사람들의 관심이 많은 콘텐츠 만들기

고객을 쇼핑몰로 유입시키는 전략 중 한 가지가 사람들이 관심가질 만한 콘텐트 시리즈를 만든 후 시리즈를 어어 볼 수 있도록 궁금증을 유발시키는 것입니다. 우선은 사이트나 쇼핑몰의 주요 고객층이 무엇에 관심이 많은지를 조사한 후 그에 맞는 콘텐츠를 만듭니다. 콘텐츠를 만든 후 배포할 때는 시리즈 한 편을 여러 콘텐츠로 나누어 배포할 것인지, 시리즈 별로 구분하여 배포할 것인지를 결정합니다. 다음 표와 그림은 콘텐츠 배포 유형 사례입니다.

| 유형 | 특징 |
| --- | --- |
| 콘텐츠 분할형 | '메이크업 노하우 1탄' 콘텐츠의 내용을 2~3개로 나누어 쇼핑몰이나 블로그, 카페 등 원하는 채널로 유도하는 유형입니다. |
| 콘텐츠 본문 연장형 | '메이크업 노하우 1탄' 콘텐츠 내용 안에 다른 콘텐츠 내용을 연관시켜 쇼핑몰이나 블로그, 카페 등 원하는 채널로 유도하는 유형입니다. |
| 콘텐츠 시리즈형 | 콘텐츠 전체 시리즈를 순서대로 볼 수 있게 연관시켜 쇼핑몰이나 블로그, 카페 등 원하는 채널로 유도하는 유형입니다. |

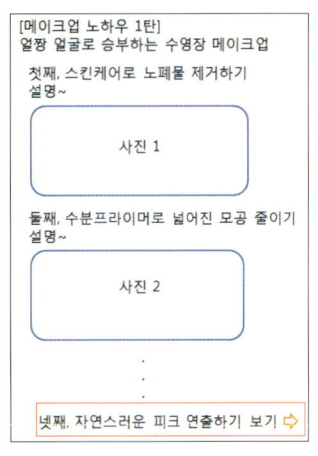
❖ 사례1 콘텐츠 분할형

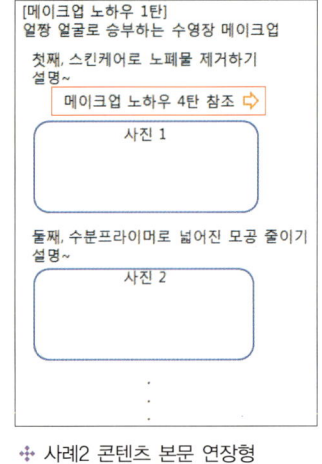
❖ 사례2 콘텐츠 본문 연장형

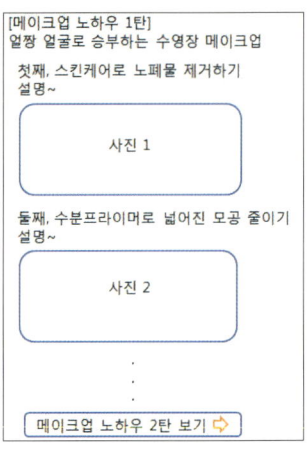
❖ 사례3 콘텐츠 시리즈형

## 1-2. 콘텐츠 배포하기

콘텐츠 배포 유형에 따라 콘텐츠를 구분했다면, 이제는 콘텐츠를 배포해야 합니다. 콘텐츠의 고객층이 최대한 많이 몰려있는 카페, 블로그 등을 선택하고 그 외 지식서비스와 소셜 네트워크 채널등을 통해서 배포합니다. 예를 들어 메이크업에 관심 있는 고객들이 몰려있는 네이버 카페 중 일정 규모 이상의 카페가 100곳이라면 다음 카페도 100곳 정도를 선정합니다. 카페를 선정한 후 하루에 올리는 카페 숫자를 10곳으로 정하고 10일에 거쳐 매일매일 꾸준히 콘텐츠를 등록합니다.

그리고 지식서비스에서는 미러아이디와 서브아이디 등 다수의 아이디를 동원하여 자신이 묻고 자신이 답하거나 주제와 연관된 질문에 답변 글로 등록합니다. 예를 들면 질문자용 아이디로 "수영장에서 돋보일 수 있는 메이크업 방법 좀 알려주세요?"라고 질문한 후 답변자용 미러아이디로 미리 만들어놓은 배포용 콘텐츠로 답변을 합니다. 이외에도 "수영장에서 돋보일 수 있는 메이크업 방법"과 관련된 주제의 질문에 서브아이디로 미리 만들어놓은 배포용 콘텐츠로 답변을 합니다. 그 결과 내가 원하는 곳에서 꾸준한 유입율이 발생합니다.

| 미러아이디, 서브아이디가 뭐죠?

네이버, 다음 등에 다수의 아이디로 자신이 질문하고 자신이 답 글을 달아 자신의 글을 채택하고 추천하여 사람들을 유인하는 방법입니다. 이와 동일한 개념으로 미러블로그와 서브블로그 등이 있으며 인터넷 마케팅 업체에서 주로 사용하는 방법입니다. 단 동일 ip로 질문과 답변이 진행되면 아이디가 정지와 같은 제재를 당할 수 있습니다.

콘텐츠를 배포할 때는 어느 콘텐츠까지를 배포할 것인가를 결정해야 합니다. '메이크업 시리즈가 총 4편이라면 이 전체를 배포하는 것이 아니라 1~2편은 배포 콘텐츠로 사용하고 나머지 3,4편을 방문자의 페이지뷰를 늘리기 위한 목적 또는 추가 유입하는 목적으로 사용할 수 있습니다.

콘텐츠를 이용해서 마케터 원하는 곳(사이트, 쇼핑몰, 블로그 등)으로 유도할 때는 콘텐츠 분할형, 콘텐츠 본문 연장형, 콘텐츠 시리즈형 등의 본문에서 사용한 방법처럼 '~ 보기', '~ 참조', '~제목 보기' 등과 같이 부담 없이 클릭할 수 있도록 합니다. 특히 쇼핑몰 링크 주소를 커다랗게 넣는 것은 부작용을 일으킬 수 있습니다. 쇼핑몰 링크 주소를 보면 결국 '쇼핑몰로 유도시키는 구나', '광고이구나' 라고 생각하기 때문에 유입율이 저조할 수밖에 없습니다.

**| 링크 주소는 정직하게 연결시켜라**

카페, 블로그, 지식서비스의 콘텐츠 등에서 쇼핑몰로 유입시키기 위해서는 쇼핑몰의 메인페이지보다는 콘텐츠가 등록된 페이지를 링크시켜야 합니다. 그렇지 않고 쇼핑몰 이벤트 페이지나 쇼핑몰 메인페이지를 링크시키면 불과 수초 만에 쇼핑몰을 이탈해버립니다. 또한 다른 카페나 블로그 등에 등록한 콘텐츠를 클릭하여 유입된 사람에게 카페 회원 가입을 해야 콘텐츠를 볼 수 있도록 하는 경우가 많은데 이런 경우 대부분 가입하지 않고 이탈해버립니다.

**| 어뷰징기법이란**

어뷰즈(Abous)는 '과용', '남용', '오용' 한다는 의미를 갖고 있습니다. 특정 부분의 평가 점수를 높이기 위해 정도를 벗어난 과도한 행동, 예를 들면 특정 키워드를 블로그 포스트 속이나 카페의 게시글 또는 트위터나 미투데이어의 글속에 과도하게 배치하는 방식이나 특정 코드나 키워드를 과도하게 사용하여 네이버나 다음의 검색엔진의 검색로봇의 인덱싱에 혼란(검색로봇에게 잘 검색될 수 있게 인덱싱 정확도를 높이는 것)을 주어 강제로 검색순위에 올리는 것 등을 어뷰징기법이라고 합니다. 무엇이든 과하면 화를 불러오는 법입니다. 특정 키워드를 과도하게 배치시키거나 포스트나 게시글 속에 링크가 너무 많으면 어뷰징(스팸) 등으로 구별되어 노출 자체가 배제될 수 있습니다.

# Lesson 06
# 인터넷 마케팅의 현재와 미래

## 1 지식iN, 카페, 블로그, 소셜 네트워크 콘텐츠는 어디서, 누구에게, 어떻게 퍼지나요?

검색을 통한 현재의 인터넷 마케팅과 앞으로 인터넷 마케팅에 대해서 알아보겠습니다. 누군가 어떤 사실 또는 사건을 알게 되어 흥미를 갖고 검색 포털 사이트에서 정보를 검색합니다. 검색 결과를 통해서 관심을 갖는 콘텐츠를 클릭하고 콘텐츠의 출처가 있는 곳을 방문을 하며 만족도에 따라 그 정보를 친구들과 함께 공유합니다. 친구가 만족하는 모습을 본 친구의 친구들도 방문을 시도하면서 입소문이 시작되는 선순환구조를 갖는 것이 최근의 인터넷 마케팅 구조입니다. 사례를 통해서 좀 더 구체적으로 알아보겠습니다.

'아이사랑 주부 모임' 블로그를 운영하던 주부 조○○씨는 뉴스를 통해서 주부들 사이에서 핸드메이드 DIY 창업이 인기를 끌고 있다는 사실을 인지하게 됩니다. '나도 한 번 해볼까?'라는 흥미를 갖은 조○○ 주부는 네이버 검색 포털 사이트에서 '핸드메이드 DIY 창업'과 관련된 검색어로 검색합니다. 그 중 핸드메이드 DIY ○○카페를 알게 되었고 회원가입한 후 다양한 정보를 얻게 됩니다. 수차례 방문하여 댓글도 달고 게시글도 올리다보니 핸드메이드 DIY ○○카페의 우수회원이 됩니다. 그 후 조○○ 주부는 카페에서 주최하는 오프라인 강좌에도 참여하기도 합니다. 그리고 핸드메이드 DIY ○○카페에서 운영하는 핸드메이드 DIY ○○쇼핑몰에서 핸드메이드 DIY에 필요한 물건들도 구매하여 자신만의 상품을 만들어보기도 합니다. 만들다 궁금한 사항은 카페의 다른 회원들을 통해 답을 얻기도 합니다.

조○○ 주부는 핸드메이드 DIY ○○카페에 애정을 갖게 되고 자신이 운영하는 '아이사랑 주부 모임' 블로그와 트위터를 통해서 핸드메이드 DIY ○○카페 정보를 공유하기도 합니다. 그 후 입소문을 타고 '아이사랑 주부 모임' 블로그의 블로거들도 핸드메이드 DIY ○○카페를 방문하게 되어 DIY ○○카페를 방문하는 회원들은 계속 늘어나게 됩니다.

이와 같은 일련의 과정을 그림으로 표현하면 다음과 선순환구조를 그리는 특징을 가지고 있습니다.

위 선순환구조에서 첫 단계인 '사건', 즉 일상에서 일어나는 일들을 대입하면 수많은 파생 상품을 만들 수 있습니다. 앞의 사례에서도 거론되었던 '시크릿 가든 드라마 속 현빈 트레이닝복' 사례를 위 선순환구조의 '사건'에 대입해보면 좀 더 쉽게 이해할 수 있을 것입니다. 시크릿 가든 드라마를 보던 수많은 사람들이 주인공 현빈이 입었던 특이한 트레이닝복을 사건에 대입해볼까요? 위 조○○○ 주부의 사례와 동일한 결과를 얻을 수 있습니다.

사건을 찾아서 빠르게 찾아 상위에 노출될 수 있는 콘텐츠를 만들어 카페, 블로그, 지식iN 등은 소셜 네트워크와 스마트폰과 같은 웹 모바일을 통해서 노출시키고 이들을 내가 판매하는 상품, 서비스, 기술 등을 구매 또는 소비하고, 그 정보를 보다 많은 사람들과 공유하고 입소문 날 수 있도록 해야 되는 것입니다.

## 2 선순환구조를 만들기 위해서 인터넷 마케터가 해야 될 일은 무엇일까요?

선순환구조를 만들기 위해서 인터넷 마케터가 해야 될 일은 무엇일까요? 핵심 키워드는 '검색 결과 노출'과 '이웃(블로그의 경우), 친구(미투데이, 트위터, 페이스북), 회원(카페, 지식iN),'들과의 '공유'라고 볼 수 있습니다. 블로그를 예로 들어보겠습니다. 마케터는 고객에게 알리고자 하는 콘텐츠를 블로그에 포스팅합니다. 이때 자신이 포스팅한 콘텐츠가 검색 포털에 잘 노출될 수 있도록 상위 노출 요인 등을 고려하여 작성합니다. 그러면 고객은 정보를 찾기 위해 검색하다가 마케터의 포스트를 발견하고 그 콘텐츠를 보게 됩니다. 그 중 콘텐츠에 만족스러운 사람들은 해당 블로그를 방문하고 다양한 정보가 있음을 인지한 후 앞으로 틈틈이 방문하기 위해 '이웃 추가'를 합니다.

하지만 인터넷 마케팅의 목적은 '이웃에서 이웃으로 전달된 후 다시 다른 이웃의 이웃으로' 전달되어야 하는데, 단지 '이웃 추가'로 마케팅이 종결되는 경우가 대부분이기 때문에 인터넷 마케팅의 효과가 충분히 발생하지 못하고 있습니다. 때로는 '이웃 추가'한 이웃마저도 블로그의 올려진 포스트를 잘 안 보여지고 단지 검색으로 방문한 방문자에게만 보여지는 경우도 많습니다. 인터넷 쇼핑몰의 완성도를 높이기 위해서는 반드시 소셜 네트워크를 접목시켜야 합니다. 지식iN, 블로그, 카페가 콘텐츠를 생산하여 검색 포털에 '노출'에 초점을 두었다면, 소셜 네트워크 서비스는 콘텐츠를 '소비·공유·전파'에 초점을 두어야 합니다. 소셜 네트워크를 통해서 맺어진 '친구'들은 콘텐츠를 소비하는 소비자 집단으로서 콘텐츠를 전파하기 용이하게 이루어졌기 때문입니다. 앞으로의 인터넷 마케팅은 지식iN, 카페, 블로그가 콘텐트를 생산하는 생산 공장의 역할을 담당하고, 미투데이, 트위터, 페이스북 같은 소셜 네트워크 서비스가 생산된 콘텐츠를 전파하고 소비하는 역할을 하게 될 것입니다. 그렇기 때문에 검색 포털의 검색 상위 노출도 중요하지만 소셜 네트워크를 통한 전파가 더욱 부각됨으로써 콘텐츠의 양보다는 질적인 생산이 필요합니다. 또한 스마트폰 등 모바일을 통한 실시간 검색 활용의 중요성도 크게 부각되고 있습니다.

## 3  선순환구조를 만드는 실시간 마케팅 도구를 적극 활용하라

앞으로 인터넷 마케팅은 모바일을 통한 모바일 지식iN, 블로그, 카페, 트위터, 미투데이 등 실시간으로 정보를 확인하고 소식을 전하고 업무를 처리하는 등 스마트한 실시간 시대가 전개될 것입니다. 다음 그림은 휴대폰에서 웹브라우저를 실행하고 주소 창에 모바일 네이버(m.naver.com)을 입력하면 네이버 모바일 웹이 실행됩니다. 모바일 웹을 통해서 카페, 블로그 등의 새 글을 확인하고 답글을 작성하고, 마투데이나 트위터에 올라온 소식에 답글을 작성할 수 있습니다.

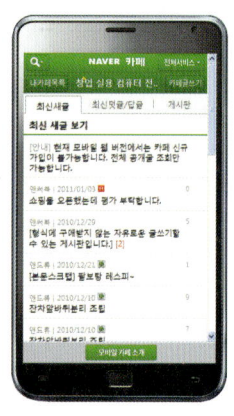 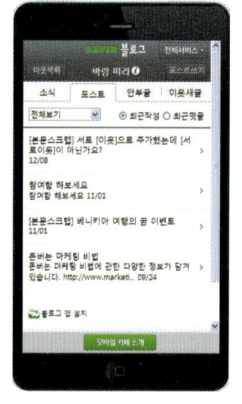 

❖ 모바일 네이버 카페, 블로그, 미투데이의 실현 모습

네이버 지식iN 서비스 중 모바일 Q&A는 휴대폰 문자 #11119 또는 모바일 웹을 통해 질문하면 답변을 받을 수 있는 실시간 Q&A 서비스입니다. 모바일 Q&A의 질문과 답변은 150자까지만 작성할 수 있습니다. 모바일 Q&A에 등록된 질문과 답변에 의견쓰기 기능이 제공되지 않습니다. 모바일 Q&A는 웹 지식 Q&A와 같이 질문자와 답변자가 다양한 지식을 해결하기 위해 의견을 주고받기 보다는, 트위터와 같이 짧은 글로 정말 알고 싶은 것을 질문하고, 이에 정확한 답변만을 전달 할 수 있는 서비스이기 때문에 장문의 의견 기능이 제공되지 않습니다. 그렇기

때문에 모바일 지식iN의 질문은 대부분 다음 그림과 같이 실시간으로 답변이 필요한 질문들을 많이 올립니다. 모바일 지식iN의 답변 효과 또한 실시간으로 나타납니다. 다음 그림과 같이 모바일 Q&A를 통해서 올라온 질문에 다음과 같이 답변한다면 어떤 결과가 나타날까요?

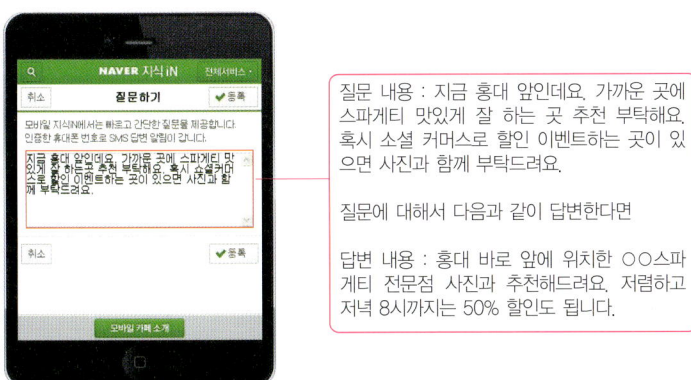

질문 내용 : 지금 홍대 앞인데요. 가까운 곳에 스파게티 맛있게 잘 하는 곳 추천 부탁해요. 혹시 소셜 커머스로 할인 이벤트하는 곳이 있으면 사진과 함께 부탁드려요.

질문에 대해서 다음과 같이 답변한다면

답변 내용 : 홍대 바로 앞에 위치한 ○○스파게티 전문점 사진과 추천해드려요. 저렴하고 저녁 8시까지는 50% 할인도 됩니다.

| 모바일 지식iN으로 등록된 질문은 미투데이와 미투지식인에도 등록되나요?
모바일 지식iN을 통해서 등록된 질문은 지식iN 뿐만 아니라 아이디와 연동된 미투데이의 마이미투와 미투지식인에 동시에 등록되며, 미투 친구나 다양한 사용자들의 답변을 받을 수 있습니다.

모바일 지식iN을 통해서 등록하면 PC의 네이버 지식iN의 [모바일 Q&A]에서 확인과 답변할 수 있습니다. 답변 내용은 SNS로 질문자 휴대폰으로 전송됩니다. 모바일 웹을 통하면 모바일 지식iN 외에도 모바일 카페, 모바일 블로그, 모바일 미투데이, 모바일 트위터 등을 PC의 웹과 연동시켜 실시간으로 올라오는 다양한 정보를 마케팅에 적극 활용할 수 있습니다.

❶ 모바일 지식iN을 통해서 구매 현장에서 질문합니다.

❷ 모바일 Q&A에 실시간으로 올라온 질문

❸ 답변 글을 작성한 후 [답변 보내기] 버튼을 클릭하면 질문자에게 답변이 SMS로 전송됩니다.

모바일 Q&A의 사례 한 가지를 살펴보겠습니다. 모바일 Q&A의 인기 키워드로 떠오르는 검색어가 '근처모텔' 입니다. 서울역 부근에서 모텔을 이용하려는 사람이 지식iN의 모바일 Q&A로 '서울역 근처모텔 추천 부탁드려요.' 라고 질문을 올리면 서울역 부근에서 모텔을 운영하는 사람이 약도(지도)를 포함한 모텔 소개와 함께 할인쿠폰이 첨부된 답변을 보냅니다. 마땅한 모텔을 찾지 못한 질문자는 답변자가 추천한 모텔을 이용할 확률은 매우 높아집니다. 모바일을 활용한 인터넷 마케팅은 앞으로 더 활성화될 것이기 때문에 마케팅에 적극 도입해야 됩니다.

## 4 소셜 네트워크 검색과 네이버미를 통한 클러스터링 마케팅에 집중하라

클러스터링 마케팅이란 친구가 될 수 있는 높은 잠재력의 유망 네티즌 집단을 찾아내는 마케팅 기법으로, 같은 집단에 속한 고객은 동질성을 지닌다는 점에 착안된 마케팅 기법입니다. 고객을 목적에 따른 집단으로 분류한 뒤 마케팅 효과가 높은 집단(카페 회원, 블로그 이웃, 트위터, 미투데이, 페이스북의 친구 등)을 선택해 이들을 중심으로 집중 마케팅을 전개하는 것입니다. 최근 트위터, 미투데이, 블로그 등 소셜 네트워크 서비스의 비중이 커지면서 클러스터링 마케팅이 더욱 중요해지고 있습니다.

클러스터링의 대표적인 서비스가 네이버의 소셜 네트워크 검색 서비스입니다. 다음 그림은 네이버 검색 포털 사이트에서 로그인 후 검색 창에서 '가죽자켓' 검색어로 검색한 소셜네트워크 검색 탭의 결과입니다. 소셜 네트워크 검색 탭의 검색 결과는 내가 가입한 카페, 나의 블로그 이웃, 나와 미투데이 친구 관계를 맺고 있는 곳의 콘텐츠 중 '가죽자켓' 검색어와 일치하는 콘텐트만 노출됩니다. 이 처럼 네이버의 소셜 네트워크 검색 기법은 철저하게 나와 관련되어 있는 클러스터링 기법을 이용한 검색 서비스입니다.

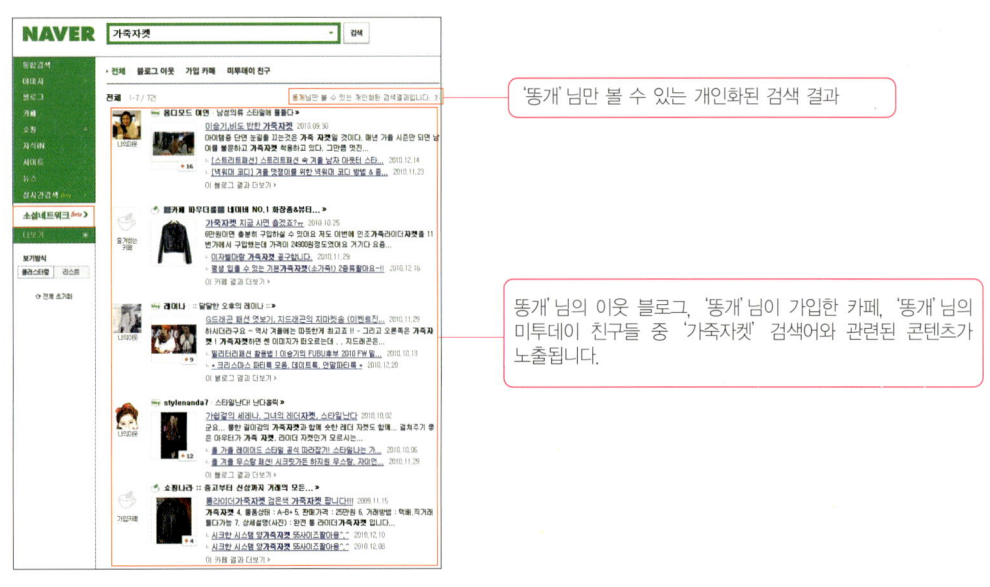

# 5. 클러스터링 진화는 소셜 커머스의 성공을 불러온다.

클러스터링 마케팅 효과를 극대화시키려면 어떻게 해야 할까요? 보다 많은 사람들과 끈끈한 관계를 맺는 것이 그 해답이라 할 수 있습니다. 관계가 끈끈할수록 결속력은 강해지고 클러스터링 마케팅 효과도 높아집니다. 또한 클러스터링이 진화되면 '소셜 커머스'라는 새로운 비즈니스 모델이 만들어집니다.

소셜 커머스란 외식메뉴, 레버, 호텔, 의류, 생필품, 완구 등 많은 분야의 아이템들을 일정 시간 안에 일정 고객 이상이 구매를 하면 '몇%' 이상 저렴한 가격에 판매하는 새로운 개념의 마케팅 방식으로 '소셜 커머스' 또는 '소셜 쇼핑몰'이라고 합니다. 예를 들어 하루에 한 가지 상품만 공동구매를 진행하고, 그 상품은 절반 이하의 가격으로 판매한다고 가정해보겠습니다. 이 경우 소비자 입장에서는 반값으로 공연 티켓이며, 맛집 쿠폰 등을 구매할 수 있어서 이득이고, 판매자 입장에서는 광고, 홍보 효과와 함께 매출 상승효과를 기대할 수 있습니다.

소셜 커머스가 성공하기 위해서는 무엇보다도 소셜 커머스를 이용하는 고객들과의 관계를 맺고 있는 사람들의 수가 일정 인원 이상 형성되어 있어야 합니다. 다음 그림은 다음(daum)의 회원들을 대상으로 실시하는 '다음(daum) 소셜 쇼핑' 사례입니다. 기본적으로 다음(daum)은 회원수가 많기 때문에 소셜 쇼핑을 진행해도 성공 확률이 높습니다. 이처럼 클러스터링이 발전하여 나와 관계를 맺고 있는 사람의 수가 많아지면 소셜 커머스라는 비즈니스 모델로 발전하기 유리한 상황이 만들어집니다.

Chapter

# 검색엔진의 검색과 노출 원리

Lesson 1.  검색 포털 사이트의 검색 흐름 이해하기
Lesson 2.  검색엔진의 원리를 알아야 제대로 마케팅 할 수 있다
Lesson 3.  웹·모바일 검색 항목의 검색 노출 원리와 특징

# 검색 포털 사이트의 검색 흐름 이해하기

## 1. 인터넷 마케팅을 하려면 왜 검색엔진의 원리를 이해해야 하나요?

왜 인터넷 마케팅이나 소셜 네트워크 마케팅을 하는데 검색엔진의 원리를 이해해야 할까요? 검색엔진은 '모든 길은 로마로 통한다' 라는 말의 유래와 일치하기 때문입니다. 로마가 인적, 물적 자원의 세계의 중심이었던 것처럼, 현재 인터넷 상에서 이루어지는 모든 마케팅은 검색 포털 사이트로 통하는 구조로 되어 있습니다. 그렇기 때문에 인터넷에서 어떤 마케팅을 하더라도 우선 시 되어야 할 것이 검색엔진의 원리를 이해하는 것입니다. 또한 검색엔진을 이용하여 검색 서비스를 하고 있는 검색 포털 사이트 중 사용자층이 가장 많고 점유율이 가장 높은 네이버 검색 포털 사이트를 우선적으로 이해하는 것이 동일한 노동력으로 인터넷 마케팅의 효과를 높이는 방법이라 할 수 있습니다.

### 1-1. 검색엔진, 알고리즘, 검색로봇

검색 사이트를 통해서 원하는 정보를 찾아주는 서비스를 검색 서비스라 하고, 검색 서비스를 시행하는 대표적인 사이트에는 네이버, 다음, 야후, 네이트, 구글 등이 있으며, 이들을 통상 '검색 포털 사이트' 라 합니다. 인터넷 공간에는 전 세계 컴퓨터가 연결되어 있기 때문에 수많은 정보와 자료들이 존재합니다. 인터넷에서 정보를 찾기 위해서는 도구가 필요한데, 도구 기능을 수행하는 것이 바로 검색엔진입니다.

검색엔진을 통하면 몇 가지 단어를 입력함으로써 원하는 정보를 찾을 수 있습니다. 검색엔진의 대부분은 실시간정보, 최신 정보를 수집하기 위해 검색 포털 사이트마다 고유의 검색 알고리즘과 검색로봇(스파이더)을 사용하여 자료를 축척하고 처리합니다. 예를 들어 검색 포털 사이트의 검색 창에서 어떤 단어를 검색하면 알고리즘(Algorithm)과 기계(Machine)에 의해서 검색로봇은 축척된 자료의 정리된 결과를 보여줍니다.

| 검색 포털 사이트의 알고리즘과 기계란?

자동차로 노원구청에서 출발하여 강남구청을 가려고 한다고 가정해봅시다. 이때 내비게이션에 도착지를 입력하면 내비게이션은 현 출발지인 노원구청에서 강남구청까지 가는 최적화된 길을 찾아주게 됩니다. 내비게이션에 따라서 최적화된 길을 산출해주는 것이 알고리즘입니다. 하지만 최적화된 길의 산출한 결과는 내비게이션에 장착된 기계의 처리 방식에 따라 다릅니다. 그 이유는 내비게이션 업체마다의 알고리즘을 처리하는 기계인 로봇이 다르기 때문입니다. 즉 네이버, 다음, 구글은 모두 검색 서비스를 하고 있지만 검색 결과를 산출하는데 사용하는 검색 알고리즘과 검색로봇의 성격이 서로 다른 검색엔진을 사용하고 있기 때문에 산출 결과가 약간씩 다른 것입니다.

## 1-2. 검색 포털 사이트의 검색 흐름 이해하기

다음은 검색 포털 사이트의 일반적인 검색 서비스의 흐름을 나타낸 그림입니다. 가장 먼저 검색 포털 사이트의 검색엔진을 통해서 인터넷 상의 각종 데이터를 추출(그림의 1단계)하고 그 결과를 검색 포털 사이트의 인터페이스에 맞게 편집(그림의 2단계)되어 검색 결과를 사람들에게 서비스(그림의 3단계)합니다.

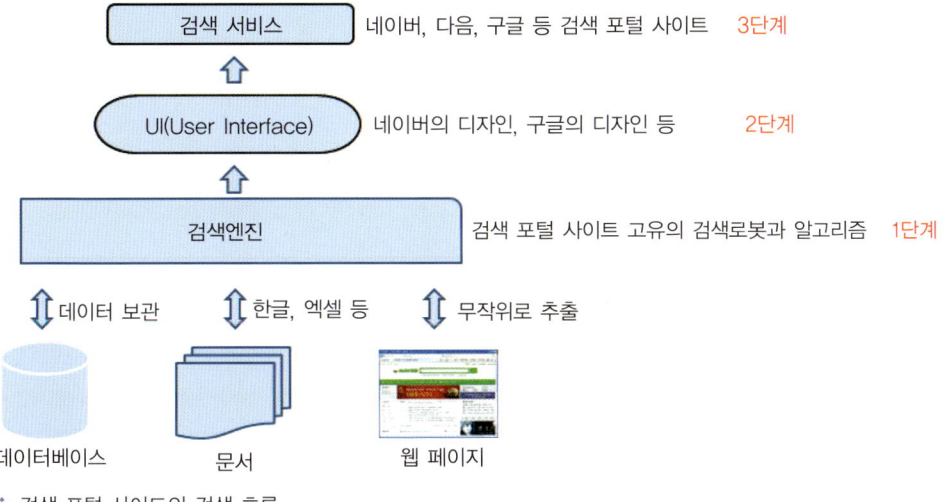

❖ 검색 포털 사이트의 검색 흐름

## 2  검색 포털 사이트의 인터페이스에서 배우는 인터넷 마케팅 전략

네이버, 다음, 네이트, 구글 등은 모두 검색 포털 서비스 사이트이지만 UI(사용자 인터페이스, User Interface)에 있어서는 커다란 차이가 있습니다. 네이버와 구글의 사용자 인터페이스를 '안드로이드 스마트폰' 키워드로 비교해보겠습니다.

다음은 네이버의 메인 화면을 비교한 그림입니다. 두 그림의 검색 창에는 각각 '안드로이드 아이폰' 키워드가 입력되어 있습니다. 여러분이라면 ❶번과 ❷번의 검색 창 중 어느 곳의 검색 창이 집중되어 보이시나요? 당연히 ❷번을 선택했을 것입니다.

❖ 사례 1

❖ 사례 2

사례1의 화면에는 뉴스, 광고, 선정성 콘텐츠, 게임 등 다양한 정보들로 가득합니다. 네이버 검색 포털 사이트에 접속한 후 원래 목적인 검색 창에 '안드로이드 스마트폰' 키워드를 입력해야 하지만 네이버에 접속하는 순간 메인 화면의 선정성 뉴스 헤드라인, 연예인 뉴스, 이슈화된 사건·사고, 실생활에 필요한 지식들, 광고 등에 현혹되어 클릭하다보면 정작 해야 할 일인 '안드로이드 스마트폰' 키워드 검색을 깜빡 잊어버립니다. 아마 이런 경우는 모두들 경험해 보았을 것입니다.

검색 포털 사이트에서 노출된 수많은 정보들을 모두 무시하고 가장 먼저 검색 창에 키워드를 입력하여 정보를 찾는 것은 급하지 않은 경우라면 좀처럼 쉽지 않을 것입니다. 예를 들어 '안드로이드 아이폰' 정보를 찾아보기 위해 접속했다 뉴스 헤드라인 기사를 클릭하게 될 것입니다. 마케터들은 이런 상황을 '뉴스 기사에 낚았다'라고 표현합니다. 반면 네이버의 메인화면이 사례2와 같다면 상황은 달라질 것입니다. 시선이 분산되지 않기 때문에 '안드로이드 아이폰' 키워드로 정보를 검색하려는 목적을 벗어나지 않을 것입니다. 이는 네이버뿐만 아니라 다음, 네이트 등 국내 모든 검색 포털 사이트들의 공통된 특징입니다.

구글 사이트에 접속해보겠습니다. 구글은 검색 창 이외에는 아무것도 보이지 않기 때문에 접속 후 원래 목적인 '안드로이드 스마트폰' 키워드를 검색할 확률은 100%입니다.

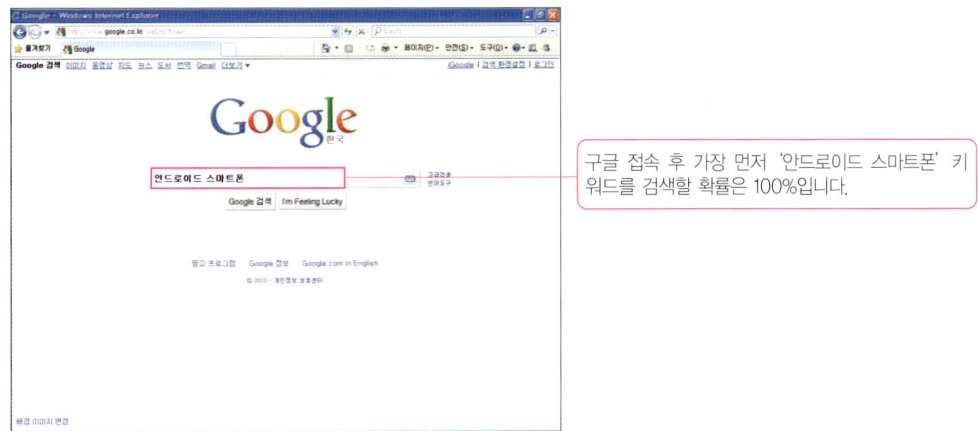

네이버, 다음 등 국내 포털 검색 포털 사이트의 인터페이스가 구글과 다른 이유는 국내 검색 포털 사이트의 웹 편집자들에게 의해 네티즌들이 보기 좋게 편집는 반면 구글은 검색 그 자체에 충실하기 때문입니다. 국내 검색 포털 사이트의 메인 화면은 궁금증 등을 유발하는 내용으로 방문자를 유인하는 콘텐츠, 그리고 그 콘텐츠를 클릭하면 그 다음 콘텐츠가 궁금하게 만들어 계속 서핑하게 만드는 마케팅 전략이 담겨 있습니다. 이 처럼 '꼬리에 꼬리를 무는' 마케팅 전략은 앞으로 우리가 배워야 할 인터넷 마케팅의 중요한 기법이기도 합니다.

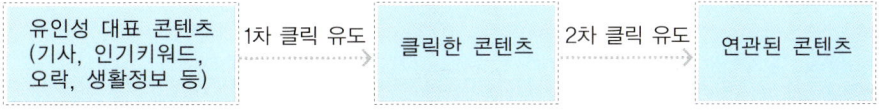

| 네이버 검색반영의 신속성과 정확성을 높이는 신디케이션 API 연동

'신디케이션 API'는 웹사이트의 수정이나 삭제 등 변화가 가해졌을 때 실시간으로 네이버가 파악을 해 보다 정확한 정보를 제공하여 검색하는 작업입니다. 신디케이션 API는 사이트에서 컨텐츠를 등록하거나 수정, 삭제할 때 신디케이션 서버를 통해 검색서버에 정보가 전달이 되어 빠르고 정확한 검색반영이 가능합니다. 신디케이션 API 연동에 관해서는 앤써북 카페 (www.answerbook.co.kr)의 [도서 자료방/Q&A]-[인터넷검색소셜네트워크마케팅최적화 ] 게시판의 '신디케이션API연동' 게시글을 참조하세요.

# Lesson 02 검색엔진의 원리를 알아야 제대로 마케팅 할 수 있다

## 1 구글의 검색엔진과 네이버 검색엔진의 차이

다음은 구글 검색엔진의 원리를 나타낸 그림입니다. 사용자가 어떤 키워드를 검색하면 구글의 검색로봇에 의해 수집 보관된 데이터베이스에서 색인 정렬된 데이터 중 연관성 검사를 거친 후 검색 결과를 사용자에게 보여줍니다. 일련의 과정이 모두 검색로봇에 의해서 처리되기 때문에 검색 결과를 보여주는 속도가 국내 검색 포털 사이트에 비해 빠릅니다.

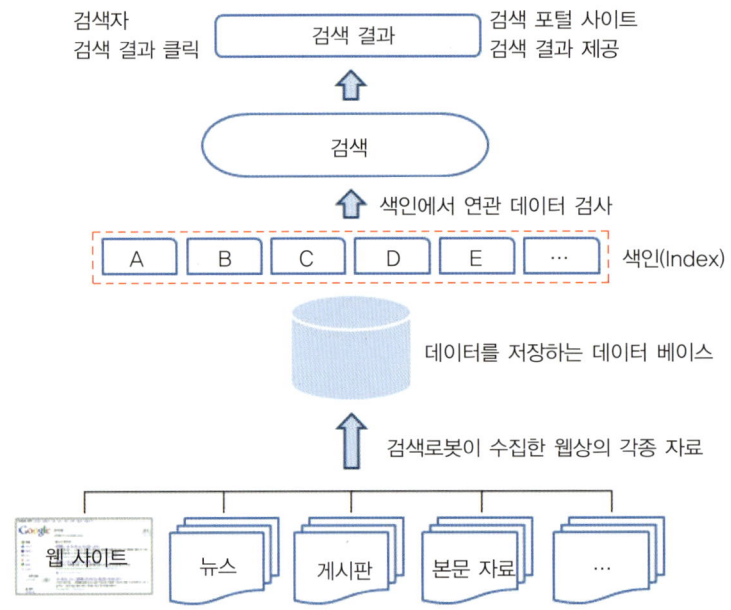

구글 검색엔진의 검색 원리

다음은 네이버, 다음 등 국내 검색엔진의 원리를 나타낸 그림입니다. 구글의 검색엔진과 비교하면 포털이 소유하는 데이터가 많다는 점과 검색하여 저장된 데이터를 지식 검색, 카페 검색, 블로그 검색, 실시간 검색, 소셜 네트워크 검색 등으로 검색한 사람이 결과를 보기 쉽게 노출된다는 점이 다릅니다.

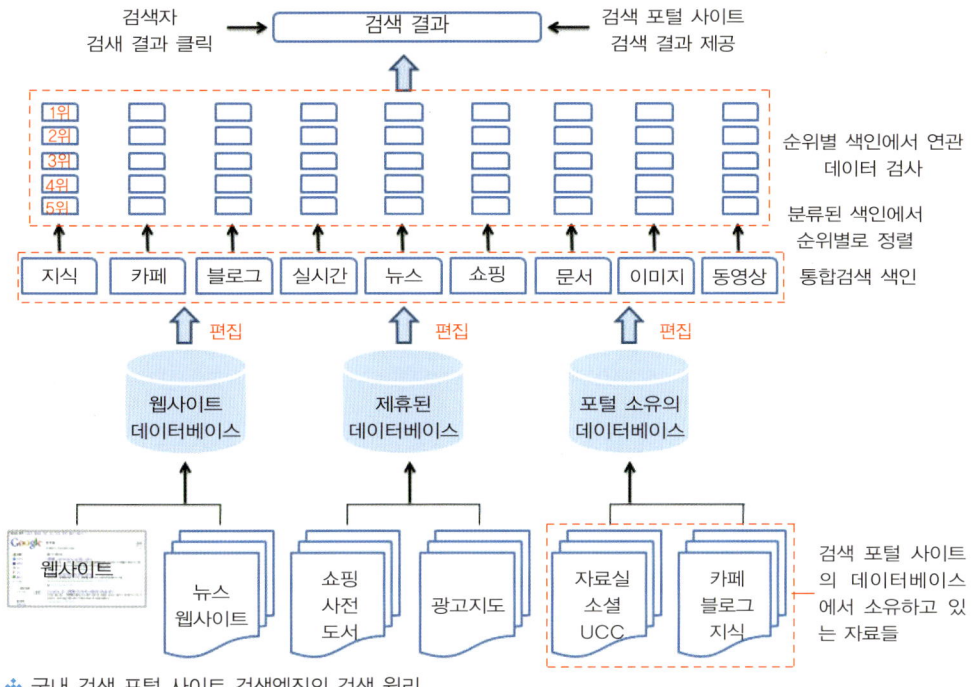

❖ 국내 검색 포털 사이트 검색엔진의 검색 원리

# 2 검색로봇의 작동 원리 이해하기

## 2-1 검색로봇의 역할

검색로봇은 전 세계의 인터넷 상에 있는 웹페이지를 방문해서 내용을 읽고 수집 및 정렬시켜 그 정보를 검색 포털 서비스 업체의 자체 데이터베이스에 저장합니다. 단 수집한 문서의 내용을 저장하는 것이 아니라 문서가 있는 위치와 함께 색인(분류하여 위치를 표시, Indexing) 하는 것입니다.

검색로봇의 인터넷 상의 웹페이지를 방문하여 웹 페이지의 내용들을 읽고 그 정보를 수집하여 검색 포털 서비스 업체의 자체 데이터베이스에 저장합니다. 이 때 검색로봇은 한 페이지만 방문하고 끝나지 않고 그 페이지에 링크되어 있는 또 다른 페이지를 차례로 방문합니다. 이처럼 웹 페이지의 링크 주소를 따라 웹(일명, 거미줄)을 돌아다니는 모습이 마치 거미가 거미줄을 따라 돌아다니는 모습과 비슷해서 검색로봇을 스파이더(spider) 또는 크롤러(crawler)라고 부르는 것입니다. 네이버 검색로봇을 기준으로 검색로봇에 대해서 설명하겠습니다. 네이버에서 운영하는 검색로봇은 네이봇(Naverbot)과 예띠(Yeti)입니다. 네이봇과 예띠는 우리가 운영하는 쇼핑몰의 웹 페이지, 카페, 블로그, 지식서비스, 미투데이, 트위터 등 인터넷 상의 거의 모든 자료를 읽고 그 정보를 실시간으로 가져옵니다. 단, 네이버의 내부 자료와 달리 인터넷 쇼핑몰, 홈페이지 등 외부 자료는 일정한 주기를 갖고 크롤(검색로봇이 천천히 기어 다니면서 인터넷 상의 문서 내용의 정보를 가져온다는 의미)하기 때문에 웹페이지의 파일 변화에 대해 실시간으로 감지하지 못할 수 있습니다.

| 내부 자료와 외부 자료의 차이점

검색 포털 사이트가 직접 운영하는 서비스인 지식, 블로그, 카페, 미투데이, 요즘 등에서 발생하는 각종 정보, 즉 검색 포털 사이트의 데이터베이스에 축척된 자료를 내부 자료라고 하며, 언론사의 정보, 인터넷 쇼핑몰의 내용, 회사 홈페이지의 내용 등 검색 포털 사이트의 데이터베이스에 축척할 수 없는 자료를 외부 자료라 합니다. 내부 자료를 가장 많이 축척하고 있는 검색 포털 사이트는 네이버이며, 카페에 관련된 자료를 가장 많이 축척하고 있는 검색 포털 사이트는 다음(Daum)입니다.

## 2-2. 로봇 텍스트 파일 이해하기

검색로봇이 나의 쇼핑몰을 방문했을 때 가장 먼저 찾는 파일이 'robots.txt' 파일이며, 검색로봇은 이 파일에 쓰여있는 내용을 따르게 됩니다. 'robots.txt' 파일은 메모장에서도 간단히 작성할 수 있으며, 이 파일의 저장된 위치(디렉토리)만 제대로 설정하면 됩니다. 'robots.txt' 파일은 로봇 제외 표준이라 불리며, 검색엔진 로봇들로 하여금 사이트의 전체, 또는 특정부분의 접근을 제한하게 만드는 역할을 합니다. 'robots.txt' 파일은 검색로봇들로 하여금 어떤 디렉토리는 인덱스가 가능하며, 어떤 디렉토리는 인덱스를 해서는 안된다는 것을 알려줍니다. 기본적으로 'robots.txt' 파일은 사이트의 최상위 디렉토리에 위치합니다.

예 http://www.answerbook.co.kr/robots.txt

만약 robots.txt 파일이 내가 운영하는 쇼핑몰이나 홈페이지의 루트(최상위) 디렉토리(❶번과 같이)에 위치하지 않고 서브(하위) 디렉토리(❷번과 같이)에 위치하는 경우 robots.txt 파일이 있어도 이는 아무런 효력을 갖지 못합니다. 오로지 ❶번과 같이 루트 디렉토리의 robots.txt 파일만 참조합니다.

❶ www.answerbook.co.kr/robots.txt
❷ www.answerbook.co.kr/books/robots.txt

만약 검색로봇이 내 쇼핑몰이나 홈페이지의 비밀번호, 아이디, 개인정보 등 중요 문서가 있는 디렉토리의 접근을 허용하지 않아야 되는 경우라면 'robots.txt' 파일에서 로봇의 접근불허용 상태로 설정하면 됩니다. 물론 모든 로봇이 'robots.txt' 파일을 절대적으로 따르는 것은 아닙니다. 하지만 대부분의 제어가 가능합니다.

다음은 어느 쇼핑몰의 'robots.txt' 파일의 저장내용입니다. 주소창에 'http://www.쇼핑몰 주소/robots.txt'을 입력한 후 Enter 키를 누르면 쇼핑몰의 robots.txt 파일에 저장된 검색엔진의 노출 허용 상태를 확인할 수 있습니다.

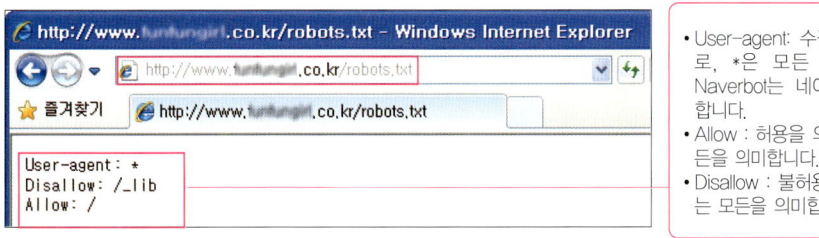

- User-agent: 수집하는 주체의 범위로, *은 모든 로봇을 의미하고 Naverbot는 네이버 로봇만을 의미합니다.
- Allow : 허용을 의미합니다. '/'는 모든을 의미합니다.
- Disallow : 불허용을 의미합니다. '/'는 모든을 의미합니다.

❶ 전체 문서 수집 허용 불가

쇼핑몰이나 홈페이지 전체의 문서가 검색엔진의 로봇이 접근하여 수집하는 것을 원하지 않을 경우에는 다음과 같이 코드를 설정합니다.

```
User-agent: *
Disallow: /
```

❷ 전체 문서 수집 허용

쇼핑몰이나 홈페이지 전체의 문서가 검색엔진의 로봇이 접근하여 수집하는 것을 원하는 경우에는 다음과 같이 코드를 설정합니다.

```
User-agent: *
Disallow:
```

❸ 일부 디렉토리의 문서 수집만 허용

쇼핑몰이나 홈페이지 전체의 문서 중 일부 디렉토리만 검색엔진의 로봇이 접근하여 수집하는 것을 원하지 않을 경우, 예를 들어 'open_diary'와 'open_image' 디렉토리에 속한 웹문서에만 접근할 수 있도록 원한 다면 다음과 같이 코드를 설정합니다.

```
User-agent: *
Disallow: /open_diary/
Disallow: /open_image/
```

**❹ 특정 검색엔진에게만 전체 문서 수집 허용**

예를 들어 네이버 로봇(NaverBot)에게만 접근하여 전체 문서 수집하는 것을 원하는 경우에는 다음과 같이 코드를 설정합니다.

```
User-agent: NaverBot
Disallow:
User-agent : *
Disallow: /
```

| 검색로봇의 방문주기를 변경할 수 있나요?

네이버 검색로봇의 방문주기를 변경하려면 robots.txt 파일에 네이봇(NaverBot), 예띠(Yeti)의 방문주기를 설정해야 합니다. 다음과 같이 'Crawl-delay: 30'이라고 설정하면 30초 단위로 나의 홈페이지나 쇼핑몰을 방문하여 웹문서를 수집합니다. 만약 네이버 검색로봇의 방문주기를 지정하지 않으면 네이봇(NaverBot), 예띠(Yeti)의 최소 검색 주기인 수초 간격으로 한 페이지씩 수집을 집행합니다. 실시간 검색에서 수초단위의 새로운 검색 결과가 올라오는 것도 모두 검색로봇의 방문주기 때문입니다.

```
User-agent: NaverBot
Crawl-delay: 30
User-agent : Yeti
Crawl-delay: 30
```

## 3 검색로봇의 문서 수집 과정 이해하기

검색로봇이 문서를 수집하는 과정에 대해서 알아보겠습니다.

### 1단계. 수집해야 될 문서 초기 목록 지정

로봇이 수집해야 될 인터넷 상의 웹문서 초기 목록을 지정해줍니다. 예를 들어, 가장 처음 수집해야 할 문서를 문서A, 그 다음으로 수집해야 될 문서를 문서B, 이와 같이 문서C, 문서D, 문서E, 문서F로 순서를 지정했다면 검색로봇은 이들 문서를 지정한 순서대로 방문하여 수집해 옵니다.

### 2단계. 문서 초기 목록의 링크 문서 수집

대개의 인터넷 상의 웹문서는 하나만 따로 떨어져 있지 않고 다른 문서와 링크로 연결되어 있습니다. 예를 들면 쇼핑몰 메인화면에서 상품 이미지를 클릭하면 상품 상세페이지가 연결되고, 상품 상세페이지에서 구매하기를 클릭하면 결제 페이지가 연결되어 있는 것과 같습니다. 3단계에서 그림의 문서A에는 문서G, H가 링크되어 있고(화살표 표시), 문서B에는 문서 G, H, I가 링크되어 있습니다. 문서A~F를 수집해온 로봇은 이번에는 문서A~F에 링크되어 있는 문서를 수집해 옵니다. 예를 들어, 문서A의 링크를 따라가서 문서G, H를 수집해 오고 문서B의 링크를 따라가서 문서G, H, I를 수집해 옵니다. 이런 식으로 문서G~K까지를 수집합니다. 이 과정에서 중복되는 웹문서는 제거되고 이전에 방문했던 웹문서의 내용이 변한 경우 이를 재수집하게 됩니다. 이 과정에서 상당한 양의 웹문서가 제거됩니다.

3단계. 2단계 문서의 링크 문서 수집
2단계에서 수집한 문서에서 끝나지 않고 문서G~K에 링크되어 있는 문서도 수집해 옵니다. 이런 식으로 검색로봇이 인터넷 상에 존재하는 웹문서를 수집하는 데는 적게는 1~2주에서 많게는 수개월 정도가 소요됩니다.

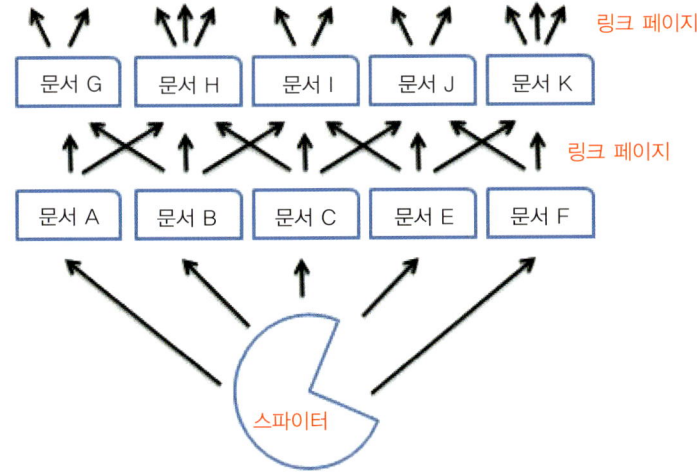

❖ 검색로봇의 문서 수집 작동 원리

4단계. 문서 저장
수집해 온 문서 정보를 검색 포털의 데이터베이스(DB)에 저장합니다. 단, 데이터베이스에는 수집해온 문서 그대로 저장하는 것이 아니라 검색에 적합하도록 일정한 가공을 거치게 됩니다. 데이터베이스에 저장되는 내용에는 문서의 제목, 본문, 링크 정보 그리고 문서가 웹에서 차지하는 중요도 등이 포함되어 있습니다.

## 4 수집한 문서의 가공과 색인 과정 이해하기

로봇이 문서를 수집한 이후부터는 색인 만드는 작업이 진행됩니다. 색인은 다음과 같이 4단계로 구분하여 작업합니다.

1단계. 자동 색인

로봇이 수집해온 문서를 색인기라는 검색 포털 서비스 업체의 자체 프로그램에 넣게 되면 자동으로 색인을 작성합니다. 가령 문서A의 본문에 다음과 같은 문장이 있다고 가정해 보겠습니다.

"앤써북은 창업 실용 IT 서적 전문 출판사입니다."

2단계. 색인기로 분류

위 문장을 색인기에 넣게 되면 "-은", "-과"과 같은 조사나 동사의 활용형 등을 제외하고 다음과 같이 단어로 나뉘어집니다.

'앤써북, 창업, 실용, IT, 서적, 전문, 출판사'

3단계. 색인에 기록

색인기로 분류된 각각의 단어가 어느 문서에 있는지를 위치와 중요도 등을 "앤써북"은 문서A에 있으므로 (앤써북, 문서A)와 같은 방식으로 기록합니다.

"앤써북" (앤써북, 문서A)

4단계. 위치와 중요도 기록

색인기에 기록할 때 단순히 단어의 위치만을 지정하는 것이 아니라 단어가 문서에서 차지하는 중요도를 함께 기록합니다. 단어의 중요도는 일반적으로 다음과 같은 기준을 이용해 계산됩니다.

❶ 검색어의 빈도수(얼마나 자주 검색어가 나오는가?)
❷ 검색어의 위치(제목에 위치하는가, 본문에 위치하는가?)

이렇게 해서 계산된 "앤써북"이 문서A에서 차지하는 중요도가 0.3이라고 가정합시다. 이를 바탕으로 (앤써북, 문서A, 0.3)이라는 형태의 색인이 만들어지게 됩니다. 반면 문서B에서는 "앤써북" 문장 중간에 위치하기 때문에 문서A보다는 중요도가 작은 값이 됩니다. 검색로봇은 수집한 문서A와 문서B를 색인하는 과정에서 문서A가 더 중요한 순서에 위치한다고 판단합니다. 만약 여러분이 검색 포털의 검색창에 "앤써북" 검색어를 입력하면 검색로봇은 색인된 순서에 의해서 문서B보다는 문서A를 상위에 노출시킵니다. 이것이 인터넷 검색 마케팅에서 가장 중요한 핵심 요소인 '검색 상위 노출의 기본 원리'라 할 수 있습니다.

| 문서 A | 문서 B | 색인 |
|---|---|---|
| **앤써북**은 창업 실용 IT 서적 전문 출판사입니다. | 인터넷 마케팅 서적이 **앤써북** 출판사에서 출간되었습니다. | (앤써북, 문서A,0.3)<br>(앤써북, 문서B,0.5)<br>·<br>·<br>· |

## 5 단어 사용에 따른 검색로봇의 반응

수집한 문서의 가공과 색인 과정을 이해한 후 검색어가 많이 반복되면 자신의 사이트, 카페, 블로그, 지식, 소셜 네트워크 검색 등이 검색 결과의 상단에 위치할 것이라고 생각하고 필요 이상으로 한 단어를 반복해서 사용하는 경우가 있습니다. 실제로 초보 인터넷 마케터가 가장 많은 오류를 범하는 경우이기도 합니다.

검색어가 많이 반복될수록 문서의 중요성은 커지는 것은 맞습니다. 하지만 검색어를 무조건 반복해서 사용하는 경우 검색로봇은 그 단어를 한 번만 사용한 것으로 간주하여 객관성을 유지합니다. 특히 동일 단어의 반복 사용 유무는 다음의 검색로봇보다 네이버의 검색로봇의 검열이 더 심합니다. 일반 검색(사이트, 카페, 블로그, 지식, 신문, 이미지, 동영상 등)은 물론 소셜 네트워크(트위터, 미투데이, 다음의 요즘, 페이스북 등)의 콘텐츠에서도 다음 검색로봇보다는 네이버 검색로봇이 철저하게 검열하여 걸러냅니다.

사례1과 사례2의 콘텐츠에서 핵심키워드는 '풀스커트'와 '스타일링' 입니다. 이 두 단어가 각각의 콘텐츠에서 그림과 같이 사용되면 검색로봇은 어떤 반응을 하는지에 대해서 알아보겠습니다. 문장의 성격, 콘텐트의 품질 등은 고려하지 않고 단지 콘텐츠에 사용된 단어만으로 검색로봇의 반응을 살펴보겠습니다.

[사례 1]

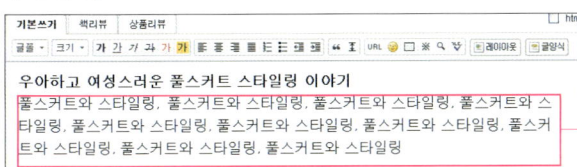

풀스커트와 스타일링 단어가 연속적으로 10번 반복해서 사용되었습니다.

[사례 2]

풀스커트 단어가 3번, 스타일링 단어가 2번 반복해서 사용되었습니다.

사례1은 '풀스커트'와 '스타일링' 두 단어를 '~와'라는 조사를 혼용하여 연속적으로 10회 반복 사용했고, 사례2는 자연스러운 문장에 풀스커트를 3번, 스타일링을 2번 반복해서 사용했습니다. 검색로봇은 '풀스커트'와 '스타일링' 두 검색어에 대해서 사례1보다 사례2를 중요한 문서로 판단합니다. 왜냐하면 사례1 문서는 '풀스커트'와 '스타일링' 단어를 10번 중 9번을 모두 걸러내고 각각 1번 사용된 것으로 간주하지만, 사례2 문서는 풀스커트를 3번, 스타일링을 2번 사용한 것으로 간주하여 사례2 문서가 더 중요하게 판단합니다.

결국 검색로봇은 두 문서의 정보를 색인 처리할 때 사례2 문서의 중요도를 더 높게 처리하기 때문에 검색 포털의 검색 창에 '풀스커트'나 '스타일링' 검색어를 검색하면 사례2 문서가 상위에 노출됩니다.

사례1은 동일 단어를 연속적으로 반복하여 검색로봇으로 하여금 검색 순위를 조작하려는 목적이 다분하기 때문에 이런 콘텐츠는 어뷰징 콘텐츠로 노출에서 제외는 물론 아이디 정지를 당할 수도 있습니다. 또한 오로지 검색 노출 순위만 고려한 것으로 아무런 가치를 느낄 수 없고 어떤 목적도 달성할 수 없는 콘텐츠, 즉 '쓰레기'에 비유할 수 있습니다.

## 6 내가 만든 콘텐츠의 검색 상위 노출 과정 이해하기

이전의 과정을 거쳐 검색로봇이 모아온 문서를 바탕으로 색인이 만들어지고 그 자료가 검색 포털의 문서 데이터베이스에 저장되었습니다. 이제 문서 데이터베이스에 저장된 웹문서의 정보가 어떻게 검색되어 노출되는지 그 과정을 알아보겠습니다. 사용자가 검색 포털 사이트에 접속해서 검색하는 과정을 간략히 그림으로 표시하면 다음과 같습니다.

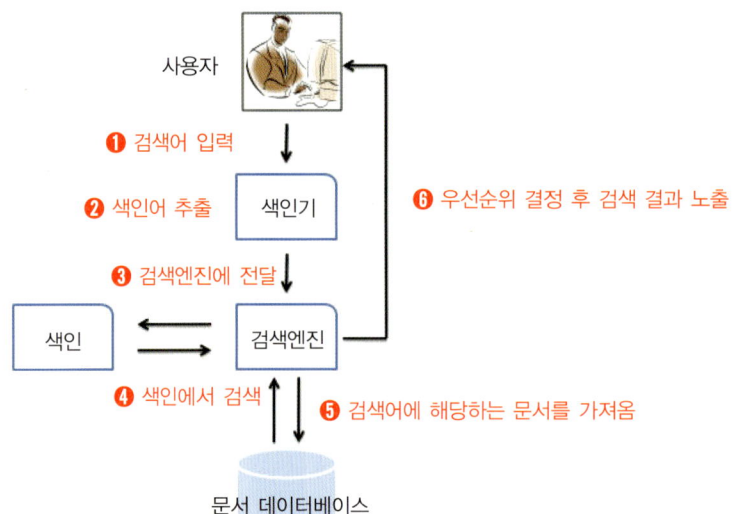

❶ 사용자가 원하는 검색어를 검색 창에 입력합니다.
　　예 '앤써북'

❷~❸ 입력한 검색어를 색인기에 통과시켜 색인어를 추출한 후 이를 검색엔진에 전달합니다. 이것은 로봇이 검색한 문서에서 색인을 만드는 과정과 동일하다고 생각할 수 있습니다.
가령, ""앤써북은 창업 실용 IT 서적 전문 출판사입니다.""로 검색하면

　　"앤써북", "창업", "실용", "IT", "서적", "전문", "출판사"와 같은 색인어로 나누어집니다.

이처럼 문장 형태로 검색어를 입력하여도 색인기가 문장을 분석해 검색어를 만들어 주기 때문에 자연어 검색 혹은 문장 검색이 가능한 것입니다.

　　예 "앤써북"을 색인기에 통과시키면 그대로 "앤써북"이 됩니다.

❹ 색인기를 통과한 검색어를 색인에서 검색합니다.
　　예 검색어 "앤써북"을 색인에서 검색한 결과 (앤써북, 문서A, 0.3)이라는 결과가 검색되었습니다. 또한 (앤써북, 문서C, 0.5), (앤써북, 문서D, 0.1)이라는 결과도 검색되었습니다.

❺ 검색어가 포함된 문서를 문서DB에서 가져옵니다.
　　예 "앤써북"이란 검색어가 포함된 문서A, C, D를 문서 데이터베이스에서 가져옵니다.

❻ 여러 수치를 종합 하여 문서를 보여줄 순위를 결정하고 이를 사용자에게 보여줍니다.
　　예 문서A에서 "앤써북"이 차지하는 중요도(알파라고 합시다)는 0.3이고, 문서A가 웹에서 차지하는 중요도(베타라고 합시다)가 0.2라고 합시다. 마찬가지로 문서C나 문서D에도 알파, 베타 값이 있을 것입니다. 만약 문서A의 알파와 베타 값이 다른 문서의 알파, 베타 값 보다 크다면 문서A가 검색 결과의 가장 상위에 노출됩니다. 하지만 문서A의 알파 값이 문서 B, C보다 크지만 베타 값은 문서 B, C보다 작은 경우에는 알파, 베타 값을 종합적으로 고려해서 순위를 결정하게 됩니다.

실제 검색에 사용되는 수치는 단순히 알파 값과 베타 값처럼 한두 가지가 아닙니다. 여러 자료를 종합적으로 고려해서 가장 적합하다고 판단되는 문서를 순서대로 검색 상위에 노출시킵니다. 이 부분이 각 검색엔진마다 차이가 나기 때문에(물론 문서 데이터베이스의 내용과 색인도 약간의 차이가 발생합니다.) 동일한 검색어를 입력하여도 각 검색 포털 서비스 업체마다 다른 검색 노출 순위가 다른 결과가 나오는 것입니다.

## Lesson 03 웹·모바일 검색 항목의 검색 원리와 특징

### 1. 검색 포털 사이트의 검색 서비스 종류

국내 대표적인 검색 포털 사이트에는 네이버, 다음, 구글코리아, 네이트, 야후코리아, 파란 등이 있습니다. 이 중 한 곳을 선정하여 나의 사이트 도메인 주소를 검색 등록해야 한다면 어느 곳을 선택해야 할까요? 답은 의외로 간단합니다. 보다 많은 방문자를 기대하려면 사람이 많이 이용하는 곳을 선택해야 할 것입니다. 검색 포털 사이트 가운데 어느 검색 포털 사이트에 이용자가 가장 많을까요? 답은 네이버입니다. 검색 포털 사이트 중 네이버 사용자가 압도적으로 가장 많고 그 뒤를 다음, 네이트, 야후 순입니다. 특히 소셜 검색, 모바일 검색 등 새로운 인터넷 검색 서비스로 네이버와 다음의 시장 점유율 싸움이 치열해지고 있습니다.

소셜 네트워크 검색 서비스의 특성으로 인해 마케팅 채널을 한 곳에 집중하기 보다는 여러 곳에 분산 마케팅을 해는 것이 이상적입니다. 낚시를 할 때 물고기가 많이 몰려있는 한 곳에 하나의 낚시대로 낚시하는 것보다 음파탐지기로 더 많은 대상이 있는 곳에 큰 그물을 펼치거나 더 많은 낚시대를 이용해야 합니다. 이는 키워드 광고와 검색 포털의 유료 광고를 이용하는 쇼핑몰은 물론이지만 블로그, 카페, 지식서비스, 검색, 소셜 등 무료 마케팅을 이용하는 쇼핑몰 마케터에게는 더욱 절실히 필요합니다.

다음은 네이버와 다음, 구글의 검색 서비스 종류(일명 '검색 탭')를 구분한 표입니다. 네이버와 다음의 검색 서비스는 명칭만 다를 뿐 서비스의 특징은 동일하다고 할 수 있습니다. 특히 소셜 검색과 실시간 검색의 비중이 높아지고 있습니다. 반면 구글의 검색 서비스는 검색 서비스는 통합검색 결과에 광고가 노출되지 않고 카페도 별도 검색 서비스로 노출되지 않습니다.

| 네이버 | 다음 | 구글 |
|---|---|---|
| 통합검색 | 통합검색 | 전체 |
| 광고 | 광고 | - |
| 사이트 | 사이트 | - |
| 소셜 네트워크 | My소셜 | - |
| - | 소셜웹 | - |
| 블로그 | 블로그 | 블로그 |
| 지식iN | 지식 | Q&A |
| 실시간 검색 | 실시간 | 실시간 |
| 카페 | 카페 | - |
| 쇼핑 | 쇼핑하우 | 쇼핑 |
| 이미지 | 이미지 | 이미지 |
| 뉴스 | 뉴스 | 뉴스 |
| 동영상 | 동영상 | 동영상 |
| 웹문서 | 웹문서 | 웹문서 |

| 다음의 소셜웹 검색과 실시간 검색의 차이점은 무엇인가요?

다음(Daum) 검색 포털 사이트의 소셜웹 검색 서비스는 소셜 네트워크 서비스인 트위터, 페이스북, 미투데이(네이버의 소셜 네트워크 서비스), 요즘(다음의 소셜 네트워크 서비스)의 자료만 별도로 검색 노출시키는 서비스입니다. 실시간 검색에서 노출되는 소셜 네트워크 검색 결과와는 차이가 있으며, 실시간 검색 보다는 다음의 검색로봇이 추출하여 저장한 데이터베이스의 자료를 토대로 검색 노출시킵니다.

## 2 검색 포털 사이트의 검색 서비스별 특징과 검색 항목

네이버, 다음, 구글 등 국내외 검색 포털의 공통점은 트위터, 페이스북, 미투데이, 요즘 등 소셜 네트워크 서비스와 실시간 검색 서비스 그리고 모바일 검색 서비스를 강화시키고 있습니다. 검색 포털들의 트위터와 페이스북 같은 소셜 네트워크 검색과 실시간 검색 서비스 강화는 인터넷 마케터 입장에서 매우 중요한 문제이고 변화에 맞추어 마케팅 초점도 함께 변화해야 최소의 비용으로 최대의 효과를 얻을 수 있습니다. 네이버의 검색 서비스를 중심으로 검색 포털 업체의 검색 서비스별 특징에 대해서 알아보겠습니다.

다음 그림은 네이버 검색 창에서 '스마트폰' 키워드의 검색 결과 화면입니다.

### ❶ 통합검색

통합검색이란 검색엔진의 검색 결과를 검색 유형별로 구분해서 보여주는 검색 서비스입니다. 검색 종류를 클릭하면 해당 검색 서비스 유형별로 검색 결과만 보여줍니다. 예를 들어 네이버에서 통합검색 종류로 '스마트폰'을 검색하면 광고, 이미지, 카페, 블로그, 뉴스, 지식iN, 쇼핑, 실시간 검색, 소셜 네트워크 검색 결과 등으로 구분하여 그림2와 같이 나열됩니다. 통합검색 결과 중 실시간 검색 결과를 클릭하면 그림3과 같이 실시간 검색 결과만 노출됩니다.

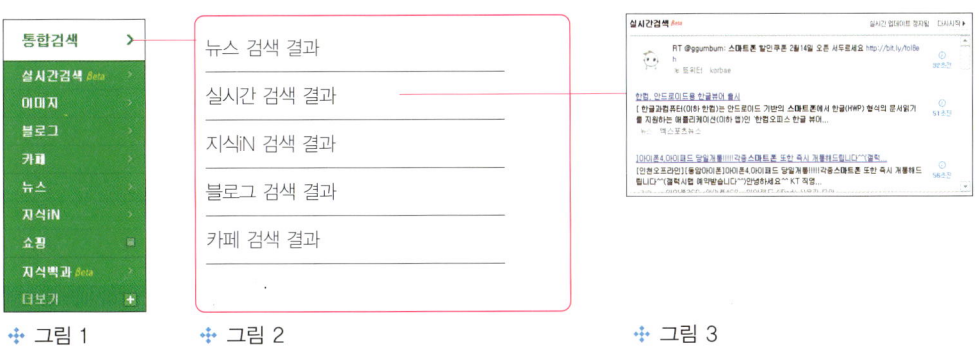

✥ 그림 1　　✥ 그림 2　　✥ 그림 3

**| 통합검색의 검색 결과 순서는 어떻게 정해지나요?**

통합검색 검색 결과를 구성하는 검색 탭의 순서는 검색어에 가장 적합한 순서로 검색 포털에서 자동으로 정렬됩니다. 이는 정확도, 인기도, 최신성 등 다양한 기준의 점수들이 종합되어 반영되기 때문에 검색어에 따라 검색 탭의 순서는 달라집니다.

### ❷ 광고/지식쇼핑 검색 탭

파워링크, 플러스링크, 비즈사이트, 지식쇼핑은 모두 광고에 의해서 노출되는 공간입니다. 포털 광고 페이지에서 광고 키워드를 선정합니다. 네이버의 경우 키워드 광고 페이지(http://searchad.naver.com)에 접속합니다. 그리고 클릭 당 비용, 노출 영역(파워링크, 비즈사이트 등), 노출 희망 순위, 예산 등을 설정한 후 입찰에 참여하여 광고하면 광고 영역에 노출됩니다.

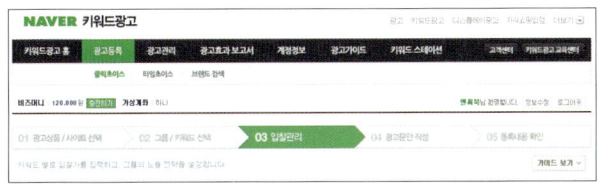

❸ 지식쇼핑 검색 탭

광고주의 인터넷 쇼핑몰과 판매하는 상품을 광고한 검색 포털 사이트의 이용자들에게 보여주는 검색 서비스로 네이버에서는 '지식쇼핑', 다음에서는 '쇼핑하우', 구글에서는 '쇼핑'이라고 합니다. 특히 네이버는 앞으로 지식쇼핑을 강화할 방침에 있습니다. 예를 들어 인터넷 쇼핑몰을 지식쇼핑에 입점하면 활동지수 및 입점기간에 따라 쇼핑몰을 등급이 1등급 몰부터 새내기몰 등급까지 총 4등급으로 정해집니다. 검색자는 지식쇼핑에서 상품의 가격을 비교한 후 구매할 수 있습니다.

❹ 실시간 검색 탭

인터넷 상에서 이슈가 되고 있는 키워드에 대해 웹문서를 초단위로 수집하여 가장 최신 정보 순으로 검색 결과에 노출하는 서비스입니다. 일반적인 검색 서비스와 달리 콘텐츠 작성자의 문서 생산과 검색 및 반영까지의 시간이 짧고, 검색 결과가 자동으로 업데이트되기 때문에 현재 이슈가 되는 정보와 여론을 조사할 수 있습니다.

네이버와 다음의 실시간 검색 탭의 출처는 블로그, 카페, 지식인, 뉴스, 미투데이, 트위터, 요즘(다음의 실시간 검색) 등의 문서가 대상이며, 특히 구글의 실시간 서비스는 트위터, 마이스페이스(MySpace), 페이스북 등의 업데이트 내용을 실시간으로 제공됩니다. 또한 시간 단위로 실시간 내용을 살펴볼 수 있는 실시간 데이터 그래프가 제공됩니다.

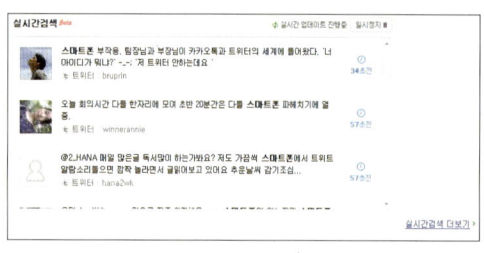 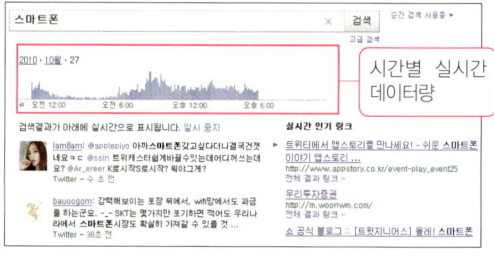

❖ 네이버의 실시간 검색 서비스　　　❖ 구글의 실시간 서비스

**| 특정 키워드에 대해서 실시간 검색 결과가 노출되지 않는 경우**

통합검색에서 실시간 검색은 모든 검색 키워드에 대해서 노출되는 것은 아닙니다. 검색로봇에 의한 노출 판단은 수초 단위로 변경되고 업데이트되기 때문에 키워드에 대한 실시간 검색 결과는 수시로 변경될 수 있습니다. 그렇기 때문에 동일한 키워드라 할지라도 검색한 시점에 따라 실시간 검색 결과에 노출될 수도 있고 또는 노출되지 않을 수도 있습니다.

### ❺ 카페 검색 탭

카페 검색 탭은 검색로봇이 수집한 카페의 게시글 중 검색어에 가장 적합한 순서에 의해서 배열해 노출합니다. 카페 검색 탭에 노출된 순서 중 가장 상위에 노출될수록 클릭할 확률이 높습니다. 검색 탭 상위에 노출시키기 위해서는 검색엔진의 중요도, 정확도를 판단하는 기준에 적합하게 콘텐츠를 작성해야 합니다. 그 방법에 대해서는 앞으로 자세히 설명하도록 하겠습니다.

**| 네이버에서 나의 카페와 블로그에 등록된 글이 검색되지 않는 경우**

네이버에서 '여성의류', '스마트폰' 등과 같이 대중적으로 이용하는 키워드는 통합 검색에서 카페와 블로그가 도출되지 않을 수 있습니다. 반면 '스마트폰 어플'과 같이 구체적인 키워드는 노출됩니다. 그 이유는 '여성의류', '스마트폰'은 광고 단가가 높은 키워드입니다. 이런 키워드로 카페와 블로그의 콘텐츠가 노출되면 키워드 광고주의 광고 효과가 떨어질 수 있습니다. 즉 검색 포털 사이트의 키워드 광고 이용율이 하락할 수 있는 원인으로 작용할 수 있습니다. 노출되지 않는 이유는 검색 포털 사이트의 에디터에 의해서 의도적으로 노출 제외 키워드로 분류시켜 놓았기 때문입니다. 앞으로 카페나 블로그에서 콘텐츠 작업 시 제목이나 본문에 배치하는 대중적인 키워드를 핵심 키워드로 선택할 때 신중을 기할 필요가 있습니다.

### ❻ 블로그 검색 탭

블로그 검색은 검색로봇이 블로그의 개별 포스트(블로그의 글)를 수집하여 사용자가 입력한 검색어에 대한 적합성을 고려하여 순서대로 노출됩니다. 카페 검색 탭과 마찬가지로 블로그 검색 탭도 노출된 순서 중 가장 상위에 노출될수록 클릭할 확률이 높습니다. 블로그 포스트가 검색 탭 상위에 노출시키기 위해서는 검색엔진의 중요도를 판단하는 기준에 적합하게 콘텐츠를 작성해야 합니다. 검색로봇이 수집하는 출처는 네이버 블로그, 다음 블로그, 야후 블로그, 티스토리, 이글루스, 개인형 블로그 등 입니다.

### | RSS란

블로그, 뉴스 사이트, 커뮤니티 사이트 등에서 RSS 아이콘( )을 보았을 것입니다. RSS란 한번 등록하면 그 사이트에 방문하지 않더라도 업데이트된 내용을 주기적으로 확인할 수 있는, 확장성 생성 언어(xml)로 된 애플리케이션을 말합니다. 예를 들어 블로그의 RSS 주소를 나의 RSS 구독기에 등록하면 해당 블로그에 직접 방문하지 않아도 업데이트 여부 및 내용을 확인할 수 있습니다. 즉, RSS공개를 허용하는 것은 RSS구독기가 이 블로그의 포스트를 수집하도록 허용하는 것입니다.

### ❼ 지식iN 검색 탭

지식iN이란 네티즌이 어떤 제품이나 서비스, 상식 등에 대해 궁금한 내용을 올리면 다른 네티즌이 답변하는 지식 공유 서비스입니다. 질문 내용과 답변 내용은 제3자가 검색하고 공유할 수 있기 때문에 인터넷 마케팅 도구로 많이 사용되고 있습니다. 지식iN을 이용하여 상품이나 사이트를 홍보하는 방법 등에 대해서는 앞으로 자세히 설명하겠습니다.

### ❽ 소셜 네트워크 검색 탭

기존 검색 요소에 '인맥' 이라는 요소를 더해 관련성을 높이고, 특히 사용자와 관련 있는 출처로부터 정보를 찾아주어 신뢰성 있는 정보를 제공할 수 있다는 장점으로 최근 각광 받고 있는 인터넷 마케팅 도구입니다. 일반적으로 사용자는 자신의 주변 사람들의 경험이나 정보를 더 신뢰하고, 관심있는 주제의 전문가들과 관계를 형성하여 양질의 정보를 바로 얻고자 합니다. 이러한 배경을 바탕으로 블로그의 이웃, 카페의 인맥을 활용하여 블로그의 이웃들과 내가 가입한 카페의 글들을 통합검색 영역에서 한 번에 검색할 수 있습니다.

나의 검색어에 대해 나와 이웃을 맺고 있는 친구가 작성한 모든 블로그의 포스트, 내가 가입한 카페의 게시물, 미투데이의 친구 등 소셜 네트워크의 인맥들을 통합검색에서 바로 확인할 수 있습니다. 여러 사람이 동일한 키워드로 검색했더라도 소셜 네트워크 검색 탭의 검색 결과는 모두 다르게 나타납니다. 내가 가입한 카페, 나와 이웃하는 블로그나 이웃의 이웃 블로그, 미투데이의 친구나 친구의 친구의 글들만 노출되기 때문입니다.

다음 그림은 네이버 검색 창에서 '호란' 검색어를 입력한 결과 소셜 네트워크 검색 탭에 '똥개' 님의 블로그 이웃, 가입한 카페, 미투데이 친구의 콘텐츠 중 '호란' 키워드가 포함된 글을 검색 결과에 노출시킵니다. 즉 내가 이웃 추가한 나의 이웃 블로그, 서로 이웃 추가한 이웃 블로그, 이웃 블로그의 이웃 블로그, RSS를 등록한 이웃 등의 게시물을 검색하여 노출됩니다. 다음(Daum)의 'My 소셜' 검색 서비스 역시 아래와 같이 자신이 가입한 카페, 블로그 이웃, 요즘의 친구 등의 글이 노출됩니다.

| 다음의 소셜웹 검색 탭

다음(Daum)의 소셜 웹 검색 서비스는 트위터, 미투데이, 요즘, 페이스북, 플레이스, 포스퀘어 등 소셜 네트워크 서비스의 콘텐츠를 수집하여 데이테이베이스에 저장한 후 검색어와 매치되는 소셜 네트워크 콘텐츠를 소셜 웹 검색 탭에 노출하는 서비스입니다. 특히 네이버가 트위터, 미투데이 등으로 제한적인 반면 다음의 소셜 웹 검색 서비스는 페이스북, 미투데이, 플레이스, 포스퀘어 등 대부분의 소셜 네트워크 서비스 데이터를 검색하여 노출합니다.

검색로봇이 개인이 설정한 관심사를 토대로 검색어에 관심 있는 사람들을 노출합니다.

검색로봇이 수집한 트위터, 미투데이, 요즘, 페이스북, 플레이스, 포스퀘어 등의 소셜 네트워크 정보 중 정확도와 생성 날짜 등을 토대로 검색어와 가장 매치되는 순서대로 노출합니다.

❖ 다음의 소셜웹 검색 서비스

❾ 이미지 검색 탭 / 동영상 검색 탭

검색로봇이 수집한 카페, 블로그, 뉴스, 웹 등 인터넷 상에 존재하는 다양한 출처의 이미지와 동영상을 검색할 수 있는 서비스입니다. 검색로봇은 이미지와 동영상 자체는 검색할 수 없기 때문에, 이미지와 동영상을 카페, 블로그, 동영상 서비스 업체 등에서 콘텐츠를 업로드 할 때 작성하는 키워드를 검색하여 수집합니다. 그렇기 때문에 카페, 블로그, 미투데이, 페이스북 등에 이미지나 동영상을 첨부할 때 이미지나 동영상의 특징을 잘 나타낼 수 있는 키워드를 사용해야 이미지 검색 또는 동영상 검색 탭의 상위에 노출될 확률이 높습니다.

이미지와 동영상 콘텐츠는 일반 텍스트 콘텐츠보다 판매자의 상품이 갖는 강점이나 전문성 등을 시각적으로 전달할 수 있습니다. 예를 들어 사용법이 복잡한 조립 제품을 판매하는 사업자나 시술 전과 후의 결과를 알려야하는 성형수술 전문병원 등은 상품의 조립과정이나 시술 과정을 사진이나 동영상으로 압축하여 표현함으로 신뢰성, 전문성 등을 전달할 수 있습니다. 또한 검색로봇은 일반 텍스트로 만든 콘텐츠보다 이미지나 동영상을 첨부한 콘텐츠를 더 중요하다고 판단하기 때문에 검색 상위에 노출될 확률이 높아집니다.

**❿ 뉴스 검색 탭**

일간지, 방송/통신, 경제/IT 관련, 인터넷 신문, 스포츠/연예, 지역신문, 매거진, 전문신문 등 국내 200여 개 언론사의 각종 뉴스를 실시간으로 노출하는 검색 서비스입니다. 언론에 나오는 것만큼 신뢰받을 수 있는 마케팅은 많지 않습니다. 그래서 수많은 쇼핑몰이나 홈페이지 등은 언론 마케팅을 꿈꾸고 있습니다. 언론 마케팅을 하기 위해서는 우선 보도 자료를 작성한 후 관련된 기자의 이메일 주소를 수집하여 보도자료 첨부 메일을 발송한 후 기사가 채택되어야 합니다.

조선, 중앙, 동아일보나 방송3사를 통해서 노출되면 좋지만 처음에는 검색 포털 사이트에서 서비스되고 있는 지역신문이나 전문지 등부터 시도하는 것이 기사로 채택될 확률이 높습니다. 뉴스 검색 탭의 노출 순위는 기사의 제목과 기사의 내용이 검색한 키워드와 정확도, 연관성 등을 고려하여 결정됩니다. 그렇기 때문에 굳이 대형 언론사부터 시작할 필요는 없고 지역신문부터 시작하는것이 손쉬운 방법입니다.

네이버의 뉴스 검색 탭에서 '언론사 선택'을 클릭하면 네이버에서 검색될 수 있는 제휴 언론사를 확인할 수 있습니다. 보도자료를 보낼 때는 이 중 관련된 여러 곳을 선정하여 동시에 보내거나 몇 일 사이를 두고 순차적으로 진행합니다.

**⓫ 웹문서 검색 탭**

인터넷 상에는 우리가 운영하는 쇼핑몰부터 카페의 자료, 블로그의 자료 등 수많은 문서들이 존재합니다. 그 수많은 문서를 검색자가 검색한 입력한 키워드와 연관성 등을 고려하여 검색 로직을 통해 가장 적합한 결과를 순차적으로 배열 노출합니다.

다음 그림1은 네이버 입력창에서 '예쁜옷 파는 쇼핑몰' 키워드를 입력하여 검색된 웹문서 결과이고, 그림2는 엉클코디 쇼핑몰의 타이틀 키워드와 고객이 작성한 구매후기에 각각 '예쁜옷' 키워드를 사용한 사례입니다. 즉 검색로봇은 '예쁜옷', '예쁜', '예쁜옷 파는 쇼핑몰' 키워드로 검색하여 문서를 데이터베이스에 저장해둡니다. 그리고 네이버 입력창에서 '예쁜옷 파는 쇼핑몰' 키워드를 입력하면 '예쁜옷', '예쁜', '예쁜옷 파는 쇼핑몰' 키워드를 검색하여 수집한 웹페이지가 검색 결과로 노출됩니다.

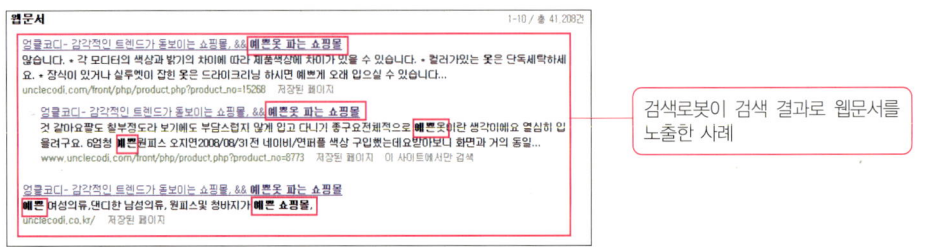

⁝ 그림 1

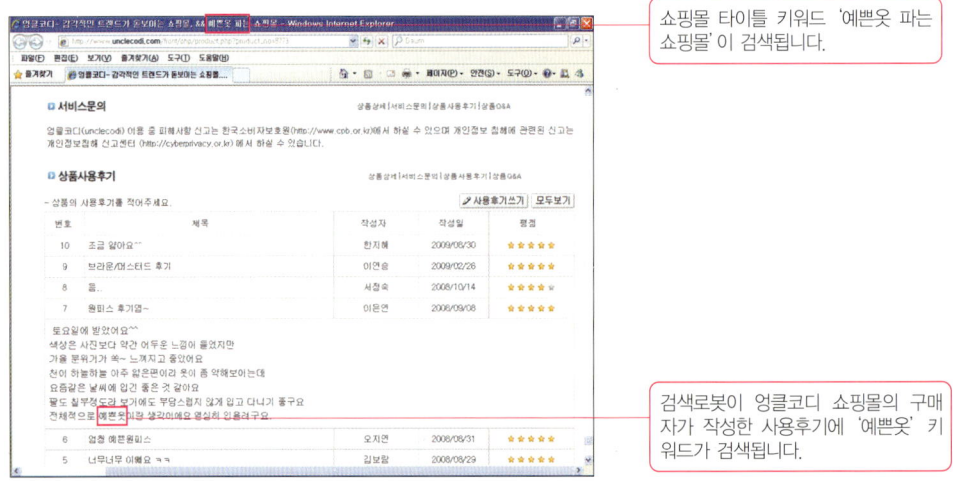

⁝ 그림 2

## 3. 모바일 웹 검색 서비스 살펴보기

모바일 웹 검색이란 PC 환경의 검색 시스템을 모바일 환경에 최적화시켜 검색 결과를 제공하는 서비스로 네이버, 다음, 구글 등 모든 검색 포털 업체들이 시행하고 있습니다. 특히 스마트폰의 대중화로 인해 모바일 사용자가 급증함과 동시에 모바일을 통한 마케팅은 앞으로 비중이 더욱 높아질 것입니다. 모바일을 통해서 검색, 메일, 카페 댓글, 블로그 댓글, 지식 검색, 트위터, 쇼핑, 이메일 등 PC 환경에서 작업했던 모든 것을 수행 할 수 있습니다. 블로그, 카페, 지식 iN, 트위터, 페이스북, 미투데이 등을 이용하여 모바일 마케팅을 계획한다면 제목부터 콘텐트 내용까지 모두 모바일 환경에 최적화시켜 만들어야 합니다.

## 3-1. 모바일 웹 검색 체험 방법

모바일 웹 브라우저의 주소창에서 검색 포털 사이트의 모바일 웹 주소를 입력하면 각 검색 포털 사이트의 모바일 웹 서비스에 접속할 수 있습니다. 또는 PC의 익스플로러 주소 창에서 검색 포털 사이트의 모바일 검색 주소를 입력하면 PC 상에서도 모바일 웹 검색 서비스를 체험할 수 있습니다.

- 네이버 모바일 검색 주소 : m.naver.com
- 다음 모바일 웹 검색 주소 : m.daum.net
- 네이트 모바일 웹 검색 : 주소 m.nate.com

 네이버 모바일 웹 검색 서비스와 다음 모바일 웹 검색 서비스

### PLUS+

**| 모바일 쇼핑몰에서 잘 팔리는 상품**

모바일 쇼핑몰에서 잘 팔리는 상품은 일반 인터넷 쇼핑몰에서 잘 팔리는 상품과 차이가 있습니다. 앞으로 모바일 쇼핑 환경이 개선되고 발전한다면 판매 동향이 달라질 수 있겠지만 현재까지의 통계로 살펴보면 무형의 콘텐트, 즉 게임, 캐릭터 같은 아이템, 여행 서비스 상품, 소셜 네트워크를 활용한 할인 쿠폰 등이며, 의류, 전자제품, PC와 같은 유형의 상품은 미비한 수준입니다.

## 3-2. 검색 포털 사이트의 모바일 검색 서비스별 특징과 검색 항목

네이버의 모바일 검색 서비스를 기준으로 모바일 검색 서비스의 종류와 특징에 대해서 알아보겠습니다. 검색 서비스의 종류는 앞서 배운 PC 웹 검색 서비스와 동일합니다. 단 모바일 환경은 PC 환경을 축소한 축소판이라는 점, 그렇기 때문에 사이트나 쇼핑몰도 모바일 환경에 맞게 최적화 작업을 별도로 해야 한다는 점이 다릅니다. 다음 그림은 모바일 환경에 최적화되지 않은 상태의 쇼핑몰 화면입니다.

쇼핑몰 인터페이스가 너무 커 쇼핑하기에 최적화되지 않은 사례입니다.

그리고 PC 웹 검색 서비스 영역과 모바일 검색 영역은 광고 검색 영역이 다릅니다. 다음 그림1은 모바일 환경에 '여성의류' 검색어에 대한 파워링크 광고 영역❶의 키워드 광고이고, 그림2는 PC 환경에서 '여성의류' 검색어에 대한 파워링크 광고 영역❷의 키워드 광고입니다.

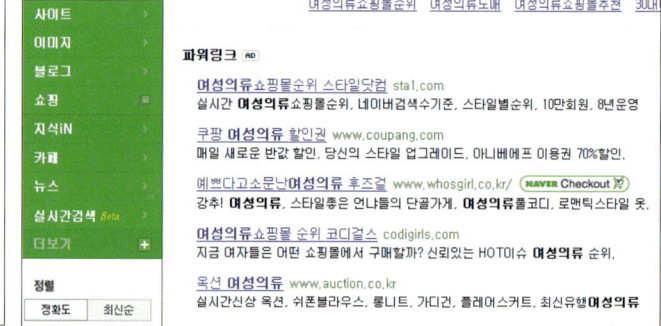

❖ 그림 1. 모바일 파워링크 광고　　❖ 그림2. PC 웹 파워링크 광고

다음은 모바일 검색 창에서 '청바지' 키워드로 검색한 네이버의 모바일 서비스별 검색 결과 화면입니다.

**실시간 급상승** : PC의 지식쇼핑 중 '인기상품' 탭의 인기상품 순으로 노출됩니다.

**모바일 광고** : 파워링크 광고주 중 모바일 광고를 설정한 광고주들의 광고를 검색하여 노출시키는 코너입니다.

**지식쇼핑** : PC 웹 검색의 지식쇼핑 중 '인기상품' 탭의 인기상품 노출 순과 동일한 순서로 노출됩니다.

**소셜 네트워크** : PC 웹 검색의 소셜 네트워크 검색 결과와 동일하지만 제목과 노출되는 글의 축소되어 표시된다는 점이 다릅니다. 모바일 상에서 블로그에 포스트, 안부글, 댓글을 쓰거나 카페에서 게시글과 답글을 작성할 수 있습니다. 예를 들어 내가 가입한 카페에서 공동구매가 진행하면 모바일 상에서도 공동구매 참여글을 쓸 수 있습니다.

더보기 : 퓨전웹은 지식iN, 블로그, 카페, 웹문서, 지식백과 중 3가지 탭을 선택적으로 볼 수 있습니다. [더보기]를 클릭하여 원하는 탭을 선택하면 해당 탭의 콘텐츠가 노출됩니다.

퓨전웹 : 지식iN, 블로그, 카페, 웹문서, 지식백과의 모든 콘텐츠를 확인할 수 있습니다.

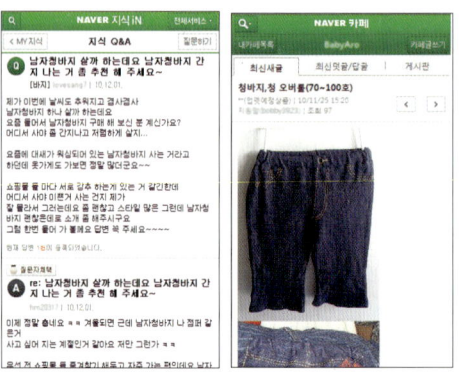

이미지 : PC 웹 검색의 이미지 검색 탭과 동일한 순으로 노출됩니다. 12개의 정방형 형태로 이미지 검색 결과를 모바일 최적화 형태로 보여집니다. 하지만 이미지가 작거나 일부가 잘려서 노출되기 때문에 이미지 마케팅 시 이미지 사이즈와 노출 효과 등을 모바일 환경에 맞게 작업해야 마케팅 효과를 높일 수 있습니다.

지역 : 모바일 환경에 맞게 새로워진 검색 서비스입니다. 위치 지도 서비스를 함께 이용할 수 있기 때문에 인터넷 쇼핑몰보다는 음식점, 옷가게, 병의원, 헬스클럽 등과 같은 오프라인 매장과 매장의 홈페이지를 알리는데 유용한 서비스입니다.

### 뉴스

**[사진]'드레스 파티복? 이젠 청바지 파티복!'**
머니투데이 경제 | 2010.12.02 오후 1:20
정통 프리미엄 데님 브랜드 트루릴리전 코리아가 2일 오전 서울 청담동 트루릴리전 쇼룸에서 연말 파티, 모임 시즌을 맞아 데님을 이용해 연출한 ...

**[사진]'크리스마스 파티복, 청바지로 연출하세요'**
머니투데이 경제 | 2010.12.02 오후 1:20
정통 프리미엄 데님 브랜드 트루릴리전 코리아가 2일 오전 서울 청담동 트루릴리전 쇼룸에서 연말 파티, 모임 시즌을 맞아 데님을 이용해 연출한 ...

**리바이스, 여성용 청바지 '웜 진' 출시**
노컷뉴스 생활/문화 | 2010.12.01 오전 10:55
여성용 청바지 '웜 진(Warm Jean)'을 출시한다. 겨울철에도 따뜻하게 입을 수 있게 안쪽에 얇은 기모를 덧대고, 일반 청바지와 같이 몸의...

**원로배우 트위스트 김 별세…청바지 아이콘·영원한 '맨발의 청춘'**
헤럴드경제 연예 | 2010.12.01 오전 10:56
공연한 1964년작 '맨발의 청춘'을 통해 얼굴을 알렸다. 이후 청바지·트위스트 세대의 아이콘이자 청춘스타로 떠오르며 한국영화...

**"원조 청바지 오빠, 트위스트 김…오래 기억할게요"**
헤럴드 생생뉴스 연예 | 2010.11.30 오후 3:46
반항의 상징이던 청바지와 청재킷을... 있었다. 바로 원조 청바지 재킷이라는... 대해 잘 알지는 못하지만 청바지를 즐겨 입고, 트위스트를...

뉴스 더보기 >

**뉴스** : PC 웹 검색의 뉴스 검색 탭의 검색 결과에서 중복된 뉴스 콘텐츠는 대부분 걸러낸 후 노출됩니다. 만약 PC 웹 검색의 뉴스 검색 탭에 중복된 기사가 10건이 검색되었다면 이 중 1~2건 정도만 노출됩니다. 기사의 사진 속 [+]버튼을 클릭하면 작은 사진을 크게 볼 수 있습니다

### 동영상

**(화려한 골반댄스) 청바지 소녀 섹시댄스**
2010.12.02 | 3분 22초
출처 : 네이버 블로그

**소자본 의류창업 브랜드 청바지 피턴진 입니다.**
2010.11.29 | 1분 10초
출처 : 네이버 카페

**[청바지 ] 두분토론 동영상!**
2010.11.23 | 5분 50초
출처 : 네이버 카페

**자작곡 청바지 .**
2010.11.15 | 3분 4초
출처 : 네이버 카페

동영상 더보기 >

**동영상** : 블로그, 카페에 등록된 동영상이 포함된 콘텐츠가 노출됩니다. 동영상 검색 서비스는 모바일 특성을 가장 잘 반영하는 콘텐츠입니다. 블로그와 카페에서 글을 작성할 때 동영상을 삽입하면 PC 웹은 물론 모바일에서 노출될 수 있습니다. 모바일 상에서 댓글을 쓰거나 공감하기 등을 작성할 수 있습니다.

### 사이트

**리바이스** 공식
패션 청바지 브랜드, 엔지니어드진, 501, Red, 커브ID 등 제품 소개...
www.levi.co.kr

**소녀나라**
10대, 20대 여성의류 쇼핑몰, 빈티지, 일본스타일, 재킷, 치마, 청...
www.sonyunara.com

**TBJ** 공식
패션 청바지 제조업체, 점퍼, 패딩, 조끼, 티셔츠 등 제품소개, 매...
www.tbj.net

**아이엠유리**
쿨 유리, 백지영 운영 쇼핑몰, 제작상품, 티셔츠, 청바지, 원피스,...
www.iamyuri.com

**뱅뱅** 공식
뱅뱅어패럴 청바지 브랜드 사이트, 상품 소개, 코디제안, 카탈로그...
www.bangbang.co.kr

사이트 더보기 >

**사이트** : PC 웹 검색의 사이트 검색 탭과 동일하게 노출됩니다. 모바일 환경에 최적화되지 않은 쇼핑몰은 서핑에 불편함이 있을 수 있기 때문에 모바일 어플리케이션을 제작 설치 후 서핑 할 수 있도록 해야 합니다.

NAVER me2DAY

Google

twitter

Find us on:
facebook

Daum

# Chapter 03

# 검색 상위 노출의 원리 이해하기

**Lesson 1.** 검색 상위 노출의 가치와 검색 서비스별 상위 노출 기준
**Lesson 2.** 검색 포털 상위 노출의 규칙 이해하기
**Lesson 3.** 검색 상위 노출을 위한 키워드 최적화
**Lesson 4.** 사이트·쇼핑몰의 웹문서는 어떻게 상위 노출되는 건가요?
**Lesson 5.** 마케터들이여 실시간 검색을 집중 공략하라
**Lesson 6.** 소셜 네트워크 서비스의 상위 노출 요인과 비중
**Lesson 7.** 한눈에 살펴보는 네이버미와 네이버 se
**Lesson 8.** 콘텐츠와 고객의 행동 흐름에 대한 이해
**Lesson 9.** 의사표현과 검색에서 통하는 지식, 블로그, 카페, 트위터, 미투데이, 페이스북 최적화

# Lesson 01 검색 상위 노출의 가치와 검색 서비스별 상위 노출 기준

## 1. 검색 상위 노출의 바른 생각과 바른 행동

### 1-1. 검색 상위 노출이 뭔가요?

네이버, 다음과 같은 검색 포털 사이트의 검색 창에 어떤 검색어를 입력하고 검색하면 검색 결과의 가장 상단은 광고가 노출되고, 그 아래에는 지식iN, 블로그, 카페, 뉴스, 실시간 검색, 웹문서, 이미지, 동영상, 소셜 네트워크 등이 통합검색 탭의 한 페이지에 노출됩니다.

통합검색 탭에 모든 콘텐츠 내용을 노출시킬 수 없기 때문에 광고(네이버 기준으로 파워링크-플러스링크-비즈사이트), 지식, 이미지, 웹문서, 블로그, 카페, 동영상 등 각각의 검색 탭에서 상위 3~5위까지의 콘텐츠만 노출됩니다. 각각의 검색 탭 전체 콘텐츠를 보기 위해서는 검색 탭을 클릭해야 합니다.

통합검색 탭, 블로그 검색 탭, 카페 검색 탭, 지식iN 검색 탭 등 18개(네이버 기준)의 검색 탭 중 통합검색 탭에 노출되는 것이 마케팅 효과가 가장 높습니다. 그 다음으로 각각의 검색 탭을 클릭했을 때 첫 페이지에 노출되는 것이 마케팅 효과가 높습니다. 검색 탭 첫 페이지에 콘텐츠가 노출되는 것을 '검색 상위 노출' 또는 '검색엔진 상위 노출' 이라고 합니다.

❖ '자전거앞바퀴분리' 검색어에 대한 통합 검색 블로그 검색 영역의 검색 상위 노출 결과

위와 같이 검색 포털 사이트의 검색 상위에 노출되면 직접적인 광고 비용 없이도 키워드 광고 이상의 마케팅 효과를 얻을 수 있습니다.

## 1-2. 검색 상위 노출 우대자와 상습 어뷰징 등록자

이 책의 내용을 모두 독파한 후 실천에 옮기면 자신의 콘텐츠를 검색 상위에 노출시키는 있을 것입니다. 하지만 자신의 콘텐츠를 검색 상위에 노출시키는 궁극적인 목적은 좋은 콘텐츠를 보다 많은 사람들과 공유하고, 공감할 수 있는 매개체 역할이 될 수 있도록 하고, 이런 과정을 거치면서 사이트나 쇼핑몰을 방문할 수 있도록 해야 합니다.

검색 상위 노출이 직접적인 마케팅 비용이 투자되지 않는다고 하더라도 검색 상위 노출 기준 항목들의 변화에 대응하기 위해서는 많은 노력이 투자되어야 합니다. 특히 검색 포털 사이트에서는 마케터의 인위적인 검색 상위 노출에 대해 어뷰징(abusing)으로 규정하고 제재를 가하기도 하며 적게는 수개월, 많게는 수년 동안 고생해서 쌓아온 자산을 송두리째 날려버리기도 합니다. 이 부분에서 검색 상위 노출만을 위한 콘텐츠를 만들 것인가? 아니면 검색로봇과 검색 엔진의 공정한 평가로 상위에 노출될 수 있는 좋은 점수를 받을 것인가? 고민해보아야 할 것입니다. 안타깝게도 돈벌이에 급급한 일부 인터넷 마케팅 대행업체들은 마케팅을 의뢰한 고객들에게 빠른 실적(검색 상위 노출을 통한 회원 수를 증가시키는 것)을 보여주기 위해 양질의 콘텐츠를 택하기보다는 오로지 검색 상위 노출만을 위한 콘텐츠를 택하고 있습니다. 이는 일시적인 효과는 얻을 수 있지만 장기적인 안목을 보지 못한 성급한 방법이라는 것을 알아야 할 것입니다.

검색 포털 사이트, 특히 네이버가 다음, 네이트, 구글 등 다른 경쟁업체들보다 압도적 우위에 설 수 있도록 만든 것은 자체 검색 데이터베이스에 구축된 콘텐츠들입니다. 이들 콘텐츠는 네이버가 자체적으로 만든 것이 아니라 네이버를 이용하는 이용자들에 의해서 만들어진 것입니다. 즉 네이버의 1등 공신은 지식iN, 블로그, 카페 등에서 사용자들에 의해 만들어진 콘텐츠입니다. 이들 콘텐츠를 만든 사용자 속에는 인터넷 마케터들도 큰 역할을 했다고 생각합니다. 비록 각자의 상업적 목적을 띠고 만든 것들이지만 콘텐츠를 보는 사람들로 하여금 공감과 신뢰를 얻기 위해 양질의 콘텐츠를 만들기 위해 각자 최선의 노력을 하고 있습니다.

사용자에게 공감과 신뢰를 얻고 검색로봇과 검색 엔진에게 공정하게 상위에 노출될 수 있도록 좋은 점수를 받을 위해 양질의 콘텐츠를 만들었는데도 단지 상업적인 목적을 띠고 있다는 이유만으로 어뷰징으로 치부시킬 수 있을까요? 만약 그렇다면 검색 포털 사이트에서 검색되는 콘텐츠의 신뢰도 또한 보장받을 수 없을 것이라 생각합니다. 결국 검색 상위 노출 기준에 의해서 만들어진 콘텐츠라도 사용자가 공감할 수 있고, 신뢰할 수 있는 콘텐츠라면 검색 상위 노출이 보장될 것입니다. 이와는 반대로 검색 상위 노출만을 위한 콘텐츠만을 만든다면 사용자로부터 신뢰를 얻을 수 없는 것은 물론 검색 포털 사이트로부터 상습 어뷰징 등록자로 치부되어 노출 제외나 노출 불이익 등을 받게 될 것입니다.

**| 어뷰징이란**

어뷰징(Abusing)이란 남용, 오용 등을 뜻합니다. 인터넷 검색 마케팅 측면에서는 검색어를 이용해 클릭수를 늘리려는 행위, 클릭 수를 조작하여 검색 결과의 최상위에 노출하는 행위, 특정 콘텐츠를 반복 삽입하여 검색 상위에 노출하는 행위, 스펨을 이용하여 쇼핑몰에 강제로 이동시키거나 다량의 연관 검색어를 만들어 강제로 홈페이지나 쇼핑몰로 유도하는 행위 등을 어뷰징이라고 합니다.

네티즌들로 하여금 공감을 얻고 공유하고 싶도록 정성들여 만든 콘텐츠라면 설상 어뷰징 행위로 규정한 사항이 포함되어 있더라도 무조건 어뷰징 행위로 치부할 수는 없을 것입니다. 하지만 고객을 유입시키기에 급급하여 콘텐츠는 블로그, 카페, 쇼핑몰 등으로 유입율이 증가되는 일시적인 효과는 얻을 수 있지만 마케팅의 최종 목적인 매출로 이어지기는 어렵습니다. 그러면 어뷰징 행위를 잘하는 사람은 누구일까요? 이 책을 읽어가면서 판단하시길 바랍니다.

## 2 검색 상위에 노출된 콘텐츠의 가치는 얼마일까요?

인터넷 마케터라면 누구나 검색 포털 사이트의 광고 영역에 노출시키기 위해 경쟁업체와 키워드 입찰가 싸움으로 하루를 보낼 것입니다. 조금이라도 적은 비용으로 최대의 광고 효과를 얻기 위해 키워드들을 이리저리 조합해서 구매 전환율이 높은 세부 키워드들을 만드느라 모니터 앞에서 씨름합니다. 검색 포털 사이트의 광고 검색 영역에 한 자리 차지하고 있어야 조금 안심을 합니다. 하지만 안심도 잠시뿐 다른 경쟁업체에 밀려 그 자리를 내주면 전전긍긍하기 일 수입니다.

그런 과정을 오랫동안 격고나면 주변의 지인들을 통해서 입소문 마케팅, 소셜 네트워크 마케팅, 지식iN 마케팅 등 ○○○ 인터넷 마케팅이 효과적이더라는 조언을 듣게 됩니다. 블로그도 시작하고 카페도 만들고 지식iN에 답변도 달고 트위터로 입소문을 만들기도 합니다. 하지만 대부분의 마케터들은 자신이 만든 블로그 포스트를 검색 상위에 노출시키고, 카페 게시글을 검색 상위에 노출시키면서도 검색 상위에 노출된 내 콘텐츠의 가치를 너무 평가 절하하는 경향이 많습니다.

여러분이라면 다음 그림과 같이 검색 포털의 검색 광고 영역에 노출된 광고와 블로그 검색 탭, 카페 검색 탭, 지식iN 검색 탭, 실시간 검색 탭... 등의 검색 상위에 노출된 콘텐츠 중 어느 경우의 가치가 크다고 생각하시나요? 혹시 키워드 광고 쪽으로 기울지는 않으신지요? 답은 여러분 스스로에게 있다고 생각합니다. 두 가지 마케팅 도구를 어떻게 사용하는가에 따라서 기울어지는 방향은 달라질 것입니다.

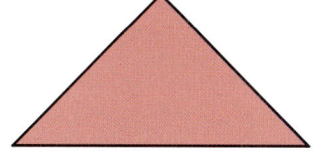

블로그 검색 탭 상위에 노출된 포스트(❶), 지식iN 검색 탭 상위에 노출된 질문과 답변글(❷), 카페 검색 탭 상위에 노출된 게시글(❸) 등 검색 상위에 노출된 나의 콘텐츠의 댓가는 얼마나 될까요? 인터넷 마케팅 대행업체들의 사례로 말씀드리면 10~20만 원부터 100~200만 원, 그 이상의 댓가를 받는 경우도 있습니다. 적당한 댓가라고 생각하시는 분이 있는 반면 너무 과도하다고 생각하시는 분들도 있을 것입니다. 이제 네이버 키워드 입찰가격을 기준으로 그 댓가를 비교해보겠습니다.

'임플란트' 키워드 단가를 기준으로 네이버 파워링크 광고 영역에서 1위 자리(❶)의 예상 광고 금액에 대해서 알아보겠습니다.

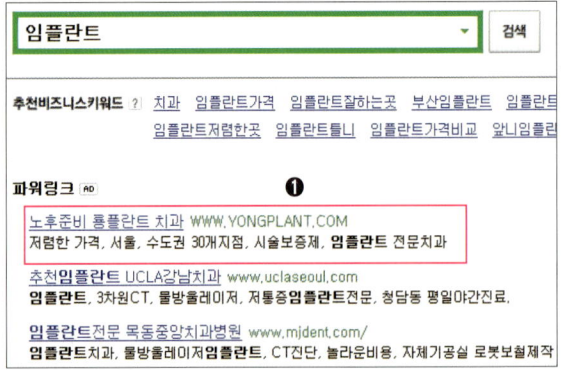

다음 그림은 '임플란트' 키워드에 대한 파워링크 광고 영역의 CPC 광고 예상 금액입니다. 월간 조회수가 14,950, 파워링크 1위 자리의 예상 CPC 가격은 클릭 당 18,340원입니다. '임플란트'는 경쟁률이 치열한 키워드이기 때문에 꽤 높은 금액이 나왔습니다. 이 금액으로 낙찰 받았다고 가정하고 평균 클릭율을 2~4%라는 점을 감안하여 약 3%로 가정해서 월간 광고비를 산출해보겠습니다. '임플란트' 키워드의 월 광고비가 '8,225,490원' 이라는 꽤 큰 금액이 산출되었습니다.

임플란트 키워드 월간 예상 광고비 : 14,950×3%×18,340=8,225,490원

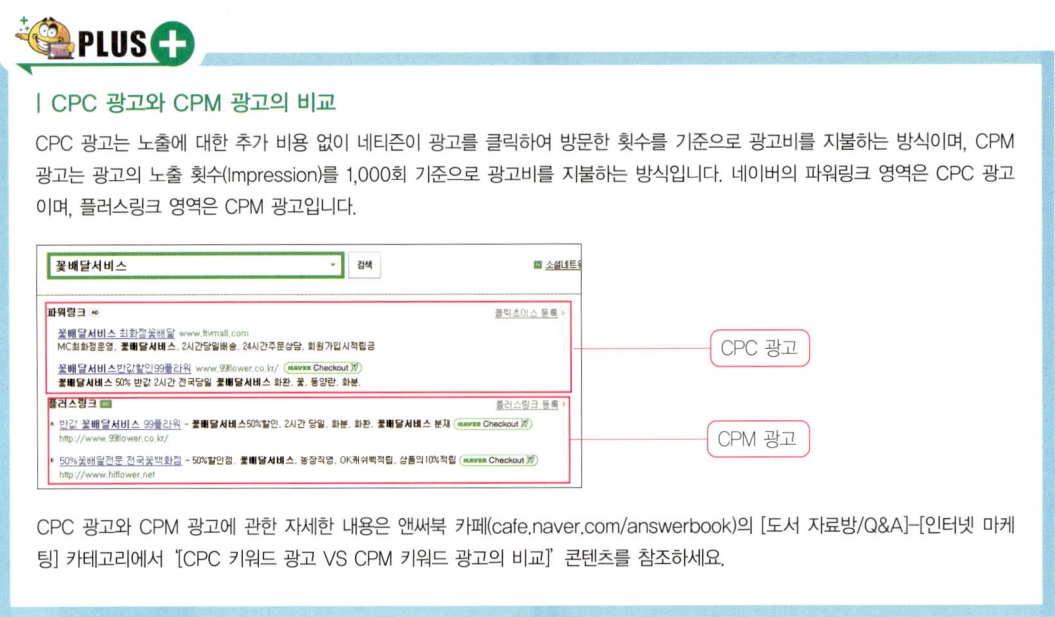

### | CPC 광고와 CPM 광고의 비교

CPC 광고는 노출에 대한 추가 비용 없이 네티즌이 광고를 클릭하여 방문한 횟수를 기준으로 광고비를 지불하는 방식이며, CPM 광고는 광고의 노출 횟수(Impression)를 1,000회 기준으로 광고비를 지불하는 방식입니다. 네이버의 파워링크 영역은 CPC 광고이며, 플러스링크 영역은 CPM 광고입니다.

CPC 광고와 CPM 광고에 관한 자세한 내용은 앤써북 카페(cafe.naver.com/answerbook)의 [도서 자료방/Q&A]-[인터넷 마케팅] 카테고리에서 [CPC 키워드 광고 VS CPM 키워드 광고의 비교] 콘텐츠를 참조하세요.

'임플란트'라는 주제로 지식iN 검색 탭 최상위에 노출된 질문과 답변글❶의 가치에 대해서 알아보겠습니다. 검색 당시 날짜가 1월 28일이었기 때문에 콘텐츠의 등록날짜❷와의 차이가 약 8일 정도, 이 콘텐츠를 조회한 숫자❸가 9,484회, 동일 ip로 여러번 클릭해도 한번만 인정하기 약 9천명의 네티즌이 조회한 상태입니다. 하지만 지식iN 만으로 비교해서는 콘텐츠의 가치를 제대로 평가할 수 없습니다. 왜냐하면 인터넷 콘텐츠(블로그 포스트, 카페 게시글, 지식iN 답변글 등)를 입소문 마케팅과 소셜 네트워크 마케팅으로 전환하여 생각한다면 그 가치는 '임플란트' 키워드 광고 시 14,950 조회수와는 비교할 수 없이 높게 평가되어야 합니다.

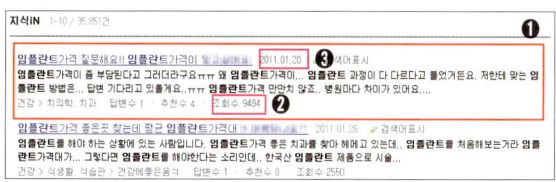

예를 들어 ○○○치과에서 인터넷 마케팅을 한다고 가정해봅시다. 마케팅 방법은 키워드 광고이고, 핵심 키워드는 '임플란트' 입니다. 마케팅 결과 ○○○치과로 유입될 수 있는 채널은 '임플란트' 키워드 광고를 통해서 유입되는 고객 외 기대할 수 있는 유입채널은 없습니다. 반면에 '임플란트' 키워드 광고를 하지 않고 블로그, 카페, 지식iN의 검색 상위 노출과 트위터, 미투데이, 페이스북 등 소셜 네트워크 마케팅과 연계한다면 위 사례에서 보았듯이 고객이 유입되는 채널의 수는 키워드 광고와는 비교할 수 없습니다. 이제 '검색 상위에 노출된 나의 콘텐츠의 댓가는 얼마나 될까요?' 물음에 대해 '100~200만 원을 받는 경우가 너무 과도하다.' 라고 생각하시는 분들은 없을 것이라 생각합니다.

## 3 통합검색의 노출 순위 기준 항목

검색 포털 사이트의 통합검색의 검색 탭에는 지식iN, 블로그, 카페, 어학사전, 사이트, 뉴스, 웹문서, 실시간 검색, 지식백과, 전문정보, 이미지, 동영상, 음악, 소셜 네트워크, 지도, 책, 디지털라이브러리 등 검색 서비스별로 3~5개의 콘텐츠가 순위별로 노출됩니다. 검색 영역별 노출 기준은 검색 포털 사이트의 산출 항목에 따라 변할 수 있습니다. 하지만 검색 노출 기준 항목들이 상황에 따라 변하더라도 콘텐츠의 정확도와 생성 날짜라는 항목은 변하지 않을 것입니다. 왜냐하면 정확도가 떨어지거나 시간이 오래된 콘텐츠보다는 방문자가 원하는 결과에 최대한 정확하고 신선한 콘텐츠를 노출시키는 것이 검색 포털 사이트 본연의 의무이자 존재하는 이유이기 때문입니다.

| 검색 탭 | 노출 순위 기준 항목 |
| --- | --- |
| 지식iN | 정확도 〉 최신 등록 |
| 블로그 | 정확도 〉 최신 등록 |
| 카페 | 정확도 〉 카페 랭킹 〉 카페 회원 수 〉 최신 등록된 콘텐츠 숫자 |
| 사이트 | 정확도 〉 인기도 〉 최신 등록 순 |
| 뉴스 | 정확도 〉 최신 등록 순 |
| 웹문서 | 정확도 〉 최신 등록 순 |
| 실시간 검색 | 정확도 = 최신 등록 순 |
| 이미지 | 정확도 〉 최신 등록 순 |
| 동영상 | 정확도 〉 최신 등록 순 |
| 소셜 네트워크 | 연관성 〉 정확도 〉 활동지수순 〉 최신 등록 순 |
| 지도 | 정확도 〉 거리 〉 최신 등록 순 |

❖ 검색 탭별 노출 순위 기준 항목

소셜 네트워크에서 정확도 항목보다 연관성이 높은 이유는 내가 가입하거나 활동하고 있는 카페나 블로그 또는 소셜 네트워크, 즉 나와 관계를 맺고 있는 블로그, 카페, 트위터 등의 콘텐츠가 노출되기 때문에 우선순위에서 가장 높게 책정된 것입니다. 반면 다음의 소셜 웹은 '정확도 〉 최신 등록순'으로 정확도가 더 우선합니다.

검색 탭 영역의 노출 순위는 대부분 정확도를 우선시 합니다. 하지만 정확도가 검색 상위 노출 결정에 어느 정도 비중을 차지하는지 그 비율은 검색 포털 사이트의 핵심 기술이기 때문에 정확히는 알 수는 없습니다. 하지만 노출 순위는 노출 순위 기준 항목과 그 외에도 포털 사이트 내부에서 설정한 기준 항목들에 의해서 자동으로 결정되는 것입니다. 즉 검색 포털의 직원들이 콘텐츠 하나하나를 일일이 검토하여 노출 순위를 정하는 것이 아니기 때문에 노출 순위에서 나타나는 일정한 규칙들을 파악하면 누구나 자신의 콘텐츠를 검색 상위에 노출시킬 수 있습니다.

# Lesson 02 검색 상위 노출의 규칙 이해하기

## 1 검색로봇이 판단하는 검색 상위 노출 요인

검색 포털 사이트 통합검색에 노출된 콘텐츠들은 텍스트, 이미지, 동영상 등으로 이루어졌습니다. 그 중 이미지와 동영상은 검색로봇의 수집 대상이 아닙니다. 이미지 검색 탭에 노출된 이미지나 동영상 검색 탭에 노출된 동영상의 경우는 검색로봇이 수집한 것이 아니라 이미지나 동영상을 등록할 때 함께 등록한 텍스트나 태그 정보를 수집하고 그 정보를 토대로 검색자가 검색한 검색어와 매치시켜 노출되는 것입니다.

자료를 수집, 정리, 보관, 노출의 대상은 텍스트뿐입니다. 즉 웹상의 수많은 콘텐츠는 모두 그 콘텐츠에 텍스트가 포함되어 있어야 되며, 검색로봇은 그 텍스트의 정보를 수집하여 그 자료를 기준으로 검색 노출 우선순위를 결정합니다. 블로그, 카페, 지식iN, 실시간 검색, 소셜, 뉴스, 웹문서, 소셜 네트워크, 모바일 등 검색 탭에 따라서 기준 항목들의 비중 차이는 있지만 기본적인 상위 노출 기준은 '검색 탭별 노출 순위 기준 항목'을 토대로 진행됨에는 변함이 없습니다. 검색 포털 사이트의 검색로봇의 기본적인 상위 노출 기준인 '검색 탭별 노출 순위 기준 항목'에 대해서 어떻게 반응하고 결과를 산출하여 노출하는지 그 방법에 대해서 알아보겠습니다.

검색로봇은 검색 결과를 노출시킬 때 상위에 노출시키는 일정한 기준은 수집한 데이터를 기준으로 콘텐츠의 제목에서 검색어의 위치와 반복 횟수, 본문에서 대표 검색어의 반복 횟수, 본문 글자의 크기와 색상, 콘텐츠의 전체 크기, 콘텐츠를 작성한 날짜 등에 따라서 검색 결과에서 노출 순위가 결정됩니다. 이외에도 사이트, 카페, 블로그, 지식iN, 트위터, 미투데이, 트위터 등 인기도 등에 따라서도 검색 결과의 노출 순위가 달라집니다. 예를 들어 블로그 검색 상위 노출은 '검색 탭별 노출 순위 기준 항목' 외에도 블로그 활동지수(방문자수+정확성+신뢰도+유입경로+댓글+스크랩수+이미지+동영상+태그=블로그 활동지수)에 따라서 검색 상위 노출 순위가 달라집니다.

검색로봇이 상위 노출의 기준으로 삼고 있는 항목이나 그 비중은 검색 포털 사이트의 내부자만 알 수 핵심 기술이며, 이는 불변 사항이 아니라 상황에 따라 또는 트렌드에 따라 약간씩 변화가 있을 수 있습니다. 그렇기 때문에 상위 노출되었던 콘텐츠가 어느 날 보이지 않거나 한참을 뒤로 밀려난다면 상위 노출 기준에 변화가 있을 수 있기 때문에 상위 노출 기준의 변화는 자체 테스트를 통해 감지할 수 있어야 합니다.

다음은 검색로봇이 콘텐츠를 검색할 때 기본적으로 노출 우선순위를 결정하는 항목을 나타낸 표입니다. 이 항목들을 기본적으로 배합하고 검색 탭(블로그, 카페, 지식, 웹문서, 실시간 검색, 소셜 검색 등)별로 콘텐츠의 가치를 판단하여 가치가 높은 콘텐츠를 상위에 노출시킵니다.

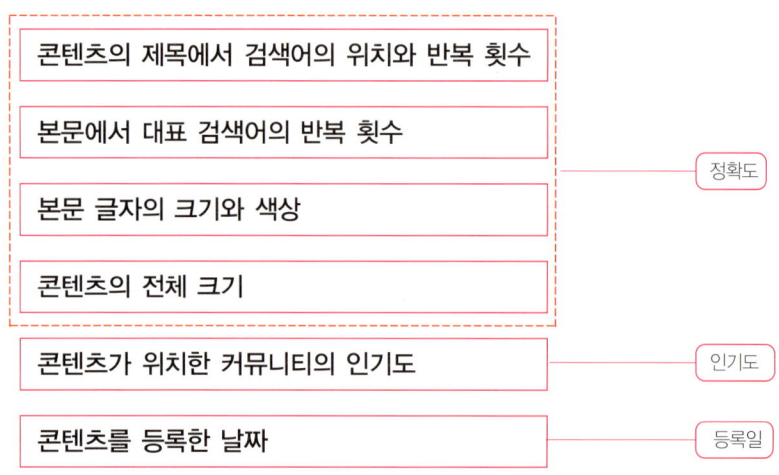

❖ 검색 상위 노출 요인

# 2  키워드의 반복과 검색 상위 노출 관계

검색로봇이 수집한 콘텐츠가 검색 상위에 노출되는 순위를 결정하는 요인 중 '콘텐츠의 제목에서 검색어의 위치와 반복 횟수', '콘텐츠 본문에서 검색어의 반복 횟수', '본문 글자의 크기와 색상', 즉 정확도에 가장 큰 영향을 받습니다. 콘텐츠를 만들 때 콘텐츠 제목에 콘텐츠를 가장 잘 나타내는 단어를 사용하면 검색 결과의 상위에 노출될 확률이 높아지고, 핵심 키워드를 적절하게 반복적으로 사용해도 검색 결과의 상위에 노출될 확률이 높아집니다.

다음 그림은 검색 포털 사이트에서 '연예인 헤어스타일' 키워드에 대한 블로그 탭 검색 상위 결과입니다. '연예인 헤어스타일'의 검색 결과 어떻게 블로그 검색 탭 첫 페이지에 노출되는지 살펴보도록 하겠습니다. 가장 상위에 노출된 콘텐츠는 제목과 본문에서 '검색 상위 노출 요인'에서 비중이 가장 높은 정확도 요인인 '콘텐츠의 제목에서 검색어의 위치와 반복 횟수'와 '본문에서 대표 검색어의 반복 횟수'가 가장 높은 값을 나타내고 있습니다. 이는 블로그 검색 결과뿐만 아니라 소셜 네트워크 콘텐츠(트위터, 미투데이, 요즘, 페이스북 등)를 제외한 카페, 지식iN, 웹문서, 이미지, 동영상 등 모든 콘텐츠에도 동일하게 나타납니다.

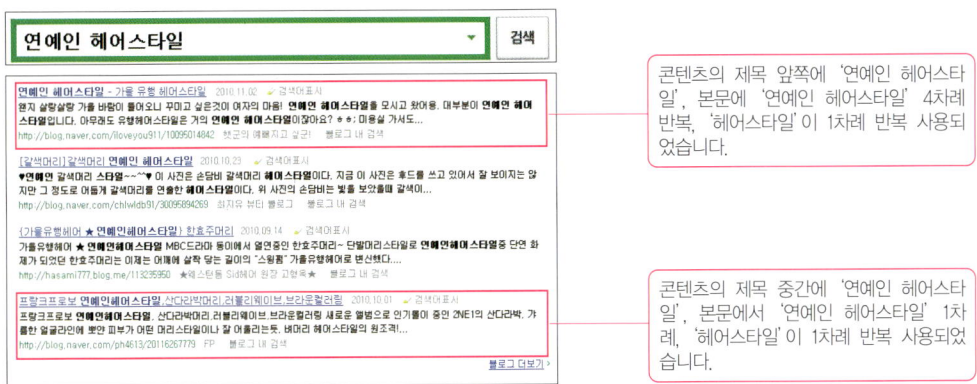

## 따라하기 검색 상위 노출된 콘텐츠의 검색어 배치 전략 확인하기

**01** 네이버 검색 창에서 '연예인 헤어스타일'을 입력한 후 [검색] 버튼을 클릭합니다. 통합검색, 이미지, 블로그, 카페 등 검색 서비스 유형에 따라 검색 결과가 노출됩니다. 이 중에서 '카페 검색 탭' 버튼을 클릭합니다. '연예인 헤어스타일'로 검색된 카페의 글이 50,408건(❶)이 노출되었습니다. 한 페이지에 10건이 노출되기 때문에 50,408건은 총 5,040페이지에 거쳐서 정렬됩니다. 대부분의 사람들은 검색 결과에서 1~2페이지 이후의 페이지는 보지 않습니다. 가장 상위에 노출된 카페글의 [검색어표시]를 클릭합니다.

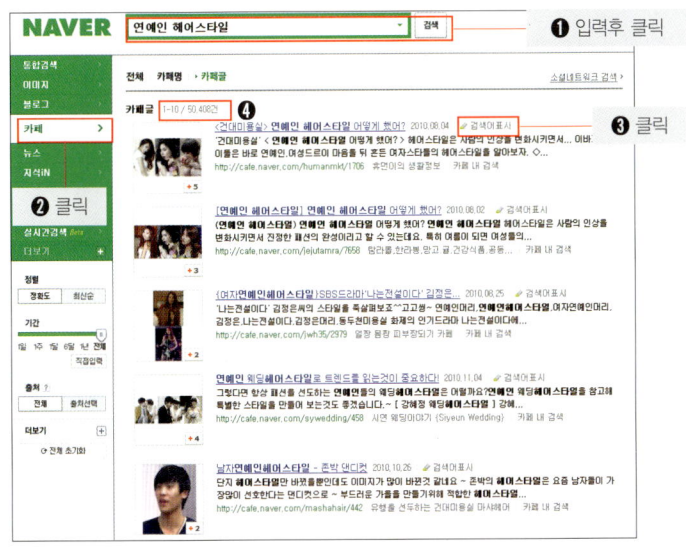

**02** 검색 포털의 '색인 검색로봇(high light search)'은 이 콘텐츠의 제목, 본문 내용과 이 콘텐츠와 연관된 콘텐츠까지 모두 검색하여 '연예인 헤어스타일', '연예인', '헤어스타일'과 부합하는 모든 단어를 노란색으로 표시합니다. 그림에서는 전체 콘텐츠가 보이지 않지만 총 17번의 단어가 검색되었습니다.

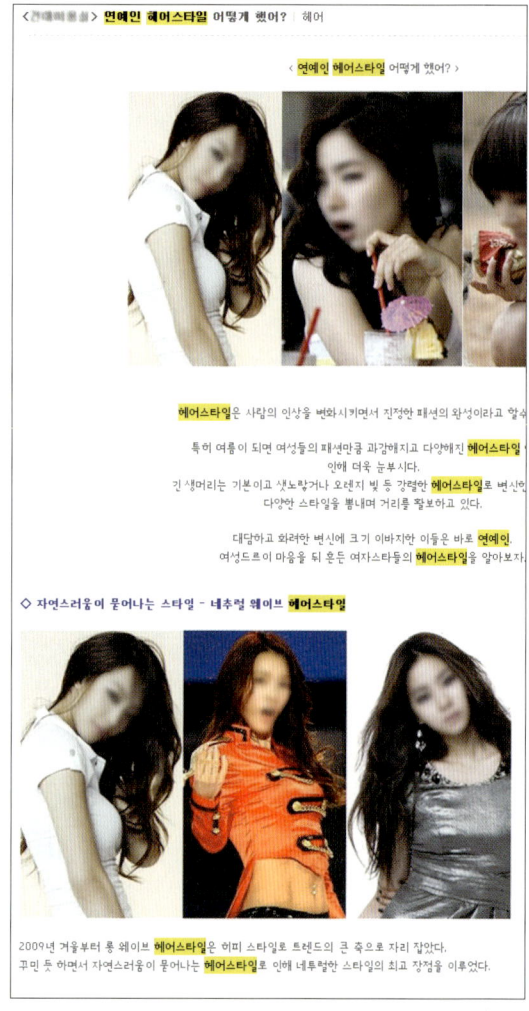

**03** 가장 상위에서 5번째 순서에 노출된 카페글의 [검색어표시]를 클릭합니다.

**04** 그림은 전체 콘텐츠가 보이는 상태이며 '연예인 헤어스타일', '연예인', '헤어스타일'과 부합하는 단어가 총 6번 검색되었습니다. 검색로봇은 첫 번째 콘텐츠가 다섯 번째 콘텐츠보다 '연예인 헤어스타일' 검색어에 더 정확한 정보라고 판단합니다. 만약 첫 번째 콘텐츠와 다섯 번째 콘텐츠의 검색된 결과가 동일한 숫자라면 제목의 위치, 본문 글자의 크기와 색상, 콘텐츠의 용량 등도 파악하여 노출 순위를 결정하게 됩니다.

## 3 글자의 크기, 색상과 검색 상위 노출 관계

검색로봇은 본문 내용에서 글자의 크기나 진하기와 색상 등이 특별하게 설정된 단어를 더 중요하다고 판단합니다. 다음 두 콘텐츠에서 ❶번 문단의 소제목에서 사용된 '헤어스타일' 글자는 청색과 진하게 설정되었고, ❷번의 '헤어스타일' 글자는 모두 기본 검정색, 서체 크기는 작게 설정되었습니다. 검색로봇은 ❶번의 '헤어스타일'이 더 진하고 청색을 강조되었기 때문에 더 중요하다고 판단하고 검색 결과의 상위에 노출시키게 됩니다.

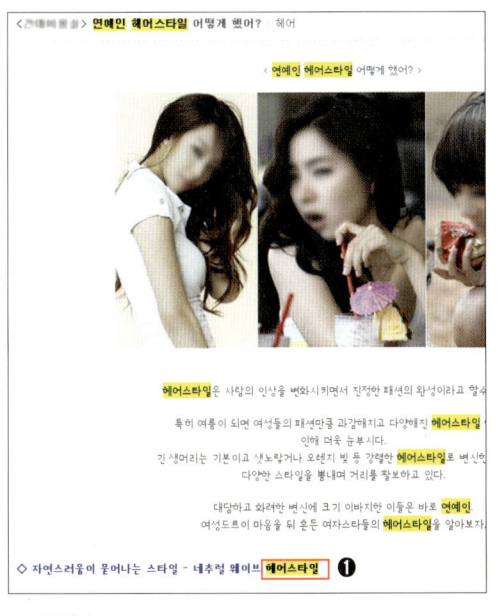

❖ 그림 1

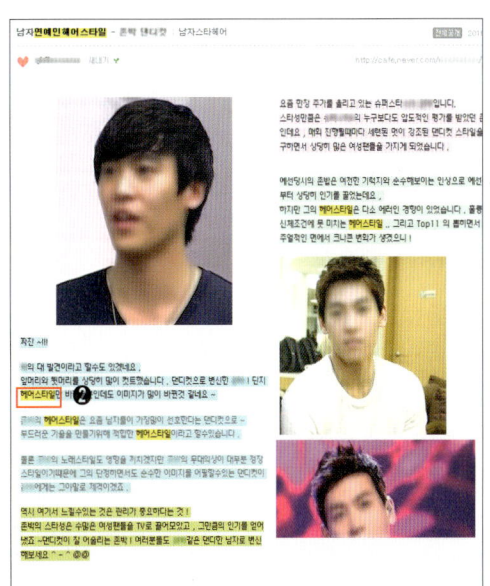

❖ 그림 2

## 4. 이미지와 동영상과 검색 상위 노출 관계

텍스트로만 구성된 콘텐츠(사례1), 텍스트에 사진 이미지를 넣은 콘텐츠(사례2), 텍스트와 사진 이미지에 동영상을 추가시킨 콘텐츠(사례3)의 제목과 내용이 동일하다면 어느 콘텐츠가 검색 결과 상위 노출 될까요?

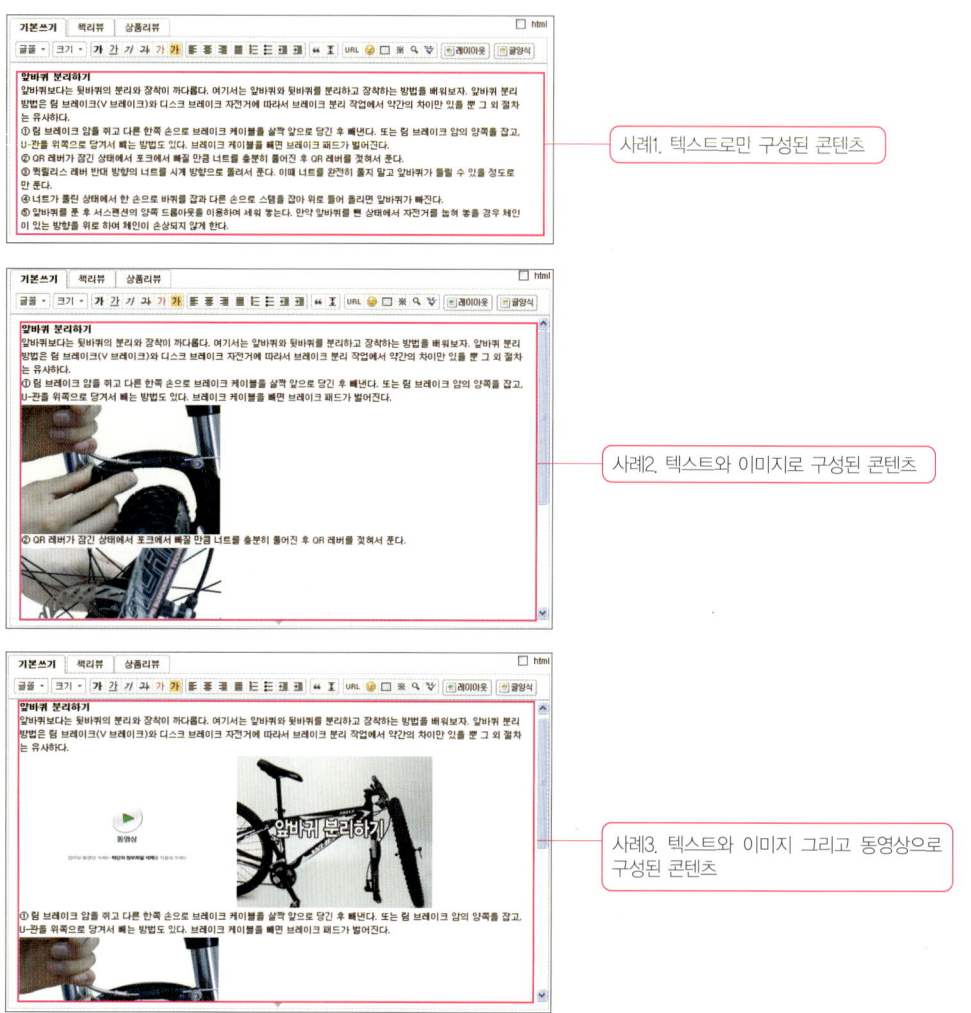

사례1. 텍스트로만 구성된 콘텐츠

사례2. 텍스트와 이미지로 구성된 콘텐츠

사례3. 텍스트와 이미지 그리고 동영상으로 구성된 콘텐츠

사례1, 사례2, 사례3의 텍스트 내용은 동일합니다. 하지만 검색엔진은 전체 콘텐츠의 크기가 큰 내용이 정확도가 가장 높다고 판단합니다. 콘텐츠의 크기는 텍스트로만 만들어진 사례1보다, 이미지가 삽입된 사례2의 콘텐츠 크기가 크고, 텍스트와 이미지가 삽입된 사례2보다 텍스트, 이미지, 동영상이 삽입된 사례3의 콘텐츠가 더 큽니다. 결국 검색엔진은 텍스트로만 만들어진 콘텐츠보다 이미지와 동영상이 포함된 콘텐트가 가장 정확성이 높다고 판단합니다.

**콘텐츠의 크기에 따른 상위 노출 순위** | 텍스트 〈 텍스트+이미지 〈 텍스트+이미지+동영상

# 5. 이미지의 개수 및 크기와 검색 상위 노출 관계

텍스트만으로 구성된 콘텐츠(사례1)는 보는 사람으로 하여금 가독성을 떨어뜨릴 뿐만 아니라 검색로봇 역시 이미지가 포함된 콘텐츠(사례2)보다 정확도가 떨어진다고 판단합니다. 또한 텍스트가 전혀 없는 상태에서 이미지 사진만 잔뜩 첨부한 콘텐츠(사례2)도 텍스트와 이미지 사진이 적절한 비율로 첨부된 콘텐츠보다 덜 중요하다고 판단합니다.

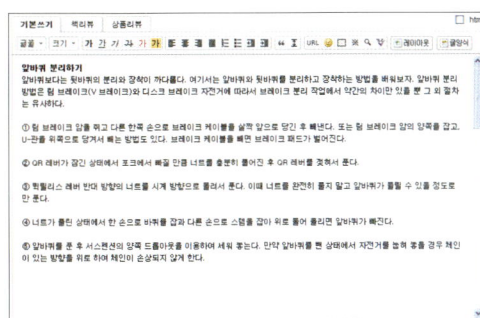

❖ 사례1. 텍스트로만 구성된 콘텐츠

❖ 사례2. 이미지로만 구성된 콘텐츠

만약 콘텐츠의 내용이 동일하고 삽입된 이미지 또는 동영상의 크기가 다른 경우 어떤 검색 결과가 나올까요? 검색엔진은 비슷한 검색 결과가 나온 두 콘텐츠가 있다면 이미지 크기가 크거나 동영상 크기가 큰 파일이 삽입된 콘텐츠가 더 정확도가 높다고 판단합니다.

다음은 동일한 사진 이미지를 320px 크기로 삽입한 콘텐츠와 550px 크기로 삽입한 콘텐츠입니다. 검색엔진은 두 콘텐츠 중 이미지가 550px 크기로 삽입된 크기의 콘텐츠를 더 중요하다고 판단합니다. 이는 동영상도 마찬가지로 동영상의 크기가 더 큰 파일이 삽입된 콘텐츠를 더 중요하다고 판단합니다. 하지만 콘텐츠에 삽입시킬 수 있는 이미지 사이즈나 동영상 파일의 용량은 제한되어 있습니다. 그 범위에서 콘텐츠를 읽는 사람을 고려하여 적당한 크기로 삽입하는 것이 좋습니다.

❖ 사진 이미지를 320px 크기로 삽입한 사례

❖ 사진 이미지를 550px 크기로 삽입한 사례

# 6. 타이틀 이미지 배치에 따른 검색 노출 순위의 극과 극

콘텐츠를 만들 때 삽입한 이미지가 한개 이상인 경우 검색 포털 사이트의 검색 결과에는 콘텐츠에 포함된 이미지 숫자(❶)만 표시되고 그 중 한 개의 이미지만 노출됩니다. 콘텐츠 속에 삽입된 이미지 중 가장 상단의 이미지가 노출되며, 이 이미지를 콘텐츠의 '섬네일 이미지' 또는 '타이틀 이미지'라고 합니다. 이 타이틀 이미지는 다른 경쟁 콘텐츠의 이미지와 차별화될 수 있고, 신뢰감을 전달할 수 있도록 계획적으로 만들어야 합니다.

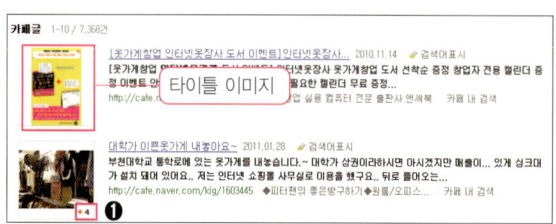

다음 그림은 '자전거의류' 검색어로 검색한 카페 검색 탭의 검색 결과입니다. 여러분은 그림 1(❶)과 그림2(❷)의 가장 상단에 노출된 두 콘텐츠의 그림을 보고 어느 콘텐츠가 더 시각적 효과, 신뢰성 등에 높은 점수를 주시겠습니까?

그림 1

그림 2

첫 번째 그림(❶)은 텍스트 이미지로 만들었기 때문에 다른 콘텐츠에 비해 눈에 띄는 시각효과가 떨어지는 반면, 두 번째 그림(❷)은 텍스트와 사진 이미지를 적절히 혼합하여 콘텐츠의 타이틀 이미지와 같은 느낌을 줍니다.

| 구분 | 시각적 효과 | 신뢰성 효과 | 클릭률 |
|---|---|---|---|
| 그림1 텍스트 이미지 | 낮음 | 낮음 | 낮음 |
| 그림2 타이틀 텍스트와 사진이 혼합된 이미지 | 높음 | 높음 | 높음 |

타이틀 이미지는 어떻게 바꾸어야 할까요? 타이틀 이미지를 콘텐츠 가장 상단에 위치시키면 됩니다. 만약 카페 게시글에 12개의 이미지를 삽입하고 싶다면 콘텐츠의 느낌을 강하게 전달할 수 있는 타이틀 이미지를 만들어 그림과 같이 가장 상단에 추가시키면 되며, 그 이미지가 콘텐츠를 대표하는 이미지가 되어 검색 결과 각 검색 탭의 타이틀 이미지가 됩니다.

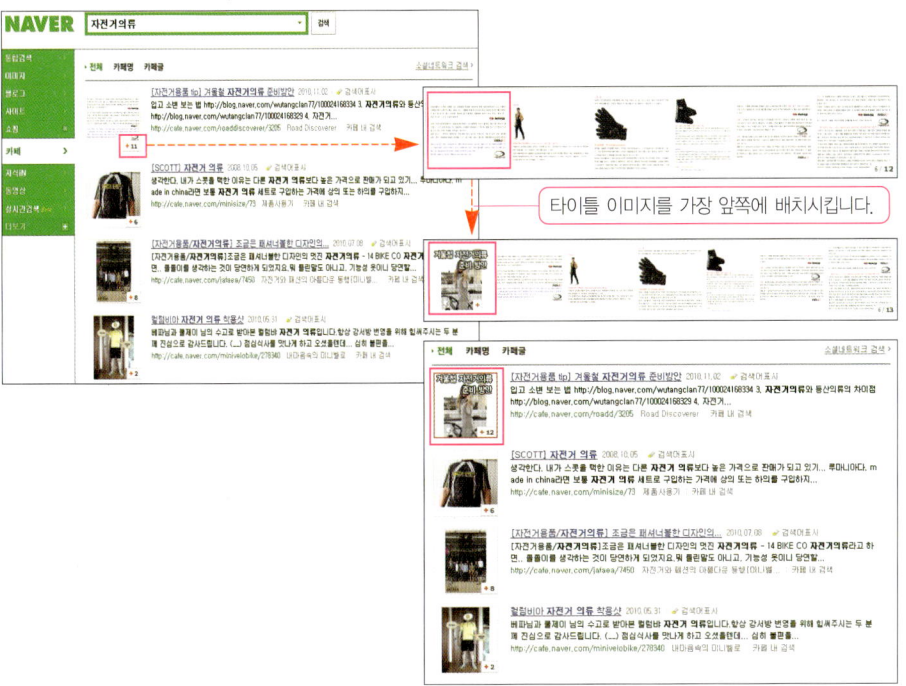

| 타이틀 이미지의 노출

검색 포털의 이미지 검색에 노출되는 타이틀 이미지는 콘텐츠에 포함된 가장 상단 이미지와 가장 먼저 첨부한 이미지를 우선적으로 노출시킵니다.

## 7 이미지, 동영상 검색 탭의 상위 노출 원리

검색 포털 사이트의 이미지 검색 탭 상위에 노출되는 이미지는 주로 카페와 블로그의 콘텐츠에 포함된 이미지가 우선적으로 노출됩니다. 그 외의 경우 다음(Daum)은 다음지식 서비스에 포함된 이미지와 뉴스 콘텐츠에 포함된 이미지를 이미지 검색 탭에 노출시키고, 네이버는 포토갤러리, 뉴스 콘텐츠, 영화 콘텐츠, 웹 콘텐츠에 포함된 이미지를 이미지 검색 탭에 노출시킵니다.

## 7-1. 이미지 노출 순위를 결정하는 핵심 요소

콘텐츠에 포함된 이미지는 모두 검색 대상이며, 모두 노출될 수 있습니다. 다음 그림과 같이 콘텐츠에 4개의 이미지가 포함되었다면 이 이미지는 모두 이미지 검색 탭에 노출됩니다. 하지만 노출될 수 있는 순위는 달라집니다. 콘텐츠에 포함된 4개의 그림(❶, ❷, ❸, ❹)중 ❸번 이미지는 검색된 전체 이미지 202건(❺) 중 가장 상위에 노출되었고, 그 다음으로 ❷번 이미지가 노출되었습니다. 그림에서는 보이지 않지만 그 다음으로 ❹번, ❶번 이미지 순으로 노출되었습니다.

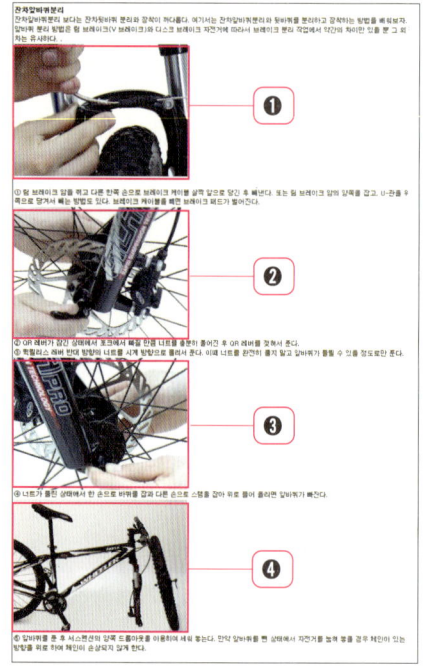

❖ 이미지를 포함한 콘텐츠　　　❖ 이미지 검색 탭에 노출된 타이틀 이미지들

검색 결과 이미지에 마우스를 위치시키면 손가락 모양의 아이콘이 나타나며 삽입된 이미지 사이즈 정보가 표시됩니다. 콘텐츠를 만드는 과정에서 삽입된 4개의 이미지의 사이즈가 모두 '500×368'(❶, ❷, ❸)로 동일한 크기로 삽입된 것을 확인할 수 있습니다. 모두 동일한 크기로 이미지를 삽입했는데 왜 검색 노출 순위는 달라질까요? 그 답은 이미지의 원본 사이즈에 있습니다.

다음은 위 카페 콘텐츠를 만들 때 포함시킨 이미지 파일명과 크기를 윈도우 탐색기에 확인한 그림과 이미지 파일들의 검색 노출 순위를 산출한 표입니다.

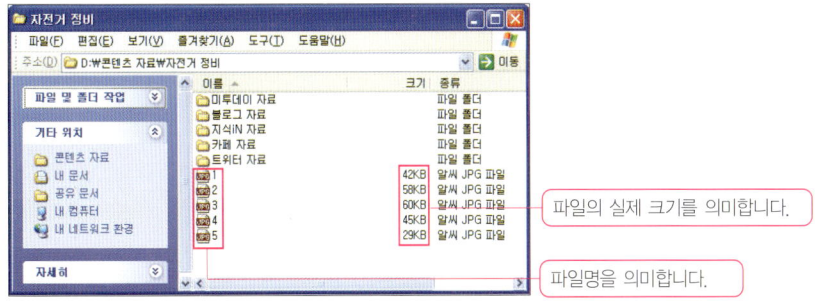

파일의 실제 크기를 의미합니다.

파일명을 의미합니다.

| 이미지 | 파일명(jpg) | 파일크기(KByte) | 검색 노출 순위 |
|---|---|---|---|
|  | 1 | 42 | 4 |
|  | 2 | 58 | 2 |
|  | 3 | 60 | 1 |
|  | 4 | 45 | 3 |

블로그, 카페 등에서 콘텐츠를 만들 때 삽입하는 이미지가 1개 이상일 경우라면 블로그, 카페, 이미지 등의 검색 탭 결과에 노출시킬 타이틀 이미지를 좀 더 신중히 선택해야 합니다. 또한 타이틀 이미지는 다른 이미지에 비해서 원본 파일의 크기를 크게 할 필요가 있습니다.

| 이미지 크기는 조절할 수 있나요?

이미지 크기는 포토샵에서 작게 또는 크게 수정할 수 있습니다. [Image]-[Image Size] 메뉴를 선택한 후 [Image Size] 대화상자에서 이미지의 가로(Width)와 세로(Height)의 값을 수정하여 이미지의 크기를 수정할 수 있습니다. 단 이미지의 크기를 원본 크기보다 크게 지정하면 이미지의 선명하지 않게 보입니다.

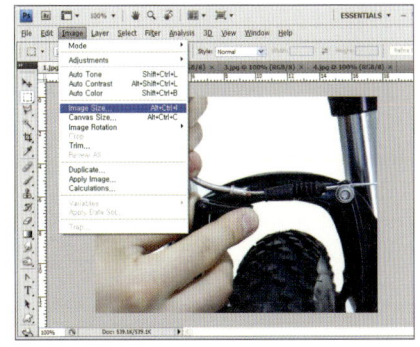

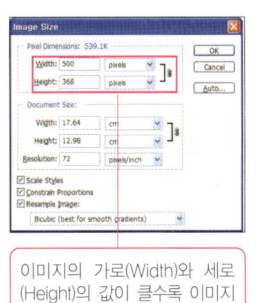

이미지의 가로(Width)와 세로(Height)의 값이 클수록 이미지의 크기가 커지고 작아질수록 이미지의 크기가 작아집니다.

# 8. 검색엔진은 새 글을 좋아 한다

'잔차앞바퀴분리 조립'이라는 제목의 자전거 앞바퀴 분리와 조립하는 과정에 대한 콘텐츠를 가지고 카페, 블로그, 지식iN, 이미지, 동영상, 실시간 검색 탭의 검색 상위 노출 결과에 대해서 알아보겠습니다. '잔차' 검색어로 검색된 총 카페글은 191,222건 중 상위 2위에 노출되었습니다.

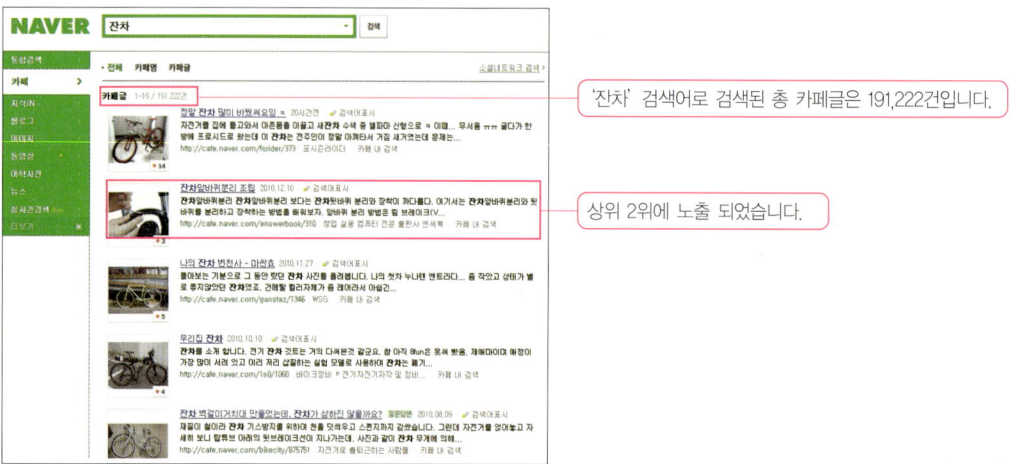

이번에는 경쟁이 덜 심한 '잔차앞바퀴분리'로 검색해 보았습니다. 검색된 총 카페글은 1,372건이고, 이 중 상위 1위에 노출되었습니다. 콘텐츠를 등록한지 불과 1시간도 채 되지 않은 상태입니다.

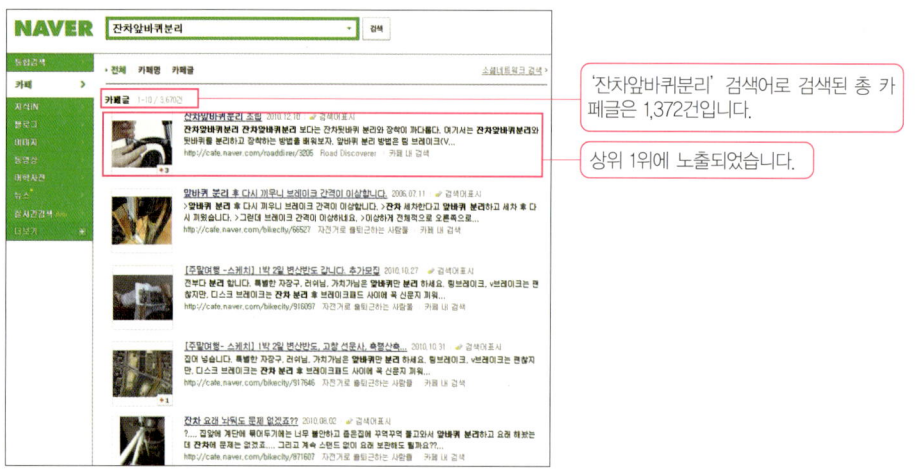

'잔차앞바퀴분리' 제목의 콘텐츠로 등록한지 한 시간이 채 되지 않아 검색 노출 1위에 오를 수 있는 것은 검색엔진은 동일한 조건의 콘텐츠라면 최근에 만들어진 새 글을 선호하기 때문입니다. 여러분이라면 검색 노출된 콘텐츠 중 오래된 콘텐츠와 새로운 콘텐츠 중 어느 콘텐츠를 클릭하겠습니까? 새로운 콘텐츠 쪽으로 손길이 가는 것은 당연한 이치일 것입니다. 검색 포털 사이트도 최근의 콘텐츠를 자주 노출시켜야 검색 서비스 경쟁에서 우위를 점유할 수 있을 것입니다. 결국 동일한 조건의 콘텐츠라면 최근에 등록된 콘텐츠를 우선적으로 노출할 수밖에 없습니다.

# 9 사례로 살펴보는 상위 노출 유지 방법

자전거, 자전거 동호인들 사이에 자전거의 줄임말로 '잔차' 라는 속어를 많이 사용합니다. 자전거 검색어는 업종별 대표 키워드이기 때문에 자전거 여행 코스에 관심 있는 사람, 자전거 정비에 관심 있는 사람, 자전거 구입에 관심 있는 사람 등 다양한 부류의 사람들이 검색하는 키워드입니다. 그 중 상위에 랭크된 지식은 구입 방법, 가격, 고르는 방법 등 자전거 구입에 관련된 내용들입니다.

❷번은 2007년 4월에 등록된 콘텐츠임에도 불구하고 상위에 노출될 수 있는 이유는 검색 상위 노출 기본 항목들을 충실히 이행했고 무엇보다도 콘텐츠에 정보성이 있기 때문입니다. 자전거를 구입하려는 수요는 자전거 입문자가 가장 많을 것입니다. ❷번 콘텐츠는 그 수요층이 가장 궁금해 할 수 있는 내용 중 하나인 '입문자 자전거 선택하는 방법' 입니다. 입문자들이 클릭해보고 싶은 제목의 콘텐츠이기 때문에 조회수가 가장 높았고, 콘텐츠에 만족을 했기 때문에 추천수도 가장 많이 받았습니다. 즉, ❷번 콘텐츠는 방문자에게 호기심을 유발하는데 성공했고 가치 있는 정보를 제공했기 때문에 오랜 기간 동안 상위 노출을 유지할 수 있는 것입니다.

| 콘텐츠 번호 | 내용 | 등록일자 | 고객의 선택과 평가 |
|---|---|---|---|
| ❶ | 자전거 가격 문의에 대한 지식 | 2010년 11. 24 | 답변수 1, 추천수 0, 조회수 76 |
| ❷ | 입문자 자전거 선택하는 방법에 대한 지식 | 2007년 04. 11 | 답변수 2, 추천수 3, 조회수 2036 |
| ❸ | 자전거 가격 문의에 대한 지식 | 2009년 03. 29 | 답변수 1, 추천수 0, 조회수 917 |
| ❹ | 자전거 구입 문의에 대한 지식 | 2010년 05. 28 | 답변수 1 추천수 1, 조회수 514 |
| ❺ | 자전거 가격 문의에 대한 지식 | 2010년 11. 21 | 답변수 1 추천수 0, 조회수 26 |

❖ '잔차' 검색어에 대한 지식 콘텐츠 상위 노출 순위와 기본 정보

정보의 가치가 충분한 양질의 콘텐츠는 당장 상위 첫 페이지에 노출이 되지 않았더라도 관련 분야에서 일정한 수준의 사람이 관심을 갖는 핵심 키워드와 양질의 내용으로 구성되었다면 반드시 일정 수준의 꾸준한 방문객을 유치할 수 있고, 또한 검색 상위에 꾸준히 노출될 수 있는 방법입니다.

# 10 어뷰징 콘텐츠의 최후

상위 노출보다 더 어려운 것이 상위 노출 유지입니다. 카페, 블로그, 지식 검색 탭에서 상위 1페이지에 노출되던 콘텐츠가 어느 날 갑자기 순위에서 한참 밀려났거나 사라지는 경우는 두 가지 원인 중 한 가지에 해당합니다.

> 갑자기 검색 순위에서 사라지는 원인 → 정보성 없고 상위 노출에만 치중한 어뷰징 콘텐츠를 등록한 경우

검색자가 원하는 콘텐츠가 아닌 노출을 위한 또는 블로그, 카페, 쇼핑몰, 홈페이지로 유도만을 목적으로 하는 콘텐츠는 검색 상위에 노출되었다하더라도 일순간에 검색 페이지에서 사라지거나 콘텐츠 등록자의 ip가 제재 당하게 됩니다. 바닷가를 거닐다 살아있는 조개를 발견했다고 좋아하면서 주웠는데 알맹이는 없는 빈껍데기를 발견하면 돌아오는 건 허탈함뿐입니다. 내용 없는 콘텐츠는 아무리 검색 상위에 노출된다 하더라도 그 자리를 유지하지 못하고 등록자 조차도 찾기 힘든 후순위로 밀려난다는 것을 반드시 기억해야 할 것입니다.

인터넷 광고 대행업체들 중 상당수는 수백에서 수천 개 아이디를 가지고 마케팅 작업을 진행합니다. 특히 다량의 아이디로 작업하는 경우는 지식 마케팅에 두드러지게 나타납니다. 마케팅 효과를 테스트하기 위해서 사용되기도 하지만 상당수는 일명 '짜고 치는 고스톱'을 하기 위해서입니다. 아이디를 다량으로 구입해서 A라는 아이디로 지식 서비스에 질문하고 B라는 아이디로 답변하는 방식으로 하루에도 수백 개의 글들을 올립니다. 수백 개의 글 중 네이버에 의해서 강제 삭제 당하기 일쑤이지만 계속해서 새로운 아이디를 이용하고 컴퓨터 ip를 바꾸어가면서 작업합니다. 이런 방법으로 콘텐츠를 검색 상위에 노출시키는데 성공했다고 가정해봅시다.

진실성이 없는 지식 답변, 콘텐의 제목과 본문에 핵심 키워드를 무차별 반복하여 사용하거나 어뷰징 태그 또는 쇼핑몰 주소를 삽입하는 콘텐츠, 정보성이라고는 찾아볼 수 없고 공감이라고는 느낄 수 없는 이 같은 콘텐트들을 검색 상위에 노출시켜 수많은 사람들을 쇼핑몰이나 홈페이지 등 원하는 곳으로 유입시켰다 하더라도 이는 방문자 수만 증가할 뿐 궁극적인 목적인 구매로 전환되는 구매전환율은 기대하기 쉽지 않습니다. 단지 검색 상위 노출만을 목적으로 하는 정보성 없는 콘텐츠를 만들겠다면 구매전환율은 기대하지 않는 것이 좋을 것입니다.

## 10-1. 어느 날 갑자기 노출 순위가 급격히 떨어지는 이유와 해결 방안

지식 서비스의 콘텐츠, 블로그의 포스트, 카페의 게시글, 홈페이지나 쇼핑몰의 웹문서 등이 각 검색 탭의 첫 페이지 상위에 노출되었는데, 어느 날 갑자기 순위에서 보이지 않거나 수 페이지 뒤로 밀리는 경우가 있습니다. 왜 이런 현상이 나타나는 것일까요? 앞에서도 간단히 소개했지만 블로그에 포스트를 작성하거나 카페에 글 등을 작성할 때 다음에서 열거하는 항목들은 주의해서 작성한다면 그런 현상을 겪지 않을 것입니다.

| 노출 순위를 떨어뜨리는 원인 |
| --- |
| 한 장소에서 동일 IP의 컴퓨터로 다수의 블로그, 카페 등에서 콘텐츠를 등록하는 경우 |
| 동일한 키워드를 무리하게 반복적으로 콘텐츠를 등록하는 경우 |
| 구매를 유도하는 문구를 넣거나 계좌번호를 넣는 등 상업적인 용도로 사용하는 경우 |
| 인터넷에서 떠도는 동일한 글을 복사해서 반복하여 등록하는 경우 |
| 블로그, 카페 등에서 새로운 콘텐츠가 없거나 활동이 저조한 경우 |
| 저작권이 있는 영상을 무단으로 삽입하는 경우 |
| 개설한지 얼마 되지 않은 블로그나 카페의 포스팅 수 또는 게시글의 수가 하루에 너무 많은 트래픽을 받는 경우 |

**| 카페의 게시글, 블로그의 포스팅이 정확도 검색 옵션에서만 노출되지 않는 경우**

다수의 카페나 블로그를 운영하는 경우 유독 특정 카페나 블로그의 게시글이나 포스팅이 최신순에는 노출되지만 정확도 옵션에는 노출되지 않는 경우가 있습니다. 어뷰징으로 인해 블라인드 경고를 받은 경우에 발생하는 현상입니다. 이런 경우 시작한지 얼마 되지 않은 카페라면 카페 패쇄 후 신규 카페 개설을 신중히 고려해보아야 하지만, 수개월 이상 운영된 경우라면 문제가 되는 게시글들을 찾아 원인을 파악한 후 삭제하거나 수정하여 다시 등록합니다.

# Lesson 03 검색 상위 노출을 위한 키워드 최적화

## 1. 키워드 최적화의 출발, 키워드의 종류와 특징 이해하기

웹 검색 최적화나 소셜 네트워크 검색 최적화의 시작은 기업의 상품이나 서비스를 대표하는 키워드를 정확히 찾아내고, 그 키워드를 검색 상위 노출에 최적화시키는 것입니다. 키워드를 최적화를 설정하기 전에 키워드의 종류에 대해서 알아보겠습니다. 키워드의 종류에는 대표 키워드, 브랜드 키워드, 주변 키워드, 확장 키워드, 연관 키워드 등이 있습니다. 이런 키워드들이 조합되어 최종적으로 만들어진 키워드가 콘텐츠에서 배치될 '핵심 키워드' 입니다.

기업 이미지나 쇼핑몰의 특성별 또는 판매하는 상품군이 포함되는 가장 상위 카테고리의 키워드를 '최상위 키워드' 또는 '대표 키워드' 라 합니다. 예를 들면 여성의류를 판매하는 쇼핑몰이라면 여성의류, 스커트, 브라우스 등은 최상위 키워드입니다. 최상위 키워드는 규모가 있는 기업이나 쇼핑몰에서 키워드 광고용으로 많이 사용되기 때문에 검색 포털의 통합 검색 페이지에 콘텐트 노출이 제외되는 경우가 많습니다. '3-1. 최상위 키워드를 사용한 콘텐츠가 통합검색에 노출되지 않는 이유' 를 참조하세요.

나이키, 리바이스와 같이 특정 브랜드를 나타내는 단어를 사용한 키워드를 '브랜드 키워드' 라고 합니다. 일반적으로 대표 키워드보다는 브랜드 키워드가 쇼핑몰로 유도되는 유도율과 쇼핑몰 접속 후 구매를 일으키는 구매율이 더 높습니다. 대표 키워드는 바로 구매할 목적이기 보다는 정보 검색용으로 사용하는 경우가 많지만 브랜드 키워드는 구매 목적으로 검색하는 경우가 많기 때문입니다.

대표 키워드와 대표 키워드를 조합하거나 대표 키워드와 브랜드 키워드를 조합하여 만들어진 키워드를 '주변 키워드' 라고 합니다. 예를 들면 리바이스라는 브랜드 키워드이며, 청바지는 대표 키워드입니다. 이 둘을 조합하여 '리바이스 청바지' 키워드를 만들었다면 이는 주변 키워드에 해당합니다. 나이키와 트레이닝복을 조합한 '나이키 트레이닝복' 처럼 구체적이고 명확한 단어가 이루어진 키워드를 의미합니다.

단어끼리의 조합 외에 구, 절, 문장 단위까지 확장시켜 만든 키워드를 '확장 키워드'라고 합니다. 예를 들면 '미팅용 가을 메이크업', '깨지지 않는 초강력 유리병', '남친 선물하기 좋은 라이터' 등과 같은 경우가 확장 키워드입니다. 확장 키워드는 연구할수록 무궁무진하게 만들어 낼 수 있습니다. 확장 키워드에 따라서 쇼핑몰, 블로그, 카페 등의 노출수와, 유입수, 구매전환율이 크게 달라집니다. 이외 연관 키워드는 모든 분야에서 특정 단어 이후 연이어 많이 검색한 키워드로 네이버에서는 연관 검색어, 다음에서는 관련 검색어라고 합니다.

다음은 대표 키워드, 브랜드 키워드, 주변 키워드, 연관 키워드, 확장 키워드를 롱테일 법칙의 도표로 나타낸 그림입니다.

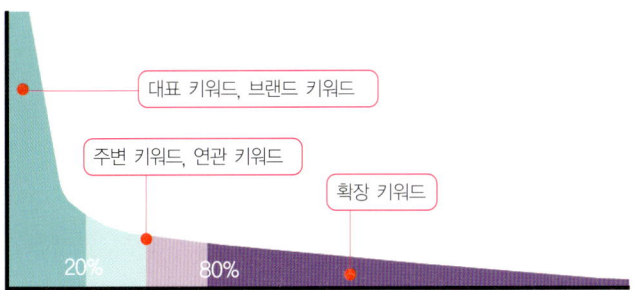

연관 검색어나 관련 검색어는 확장 키워드의 확대된 개념으로 일반적으로 확장 키워드에 포함시켜서 사용됩니다. 다음 그림은 네이버와 다음의 검색 창에서 '스키'를 검색한 결과 상단에 '스키'와 연이어 많이 검색한 키워드를 검색 인기도를 토대로 자동으로 제시해줍니다. 이것이 연관 키워드입니다.

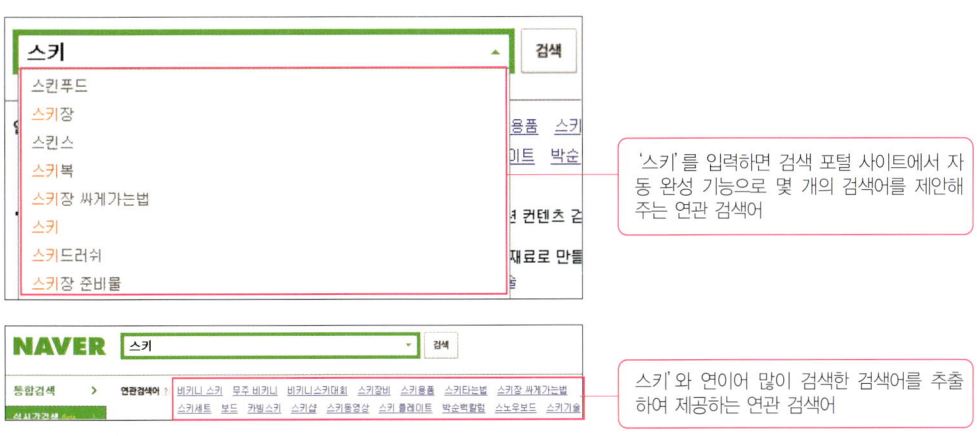

## 2 상위 노출 키워드 최적화 시스템 활용하기

키워드 최적화는 나의 사이트, 쇼핑몰 등의 특징을 잘 나타낼 수 있는 예상 핵심 키워드를 추출한 후 그 핵심 키워드와 관련된 키워드와 세부 키워드를 정리하고 추천 키워드를 추가합니다. 그렇게 산출된 키워드를 성격에 따라 구분하고 검색 채널 별 틈새 키워드를 찾은 후 트렌드 키워드와 연관성 있는 키워드를 추가로 발굴합니다. 최종적으로 발굴한 키워드들을 토대로 콘텐츠를 만든 후 키워드와 연관된 또는 콘텐츠에 키워드를 자연스럽게 포함시켜 콘텐츠를 완성시킨 후 지식iN, 블로그, 카페, 사이트나 쇼핑몰의 커뮤니티 코너 등에 등록합니다.

위 과정까지는 사이트 또는 블로그 등을 대표하는 핵심 키워드라고 할 수는 없습니다. 콘텐츠를 등록한 이후 콘텐츠의 검색 상위 노출 여부, 방문자들의 만족도, 사이트나 쇼핑몰로의 유입율 등의 반응을 종합적으로 분석한 후 타당성이 검증되면 핵심 키워드로 확정합니다. 이후 확정된 핵심 키워드의 연관 키워드 등을 발굴하여 새로운 콘텐츠를 추가로 만듭니다.

나에게 맞는 핵심 키워드는 다음 그림과 같은 '키워드 최적화 시스템'에서 제시하는 7단계에 대입하면 나만의 핵심 키워드를 찾는데 도움이 될 것입니다.

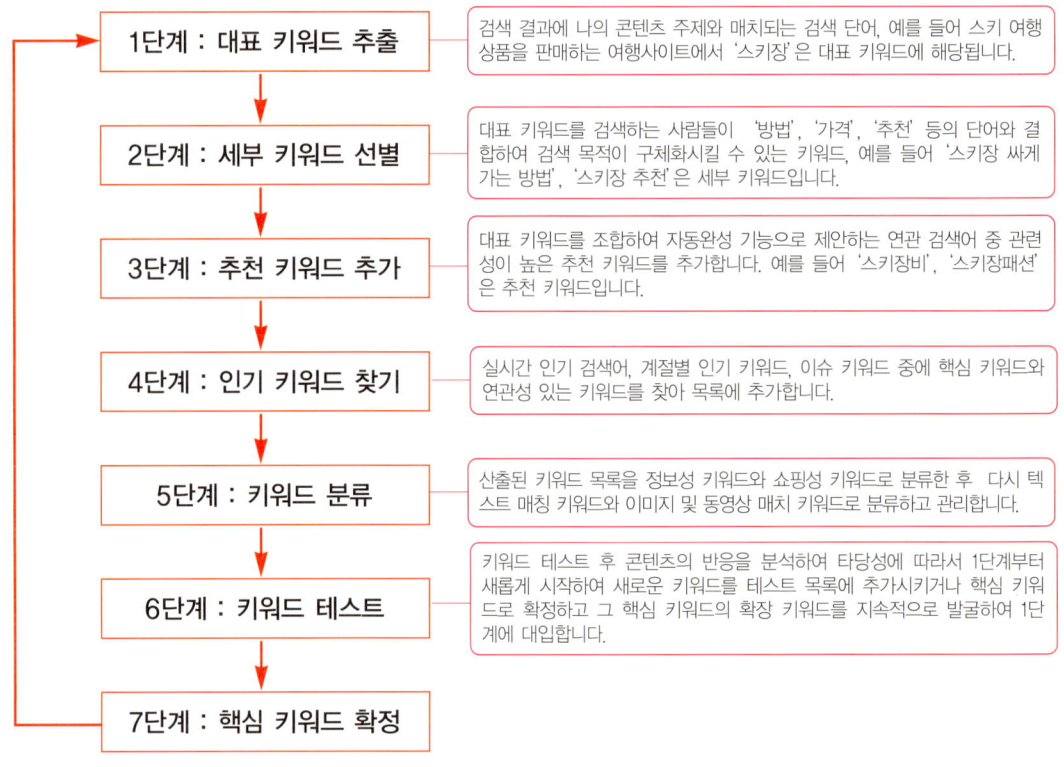

❖ 키워드 최적화 시스템

## 2-1. 검색 상위 노출이 보장되는 롱테일 전략의 핵심 키워드

롱테일 법칙을 키워드 전략에 비유한다면 분야를 대표하는 키워드 중 80% 확장 키워드가 20%의 상위 키워드를 앞선다는 개념입니다. 예를 들면 여성의류의 최상위 키워드인 '스커트'를 핵심 키워드로 사용하는 것보다 '날씬해 보이는 주름 스커트'와 같은 확장 키워드들을 핵심 키워드로 활용하는 전략입니다.

핵심 키워드를 최상위 키워드로 활용하여 콘텐츠를 만들면 검색 포털 사이트의 변화되는 검색로직에 민감하게 반응하지만 핵심 키워드를 확장 키워드로 활용하여 콘텐츠를 만들면 검색 포털 사이트의 변화에 크게 민감하지 않으면서 검색 상위에 노출시키기가 수월합니다. 반면 검색하는 숫자는 최상위 키워드보다 저조하다는 단점이 있지만 그것은 단점이자 장점이 될 수 있습니다.

**| 롱테일 법칙이란**

롱테일 법칙이란 1년에 단 몇 권밖에 판매되지 않는 80%의 비인기 책들의 판매량을 모두 합산하면 20%의 베스트셀러 책들의 판매량을 앞서는 개념입니다.

## 3 때(時)가 있는 키워드

수많은 인터넷 마케팅 대행업체의 사람들은 검색 상위 노출이 뭐 대단한 것이라도 되는 것처럼 내세우면서 자사를 자랑하고 고객을 유치하는데 혈안이 되었습니다. 이는 인터넷 마케팅 대행업체들이 그 수를 헤아리기 어려울 정도로 우후죽순으로 생겨나면서 그들 간의 과다경쟁이 불러온 현실일 것입니다. 이 책을 모두 읽고 나면 그들의 달콤한 유혹에서 벗어날 수 있을 것이라 생각합니다. 서두에서도 이야기 했지만, 검색 상위 노출은 결코 특정 부류의 사람들만 진행하는 인터넷 마케팅이 아닙니다. 만약 진행 결과 자신의 콘텐츠가 검색 상위에 노출되지 않는다면 그건 '안 되는 이유'로 만들었기 때문입니다. 그러한 이유 없이 정상적으로 진행한 경우라면 누구나 자신의 콘텐츠를 검색 상위에 노출시킬 수 있습니다. 다만, 검색 탭에 따라서 때(時)가 있을 뿐입니다.

비록 검색 상위 노출에 때가 있다고는 하나, 이는 최상위 키워드나 중급 이상의 키워드를 목표로 했을 때의 이야기이고, 목표 키워드가 세부 키워드인 경우에는 굳이 때(時)를 기다릴 것도 없이 거의 실시간에 가까운 시간으로 검색 상위 노출이 가능합니다. 그렇기 때문에 상위 노출은 누구나 가능한 것이므로 이것 자체에 목을 맬 필요 없습니다. 이보다는 상위 노출이 된 후의 그 키워드로 유입된 방문자의 2차적인 행적과 취한 행동을 분석해야 합니다. 블로그의 경우라면 마케팅 이후 블로그의 지수가 상승하게 되며, 이때부터는 최상위 키워드에 대해서도 상위 노출이 가능해지게 됩니다. 하지만 블로그 지수가 상승했다 하더라도 충분한 테스트 과정을 거친 후 검증된 키워드를 사용해야 합니다. 왜냐하면 블로그, 카페 등은 최상위 키워드 반응하지 않을 수 있기 때문입니다.

## 3-1. 최상위 키워드를 사용한 콘텐츠가 통합검색에 노출되지 않는 이유

인터넷 의류 쇼핑몰 업체에게 최상위 키워드는 '여성의류', '남성의류' 등이고, 인터넷 유아용품 쇼핑몰 업체에게 최상위 키워드는 '유아용품', '유아복' 입니다. 네이버 검색 창에서 '여성의류'나 '유아용품'과 같은 최상위 키워드를 검색하면 통합검색 페이지에 블로그, 카페의 검색 결과는 노출되지 않습니다. 반면에 확장 키워드인 '날씬해보이는스커트'를 입력했을 경우 블로그, 카페, 웹문서 등 대부분의 검색 결과가 통합검색 페이지에 노출되었습니다.

특히 네이버는 2011년 검색로직의 변화로 이와 같은 현상이 두드러지게 나타나고 있는데 그 이유를 무엇이라 생각하시나요? 최상위 키워드들은 광고비가 고가에 낙찰되는 키워드입니다. 이런 키워드를 사용하는 광고주들 입장에서는 블로그 검색 탭이나 카페 검색 탭과 함께 노출되지 않는 것이 광고 효과가 높을 것입니다. 앞으로 이런 검색 로직은 더욱 강화될 것으로 예측할 수 있습니다.

앞으로 블로그 콘텐츠, 카페 콘텐츠, 웹문서 콘텐츠, 지식iN 콘텐츠를 통합검색 결과에 노출시키기 위해서는 핵심 키워드를 최상위 키워드보다는 세부 키워드를 발굴하여 콘텐츠를 만드는 전략으로 바꾸어야 할 것입니다.

## 3-2. 키워드 광고를 시작하면 유리한 사례

키워드 발굴에 관한 예를 들어보겠습니다. 다음 그림은 '대출'에 관련된 광고에 사용된 키워드와 광고카피를 추출한 사례입니다. 키워드 추출은 프로그램을 사용하거나 지식iN, 블로그, 카페 등에서 인기도가 높은 키워드를 직접 추출합니다. 키워드 추출 프로그램은 무료로 배포되는 것과 유료 프로그램 등 여러가지 종류가 있습니다.

| 대출관련 키워드 | | | | |
|---|---|---|---|---|
| 당일대출 | 빠른대출 | 담보대출 | 자영업대출 | 대학생대출 |
| 쉽고빠른대출 | 빠르고쉬운대출 | 주부대출 | 신용대출 | 무수수료 |
| 무담보 | 빠른상담 | 빠른대출 | 한도 | 개인회생 |
| 주택담보대출 | 직장인대출 | 여성우대대출 | 누구나빠른대출 | 전국무방문 |
| 성실한분 | 학생 | 안심대출 | 당일대출 | 학자금대출 |
| 무보증 | 간편대출 | 대출조건상담 | 한도상담 | 안정한대출 |
| 금리안내 | 조회 | 대출자격 | 여성직장인우대 | 저금리대출 |
| 대출하는곳 | 저금리 | 전국당일대출 | 사업자대출 | 신용불량자 |
| 소액대출 | 인터넷간편대출 | 전세대출 | 대출수수료 | 중도상환 |
| 초간편대출 | 담보 | 전문직 | 신용조회 | 대출상환 |
| 급전 | 당일대출 | 소액급전 | 소액대출 | 당일급전 |
| 빠른심사 | 무심사 | 캐피탈대출 | 무방문당일가능 | 조회기록무 |

추출한 키워드는 광고로 사용되는 빈도가 높은 키워드와 비교적 사용 빈도가 낮은 키워드로 분류합니다. 다음 그림에서 '급전당일대출해주는곳'의 경우 3업체에서 광고를 집행하고 있습니다. 파워링크 광고 영역은 10개 사이트가 노출되기 때문에 7곳이 비워있는 상태이고, 이외 플러스광고 등은 진행하는 곳이 한 곳도 없는 상태입니다. 아직 비워있는 키워드의 입찰 가격을 확인한 후 예상보다 저렴하거나 부담이 없다면 키워드 광고를 시작해도 좋습니다.

광고에 사용된 모든 키워드 추출, 예를 들면 급전, 당일대출, 114대출, 당일급전, 소액급전, 실시간조회가능, 114대출서비스 등

## 4. 정보 검색용 키워드와 쇼핑용 키워드를 구분하라

키워드의 종류에는 대표 키워드, 브랜드 키워드, 주변 키워드, 확장 키워드, 연관 키워드 등을 사용하여 핵심 키워드 목록을 만든 후 이들을 정보 검색용 키워드와 쇼핑용 키워드로 분류합니다. 예를 들어 대표 키워드가 '스키'라면 콘텐츠 제목을 작성할 때 다음 표와 같이 정보 검색용 키워드와 쇼핑용 키워드로 구분할 수 있습니다. 정보 검색용 키워드는 정보 취득과 학습을 목적으로 찾는 검색어이며, 쇼핑 키워드는 구매 또는 이용 및 소비를 목적으로 찾는 검색어를 말합니다.

| 핵심 키워드 | 정보 검색용 키워드 | 쇼핑용 키워드 |
|---|---|---|
| 스키 | • ○○○스키장 가는 법<br>• 스키의 종류와 안전한 착용 방법<br>• 안경 착용한 사람의 스키 타는 법 | • 스키 싸게 구입하는 방법<br>• 스키 좀 추천 해주세요~<br>• 공짜로 스키 강습 받는 방법 |

정보 검색용 키워드와 쇼핑 키워드의 조회수 중 어느 키워드의 조회수가 많을까요? 일반적으로 정보 검색용 키워드의 조회수가 더 많습니다. 하지만 구매로 이어지는 사이트로의 유입율은 정보 검색용 키워드보다 쇼핑용 키워드가 높습니다.

지방으로 여름 여행을 떠난다고 가정해봅시다. 여행을 떠나본 사람이라면 누구나 경험해 보았듯이 여행 목적지와 주변 볼거리와 함께 먹거리 등을 검색합니다. 여행 목적지를 결정하기 전 상태라면 여행 목적지 대상지인 '제주도', '여수', '해수욕장' 등에 관한 정보를 수집하기 위해서 '제주도', '해수욕장' 등 대표 키워드 위주로 검색할 것입니다. 하지만 여행 목적지를 결정한 단계에서는 '제주도 해수욕장', '제주도 조랑말', '서귀포에 위치한 바다가 보이는 콘도' 등 좀 더 상세한 확장 키워드나 주변 키워드를 생각하게 됩니다.

이 처럼 인터넷 검색 포털 사이트에서 정보를 검색할 때는 크게 두 가지의 경우를 생각할 수 있습니다.

**첫째, 관련된 정보를 수집하기 위한 자료 수집용 검색 단계**
**둘째, 수집된 자료를 토대로 실제 구매 결정을 위한 검색 단계**

정보 수집을 위한 검색에 사용되는 대부분의 키워드는 업종을 대표하는 키워드입니다. 하지만 필요한 정보를 찾고 난 후 실제 구매를 위해 검색하는 단계에서는 대표 키워드에서 파생된 연관 키워드로 검색한다는 점을 고려하여 핵심 키워드를 선별하고 그에 맞게 만들어야 고객의 공감과 만족도를 높이는 콘텐츠가 될 수 있습니다. 그런 콘텐츠라면 트위터, 미투데이, 페이스북 등 소셜 네트워크를 통해서도 공유되어 퍼지게 될 것입니다.

**| 검색 채널별 틈새 키워드를 찾아라.**

산출된 핵심 키워드 목록들을 포털 검색 포털 사이트에서 검색한 후 검색되는 콘텐트의 양(경쟁 마케터들의 콘텐츠와 네티즌들의 콘텐츠 등)을 확인할 수 있습니다. 콘텐츠를 검색하는 양은 적게는 수십 페이지에서 많게는 수십 만 개까지도 조회 및 노출됩니다. 이 중 검색 결과 상단에 노출될 가능성이 가장 높은 경우는 검색된 콘텐츠의 수는 적지만 검색된 콘텐츠를 조회한 숫자가 높은 틈새 키워드입니다. 이 틈새 키워드를 사용하면 검색 상위에 노출될 가능성이 높아집니다.

## 5 상위 노출이 잘되는 콘텐츠의 키워드 배합 공식

웹 검색에서 카페, 블로그, 지식iN, 이미지, 동영상, 소셜 네트워크, 웹문서 검색 탭 상위에 노출되기 위해서 가정 먼저 해야 될 작업은 올바른 키워드의 선택과 배합입니다. 키워드를 선택하고 배합하는 기본 공식은 다음과 같이 핵심 키워드를 중심으로 앞뒤에 브랜드 키워드, 주변 키워드, 확장 키워드, 연관 키워드를 적절히 배치하는 것입니다.

"(핵심 키워드)+연관 키워드+(핵심 키워드)+주변 키워드"
"연관 키워드+(핵심 키워드)+연관 키워드"
"주변 키워드+연관 키워드 (핵심 키워드) 연관 키워드+주변 키워드"

콘텐츠 제작 시 제목과 본문에 사용할 핵심 키워드가 '여드름관리'라고 가정해봅시다. 추가 핵심 키워드는 여드름, 연관 키워드는 여드름흉터, 여드름자국, 여드름타올, 여드름제거입니다. 다음 표의 내용 중 검색엔진은 핵심 키워드만 사용한 콘텐츠보다는 키워드 배합 공식을 사용한 콘텐츠 중 키워드 배합 공식을 사용한 콘텐츠의 중요도가 높다고 판단하여 검색 상위에 노출됩니다.

| 대표 키워드만 사용한 콘텐츠 | | 키워드 배합 공식으로 여러 가지 키워드를 혼합한 콘텐츠 | |
|---|---|---|---|
| 콘텐츠 제목 | 콘텐츠 본문 | 콘텐츠 제목 | 콘텐츠 본문 |
| 여드름관리 | 절대로 손은 얼굴에 대지 않도록 관리해야 하고 여드름타올을 이용하여 깨끗하게 관리해야 합니다. | 여드름관리 노하우]확실한 여드름관리 방법 | 여드름은 균으로 번지는 경우가 대부분이기 때문에 여드름흉터가 생기기 쉽기 때문에 여드름관리가 중요합니다. 여드름제거용 여드름타올을 이용하면 여드름흉터나 여드름자국도 남지 않게 깨끗하게 여드름관리가 가능합니다. |

다음 그림은 검색 포털의 검색 창에서 '여드름제거' 키워드로 검색하여 지식iN 검색 탭에서는 62,858건, 블로그 검색 탭에서는 86,350건이 검색되었고 그 중 상위 5번째까지의 검색 결과입니다. 상위 5번째까지의 콘텐츠 제목은 지식iN, 블로그 모두 키워드 배합 공식을 사용한 콘텐츠들입니다. 단 지식iN의 다섯 번째 콘텐츠의 제목은 '여드름제거' 대표 키워드만 사용했음에도 불구하고 상위에 검색될 수 있었던 것은 분야별 전문가가 직접 답변한 콘텐츠라는 이점이 반영되었기 때문입니다.

검색 상위에 노출하기 위해서는 핵심 키워드만 집중 공략하지 말고 키워드 배합 공식에 따라 다양한 키워드를 배합해야 합니다. 다음은 '여드름제거' 핵심 키워드를 기본으로 다양한 키워드들을 배합하여 지식iN과 블로그 검색 상위에 노출된 사례들입니다.

### TIP

**키워드 배합 공식의 영향력**

키워드 배합 공식에 의해서 다양한 키워드를 사용한 콘텐츠가 각 검색 탭의 검색 상위에 오르는 경우는 여러 가지 키워드를 사용했기 때문에 어느 날 순위 뒤로 밀린다하더라도 그 낙폭은 크지 않습니다. 또한 핵심 키워드의 낙폭이 크더라도 콘텐츠에 사용된 다른 연관 검색어나 핵심 키워드에 의해서 다시 검색 상위에 오르게 됩니다

## 6. 콘텐츠와 키워드를 진단하여 방문자를 읽어라

'키워드 최적화 시스템'이나 '키워드 배합 공식'에 의해서 추출된 키워드를 사용하여 콘텐츠를 만들고 등록했다면 반드시 그 콘텐츠가 회원이나 이웃들에게 어떤 반응을 일으키고 있는지 진단해야 합니다. 검색 포털 사이트에서 내 콘텐츠를 검색하여 사이트나 블로그, 카페 등에 유입된 후 그 콘텐츠가 어떤 역할을 하고 있는지를 평가해야 합니다. 그리고 방문자나 회원들이 가장 많은 관심을 보이는 콘텐츠는 어떤 것인지, 쇼핑몰에서 운영하는 블로그나 카페라면 어떤 콘텐츠에서 쇼핑몰로 유입율이 높은지, 어떤 콘텐츠가 페이지뷰가 높은지 등을 반드시 진단해야 합니다.

### 6-1. 사례로 살펴보는 진단과 개선 그리고 명분과 실리

예를 들어 자전거용품 쇼핑몰에서 운영하는 ○○○카페가 있다고 가정해봅시다. 이 카페는 자전거 정비와 자전거 여행 관련 콘텐츠 공유를 1차적 목적으로 합니다. 카페의 핵심 콘텐츠는 '자전거 펑크 수리하기', '자전거 앞바퀴 분리하기', '림브레이크 패드 교체하기' 등 자전거 정비에 관한 정보와 '자전거로 떠나는 동서남북', '자전거로 강화도 일주하기' 등 자전거 여행에 관한 정보 등 크게 두 가지 부류를 5:5 정도의 비율로 만들고 공유하고 있습니다.

자전거 도로의 개선 등으로 인해 자전거로 여행을 떠나는 사람들이 증가할 것을 예측하여 자전거 여행 정보의 비중을 높이는 새로운 시도를 하려고 한다면 카페의 콘텐츠 운영 방식에 문제가 발생할 수도 있습니다.

| 카페 최종 목적 | 자전거용품 쇼핑몰로 신규 고객 유입 ||
|---|---|---|
| 정보 제공용 콘텐츠의 분류 | 자전거 수리 방법에 관한 콘텐츠 | 자전거 여행지 안내에 관한 콘텐츠 |
| | 쇼핑몰로 신규 고객 유입의 대부분을 차지하고 있음 | 쇼핑몰로의 신규 고객 유입이 거의 이루어지지 않고 있음 |

○○○카페의 최종 목적은 카페를 통해 자사가 운영하는 자전거용품 쇼핑몰을 홍보하고 자사 쇼핑몰로 유입시키는 것을 목적으로 합니다. 현재 이 카페에서 사이트로 유입시키는 콘텐츠는 자전거 수리 방법의 콘텐츠들이 대부분이라는 위 표와 같은 진단 결과가 나왔다면 새로운 시도의 비중을 줄이는 것이 안전한 운영 방법입니다. 자전거 여행 콘텐츠를 보강하여 카페 회원들에게 보다 폭넓은 정보를 공유한다는 명분은 좋지만 실리를 고려한다면 자전거 여행지 안내의 50% 비중을 20% 정도의 비중으로 낮추고 자전거 수리 방법에 대한 콘텐츠의 비중을 50%에서 80% 정도로 높이는 것이 자전거 수리에 대한 공유할 정보가 많은 카페라는 인식을 높이는 명분과 쇼핑몰로 유입율을 높일 수 있는 실리를 얻을 수 있습니다.

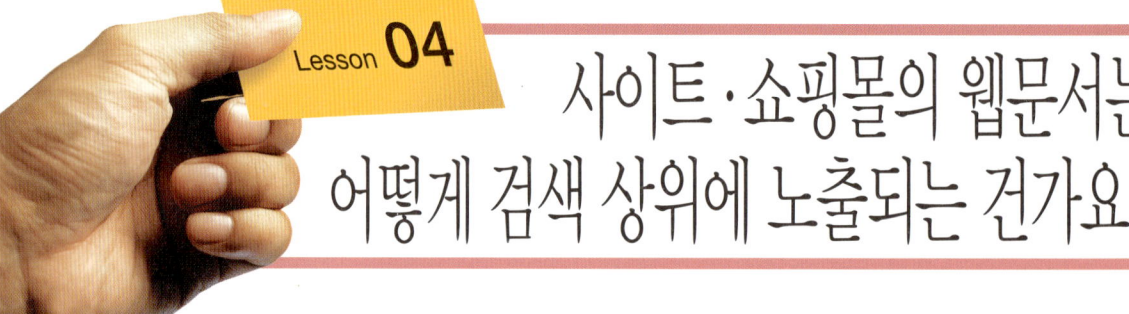

# Lesson 04 사이트·쇼핑몰의 웹문서는 어떻게 검색 상위에 노출되는 건가요?

## 1 검색로봇은 쇼핑몰의 웹문서를 어느 정도 수집하나요?

검색엔진은 여러분의 사이트나 쇼핑몰의 게시판, 상품 후기, 상품상세페이지, 회사소개 등을 포함하여 웹사이트의 웹문서를 수집(크롤링 Crawling)하여 분류(Indexing)합니다. 사용자가 특정 키워드(검색어)로 검색하면 검색엔진은 저장한 웹문서를 웹문서 검색 탭(네이버의 경우), 웹통합검색 탭(네이트의 경우)을 통해서 그 검색 결과를 노출시킵니다. 웹문서의 상위 노출 순위는 '검색 결과의 상위 노출 요인' 외에도 '웹문서의 가치' 등을 평가한 후 결정됩니다.

다음은 '후드가디건' 검색어에 대한 네이버와 네이트의 웹문서 검색 결과를 나타내는 그림입니다.

**│ 웹문서 검색 탭에서 노출되는 웹문서는 누가 가져오나요?**
웹 검색 탭의 노출 자료는 검색 포털의 로봇, 즉 네이버는 네이봇(Navorbot), 다음은 다음오에이(DAUMOA)가 수집한 웹문서를 기반으로 노출됩니다.

# 2 쇼핑몰의 웹문서 내용 중 검색로봇에게 수집한 내용 확인하기

검색 창에서 '후드가디건' 검색어로 검색한 결과 약 178만 건의 웹문서가 노출되었습니다. 약 178만 건의 웹문서 중 첫 페이지 상위 노출되는 웹문서는 어떤 기준에 의해서 노출될까요? 예제를 따라하면서 확인해보도록 하겠습니다.

'후드가디건' 키워드에 관련된 웹문서가 1,782,416건이 검색되었습니다.

## 따라하기 내 쇼핑몰 속 웹문서에서 검색로봇이 수집한 자료 확인하기

**01** 네이버 검색 창에서 '후드가디건' 키워드를 입력한 후 [검색] 버튼을 클릭합니다.

입력 후 클릭

**02** [웹문서] 검색 탭을 클릭하면 '후드가디건' 키워드에 관련된 모든 웹문서가 노출됩니다. 총 1,78,416건의 웹문서가 노출되었습니다.

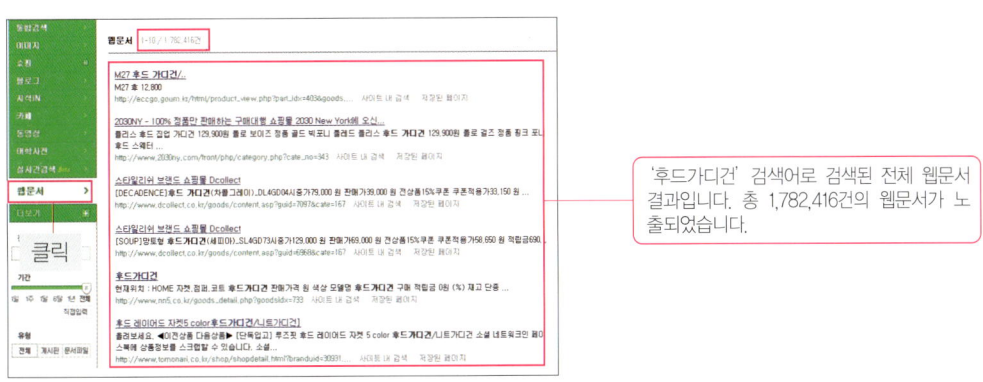

'후드가디건' 검색어로 검색된 전체 웹문서 결과입니다. 총 1,782,416건의 웹문서가 노출되었습니다.

**03** 좌측 출처 선택란에서 [출처 선택] 버튼을 클릭하고 검색할 웹문서의 '○○○' 쇼핑몰 주소를 입력한 후 [적용] 버튼을 클릭합니다. '○○○' 쇼핑몰에서 추출하여 저장된 웹문서 중 '후드가디건' 키워드로 검색된 웹문서들이 보입니다. 이 문서들은 네이버 검색로봇이 '○○○' 쇼핑몰

의 데이터베이스에 추출하여 저장되어 있던 웹문서들입니다.

**04** 쇼핑몰 웹문서 검색 창에서 '자켓' 키워드를 입력한 후 [검색] 버튼을 클릭합니다. '○○○' 쇼핑몰에서 '자켓' 키워드로 총 191건의 웹문서가 검색되었습니다. 검색된 웹문서의 내용을 확인하기 위해 웹문서 하단의 '저장된 페이지'를 클릭합니다.

**05** 상품페이지에서 검색엔진의 검색로봇이 수집하여 저장한 '자켓' 키워드가 노란색으로 형광 처리되어 표시됩니다. 웹문서는 이미지를 수집하지 못하지만 쇼핑몰의 게시판, 상품 후기, 상품 상세페이지, 회사소개, 상품명 등 모든 페이지의 텍스트를 수집해두고 검색자의 검색어에 맞게 노출합니다.

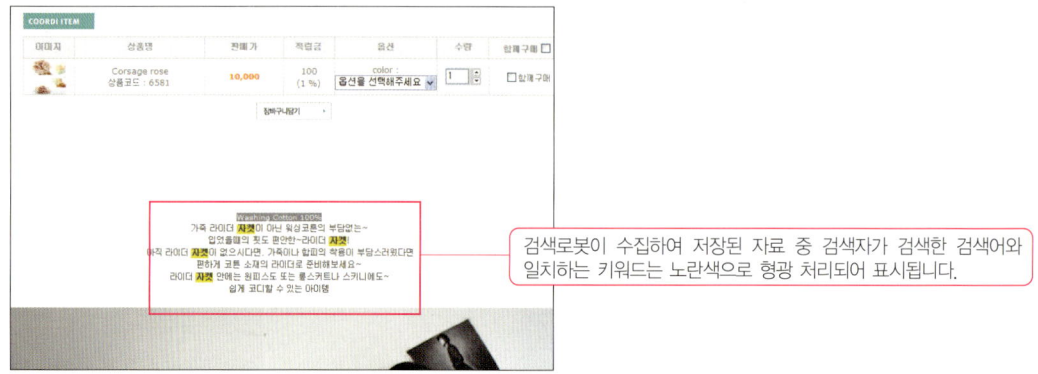

# 3. 검색 상위에 노출되는 사이트의 웹문서 기준은 무엇인가요?

검색로봇이 판단하는 웹문서의 상위 노출 기준인 '검색 상위 노출 요인', 즉 웹문서에 포함된 키워드의 정확성과 함께 웹문서의 인기도 등이 반영되어 결정됩니다. 사이트나 쇼핑몰 최적화는 사이트나 쇼핑몰의 웹문서가 검색로봇에 잘 반응하도록 최적화시킨다는 것을 의미합니다.

예를 들어 '자켓' 키워드를 검색했다면 해당 웹문서에 '자켓' 키워드가 포함되어 있다면 검색엔진은 이 웹문서가 검색어와 관련이 있는 문서라고 판단할 수 있을 것입니다. 하지만 앞서 사례에서 보았듯이 '자켓'과 관련된 웹문서만도 약 170만 건 이상이었습니다. 이 170만 건의 웹문서 중 검색자가 검색한 키워드와 관련도가 높은 것을 가려내야 합니다.

**| 솔루션으로 만든 쇼핑몰 최적화의 어려움**

사이트나 쇼핑몰의 소스를 수정해야 될 필요가 있는데, 쇼핑몰 솔루션이나 홈페이지 솔루션을 이용하는 경우 소스 수정이 불가능한 경우가 많이 최적화시키는데 어려움을 겪기도 합니다. 대표적인 쇼핑몰 솔루션인 카페24나 메이크샵 모두 소스 수정에 제약이 많기 때문에 이들 솔루션으로 만들어진 쇼핑몰을 최적화시키는데 어려움이 있습니다.

## 3-1. 키워드와 웹문서 상위 노출의 관련성

키워드가 웹문서의 어디에, 어떻게, 얼마나 많이 사용되었느냐에 따라서 관련도 점수를 채점하여 점수가 높은 웹문서 순으로 검색 상위에 노출됩니다. 어디에, 어떻게, 얼마나 많이 사용해야 상위 노출에 유리한지에 대해서 알아보겠습니다.

❶ 키워드가 어디에 사용되었는가?

검색자의 키워드가 타이틀 태그와 본문 중 어디에 사용되었는가에 따라서 관련도 점수가 달라집니다. 검색엔진은 '얼굴성형' 키워드의 다음 두 사례 중 어느 사례에 더 높은 점수를 줄까요? 사례1에 더 높은 점수를 줍니다. 웹문서에 있어서 타이틀은 본문의 전체 내용을 함축적으로 표현하는 성격을 나타내기 때문에 타이틀 태그에 포함된 키워드가 더 관련성이 높다고 판단하기 때문입니다.

```
<head>
  <title>얼굴성형 전문 성형외과</title>
</head>
  <body>연예인 전문 성형외과</body>
```
❖ 사례 1

```
<head>
  <title>연예인 전문 성형외과</title>
</head>
  <body>얼굴성형 전문 성형외과</body>
```
❖ 사례 2

### ❷ 키워드가 몇 번 사용되었는가?

얼굴성형에 대한 웹문서라면 타이틀 이외 본문에도 사용되어야 관련성 점수를 높게 받을 수 있습니다. 검색엔진은 '얼굴성형' 키워드에 대한 다음의 두 사례 중 어떤 사례에 더 높은 점수를 줄까요? 검색엔진은 사례2에 더 높은 점수를 줍니다. 사례2는 타이틀 외 본문에도 사용되었기 때문에 더 관련성이 높다고 판단합니다.

```
<head>
  <title>얼굴성형 전문 성형외과</title>
</head>
  <body>연예인 전문 성형외과</body>
```
❖ 사례 1

```
<head>
  <title>연예인 얼굴성형 전문 성형외과</title>
</head>
  <body>얼굴성형 전문 성형외과</body>
```
❖ 사례 1

위 사례에서 알 수 있듯이 검색어와 관련된 키워드는 많이 포함되어 있을수록 더 정확한 문서라고 판단합니다. 이는 쇼핑몰이나 사이트의 웹문서뿐만 아니라 카페, 블로그, 지식 등 모든 웹문서에 해당됩니다. 검색엔진은 '얼굴성형' 키워드에 다음 세 가지 사례 중 어느 사례에 더 높은 점수를 줄까요? 세 번째 사례가 정답이라고 생각하는 분들이 많을 것입니다. 과연 그런지 살펴보도록 하겠습니다.

```
<head>
  <title>얼굴성형 전문 성형외과</title>
</head>
  <body>연예인 전문 성형외과</body>
```
❖ 사례 1

```
<head>
  <title>연예인 얼굴성형 전문 성형외과</title>
</head>
  <body>얼굴성형 얼굴성형 얼굴성형 얼굴성형 얼굴성형 얼굴성형 얼굴성형 얼굴성형 얼굴성형 얼굴성형 전문 성형외과</body>
```
❖ 사례 2

```
<head>
  <title>연예인 얼굴성형 전문 성형외과</title>
</head>
  <body>얼굴성형 얼굴성형 얼굴성형 얼굴성형 얼굴성형 얼굴성형 얼굴성형 얼굴성형 얼굴성형 얼굴성형 얼굴성형 얼굴성형 얼굴성형 얼굴성형 얼굴성형 얼굴성형 전문 성형외과</body>
```
❖ 사례 3

웹문서 검색 탭뿐만 아니라 모든 검색 탭에서 키워드가 많이 반복될수록 상위 노출에 유리합니다. 하지만 뭐든지 과하면 탈이 나는 법, 특정 키워드를 너무 과도하게 포함시키면 의도적인 순위를 조작한다고 판단하여 어뷰징 처리되어 검색 노출에서 제외됩니다. 가장 적당한 키워드 반복 횟수는 한 웹문서에 10~20 정도가 적당합니다. 위 사례에서 사례2번 웹문서가 가장 이상적인 키워드 반복횟수입니다. 단 키워드는 스토리 속에서 자연스럽게 반복해야 되며, 사례2나 사례3과 같이 연속적인 반복은 검색 포털로부터 제재를 당할 수 있습니다.

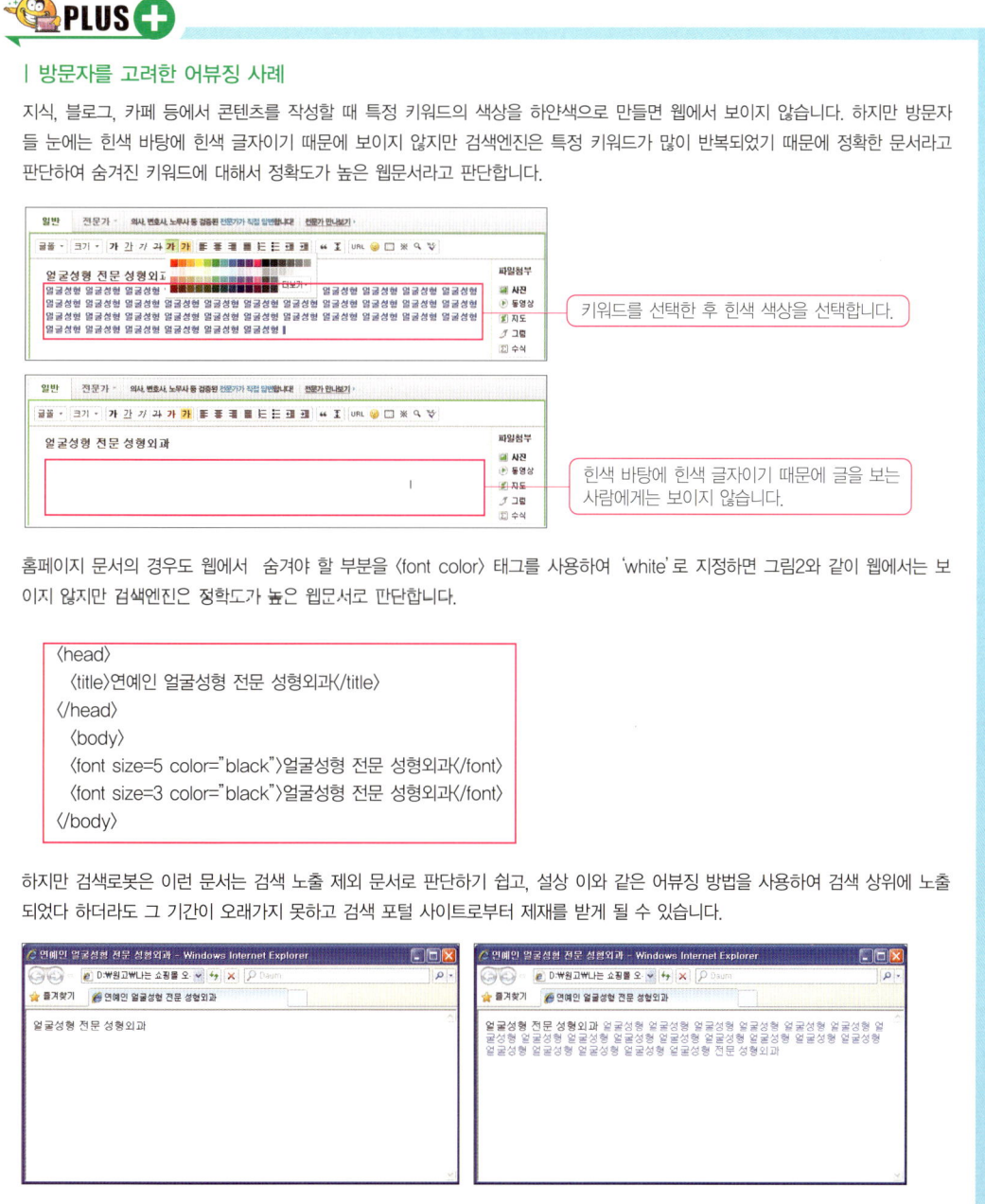

**PLUS+**

**│ 방문자를 고려한 어뷰징 사례**

지식, 블로그, 카페 등에서 콘텐츠를 작성할 때 특정 키워드의 색상을 하얀색으로 만들면 웹에서 보이지 않습니다. 하지만 방문자들 눈에는 흰색 바탕에 흰색 글자이기 때문에 보이지 않지만 검색엔진은 특정 키워드가 많이 반복되었기 때문에 정확한 문서라고 판단하여 숨겨진 키워드에 대해서 정확도가 높은 웹문서라고 판단합니다.

→ 키워드를 선택한 후 흰색 색상을 선택합니다.

→ 흰색 바탕에 흰색 글자이기 때문에 글을 보는 사람에게는 보이지 않습니다.

홈페이지 문서의 경우도 웹에서 숨겨야 할 부분을 〈font color〉 태그를 사용하여 'white'로 지정하면 그림2와 같이 웹에서는 보이지 않지만 검색엔진은 정확도가 높은 웹문서로 판단합니다.

```
〈head〉
    〈title〉연예인 얼굴성형 전문 성형외과〈/title〉
〈/head〉
    〈body〉
    〈font size=5 color="black"〉얼굴성형 전문 성형외과〈/font〉
    〈font size=3 color="black"〉얼굴성형 전문 성형외과〈/font〉
〈/body〉
```

하지만 검색로봇은 이런 문서는 검색 노출 제외 문서로 판단하기 쉽고, 설상 이와 같은 어뷰징 방법을 사용하여 검색 상위에 노출되었다 하더라도 그 기간이 오래가지 못하고 검색 포털 사이트로부터 제재를 받게 될 수 있습니다.

❸ 키워드 폰트 크기에 따라 검색 결과가 달라지나요?

지식, 블로그, 카페 등에서는 폰트 크기가 클수록 중요한 키워드라고 판단합니다. 쇼핑몰이나 홈페이지의 웹문서에서 키워드에 폰트 처리가 된 키워드가 중요하다고 판단합니다. 검색엔진은 '연예인 전문 성형회과' 키워드 사례중 어떤 사례에 더 높은 점수를 줄까요? 사례2에 더 높은 점수를 줍니다. 사례2는 본문에 '연예인 전문 성형외과' 키워드에 폰트 처리되어 있기 때문에 중요한 내용이라고 판단합니다.

```
<head>
  <title>얼굴성형 전문 성형외과</title>
</head>
  <body>연예인 전문 성형외과</body>
```

❖ 사례 1

```
<head>
  <title>연예인 얼굴성형 전문 성형외과</title>
</head>
  <body>
    <font size=5 color="red"><strong><em>연예인 전문 성형외과
</em></strong></font>
  </body>
```

❖ 사례 2

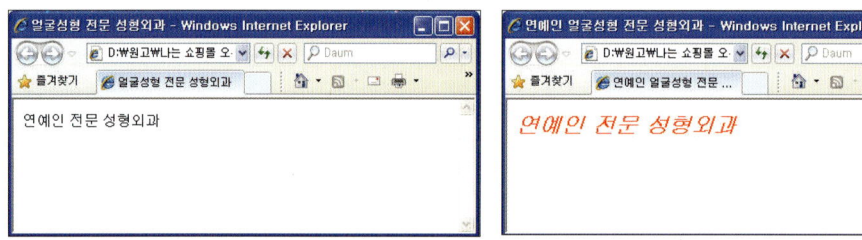

❖ 사례 1 웹문서 　　　　　　　　　　❖ 사례 2 웹문서

❹ 타이틀에 포함된 특수문자와 노출순위는 관련이 있나요?

검색로봇은 웹문서의 자료들을 수입한 후 자체 데이터베이스에 색인(Index)할 때 SQL 정렬을 기준으로 할 가능성이 많습니다. SQL 정렬은 'NULL < 공백 < 특수문자 < 숫자 < 영문소문자 < 대문자 < 한글 순' 이기 때문에 같은 값이라면 타이틀 앞에 특수문자나 숫자를 입력해 놓는 것이 상위에 노출될 가능성 높습니다.

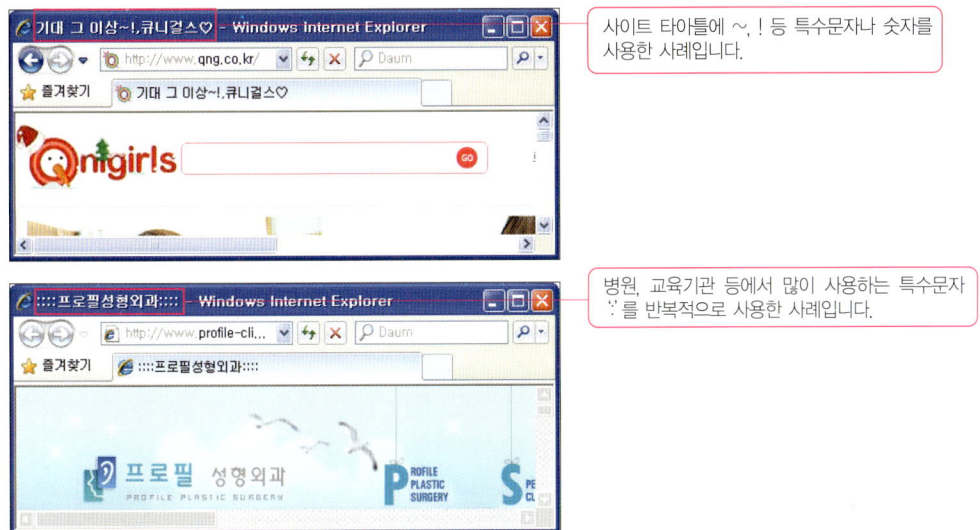

## 3-2. 검색엔진은 어떤 웹문서를 좋아하나요?

웹문서의 특정 키워드에 대한 정확도는 노출 기준의 중요한 요소로 이용됩니다. 하지만 키워드에 연관성만 높다고 그 웹문서가 검색자가 만족하는 웹문서라고는 할 수 없습니다. 그렇기 때문에 검색엔진은 웹문서의 정확성 이외에 웹문서의 정보 가치성을 참조할 수밖에 없게 됩니다. 정보의 가치가 높은 웹문서는 검색자를 만족시킬 확률이 높기 때문입니다. 그러면 검색엔진은 웹문서가 가지는 정보의 가치성을 무엇을 기준으로 판단할까요? 어떤 웹문서가 가치가 있는지에 대해서 알아보겠습니다.

❶ 검색로봇은 링크가 많은 웹문서의 가치를 높게 평가한다.

검색로봇의 자료 수집 원리에서 설명했듯이 검색로봇은 다음 그림과 같이 하나의 웹문서만 수집하는 것이 아니라 웹문서에 링크되어 있는 모든 웹문서를 수집합니다. 그렇기 때문에 링크가 많이 걸려있는 웹문서일수록 가치가 높은 문서로 판단합니다.

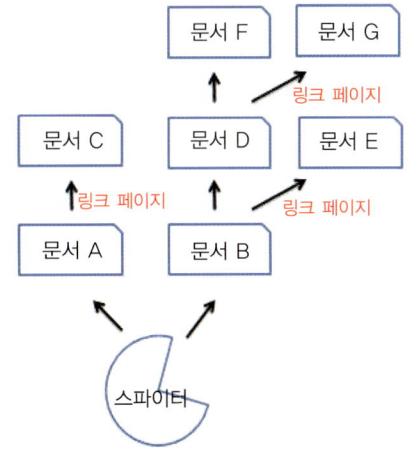

검색엔진은 '문서A'와 '문서B' 중 어떤 문서에 더 높은 점수를 줄까요? 링크가 하나 걸려있는 문서A와 링크가 4개 걸려있는 문서B중 어느 웹문서의 인기도가 높을까요? 문서B는 4개의 웹문서를 타고 들어올 수 있기 때문에 문서A에 비해 더 인기 있다고 판단하여 더 높은 점수를 주게 됩니다.

❷ 링크를 걸어주는 곳의 인기도는 무관하나요?

회원수가 10만 명이고 카페 랭킹이 숲 단계인 A카페와 회원수가 100명이고 카페 랭킹이 씨앗1단계인 B카페가 있다고 가정해봅시다. A카페와 B카페에 동시에 '1년에 10억 벌기'라는 콘텐츠를 올렸습니다. 그리고 그 콘텐츠에는 내 쇼핑몰로 웹문서에 이동될 수 있도록 링크를 걸어두었습니다. 내 쇼핑몰의 웹문서는 A카페로부터 링크 받은 경우와 B카페로부터 링크 받은 경우라면 어느 카페에서 링크 받는 것이 정보의 가치성이 높다고 판단할까요? 검색엔진은 링크를 걸어주는 웹문서의 인기도를 파악하여 인기도가 높은 B카페로부터 링크 받는 경우가 더 정보의 가치성이 높다고 판단합니다. 또한 A카페와 같은 인기도가 낮은 카페로부터 10번의 링크를 받는 것보다 인기도가 높은 B카페로부터 한 번의 링크를 받는 것이 더 높은 정보의 가치성으로 판단할 수도 있습니다.

자전거에 관련된 카페에 게시글을 작성한다고 가정해봅시다. 다음 그림은 자전거 검색어로 검색된 자전거 동호회 카페입니다. 이 중 카페 랭킹이 높은 대표카페(❶)에서 내 쇼핑몰로 링크시킨 게시글을 작성하는 경우와 카페 랭킹이 낮고 회원수도 낮은 카페(❷)에서 내 쇼핑몰로 링크시킨 게시글을 작성하는 했습니다.

❶, ❷번 카페에서 각각 작성한 게시글의 링크를 따라 내 쇼핑몰의 특정 웹문서를 보았다면 어느 경우가 더 높은 점수를 받아 상위에 노출될 가능성이 높을까요? 검색엔진은 링크를 걸어주는 웹문서의 인기도도 파악을 하여 인기도가 높은 곳으로부터 링크를 받고 있는 경우 더 높은 점수를 줍니다. 즉 ❷번 카페에 비해 인기도가 높은 ❶번 카페에 등록된 게시글의 링크를 받는 경우가 더 높은 점수를 받습니다.

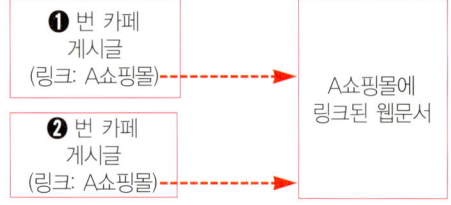

### 3-3. 트위터의 링크 주소는 웹문서 인기도 상승에 영향을 주나요?

블로그, 카페와 함께 트위터, 미투데이, 페이스북 등 소셜 네트워크가 중요한 마케팅 도구로 자리잡아가고 있습니다. 현재 많은 홈페이지 또는 쇼핑몰들이 이벤트 홍보, 상품 공동구매, 신상품 정보, 새소식 등을 블로그, 트위터를 통해서 바이럴(입소문) 마케팅을 펼치고 있습니다.

국내 최대 도매 1위 사이트인 도매.꾹(www.domeggook.com)의 인터넷 마케팅 사례를 통해서 트위터로 홍보한 쇼핑몰 주소가 쇼핑몰 인기도 상승에 어떻게 반영되는지 알아보겠습니다.

## 따라하기 트위터와 블로그를 통해서 웹문서의 상위 노출 이해하기

**01** 도매.꾹 사이트의 MD는 자신이 운영하는 블로그에 신상품 정보(무릎담요 상품 소개) 포스트를 작성합니다. 그리고 트위터에서 '무릎담요' 상품을 소개하는 간단한 소식 글을 작성합니다. 이 글은 도매.꾹 사이트 MD와 친구를 맺고 있는 팔로워들에게 자동으로 전달됩니다. 트위터에 대해서 잘 모르는 경우 'Chapter 08 검색 노출에 최적화된 트위터 마케팅'을 먼저 읽어보시기 바랍니다.

**02** 트위터를 통해서 신상품 안내 글을 구독하는 팔로워 중 글의 내용에 관심을 보인 팔로워는 블로그 링크 주소를 클릭합니다. 팔로워는 무릎담요 사용기를 소개하는 블로그 포스트를 읽게 되고, 포스트에 소개된 상품 사용기에 관심을 보인 팔로워는 좀더 상세한 정보를 얻거나 구매하기 위해 포스팅에 소개된 나까마 사이트의 상품페이지로 이동하게 됩니다.

**03** 트위터와 블로그의 링크 주소를 따라 최종 도착지인 나까마 사이트의 무릎담요 상품 상세페이지입니다. 트위터와 블로그의 링크 주소를 따라 방문자가 유입되었다면 나까마 사이트의 인기도 상승에도 영향을 주게 됩니다. 또한 트위터와 블로그에 링크가 설정된 이 웹문서(무릎담요 상품의 상세페이지)는 웹문서 검색 탭의 노출 순위에도 영향을 주게 됩니다.

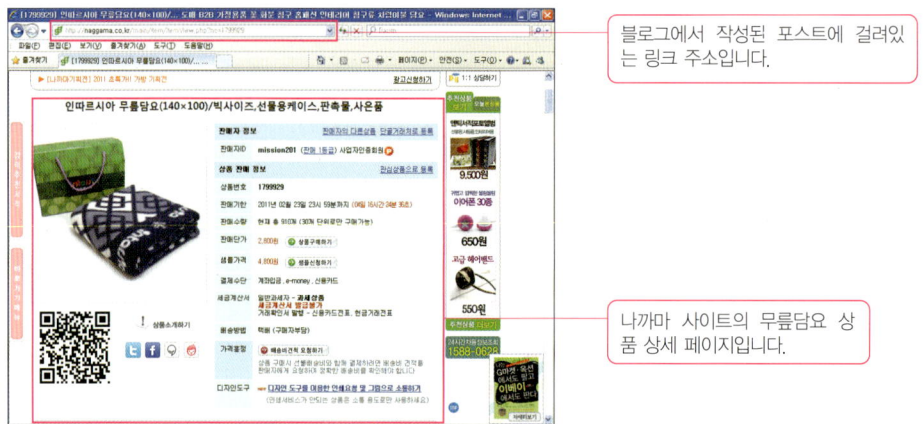

**| 중요도에 따라 수집하는 웹문서의 숫자가 다른가요?**

검색로봇은 홈페이지나 쇼핑몰의 중요도에 따라 수집하는 웹문서의 숫자가 다릅니다. 예를 들어 사이트 순위 검색 포털 사이트의 랭키닷컴(www.rankey.com) 등에서 높은 순위의 사이트와 순위권에 들지 못하는 사이트 중 높은 순위의 사이트를 더 중요한 사이트로 판단하여 더 많은 웹문서를 저장합니다. 만약 사이트에 대한 통계가 없을 경우 쇼핑몰인 인투르 페이지(index.php, main.php)등과 같은 웹문서를 수집하며, 이 문서의 수정일이 최근 문서일 경우 더 중요하게 판단합니다.

## 3-4. 검색로봇이 수집하기 좋은 사이트 구조가 따로 있나요?

검색자가 입력한 키워드와 정확도, 인기도, 신뢰도 등을 고려하여 최대한 높은 점수를 얻은 웹문서를 상위에 노출시킬 가능성이 높아집니다. 하지만 그 전에 검색로봇이 쉽게 들어와서 쉽게 파악하고 가져갈 수 있도록 홈페이지나 쇼핑몰의 구조를 간소화시켜야 합니다.

미로처럼 복잡한 달동네의 어느 집을 찾아가는 것보다 대로변 인근의 어느 집을 찾아가는 것이 수월한 것처럼 홈페이지와 쇼핑몰의 폴더 구조가 복잡하고 하위 폴더가 너무 길면 길수록 검색로봇은 웹문서를 수집하는 도중 길을 잃어 중도에 빠져 나가게 됩니다. 이 처럼 홈페이지나 쇼핑몰을 만들 때 웹문서의 용도별로 구분하되 최대한 간소화하는 것이 좋습니다. 또한 폴더의 구조는 하위 3단 이하로 줄이는 것이 좋습니다.

- 2단 폴더 구조

    http://www.○○○.com/car/license_law_2.asp
    　　　　　최상위 폴더　　하위폴더　　　웹문서

- 4단 폴더 구조

    http://www.○○○.com/car/license/edu/license_law_1.asp
    　　　　　최상위 폴더　　하위폴더 하위폴더 하위폴더　　웹문서

license_law_2.asp 웹문서는 2단 구조로 폴더의 길이가 짧아 검색로봇이 검색하기 수월한 구조입니다. 반면 license_law_2.asp 웹문서는 4단 구조로 폴더의 길이가 길어 검색하기는 더 복잡합니다. 또한 웹문서 한 페이지에서 참조해야 되는 폴더가 너무 복잡하게 분산된 구조는 검색로봇이 검색하기 더욱 어렵게 만듭니다.

##  사이트의 타이틀 태그는 최적화시키셨나요?

### 4-1. 타이틀 태그가 무엇인가요?

쇼핑몰이나 홈페이지 상단에 표시되는 텍스트입니다. 이 타이틀 텍스트 표시하게 하는 html 태그가 바로 타이틀 태그(title tag)입니다. 다음은 명품스타일을 판매하는 여성의류 전문 쇼핑몰 려○스타일드레스룸 쇼핑몰의 타이틀 태그입니다. 우선 타이틀 태그에 대해서 설명하기 전에 태그의 개념부터 알아보겠습니다.

타이틀 태그에 의해서 표시된 쇼핑몰의 타이틀 텍스트

태그란 카페나 블로그의 태그가 아니라 인터넷 쇼핑몰이나 홈페이지 제작 시 작성하는 코딩, 즉 html 태그를 의미합니다. 블로그에서 포스트를 만들거나 카페에서 게시글을 작성할 때 추가하는 태그와는 다릅니다.

❖ html 태그　　　　❖ 블로그의 포스트 작성 시 입력하는 태그

html 태그란 홈페이지나 쇼핑몰을 만들 때 사용하는 코드(전용 글자)를 의미합니다. 어떤 주제에 대해서 콘텐츠 문서를 만들 때 글자를 작성하여 만들듯이 html 규칙에 맞게 코드를 작성하면 이것이 곧 html 문서가 됩니다. html 문서는 html 태그라는 기본 코드로 구성되어 있습니다. html 코드로 구성된 문서를 인터넷 익스플로러와 같은 웹 브라우저로 보면 우리가 흔히 보았던 웹페이지가 보이게 됩니다. 웹브라우저는 웹프로그래머가 작성한 html 문서에서 작성된 태그의 규칙에 따라 우리가 웹에서 볼 수 있는 형태로 변환시키는 것이라고 이해하면 됩니다. 인터넷 쇼핑몰, 홈페이지 등 모든 사이트는 html 태그로 구성되어 있으며, 그 html 문서를 웹브라우저로 보기 때문에 알 수 있는 것입니다.

다음 그림은 우리가 보아왔던 네이버 메인화면입니다. 네이버의 메인화면이 무엇으로 구성되어 있는지 확인해 보겠습니다. 네이버 메인화면의 흰색 바탕의 빈 공간에서 마우스 오른쪽 버튼을 클릭한 후 [소스보기] 메뉴를 선택합니다. html 코드로 채워진 복잡한 내용이 보입니다. 이것이 바로 html 코드입니다. 네이버의 프로그래머가 만든 html 코드는 웹브라우저에 의해 변환되어 우리가 볼 수 있는 네이버 메인화면이 나타나는 것입니다.

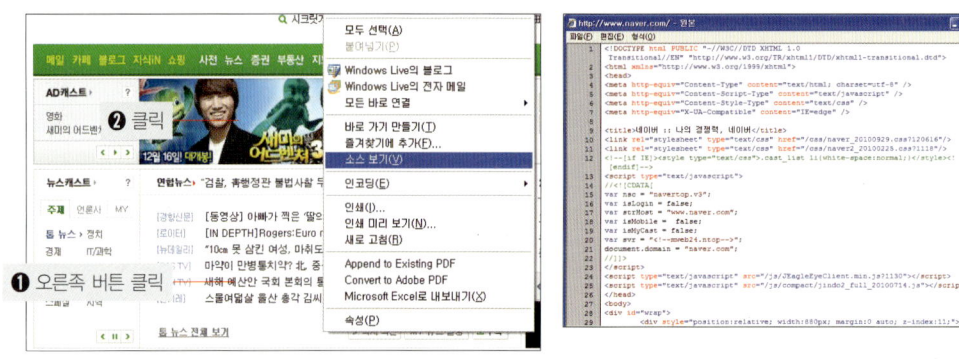

## 4-2. 타이틀 태그는 어떻게 활용하나요?

이제 html 태그가 무엇인지 알 수 있었을 것입니다. 쇼핑몰이나 홈페이지가 검색엔진에 최적화하여 키워드 광고를 절감하기 위해서 반드시 알아두어야 할 html 태그가 타이틀 태그(title tag)입니다. 앞서 설명했듯이 쇼핑몰이나 홈페이지 상단에 타이틀 텍스트가 표시됩니다. 이 타이틀 텍스트 표시하게 하는 html 태그가 바로 타이틀 태그입니다.

타이틀 테그에 의해서 표시된 쇼핑몰의 타이틀 텍스트

쇼핑몰이나 홈페이지의 타이틀 텍스트 어떻게 입력해야 웹브라우저 상단에 표시될까요? 다음과 같이 〈html〉태그와 〈/html〉태그 사이에 〈title〉태그와 〈/title〉태그를 넣고 그 사이에 타이틀 텍스트를 넣습니다.

> 〈html〉
>   〈title〉창업에서 컨설팅까지 쇼핑몰사업을 위한 최고의 파트너가 되겠습니다.〈/tktle〉
> 〈/html〉

### PLUS+

**| html 문서의 기본 구조**

html 문서의 구조는 다음과 같이 〈html〉〈/html〉 사이에 〈head〉〈/head〉〈body〉〈/body〉 등의 규칙에 따라 만들어져야 합니다.

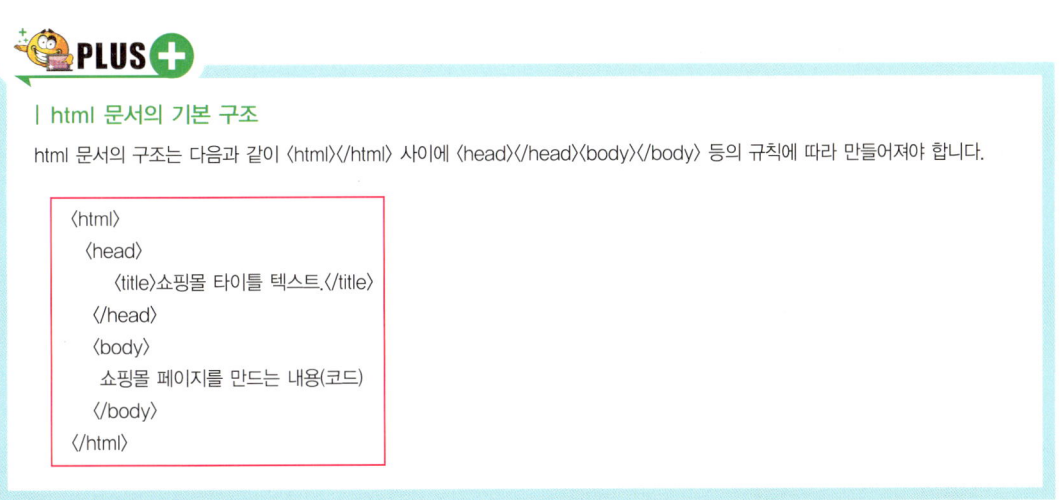

타이틀 태그 사이에 타이틀 텍스트, 즉 쇼핑몰이나 홈페이지의 특징을 잘 나타낼 수 있는 핵심 키워드를 많이 넣어야 포털 검색 포털 사이트의 검색에 노출되고 상위 노출에 근접할 수 있습니다.

핵심 키워드 : Naning9, 난닝구, 헐리웃 스타일, 여성의류, 여성의류 쇼핑몰

핵심 키워드 : 펀펀걸, funfungirl, 여성의류, 수입보세의류, 수입보세의류 쇼핑몰

타이틀 태그의 타이틀 텍스트는 50~60자 이상도 삽입할 수 있습니다. 하지만 검색엔진은 첫 텍스트를 가장 중요한 키워드로 인식하고 그 다음부터 조금씩 중요도가 떨어진다고 판단합니다. 즉 50~60자 이상의 텍스트들은 중요 키워드로 인식하지 않기 때문에 검색 효과가 저조합니다. 또한 검색 포털의 검색로봇은 타이틀과 쇼핑몰이나 홈페이지의 본문과 일치하는 정도에 따라 노출순위를 결정합니다.

다음은 명품스타일 여성의류 전문 쇼핑몰로 유명한 려ㅇ스타일드레스룸 쇼핑몰의 타이틀 태그입니다. 가장 먼저 쇼핑몰 이름인 '려ㅇ스타일드레스룸'을 사용했고 그 이후는 다음 표와 같습니다.

타이틀 태그에 의해서 표시된 쇼핑몰의 타이틀 텍스트

| 사용한 타이틀 텍스트 | 려ㅇ스타일드레스룸, 명품스타일, 수입보세, 여성의류, 끌로에스타일, 타임, 마인, 멀버리 순으로 사용되었습니다. |
|---|---|

## 4-3. 타이틀 태그와 사이트 노출 순위가 관계있나요?

다음은 네이버 검색 창에서 '여성의류' 키워드로 검색한 결과 위의 려ㅇ스타일드레스룸이 사이트 검색 탭의 검색 결과에서 어떤 검색 결과가 나오는지 결과를 보면 타이틀 태그에서 키워드의 위치가 얼마나 중요한지에 대해서 알아봅시다.

네이버의 경우 사이트 검색 탭에 노출되는 사이트들은 모두 네이버 검색등록 (submit.naver.com)에서 등록 절차를 거친 사이트만이 노출되었고 검색등록으로 등록된 사이트는 사이트 이름 옆에 [히스토리] 버튼이 표시되었습니다. ❷번 영역의 사이트들은 모두 검색등록 절차를 거친 사이트들입니다. 하지만 ❶번 사이트는 검색등록 절차를 거치지 않은 사이트입니다. 그런 사이트는 사이트 이름 옆에는 [웹수집] 버튼이 표시됩니다. [웹수집] 버튼이 표시된 사이트는 검색로봇이 웹에서 수집한 자료와 정확도, 신뢰도, 인기도 등을 고려하여 검색자가 입력한 검색어와 가장 일치되는 사이트(홈페이지, 쇼핑몰, 카페, 블로그 등)들이 노출됩니다. 이제 카페, 블로그 등도 사이트 검색 탭에 노출될 가능성이 매우 높아졌습니다.

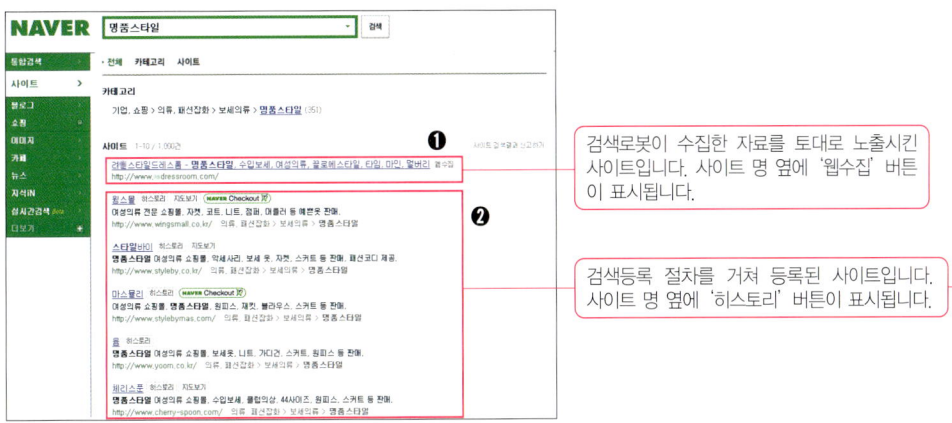

'키워드의 웹문서 상위 노출의 관련성'에서 설명했듯이 타이틀 태그는 사이트 노출에 있어서 매우 중요 부분을 차지합니다. 정확도, 신뢰도, 인기도 등을 배제한 사례를 통해서 타이틀 태그의 위치와 노출 순위에 대해서 살펴보도록 하겠습니다.

첫 번째, '명품스타일' 키워드로 검색한 결과 사이트 검색 탭의 사이트 노출 순위입니다. 려○스타일드레스룸 쇼핑몰이 검색 노출 순위 1위에 위치하고 있습니다.

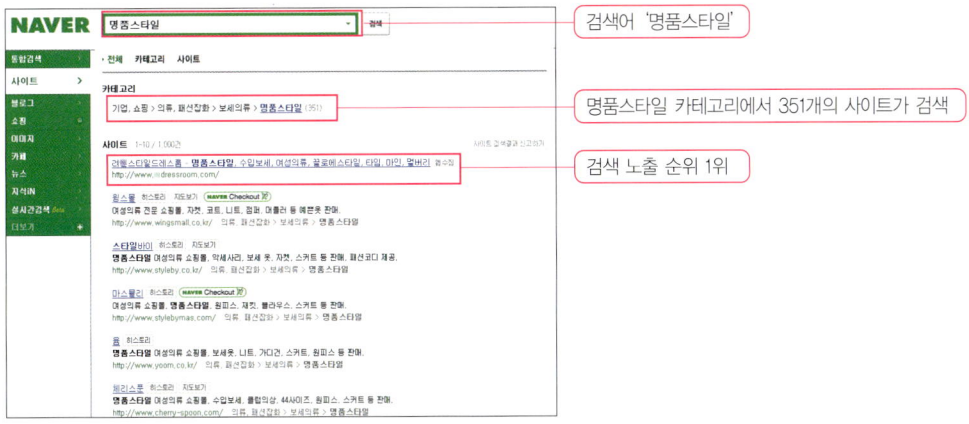

두 번째, '수입보세' 키워드로 검색한 결과 사이트 검색 탭의 사이트 노출 순위입니다. 려○스타일드레스룸 쇼핑몰이 검색 노출 순위 1위에 위치하고 있습니다.

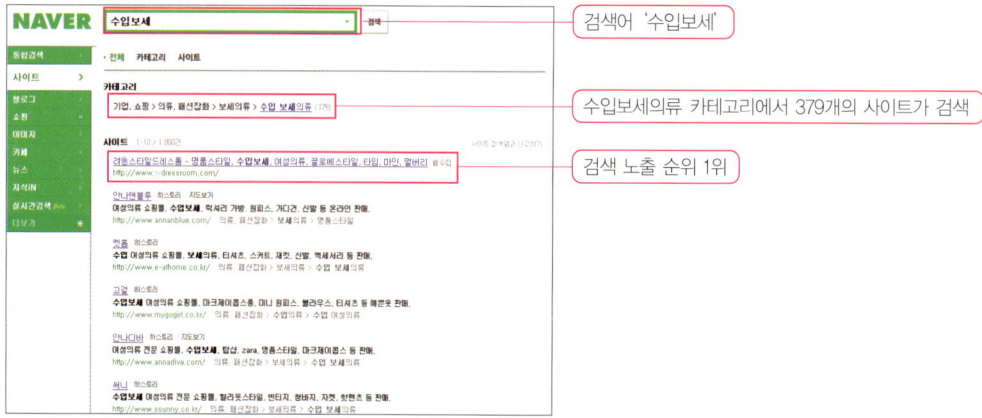

세 번째, '여성의류' 키워드로 검색한 결과 사이트 검색 탭의 사이트 노출 순위입니다. 려○스타일드레스룸 쇼핑몰이 검색 노출 순위 1위에 위치하고 있습니다.

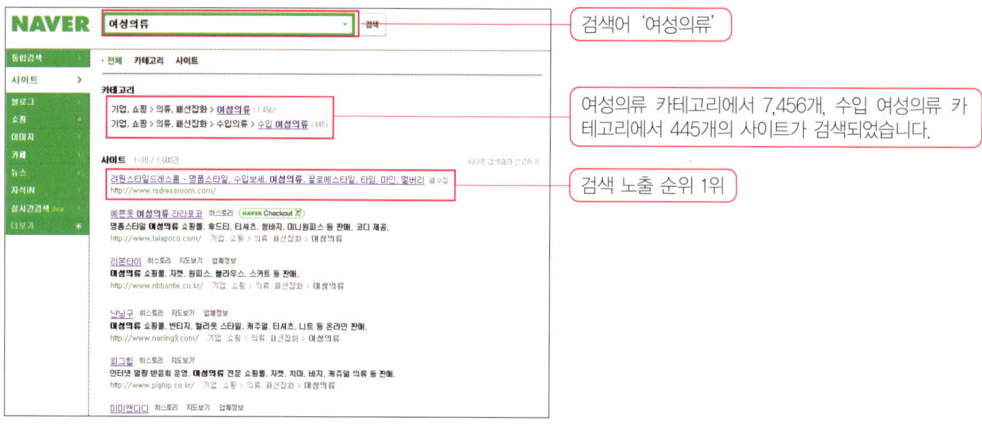

네 번째, '타임' 키워드로 검색한 결과 사이트 검색 탭의 사이트 노출 순위입니다. 려○스타일드레스룸 쇼핑몰이 검색 노출 순위 4위에 위치하고 있습니다.

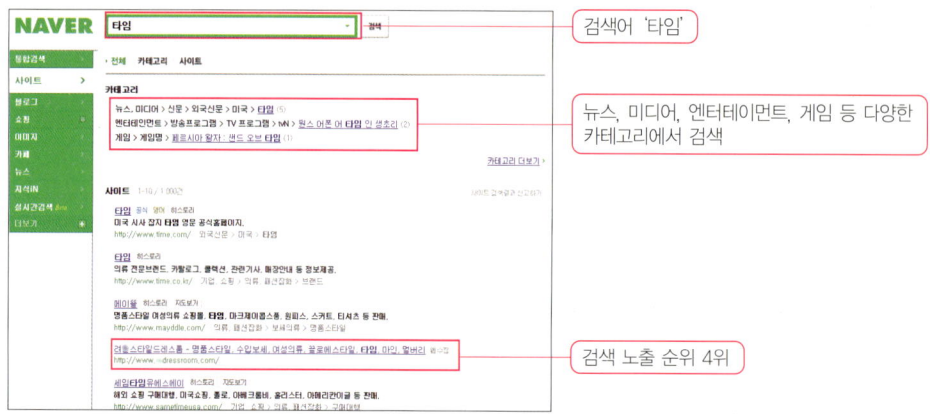

려○스타일드레스룸 쇼핑몰에서 설정한 타이틀 텍스트는 려○스타일드레스룸, 명품스타일, 수입보세, 여성의류, 끌로에스타일, 타임, 마인, 멀버리 순으로 사용되었습니다. 웹 자료 수집 검색로봇은 려○스타일드레스룸 쇼핑몰의 타이틀 텍스트 중 가장 첫 키워드인 려○스타일드레스룸을 중요하게 판단하고 그 다음으로 명품스타일, 수입보세 순으로 중요하다고 판단합니다. 타이틀 텍스트만을 기준으로 본다면 대체적으로 타이틀 텍스트의 순서대로 검색 상위 노출 순위가 적용되었습니다. 즉 쇼핑몰이나 홈페이지의 타이틀 텍스트를 설정할 경우 쇼핑몰이나 홈페이지를 특징을 잘 나타낼 수 있는 핵심 키워드 순으로 설정해야 검색 상위 노출에 유리합니다.

| 키워드 | 려○스타일드레스룸 | 명품스타일 | 수입보세 | 여성의류 | 끌로에스타일 | 타임 | 마인 | 멀버리 |
|---|---|---|---|---|---|---|---|---|
| 검색순위 | 첫 번째 | 첫 번째 | 첫 번째 | 첫 번째 | 일곱 번째 | 다섯번째 | 다섯번째 | 두번째 |

다음은 스타일○토리 쇼핑몰과 려○스타일드레스룸 쇼핑몰의 타이틀 텍스트에 대한 노출 순위 합계를 비교한 표입니다. 스타일○토리는 1개의 검색어에 대해서만 노출됩니다. 반면 려○스타일드레스룸 쇼핑몰은 8개의 검색어에 대해서 노출됩니다. 또한 8개의 키워드로 검색된 값은 합산하여 명품스타일, 수입보세, 여성의류 등 타이틀 텍스트를 단독으로 사용한 수많은 사이트들보다 상위에 노출될 수 있습니다.

| 쇼핑몰 명 | 타이틀 텍스트 | 검색 대상 | 노출 순위 합계 |
|---|---|---|---|
| 스타일○토리 | 스타일○토리 | 1개 | 1개 키워드에 반응한 값 |
| 려○스타일드레스 | 려○스타일드레스룸, 명품스타일, 수입보세, 여성의류, 끌로에스타일, 타임, 마인, 멀버리 | 8개 | 8개 키워드에 반응한 합계 값 |

| 도메인과 핵심 키워드가 일치하면 상위 노출에 유리하나요?

도메인명이 쇼핑몰의 핵심 키워드와 동일하다면 검색 상위 노출에 매우 유리합니다.

## 5 웹문서 상위 노출은 모바일에서도 통한다

모바일 특성상 20글자 내외로 표현된다는 단점이 있지만 검색 창에 특정 검색어로 검색한 결과와 모바일의 검색 창에서 특정 검색어로 검색한 결과는 동일합니다. 다음은 검색 창에 '명품스타일' 검색어로 검색한 결과와 모바일의 검색 창에서 '명품스타일' 검색어로 검색한 결과는 동일 검색 결과를 나타낸 그림입니다.

스마트폰 시대에 들어서면서 모바일 이용자 급증으로 인해 모바일을 통해서 유입되는 방문자가 급증하고 있습니다. 려○스타일드레스룸, 명품스타일, 수입보세, 여성의류 등 타이틀 태그의 타이틀 텍스트 하나로 모바일 방문자까지 유입시킬 수 있다면 마케팅 효과는 더욱 커지면서 광고비용은 그만큼 절감할 수 있습니다.

❖ 웹에서 '명품스타일' 검색어로 검색한 결과

❖ 모바일에서 '명품스타일' 검색어로 검색한 결과

# 마케터들이여 실시간 검색을 집중 공략하라

## 1 실시간 검색 이해하기

검색 포털의 실시간 검색 서비스는 검색로봇에 의해 수집된 정보, 현재 일어나는 일에 대한 사람들의 생각 등은 실시간 검색 결과로 파악할 수 있습니다. 검색 포털 사이트의 실시간 검색은 소셜 네트워크 채널(트위터, 미투데이, 페이스북 등)은 물론 카페, 블로그, 뉴스 및 신문 같은 뉴스 미디어 등 다양한 채널을 통해서 최근에 일어나는 일들을 수초 단위의 실시간으로 검색할 수 있습니다.

실시간 검색 서비스의 초점은 카페, 블로그, 뉴스미디어, 소셜 네트워크 채널을 통해서 생산되는 가장 최근의 실시간 콘텐츠를 검색로봇이 수집하여 검색 노출 조건에 맞는 검색 결과를 실시간으로 노출시키는 것입니다. 일반적인 검색 서비스와 달리 콘텐츠 작성자의 문서 생산과 검색 반영까지의 시간이 짧고, 검색 결과가 자동으로 업데이트되기 때문에 실시간 검색을 이용하면 검색 시간대에 화제가 되는 이슈에 대한 정보와 여론을 탐색할 수 있습니다.

실시간 검색 서비스는 네이버, 다음, 구글 등 대부분의 검색 포털 사이트에서 서비스됩니다. 다음 그림은 동일한 시간에 네이버와 다음 검색 창에서 'G20' 검색어로 검색한 실시간 검색 결과입니다. 네이버와 다음의 실시간 검색 결과에 약간의 차이점이 발생됩니다.

동일한 시간에 네이버와 다음의 실시간 검색 결과 동일한 콘텐츠가 노출될 수도 있고, 각각 다른 콘텐츠가 노출될 수 있습니다. 여기서는 네이버와 다음의 실시간 검색 탭에 두긴이 동일한 콘텐츠가 검색되었습니다. ❶번과 ❸번은 동일한 트위터 사용자의 글이고, ❷번과 ❹번이 동일한 트위터 사용자의 글입니다. 하지만 노출 시간을 비교해보면 ❶번은 56초전, ❸번은 1분전에 노출되었고, ❷번과 ❹번은 1분전에 노출되었습니다. ❺번 트위터 글은 네이버와 다음의 실시간 검색에서 모두 노출되지 않았습니다. 즉 실시간 검색 서비스라고 하더라도 노출이 반드시 보장되는 것은 아니라는 것을 알 수 있습니다.

검색 결과는 'G20 정상회의'가 열리는 전날 검색한 상태였기 때문에 'G20' 키워드가 이슈 키워드였습니다. 검색하는 키워드가 사회적으로 이슈 상태라면 그 만큼 소셜 네트워크, 블로그, 카페 등에서 연관된 키워드로 생산된 콘텐츠가 많기 때문에 노출될 수 있는 확률도 줄어들고 노출되는 시간도 짧아집니다.

다음 그림은 동일한 시간에 네이버와 다음 검색 창에서 '겨울 패션' 키워드로 검색한 실시간 검색 결과입니다. 네이버와 다음의 실시간 검색 결과 두 곳 모두 2시간 전의 콘텐츠들도 노출됩니다. 실시간 검색은 사회적 이슈, 검색어의 인기도 등에 따라서 노출되는 시간이 다르기 때문에 실시간 검색 마케팅에서 키워드 선택의 중요성은 매우 큽니다.

| 실시간 검색은 시점에 따라 노출 결과가 다릅니다.

네이버 및 다음의 통합검색에서 실시간 검색은 모든 검색어에 대해서 노출이 보장되는 것은 아닙니다. 검색로봇에 의해 수집되는 콘텐츠 중 현재 화제가 되고 있는 키워드에 대해서 실시간 검색 결과가 통합검색의 실시간 탭에 노출됩니다. 포털의 검색로봇에 의한 판단은 수초 단위로 다양한 요소에 의해 변경되고 업데이트되므로 특정 키워드에 대한 실시간 검색 노출 여부는 언제든지 변할 수 있습니다. 따라서 동일한 키워드라 할지라도 검색한 시점에 따라 실시간 검색 결과가 노출될 수도 있고, 노출되지 않을 수도 있습니다.

## 2  키워드에 따라 다르게 산출되는 실시간 검색의 특징

실시간 검색 서비스는 사이트 검색, 지식iN 검색 서비스, 블로그 검색 서비스 등 다른 검색 서비스와 달리 콘텐츠를 등록한 후 검색 결과가 반영되기까지의 소요되는 시간이 짧고, 검색 결과가 자동으로 업데이트되기 때문에 검색 시간 당시의 화제가 되는 이슈에 대한 정보와 여론을 파악할 수 있습니다. 그렇기 때문에 다른 어떤 상품보다 의류나 계절성 상품 및 이슈성 상품을 판매하는 판매자라면 실시간 검색을 통한 정보와 여론을 파악할 수 있는 중요한 마케팅 도구입니다.

네이버의 실시간 검색은 지식iN, 카페, 블로그, 트위터, 뉴스, 미투데이, 다음의 실시간 검색은 카페, 블로그, 뉴스, 게시판, 트위터, 요즘, 미투데이 등의 검색 자료에서 가장 최근에 작성된 콘텐츠 중 실시간 검색 서비스에 가장 적합한 콘텐츠를 검색 알고리즘을 통해 노출됩니다. 특히 트위터, 뉴스의 경우 동일한 외부 자료를 수집하기 때문에 실시간 검색 결과 네이버와 다음 두 곳에서 동일하게 노출될 확률이 매우 높습니다.

다음 그림은 네이버와 다음 검색 창에서 '이승기' 키워드로 검색한 실시간 검색 자료입니다. 네이버와 다음의 '이승기' 검색어에 대한 실시간 검색 결과 동일하게 나타났습니다. 그 이유는 검색 당시 이승기가 1박2일이라는 프로그램에서 하차한다는 루머 때문에 실시간 인기순위 상위에 오르는 상태였고, 그 소식이 트위터를 통해서 급속도로 전파되는 상태였기 때문입니다.

반면 의류 카테고리의 최상위 키워드인 '여성의류'로 실시간 검색 결과 카페, 트위터, 지식iN, 블로그, 뉴스 콘텐츠 등 다양한 채널의 검색 결과가 노출되었습니다.

네이버와 다음의 '이승기' 키워드에 대한 실시간 검색 결과에서 동일한 트위터의 글들이 노출되었지만 '여성의류' 키워드의 실시간 검색 결과는 완전히 다른 검색 결과를 보이는 이유는 무엇일까요? 이승기 키워드가 이슈화된 키워드이기 때문입니다.

다음 표는 이승기 키워드와 여성의류 키워드의 실시간 검색 노출 결과를 비교한 표입니다. 사회적으로 이슈화된 인기 키워드일수록 트위터, 미투데이, 요즘과 같은 소셜 네트워크를 통해 전파되는 콘텐츠의 양이 폭주합니다. 그 결과 블로그, 카페, 뉴스 등 다른 콘텐츠보다 소셜 네트워크의 콘텐츠가 더 중요하다고 판단하기 때문에 트위터의 콘텐츠를 우선 노출하게 됩니다. 그렇기 때문에 '이승기' 키워드에 대한 네이버와 다음의 실시간 검색 결과가 동일하게 나타난 것입니다.

| 검색 키워드 | 키워드 인기도 | 네이버 실시간 검색 노출 결과 | 다음 실시간 검색 노출 결과 |
|---|---|---|---|
| 이승기 | 이슈 키워드 | 트위터 콘텐츠 | 트위터 콘텐츠 |
| 여성의류 | 평범한 업종의 최상위 키워드 | 카페, 트위터, 지식iN, 블로그, 뉴스 콘텐츠 | 블로그, 트위터 |

## 3 실시간 검색에 유리한 키워드가 따로 있나요?

실시간 검색은 모든 키워드에 대해서 노출되는 것은 아닙니다. 지식iN, 카페, 블로그, 트위터, 뉴스, 미투데이에서 추출된 콘텐츠 중 검색 알고리즘의 기준에 부합되는 콘텐츠만이 노출됩니다. 문제는 상업적인 광고성 키워드는 철저하게 배제된다는 점입니다. 예를 들어 의류, 여성의류, 티셔츠, 가디건, 니트, 자켓 등 상품의 대표 키워드들은 모두 검색 알고리즘의 기준에 부합되는 콘텐츠입니다. 하지만 확장 키워드나 주변 키워드는 검색 알고리즘의 기준에 부합되는 키워드가 있는 반면 부합되지 않고 배제되는 키워드들도 있습니다. 후드티셔츠가 노출되는 키워드인 반면, 후드가디건은 노출에서 배제되는 키워드가 그 예입니다.

| 의류 | 여성의류 | 티셔츠/가디건/니트/자켓 | 후드티셔츠/후드가디건/브이넥니트/니트자켓 |
|---|---|---|---|
| 노출가능 | 노출가능 | 노출가능 | 노출가능/노출배제 |

다음은 '여성의류' 키워드나 '패션코디'에 대한 실시간 검색 결과 블로그, 트위터, 미투데이, 카페 등에서 검색 알고리즘의 기준에 부합되는 콘텐츠가 노출되는 반면, '여성의류 빅사이즈'나 '여름패션 코디 추천'과 같은 키워드를 조합해서 만든 콘텐츠는 검색 알고리즘의 기준에 적합하지 않은 콘텐츠로 판단하여 검색 결과가 없는 것으로 산출됩니다. 그렇기 때문에 실시간 검색은 키워드를 조합하여 만드는 확장 키워드 보다는 업종을 대표하는 대표 키워드나 대표 키워드와 연관된 연관 키워드가 유리합니다. 실시간 검색 로직은 꾸준히 변화되고 있기 때문에 수시로 다양한 키워드로 테스트하여 검색 로직에 대처해야 합니다.

❖ 검색 알고리즘 기준에 부합되는 실시간 검색

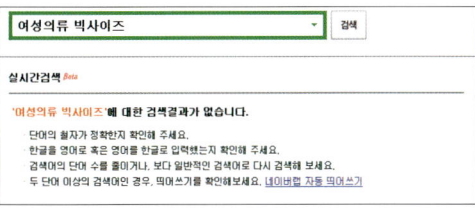 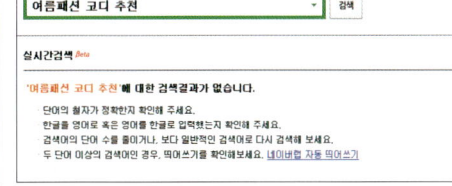

❖ 검색 알고리즘에 부합되지 않는 실시간 검색

## 3-1. 노출이 보장되는 키워드는 무엇인가요?

실시간 검색 알고리즘의 정확한 기준값은 비공개 정보이기 때문에 알 수는 없습니다. 하지만 실시간 급상승 검색어, 일간 급상승 검색어, 주간 급상승 검색어 등 이슈화된 키워드들은 실시간 검색에서 노출이 보장됩니다. 실시간 검색은 웹상에서 이슈가 되고 있는 키워드에 높은 비중을 두기 때문입니다. 즉 이슈화된 키워드를 자신의 핵심 키워드 외에 연관 검색어로 사용하여 블로그, 카페, 미투데이 등에 스토리가 있는 콘텐츠를 만들면 실시간 검색에 노출은 보장된다고 할 수 있습니다. 하지만 고객을 유인하기 위한 '어뷰징 콘텐츠'를 만들라는 의미는 아닙니다. 예를 들어 '유아인' 키워드가 실시간 급상승 검색어 1위라고 가정해 보겠습니다. 만약 검색 상위 노출을 고려하여 콘텐츠 제목에 '유아인' 키워드를 사용하고 본문은 여성의류 쇼핑몰을 홍보한다면 무엇을 얻을 수 있겠습니까?

다음은 검색 창에서 '유아인' 키워드를 검색해보면 유아인이 화장품 CF를 촬영했다는 것을 알게되어 '유아인화장품'을 검색해보았습니다. 유아인화장품 키워드 관련 문서 47,796건이 검색되었습니다.

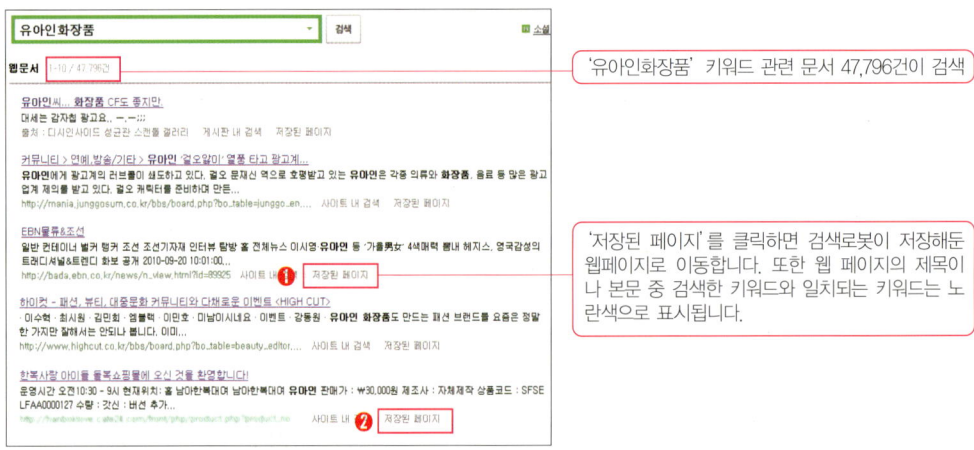

첫 번째 콘텐츠(❶)는 유아인 화장품과 관련된 뉴스 콘텐츠로 이동되고, 두 번째 콘텐츠(❷)는 유아인 상품명의 한복 전문 쇼핑몰로 이동됩니다. 첫 번째 콘텐츠는 유아인화장품에 관심 있는 고객에게 유익한 정보가 될 수 있지만 두 번째 콘텐츠는 유아인화장품에 관심 있는 고객과 거리가 먼 어뷰징 상품페이지이거나 의도하지 않게 상품명이 일치되어 노출된 경우일 것입니다.

❖ 유익한 콘텐츠

❖ 어뷰징 콘텐츠

## 따라하기 네이버와 다음의 실시간 검색 테스트하기

**01** 네이버 검색 창에서 'G20'을 입력한 후 [검색] 버튼을 클릭하고 [실시간 검색] 탭을 클릭합니다. 수초단위로 'G0'과 관련된 뉴스, 블로그, 트위터 등의 글들이 실시간으로 업데이트됩니다.

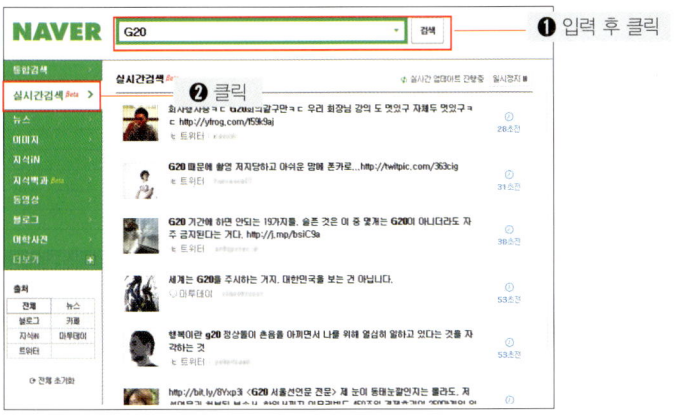

**02** 다음 검색 창에서 'G20'을 입력한 후 [검색] 버튼을 클릭하고 [실시간 검색] 탭을 클릭합니다. 수초단위로 'G0'과 관련된 뉴스, 블로그, 트위터 등의 글들이 실시간으로 업데이트됩니다. 네이버 검색로봇과 다음 검색로봇의 처리 결과에 따라서 실시간으로 노출되는 결과는 약간씩 차이가 있기 때문에 약간의 시간차이를 두고 동일인의 글이 노출될 수 있고 네이버 또는 다음의 실시간 검색에만 노출될 수도 있습니다.

03  모니터 1대를 사용하는 사람은 네이버 익스플로러 창과 다음 익스플로러 창의 크기를 조절하여 위아래로 배치하고, 모니터를 2대 사용하는 경우 두 창을 동시에 띄워놓습니다. 네이버의 실시간 검색 탭과 다음의 실시간 탭을 선택한 후 각각 [일시정지] 버튼을 클릭하여 실시간 업데이트를 잠시 중지시킵니다.

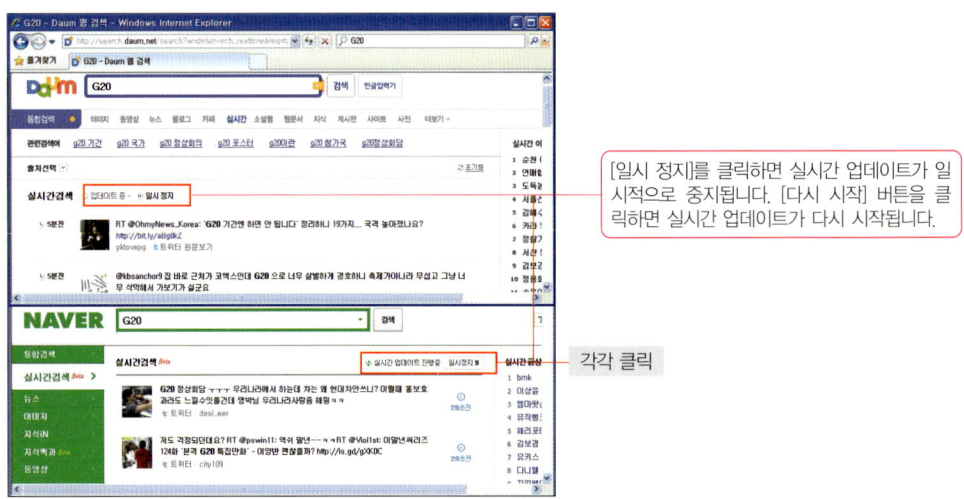

04  트위터(http://www.twitter.com)에 접속한 후 로그인합니다. 트위터의 글자 입력 상자에 글을 작성한 후 [트윗하기(Twett)] 버튼을 클릭합니다. 여기서는 '[G20 정상회의 이벤트]G20 정상 중 누구인지 맞추는 이벤트가 진행되고 있네요. 캐리커쳐를 보고 G20 정상 중 누구인지 맞추어보세요....]를 작성했습니다.

05  업데이트 중지되면 [다시시작]을 클릭합니다. 잠시 대기 상태로 기다리면 네이버의 실시간 검색 탭과 다음의 실시간 검색 탭을 확인할 수 있습니다. 네이버는 실시간 순으로 한 페이지에 50개, 다음은 10개까지 노출됩니다. 네이버와 다음의 실시간 검색 서비스를 통해 내가 작성한 트위터의 글이 노출되는 것을 확인할 수 있습니다. 네이버에서는 58초전에 노출되

고, 다음에서는 1분전에 노출되었습니다. 단 네이버와 다음의 검색로봇이 트위터의 글을 추출하여 처리하는데 소요되는 결과에 따라 노출되는 시간에 차이가 발생합니다.

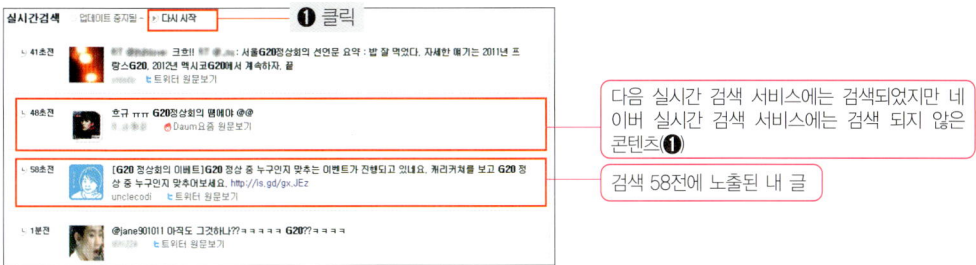

❖ 다음(daum)의 실시간 검색

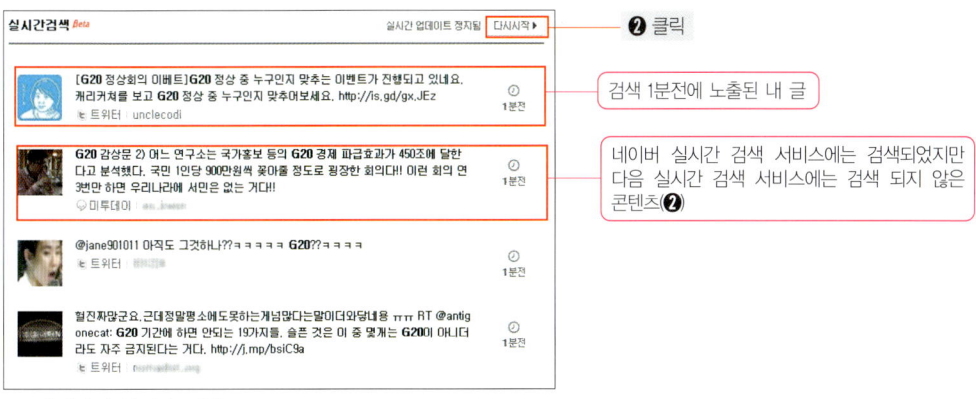

❖ 네이버의 실시간 검색

| 검색 포털 업체의 실시간 검색 서비스와 소셜 네트워크 서비스의 선택

위 사례의 노출 결과를 살펴보면 다음 검색 결과 중 콘텐츠❶은 다음의 소셜 네트워크 서비스인 요즘의 글이고, 네이버 검색 결과 중 콘텐츠❷는 네이버의 소셜 네트워크 서비스인 미투데이의 글입니다. 저자의 트위터의 글은 두 곳 모두에서 노출된 반면 네이버와 다음의 자사 소셜 네트워크 콘텐츠는 자사 중심의 실시간 검색 서비스에서만 노출되는 것을 알 수 있습니다. 모든 콘텐츠가 이런 결과로 노출되는 것은 아니지만 마케터들은 마케팅용 소셜 네트워크 채널을 선택할 때 이런 특징을 고민해야 될 필요성이 있습니다.

Lesson 06

# 소셜 네트워크 서비스의 상위 노출 요인과 비중

## 1 소셜 네트워크 검색 상위 노출 요인과 비중

검색 포털의 소셜 네트워크 검색에 노출되는 트위터, 미투데이, 요즘 등은 그 자체가 소셜 네트워크 실시간 검색엔진 역할을 한다고 할 수 있습니다. 검색엔진의 검색 노출 순위 알고리즘과 소셜 네트워크 실시간 검색 노출 순위 알고리즘에는 차이점이 있습니다. 소셜 네트워크 실시간 검색 노출 순위는 검색자가 검색한 키워드와 다음 표의 항목(트위터를 기준으로 작성된 항목들임)들과 검색 포털만의 기준에 의해 종합적으로 산출되며, 그 중 가장 최근에 언급한 계정의 소셜 콘텐츠를 실시간으로 노출합니다. 실시간으로 노출되다보니 포털에서 인기를 끌고 있는 키워드, 이슈가 되고 있는 키워드를 포함한 트윗이나 리트윗을 작성하는 것도 방문자 수를 늘리고 상위 노출에 도움이 될 수 있습니다.

> 검색 시점을 기준으로 소셜 네트워크 채널, 블로그 등에서 가장 최근에 언급한 내용의 계정이나 콘텐츠
>
> 리트윗(RT)과 트윗(Tweet)이 높은 계정
>
> 키워드의 언급 횟수가 많은 계정
>
> 멘션되는 횟수가 많은 계정

❖ 트위터 기준의 소셜 네트워크 실시간 검색 결과의 상위 노출 요인과 비중

**| 트윗(Tweet), 리트윗(ReTweet), 맨션(mention)이란**

- **트윗(tweet)이란** : 트위터에 올리는 글을 트윗이라 합니다. 컴퓨터나 스마트폰의 트위터 프로그램을 이용하면 사진, 동영상 등과 함께 올릴 수 있으며 140자로 제한하고 있습니다.
- **리트윗(ReTweet, RT)이란** : 자신이 팔로잉하고 있는 사용자의 트윗을 자신을 팔로우하고 있는 이들도 볼 수 있도록 트윗에 작성하는 답변글을 리트윗이라고 합니다. 'RT @사용자 아이디+트위트 원문'의 형태로 작성합니다. 리트윗은 정보가 실시간으로 널리 퍼질 수 있도록 하는 트위터의 핵심기능입니다.
- **맨션(mention)이란** : 다른 트위터 사용자게 대화를 요청하는 트위터를 맨션이라고 합니다. '@상대방 아이디'를 표기하고 트윗하면 상대가 확인할 수 있습니다. 이야기를 주고받는 두 사람 외에, 두 사람을 팔로잉하고 있는 이들에게도 그 맨션이 공개됩니다.

# 2 소셜 네트워크 검색과 상위 노출의 원리 이해하기

네이버, 다음 등 검색 포털의 일반 검색은 전체 네티즌들이 검색 대상이지만 네이버의 '소셜 네트워크 검색'이나 다음의 'My소셜 검색'은 내가 가입한 카페, 이웃 블로그, 미투데이나 요즘의 친구 등 나와 관계를 맺고 있는 지인들의 콘텐츠가 검색 대상입니다. 즉 카페와 블로그, 트위터, 미투데이, 요즘 등 나의 인맥을 활용하여 내가 가입한 카페와 블로그의 서로이웃을 포함한 이웃, 서로이웃의 이웃, RSS등록 이웃, 친구들의 게시물을 통합검색 영역에서 한 번에 검색할 수 있습니다. 친구를 사귈 때 소위 '마당발'로 불리는, 인맥 관리가 풍부한 사람을 사귀어 놓으면 어떤 일을 하더라도 도움을 쉽게 받을 수 있듯이 소셜 검색도 마찬가지로 블로그 이웃, 가입한 카페의 회원 수, 미투데이 친구가 많을수록 더욱 풍부한 검색 결과를 확인할 수 있습니다. 즉 네이버의 '소셜 네트워크 검색'이나 다음의 'My소셜 검색'은 기존의 검색 요소에 '사람'을 더한 것이라 할 수 있습니다.

소셜 네트워크 검색로봇의 작동 원리도 기존의 검색 요소에 '인맥'이라는 요소를 적용하여 나만의 검색 결과를 제공합니다. 블로그에서는 서로이웃, 나의이웃, 서로이웃의 이웃과 서로이웃(2차 인맥)이 검색 대상이며, RSS 이웃으로 등록이 되어 있으면 해당 블로그의 검색 결과를 함께 노출합니다. 카페의 경우는 내가 가입한 모든 카페를 대상으로 검색합니다. 따라서 내 블로그의 이웃, 내가 가입한 카페의 글을 통합검색 영역에서 모아서 제공해 주는 검색 결과이며, 이 결과는 본인에게만 노출이 됩니다. 미투데이의 경우 미친(미투데이 친구)과 미친의 친구 등이 검색 대상입니다.

다음 그림은 소셜 네트워크 검색 서비스에서 검색로봇의 작동원리를 나타낸 그림입니다.

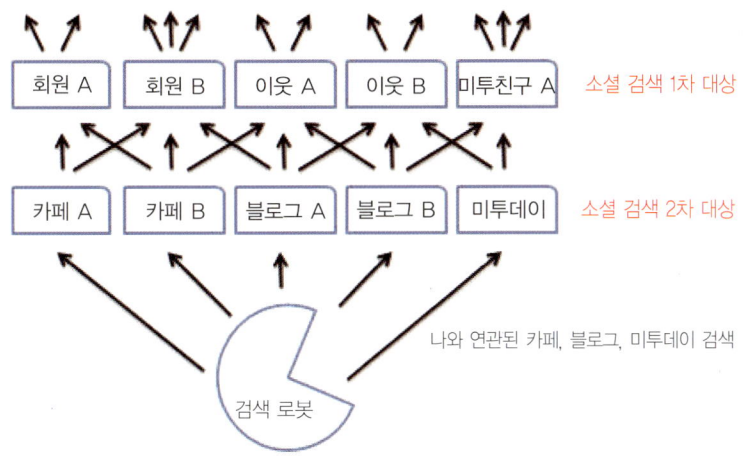

❖ 소셜 네트워크 검색로봇의 작동 원리

다음은 네이버에 로그인 후 검색 창에서 '빼빼로데이'로 검색된 소셜 네트워크 검색 결과입니다. 네이버의 소셜 네트워크 검색 결과에는 내가 가입한 카페, 나와 이웃하는 블로그, 나와 친구 관계인 미투데이 등이 검색 대상이 됩니다. 즉 내가 가입한 블로그가 스타일난다 블로그라면 검색로봇은 스타일난다 블로그에 등록된 콘텐츠 중 '빼빼로데이' 키워드를 검색하여 노출하게 됩니다. 반대로 내가 스타일난다 블로그에 어떤 콘텐츠나 흔적을 남긴 후 스타일난다의 어떤 블로거가 '빼빼로데이' 키워드를 검색하면 스타일난다를 통해서 그 블로거의 소셜 네트워크 검색 결과에 나의 콘텐츠가 노출됩니다.

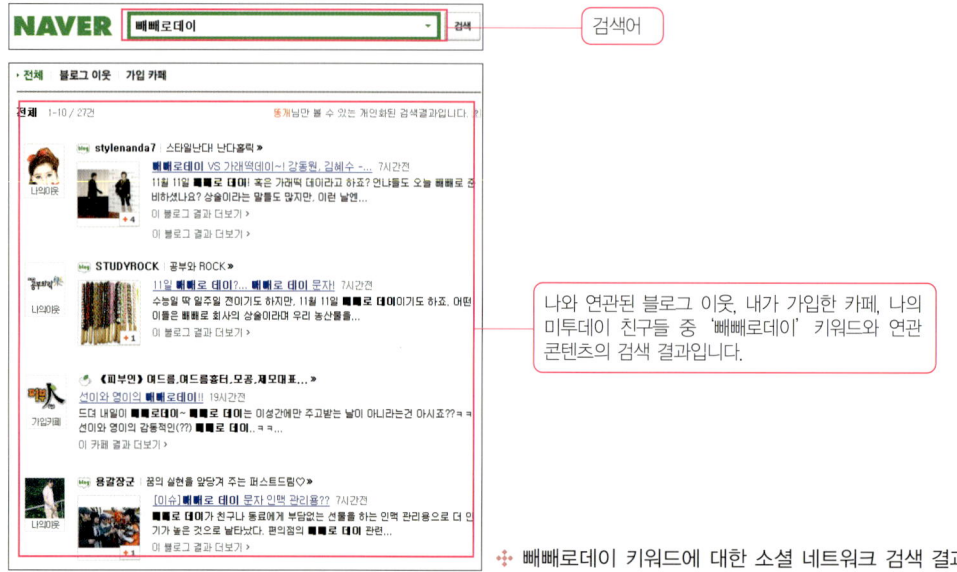

❖ 빼빼로데이 키워드에 대한 소셜 네트워크 검색 결과

다음 그림은 다음(daum) 검색 창에서 '빼빼로데이'로 검색된 소셜 네트워크 검색 결과입니다. 가입한 카페, 자주 방문하는 카페, 요즘의 친구와 서로 친구, 다음뷰를 구독하는 사람과 서로 구독하는 사람, 내 블로그와 친구 블로그, 내가 작성한 지식 질문과 답변글, 내가 작성한 아고라 글 등을 대상으로 검색합니다.

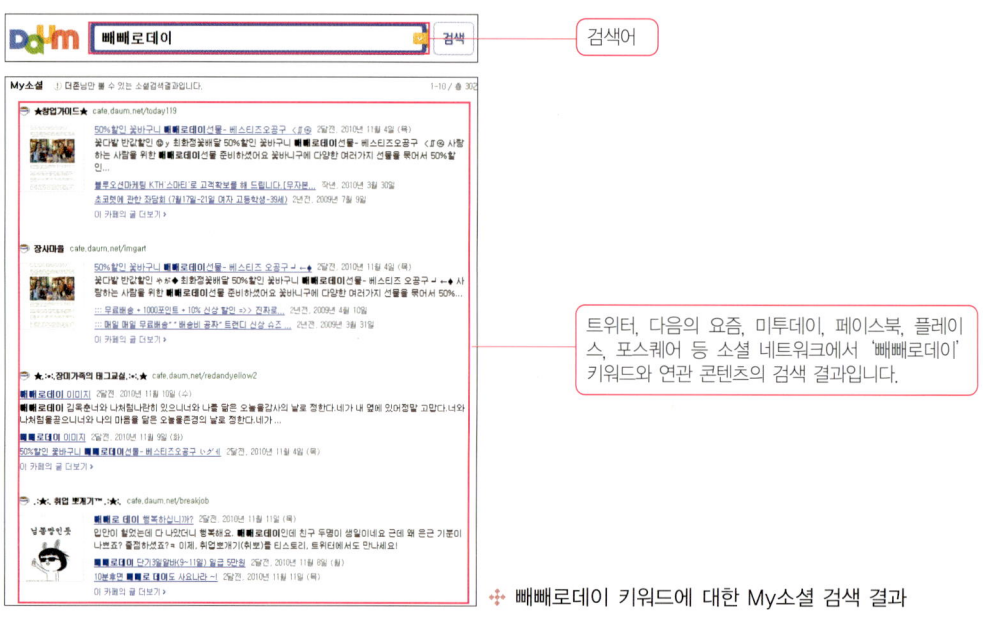

❖ 빼빼로데이 키워드에 대한 My소셜 검색 결과

네이버의 소셜 네트워크 검색이나 다음의 My소셜 검색 모두 카페, 블로그, 미투데이, 요즘 등을 통해서 인맥을 쌓을 때나 마케팅 할 때 가능하면 회원들의 활동이 활발하고 활성화된 곳을 선택하면 소셜 검색에 노출될 확률이 그 만큼 높아지게 됩니다.

### TIP

**| 고객을 알면 마케팅이 보인다.**

다음 그림과 같이 검색 노출된 '빼빼로데이에 관심 있는 사람'을 클릭하면 그 사람이 최근의 관심 주제가 무엇인지를 알 수 있습니다. 만약 트위터라면 팔로우를 신청하고, 다음 요즘이라면 친구등록 등을 신청할 수 있습니다.

❖ 빼빼로데이 키워드에 대한 소셜 웹 검색 결과

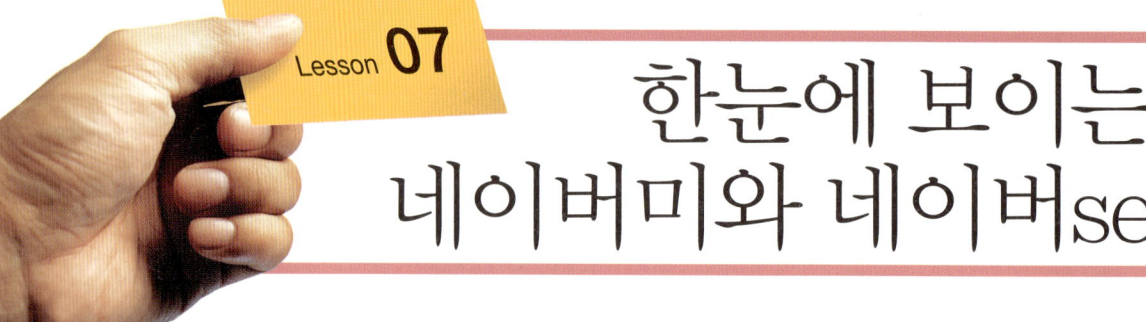

Lesson 07

# 한눈에 보이는 네이버미와 네이버se

## 1 한눈에 보이는 네이버미(me)

네이버미의 me는 '나', '나에게'를 의미합니다. 네이버가 모두를 위한 공개된 네이버였다면, 네이버미는 나만의 위한 네이버라 할 수 있습니다. 네이버미는 개인화 웹 서비스와 소셜 네트워크 서비스(SNS)가 결합된 네이버의 새로운 소셜 홈으로, 다음과 같이 5가지 공간으로 구성되었습니다. 특히 빠른쓰기와 내 소식은 카페, 블로그, 지식iN, 미투데이 등을 한곳에서 편리하게 사용하고 관리할 수 있다는 점에서 사용층이 급속히 늘어날 것으로 예상되기 때문에 평상시 사용방법과 응용방법을 알아두는 것이 좋습니다.

❶ **좌측 메뉴** : 개인화 웹 서비스들인 메일/ 쪽지/ 캘린더/ 가계부/ 계좌조회/ 포토앨범/ 주소록/ N드라이브 서비스들로 쉽게 이동하실 수 있는 메뉴 등이 제공됩니다. 특히 미니 주소록과 미니 N드라이브 영역이 제공되어 내가 자주 사용하는 주소로 설정한 친구들에게는 쉽고 간편하게 연락을 취할 수 있으며, N드라이브에 올린 내 파일들에도 바로 접근하실 수 있습니다. 메일과 쪽지를 한 곳에서 관리할 수 있으며, 특히 쪽지 관리가 수월해져 카페 회원들에게 보내는 쪽지 기능이 활성화되기 때문에 이 기능을 마케팅에 적극 활용해야 합니다.

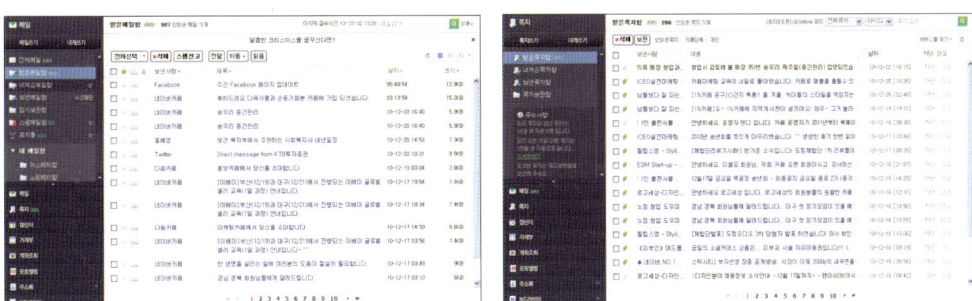

❷ **빠른쓰기** : 미투데이나 블로그에 글을 올리기 위해 굳이 미투데이나 블로그로 이동하지 않아도 간단한 글들은 여기서 작성하고 바로 올릴 수 있습니다. 친구들에게 연락하기 위해 메일이나 쪽지, 문자를 확인하고 보낼 수 있습니다.

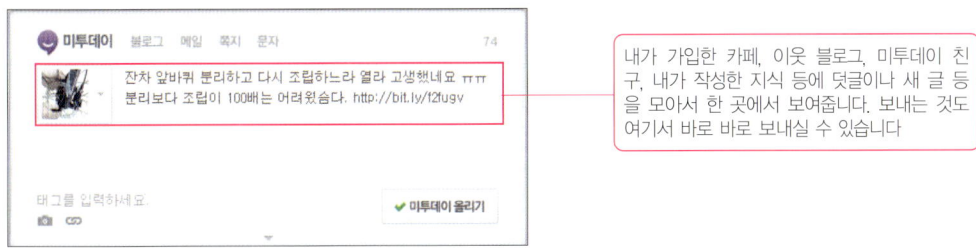

내가 가입한 카페, 이웃 블로그, 미투데이 친구, 내가 작성한 지식 등에 덧글이나 새 글 등을 모아서 한 곳에서 보여줍니다. 보내는 것도 여기서 바로 바로 보내실 수 있습니다

❸ **내 소식** : 블로그, 카페, 미투데이 등 여러 서비스에서 친구들이 나한테 남긴 덧글이나 업데이트된 소식들을 모아서 보실 수 있을 뿐만 아니라 친구들이 쓴 새 글들도 여기서 한눈에 확인하고 덧글도 남길 수 있습니다. 특히 재미있게 본 글에서 [미투] 버튼을 클릭하면, 나의 미투데이 친구들에게도 글이 전달되니 좋은 글들을 쉽게 공유할 수도 있습니다.

내가 가입한 카페, 이웃 블로그, 미투데이 친구, 내가 작성한 지식 등에 덧글이나 새 글 등을 모아서 한 곳에서 보여줍니다.

❹ 미니캘린더 : 캘린더 서비스에 등록한 나의 일정과 할 일들을 네이버me에서 바로 확인 하실 수 있습니다

❺ 메모 : 잊지 말아야 할 일들, 기억해야 할 좋은 문구, 그날그날의 감상과 나만의 비밀 일기도 간단하게 정리할 수 있습니다.

## 2 한눈에 보이는 네이버se

IPad 등 저사양 PC나 해외 등 인터넷 사용 환경이 좋지 않은 곳에서 검색 기능만을 이용하기를 원하는 이용자를 위해 검색 홈 '네이버SE'도 제공하고 있습니다. 구글의 검색 창과 유사하며 검색 중심으로 네이버의 통합검색이 심플하게 텍스트 중심으로 검색됩니다. 뉴스, 쇼핑 등 무거운 플래시 파일은 사라졌습니다. 검색 결과는 네이버와 동일합니다.

❖ 네이버se 메인 화면

❖ 네이버se 통합검색 화면

# Lesson 08 콘텐츠가 전파되기까지의 고객 행동흐름 이해하기

## 1 콘텐츠가 전파되기가지의 고객 행동 흐름

인터넷 마케팅이라는 것은 결국 고객의 행동을 이해하는 것부터 시작됩니다. 다음은 검색 포털 사이트에서 콘텐츠를 검색한 후 그 콘텐츠를 전파하기까지의 과정을 고객 입장에서 표현한 그림입니다.

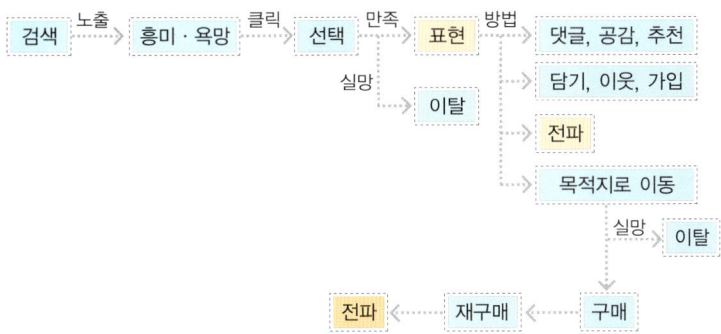

❖ 콘텐츠가 전파되기까지의 고객 행동 흐름

고객에게 나의 콘텐츠를 알리기 위해서는 검색 포털 사이트의 어떤 검색어의 반응할 수 있도록 해야 합니다. 고객이 검색한 결과에 나의 콘텐츠를 노출시키는 것으로 콘텐츠를 통한 고객의 행동 흐름이 시작되기 때문입니다.

나의 콘텐츠와 함께 노출된 여러 마케터들은 콘텐츠는 고객의 클릭을 기다리게 됩니다. 이때 검색 결과에 노출된 콘텐츠 중 최상위 콘텐츠일수록 선택 받을 확률이 높아집니다. 보다 많은 사람들로 하여금 선택받기 위해서는 흥미와 클릭하고 싶은 욕망이 생길 수 있도록 해야 합니다. 흥미를 끌기 위해서는 평범한 제목보다는 궁금증을 유발할 수 있는 약간의 자극이 필요합니다. 그 자극은 콘텐츠를 클릭하고 싶은 욕망의 단계로 바뀌어 선택하게 됩니다. 선택 후 만족하거나 공감한다면 덧글이나 공감, 좋아요, 담아가기, 전파 등 고객의 감정을 표현합니다. 하지만 선택 후 검색어와 콘텐츠의 내용이 상이하거나 만족하지 못한 경우 실망하여 표현 단계로 이동하지 않고 이탈해버립니다.

❖ 고객의 의견을 표현할 수 있는 덧글, 공감, 답글

콘텐츠에 만족한 후 만족한 고객은 자신의 의견을 다양한 방법으로 표현합니다. 이 과정에서 고객의 만족도에 따라서 최종 목적지인 홈페이지, 쇼핑몰 등으로 바로 이동할 수도 있고, 콘텐츠를 구독하는 잠재 고객이 될 수도 있습니다. 또한 홈페이지나 쇼핑몰로 이동하지는 않았지만 콘텐츠를 전파하는 충성고객으로 전환될 수도 있습니다.

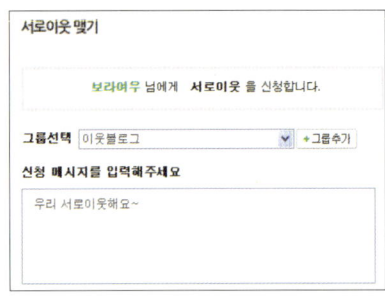
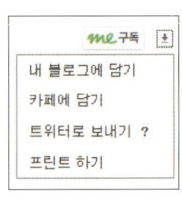

## 2 검색 서비스별 방문자의 의사 표현 방법

검색 서비스별로 콘텐츠에 대해서 만족한 콘텐츠 구독자가 콘텐츠 등록자에게 자신의 의사를 표현하는 방법은 다음 표와 같습니다. 특히 적극적인 방법 중 네이버미 구독, 트위터나 미투데이로 보내는 경우 전파의 속도가 매우 빠르며 방문자 수도 기하급수적으로 늘어납니다.

| 서비스 종류 | 소극적 방법 | 적극적인 방법 | 가장 적극적인 방법 |
|---|---|---|---|
| 지식iN | • 답변하기<br>• 답변 추천하기<br>• 의견 쓰기 | • 지식iN 보관함에 담기<br>• 내 블로그에 담기<br>• 카페에 담기 | • 네임카드의 URL 방문<br>• 답변자의 마이지식 방문 |
| 카페 | • 가입하기<br>• 덧글 달기<br>• 답글 쓰기<br>• 동맹카페 | • 글쓰기<br>• 자주 출석하기 | • 네이버미(me) 구독하기<br>• 초대하기<br>• 채팅하기<br>• 미투데이로 보내기<br>• 트위터로 보내기<br>• 홈페이지 · 쇼핑몰 방문하기 |
| 블로그 | • 덧글 달기<br>• 공감하기 | • 이웃추가/서로이웃<br>• 내 블로그에 담기<br>• 카페에 담기 | • 초대하기<br>• 선물하기<br>• 쪽지 보내기<br>• 트위터로 보내기<br>• 미투데이로 보내기<br>• 네이버미(me) 구독하기<br>• 홈페이지 · 쇼핑몰 방문하기 |
| 쇼핑몰 ·<br>홈페이지 | • 아이쇼핑하기<br>• 상품 후기쓰기 | • 회원 가입하기<br>• 장바구니에 상품 담기<br>• 즐겨찾기에 담기 | • 트위터 또는 미투데이 친구 등록하기<br>• 구매하기<br>• 상품 테스트 등에 참여하기 |

## Lesson 09 소셜 네트워크에서 통하는 지식인, 블로그, 카페에서의 의사표현

### 1 지식 서비스에서 의사를 표현할 수 있는 방법은 무엇인가요?

지식 서비스에 등록된 질문에 대해서 답변하기, 의견쓰기를 할 수 있고, 답변 내용에 대해서 추천하기, 의견쓰기를 할 수 있습니다. 모바일 지식 서비스를 통해서 질문하거나 답변할 수도 있습니다. 답변하기, 답변 추천하기, 의견쓰기 등의 방법을 통해 의견을 표현하면 '마이지식'의 내공이 올라갑니다. 다음은 지식iN에 등록된 질문과 답변 내용을 구성하는 요소 중 의사를 표현할 수 있는 방법에 관한 내용입니다.

Chapter 03 | 검색 상위 노출의 원리 이해하기 · 151

❶ 조회 : 지식iN 콘텐츠를 조회한 숫자입니다. 이 숫자는 콘텐츠의 관심도와 관련되지만 만족도와는 무관합니다. 미끼성 제목을 사용하면 조회숫자는 얼마든지 올릴 수 있기 때문입니다.

❷ 나도 답변하기 : 질문 내용에 답변글을 작성할 수 있습니다. 답변한 내용을 질문자가 선택하면 '질문자 선택' 메달이 표시됩니다.

❸ 의견 쓰기 : 질문자의 질문 내용과 답변자의 답변 내용에 각각 의견을 작성할 수 있습니다. 의견 내용은 클릭해야 볼 수 있기 때문에 시각적인 효과가 떨어집니다.

❹ 답변 추천하기 : 답변자의 답변글에 만족한 경우 [답변 추천하기] 버튼을 클릭하여 추천할 수 있습니다. 추천 받은 숫자가 많을수록 글에 대한 신뢰도와 답변자의 지식 레벨이 상승합니다.

❺ 담기 : 콘텐츠에 대한 고객의 가장 적극적인 표현 방법으로 고객 자신의 마이지식, 자신이 운영하는 카페와 블로그에 이 콘텐츠를 담아갈 수 있습니다.

- **지식iN 보관함에 담기** : 네티즌의 마이 지식에 콘텐츠를 담아둔 후 수시로 확인할 수 있습니다.
- **내 블로그에 담기** : 네티즌의 블로그에 담아둔 후 수시로 확인할 수 있습니다. 블로그에 담긴 이 콘텐츠는 담아간 블로거의 블로그 회원들과도 공유되기 때문에 홍보 효과가 큽니다.
- **카페에 담기** : 네티즌의 카페에 담아둔 후 수시로 확인할 수 있습니다. 블로그와 마찬가지로 카페에 담긴 이 콘텐츠는 담아간 사람의 카페 회원들과도 공유되기 때문에 홍보 효과가 큽니다.

❻ 신고 : 답변자의 글이 건전하지 못하거나, 광고성 글인 경우 등이라면 네이버 고객센터에 신고하는 기능입니다. 만약 네이버 고객센터에서 광고성 글이라고 판단하면 지식 검색 상위에 노출되는 콘텐츠라도 삭제되거나 노출되지 않을 수 있습니다. 특히 인터넷 마케팅 업체들 간 상대방 비방 및 흠집 잡는 방법으로 사용되기도 합니다.

❼ 네임카드 : 네임카드는 자신의 특징을 간략하게 소개하는 프로필 기능입니다. 네임카드에는 사이트 주소, 간략한 자기소개서, 주요 활동분야, 대표 답변 등을 설정하여 자신의 특징을 네티즌들에게 알릴 수 있는 매우 중요한 홍보 기능입니다.

## 2  마이지식의 검색 노출과 홍보 효과 최적화

### 2-1. 마이지식 웹주소와 미투데이 연동하라

지식iN을 통하지 않고 내 마이지식으로 빠르게 접근할 수 있습니다. 인터넷 익스플로러 주소 창에서 다음과 같이 마이지식 웹주소를 입력하면 바로 마이지식 서비스로 접속할 수 있습니다.

kin.naver.com/profile/ID

## 2-2. 네임카드 프로필 관리로 PC 웹과 모바일 웹에 노출시켜라

네임카드는 답변 및 의견에 붙는 작성자의 정보 및 지식iN 활동 내용을 보여주는 지식iN 명함과 같은 것입니다. 네임카드는 작성자가 어떤 사람인지 참고할 수 있도록 하여, 질문자 및 열람자가 작성자의 답변을 더 신뢰할 수 있게 해 줍니다. 다음 두 명의 지식인 중 어느 지식의 네임카드에 신뢰가 더 가시나요? 사례2번의 네임카드가 더 신뢰가 갈 수 밖에 없을 것입니다.

✤ 사례 1

✤ 사례 2

### PLUS ➕

**❙ 네임카드도 신고당할 수 있나요?**

프로필 사진, URL, 자기소개에 음란성, 선정성 등의 글이나 사진을 등록하는 경우 네티즌들은 그 지식인의 네임카드를 신고할 수 있습니다.

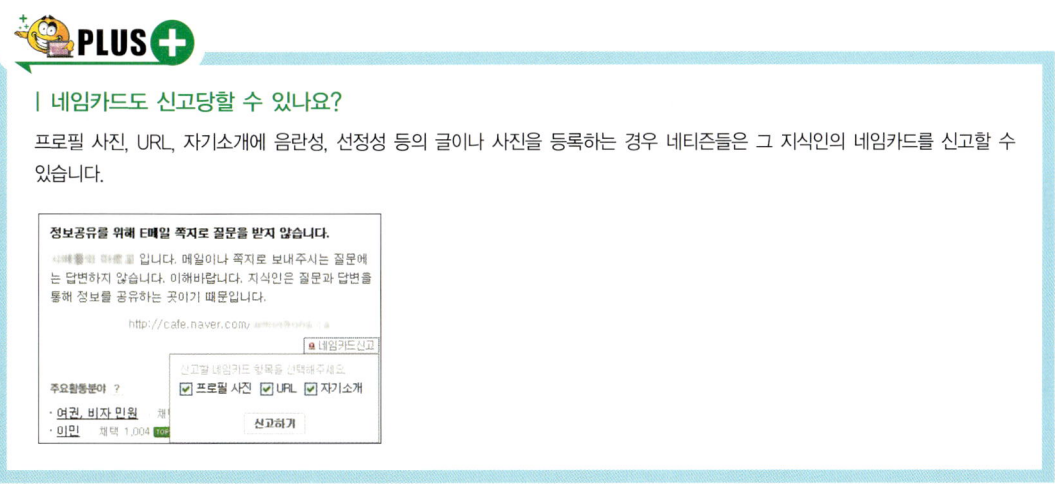

원칙적으로 지식 답변 내용에 기재하는 사이트 주소, 연락처 등은 홍보성으로 판단되어 제재의 대상이 되지만 네임카드에 기재하는 것은 허용됩니다. 마이지식 페이지에서 네임카드 프로필 관리 메뉴를 통해 다음과 같이 네임카드 프로필 내용을 설정할 수 있습니다.

❶ 네임카드 프로필 사진을 등록할 수 있습니다.
❷ 카페, 블로그, 사이트 등 대표 URL을 표시할 수 있습니다.
❸ 자기를 소개할 수 있는 자기소개서를 표시할 수 있습니다
❹ 대표답변과 자신이 주로 담당하는 디렉토리가 표시되며, 5개의 채택된 답변이 있어야 설정할 수 있습니다.

| 지식 마케팅 시 가정 먼저 해야 될 사항

지식 마케팅 시 가정 먼저 해야 될 사항은 채택 답변 5개를 만드는 것입니다. 내가 답변한 글이 5개 이상 채택되면 주요활동분야의 디렉토리를 설정할 수 있고 네임카드 유형 중 주요 활동 분야 강조형을 사용할 수 있기 때문입니다.

## 2-3. 키워드를 잘 선택하면 네이버미를 통해서 전파된다

네이버 회원은 마이지식에서 자신이 관심 있는 분야와 관심 있는 키워드를 등록할 수 있습니다. 등록한 분야와 키워드는 네이버미 지식iN의 새질문, 마이지식의 나의 관심질문에 노출되어 많은 사람들에게 나의 지식을 홍보할 수 있습니다.

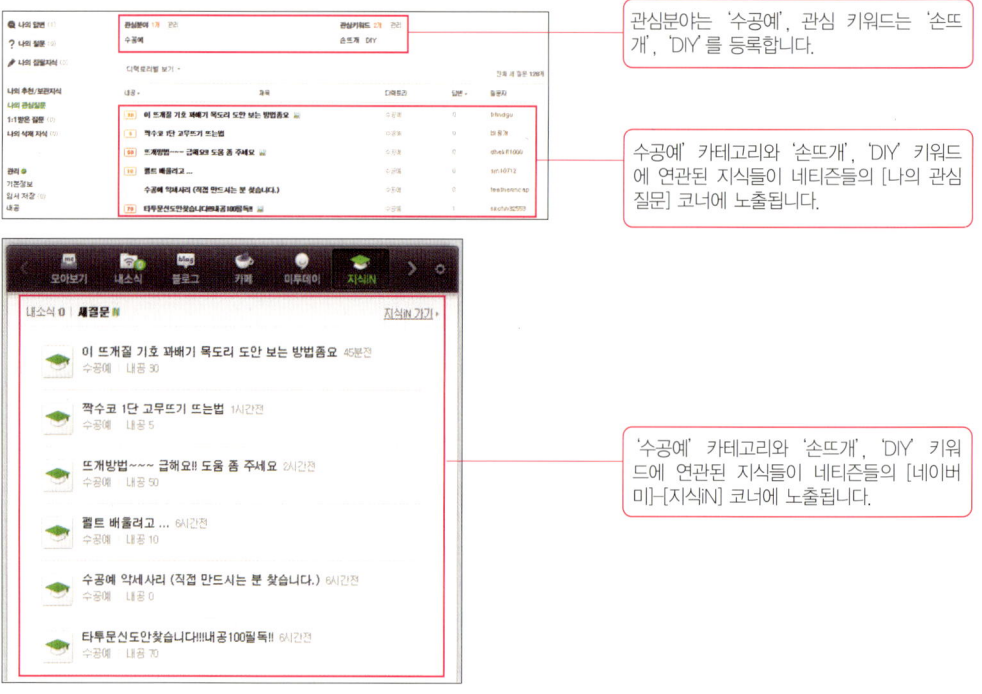

관심분야는 '수공예', 관심 키워드는 '손뜨개', 'DIY'를 등록합니다.

'수공예' 카테고리와 '손뜨개', 'DIY' 키워드에 연관된 지식들이 네티즌들의 [나의 관심질문] 코너에 노출됩니다.

'수공예' 카테고리와 '손뜨개', 'DIY' 키워드에 연관된 지식들이 네티즌들의 [네이버미]-[지식iN] 코너에 노출됩니다.

## 3. 블로그에서 의사를 표현할 수 있는 방법은 무엇인가요?

블로그의 콘텐츠를 자신의 블로그나 카페에 담아갈 수 있고, 자신의 트위터나 미투데이 계정으로 보내어 친구들과 공유할 수 있고, 이웃 블로그로 추가할 수 있습니다. 네이버 블로그인 경우 네이버미로 블로그를 정기 구독할 수도 있습니다. 또한 모바일 블로그 서비스를 통해서 새로운 소식을 접하고 위에서 열거한 의사를 표현할 수 있습니다. 또한 모바일 카페 서비스를 통해서 새로운 소식을 접하고 위에서 열거한 의사를 표현할 수 있습니다. 카페에 등록된 질문에 대해서 답변할 수 있고, 답변 내용에 대해서 추천하기를 할 수도 있습니다.

### ❶ 이웃추가

이웃추가는 웹브라우저의 '즐겨찾기' 와 같은 것입니다. 다시 방문하고 싶거나 즐겨찾는 블로그를 이웃 추가하면 로그인할 때마다 추가한 이웃 블로그들의 업데이트 소식을 볼 수 있습니다.

- **이웃** : 내가 다른 블로거를 추가하거나, 다른 블로거가 나를 추가한 경우가 '이웃' 에 해당됩니다. '이웃' 공개로 포스팅을 한 경우, 내가 추가한 '이웃' 들까지 열람할 수 있으며 '서로이웃' 공개로 쓴 포스트의 경우에는 '이웃' 블로거들은 열람할 수 없습니다.

- **서로이웃** : '서로이웃'은 상호간 동의하에 서로를 이웃으로 등록한 경우에 해당됩니다. '서로이웃' 신청을 한 후, 상대방이 '서로이웃'을 승낙하면 성립됩니다. '서로이웃'인 경우에는 '서로이웃' 공개로 쓴 포스트와 '이웃' 공개 포스트 모두를 열람할 수 있습니다.

**| 서로 서로 '이웃' 추가하면 '서로이웃'이 되나요?**

이웃추가는 누구나 자유롭게 추가할 수 있는 북마크(즐겨찾기)와 같은 기능이기 때문에 내가 다른 사람을 이웃으로 추가하고, 그 사람도 나를 이웃으로 추가했다고 해도 서로이웃이 되는 것은 아닙니다. 서의 블로그를 즐겨찾기 해놓은 정도로 이해하면 됩니다. 상대방의 서로이웃공개 포스트는 읽을 수도 없으며, 상대방도 내가 작성한 '이웃공개' 포스트까지만, 나도 상대방의 '이웃공개' 포스트까지만 볼 수 있습니다. 그렇기 때문에 서로이웃이 되기를 원한다면 반드시 '서로이웃신청'을 통해 상호 신청과 승인이 이루어져야 서로이웃 관계가 형성됩니다.

- **이웃의 이웃** : 내 블로그 이웃들과 이웃하는 블로거들을 추가할 수 있는 기능입니다.

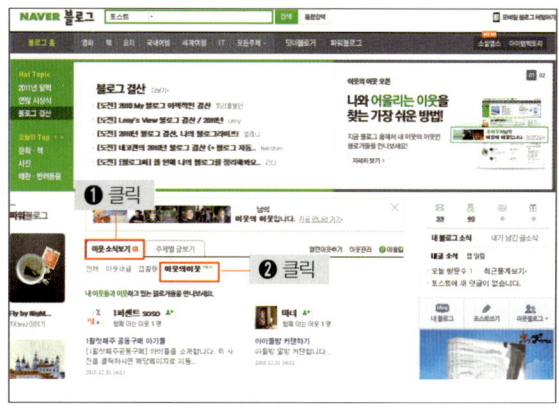

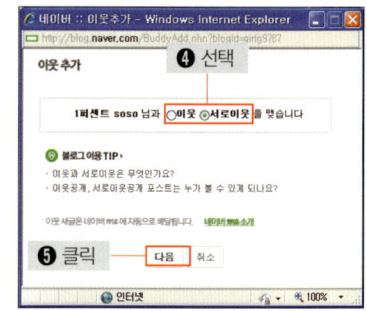

❷ 내 블로그에 담기 / 카페에 담기

블로그 또는 카페에 담아둔 후 수시로 확인할 수 있습니다. 블로그와 카페에 담긴 이 콘텐츠는 담아간 블로거의 이웃, 담아간 사람의 카페 회원들과도 공유되기 때문에 입소문 효과가 큽니다.

### ❸ 덧글 쓰기

포스트에 공감한 블로거는 덧글을 작성할 수 있습니다. 덧글의 숫자는 포스팅의 인기도의 반영 요소이기 때문에 최대한 덧글에 참여할 수 있도록 공감할 수 있는 콘텐츠를 작성합니다. 또한 덧글에 대해서 답글을 작성할 수 있습니다.

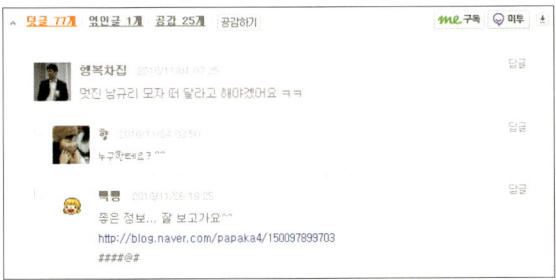

### ❹ 공감하기

포스트에 공감한 블로거는 [공감하기] 버튼을 클릭하여 공감할 수 있습니다. 공감 숫자도 포스팅의 인기도를 반영하는 요소이기 때문에 최대한 공감을 유도할 수 있는 콘텐츠를 작성합니다.

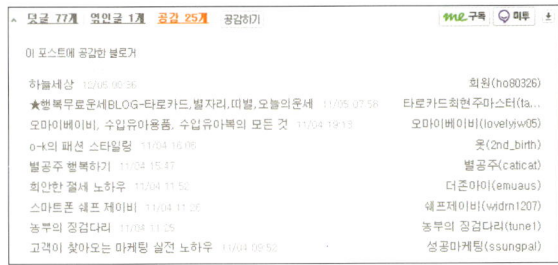

### ❺ 트위터로 보내기

콘텐츠를 트위터로 보낼 수 있습니다. 트위터로 보내기를 선택하면 다음과 같이 트위터 텍스트 창에 제목과 블로그 주소가 삽입되고 [트윗하기(Tweet)] 버튼을 클릭하면 내 트위터에 글이 등록됩니다.

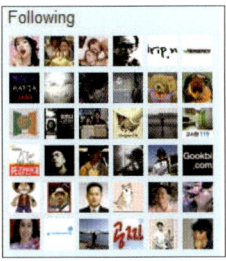

등록된 콘텐츠는 나의 관계를 맺고 있는 팔로워와 팔로워의 팔로워들에게도 배포됩니다.

❻ 미투데이로 보내기

[미투] 버튼을 클릭한 후 글을 작성한 후 [올리기] 버튼을 클릭합니다.

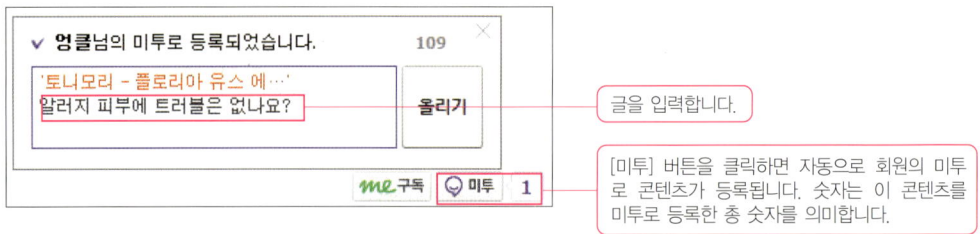

나의 미투데이에 블로그 콘텐츠의 내용과 함께 작성한 글이 콘텐츠가 등록됩니다. 또한 이 콘텐츠는 미투한 친구의 친구들에게 배포됩니다.

❼ 네이버미(me) 구독하기

[me구독] 버튼을 클릭하면 네이버미를 통해서 블로거의 새로운 콘텐츠들을 실시간으로 구독할 수 있습니다. 단 네이버미를 구독하기 위해서는 서로이웃 관계이어야 합니다.

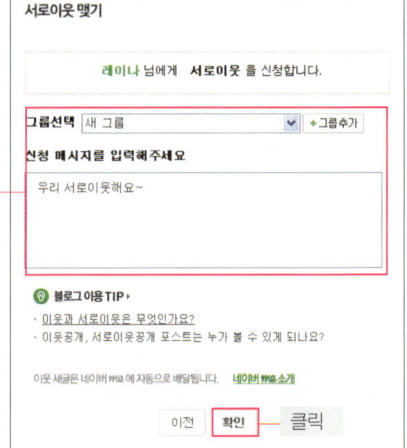

서로이웃 관계가 맺어지면 나의 네이버미와 서로이웃 블로거의 네이버미의 블로그 소식에 서로의 새 글을 실시간으로 구독할 수 있습니다. 또한 서로이웃한 블로그를 구독하는 이웃블로그들에게도 나의 새 글이 전파됩니다.

## 4 카페에서 의사를 표현할 수 있는 방법은 무엇인가요?

카페의 콘텐츠는 자신의 카페나 블로그에 담아갈 수 있고, 미투데이 계정으로 보내어 친구들과 공유할 수 있고, 덧글과 추천할 수 있고, 네이버미로 카페의 콘텐츠를 구독할 수 있습니다. 또한 모바일 카페 서비스를 통해서 새로운 소식을 접하고 위에서 열거한 의사를 표현할 수 있습니다. 카페에 등록된 질문에 대해서 답변할 수 있고, 답변 내용에 대해서 추천하기를 할 수 있습니다.

### ❶ 덧글 달기

카페 글에 회원은 자신의 생각을 덧글로 작성할 수 있습니다. 덧글의 숫자는 글의 인기도의 반영 요소이기 때문에 최대한 덧글에 참여할 수 있도록 공감할 수 있는 콘텐츠를 작성합니다. 또한 덧글에 대해서 답글을 작성할 수 있습니다.

❷ 나도 추천

콘텐츠에 만족한 회원은 [나도 추천] 버튼을 클릭하여 콘텐츠를 추천할 수 있습니다. 이 기능은 카페 정보란의 [관리]-[메뉴 및 기본설정]을 선택한 후 통합게시판을 추가하거나 기존 게시판을 통합게시판으로 수정해야 합니다. [추천/말머리 설정] 탭에서 '글추천기능'의 '사용하기' 체크 박스를 선택한 후 [확인] 버튼을 클릭합니다.

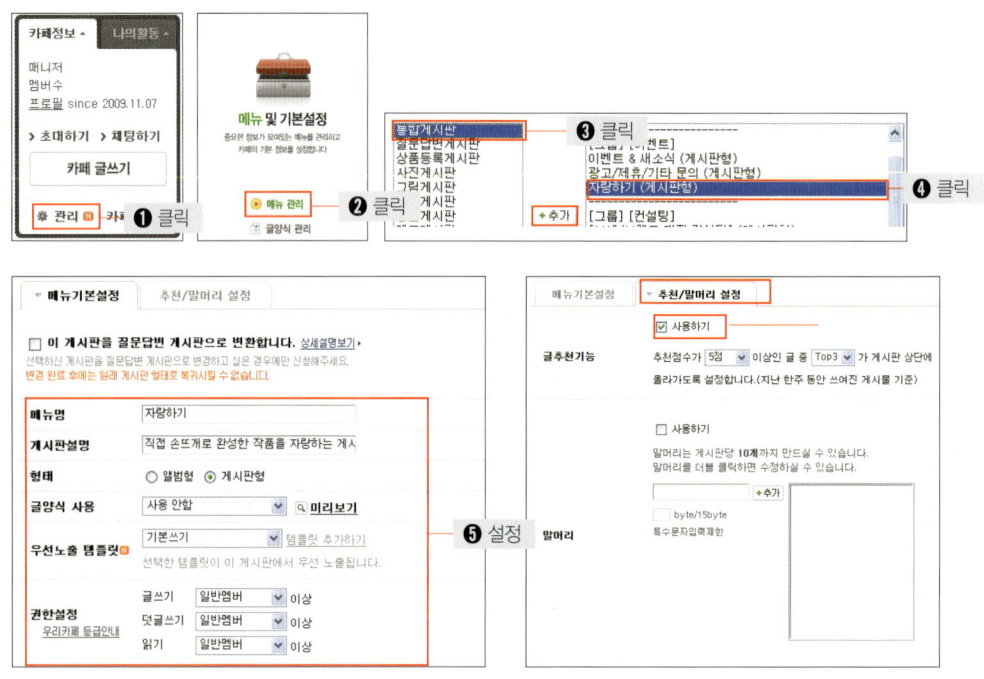

| 글추천기능은 모든 게시판에 설정할 수 있나요?

'글추천기능'은 통합게시판에만 설정할 수 있습니다.

'글추천기능'으로 만들어진 통합게시판에 글을 쓰면 다음 그림과 같이 '추천' 아이콘이 표시됩니다. 추천 아이콘을 클릭하면 추천 숫자가 증가합니다. 본인이 쓴 글은 본인이 추천할 수 없습니다.

❸ 내블로그 / 카페에 담기

네티즌의 블로그와 카페에 담아둔 후 수시로 확인할 수 있습니다. 블로그와 카페에 담긴 이 콘텐츠는 담아간 블로거의 이웃들, 담아간 사람의 카페 회원들과도 함께 공유되기 때문에 입소문 파급효과가 매우 큽니다. '내 블로그 담기'와 '카페에 담기'는 '스크랩 허용'으로 설정해야 가능합니다.

다음 사례1은 글 작성 시 기능 설정에서 '스크랩 비허용' 상태의 글이며, 사례2는 '스크랩 허용' 상태의 글입니다.

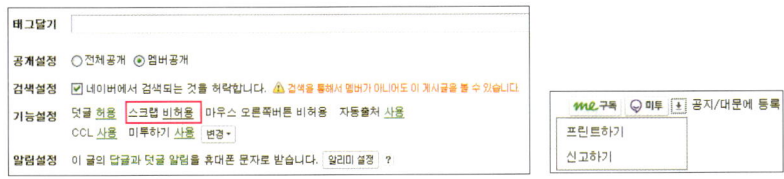

❖ '스크랩 비허용' 상태의 글 메뉴

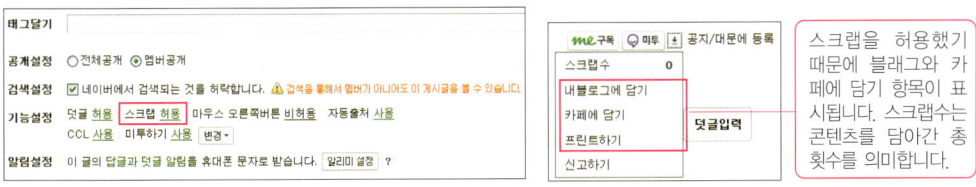

❖ '스크랩 허용' 상태의 글 메뉴

❹ 미투하기 / 네이버미 구독하기

블로그의 미투하기와 네이버미 구독하기와 동일합니다. [미투] 버튼을 클릭한 후 나의 생각을 작성한 후 [올리기] 버튼을 클릭합니다.

나의 미투데이에 블로그 콘텐츠의 내용과 함께 작성한 글이 콘텐츠가 등록됩니다. 또한 이 콘텐츠는 미투한 친구의 친구들에게 배포됩니다.

또한 미투데이의 미투(친구) 관계를 맺은 사람의 새 글은 네이버미의 미투데이 메뉴를 통해서 구독할 수 있습니다.

❺ 네이버미(me) 구독하기

[me구독] 버튼을 클릭하면 콘텐츠가 담긴 게시판의 새 글과 콘텐츠를 작성한 작성자가 콘텐츠가 담긴 게시판에 작성한 새 글을 네이버미를 통해서 실시간으로 구독할 수 있습니다.

구독하는 게시판과 멤버의 새 글은 네이버미의 카페 메뉴를 통해서 실시간으로 확인할 수 있습니다. 또한 네이버미에서 바로 덧글을 쓰거나 미투데이의 미투(친구)로 등록할 수 있습니다.

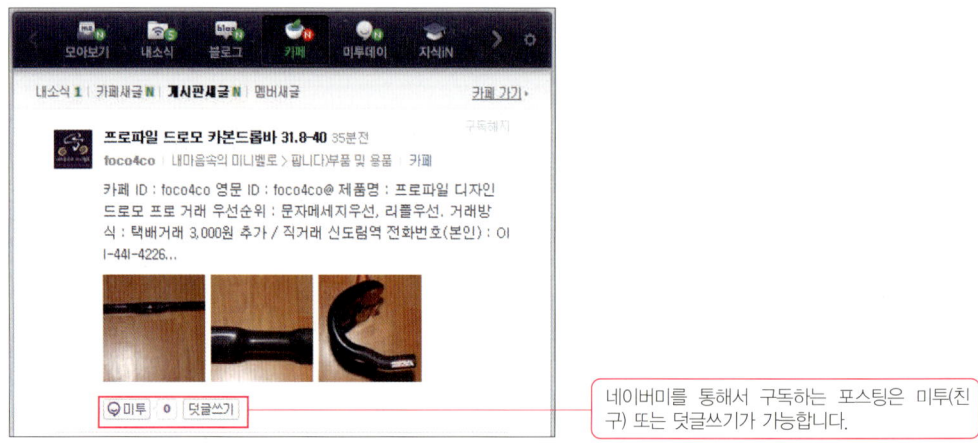

## 5  모바일 웹에서 의사를 표현할 수 있는 방법은 무엇인가요?

### 5-1. 모바일 지식iN, 블로그, 카페, 트위터, 미투데이의 실시간 질문을 잡아라

모바일을 통해서 실시간으로 정보를 확인하고 소식을 전하고 업무를 처리하는 등 스마트한 실시간 시대입니다. 다음 그림은 휴대폰에서 웹브라우저를 실행하고 주소 창에 모바일 네이버(m.naver.com)을 입력하면 네이버 모바일 웹이 실행됩니다. 모바일 웹을 통해서 카페, 블로그 등의 새 글을 확인하고 답글을 작성하고, 미투데이나 트위터에 올라온 소식에 답글을 작성할 수 있습니다.

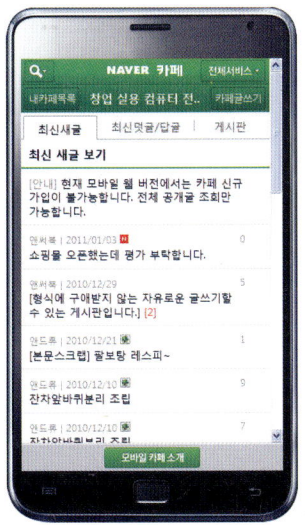

❖ 모바일 네이버 카페, 블로그, 미투데이의 실현 모습

네이버 지식iN 서비스 중 모바일 Q&A는 휴대폰 문자 #11119 또는 모바일 웹을 통해 질문하면 답변을 받을 수 있는 실시간 Q&A 서비스입니다. 모바일 Q&A의 질문과 답변은 150자까지만 작성할 수 있습니다.

모바일 Q&A에 등록된 질문과 답변에 의견쓰기 기능이 제공되지 않습니다. 모바일 Q&A는 질문자와 답변자가 다양한 지식을 해결하기 위해 의견을 주고받기 보다는, 트위터와 같이 짧은 150자로 정말 알고 싶은 것을 질문하고, 이에 정확한 답변만을 전달 할 수 있는 서비스이므로 의견 기능이 제공되지 않습니다. 그렇기 때문에 모바일 지식iN의 질문은 대부분 다음 그림과 같이 실시간으로 답변이 필요한 질문들을 많이 올립니다. 그렇기 때문에 모바일 지식iN의 답변은 그 효과 또한 실시간으로 나타납니다.

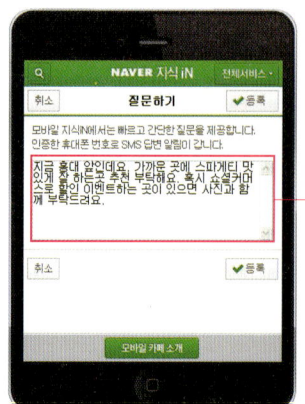

질문 내용 : 지금 홍대 앞인데요. 가까운 곳에 스파게티 맛있게 잘 하는 곳 추천 부탁해요. 혹시 소셜 커머스로 할인 이벤트하는 곳이 있으면 사진과 함께 부탁드려요.

| 모바일 지식iN으로 등록된 질문은 미투데이와 미투지식인에도 등록되나요?

모바일 지식iN을 통해서 등록된 질문은 지식iN 뿐만 아니라 아이디와 연동된 미투데이의 마이미투와 미투지식인에 동시에 등록되며, 미투 친구나 다양한 사용자들의 답변을 받을 수 있습니다.

모바일 지식iN을 통해서 등록하면 PC의 네이버 지식iN의 [모바일 Q&A]에서 확인과 답변할 수 있습니다. 답변 내용은 SNS로 질문자 휴대폰으로 전송됩니다.

모바일 지식iN에서 질문 내용을 작성한 후 [등록] 버튼을 클릭합니다.

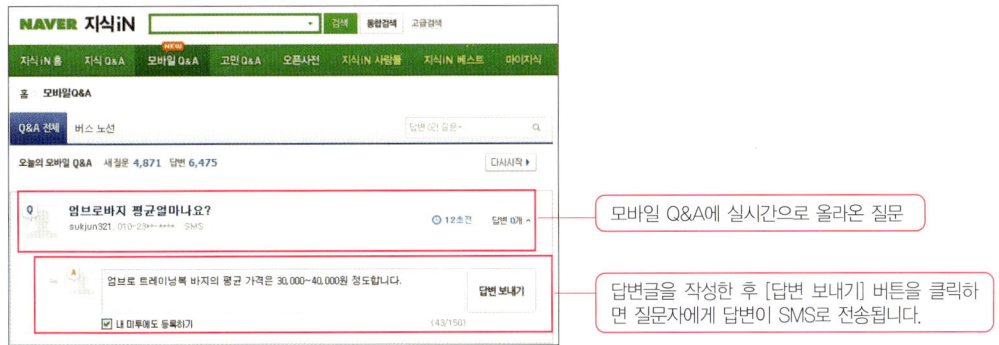

이 처럼 모바일 웹을 통하면 모바일 지식iN 외에도 모바일 카페, 모바일 블로그, 모바일 미투데이, 모바일 트위터 등을 PC의 웹과 연동시켜 실시간으로 올라오는 다양한 정보를 마케팅에 적극 활용할 수 있습니다.

NAVER me2DAY

Google

twitter

Find us on:
facebook

Daum

# Chapter 04

# 광고의 힘을 누르는 콘텐츠 만들기

**Lesson 1.** 콘텐츠 제작 계획과 분명한 운영 목적을 세워라
**Lesson 2.** 노가다 인터넷 마케팅과 자동 솔루션의 효능 비교
**Lesson 3.** 광고의 힘을 누르는 콘텐츠
**Lesson 4.** 웹 콘텐츠를 만드는 양식
**Lesson 5.** 웹 콘텐츠 소재와 실시간 검색 소재는 어디서 찾아야 할까요?
**Lesson 6.** 소셜 네트워크용 콘텐츠 작성과 등록하기

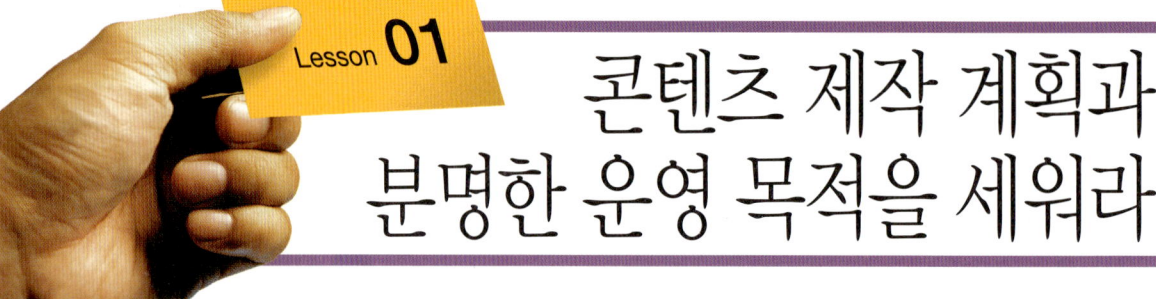

# Lesson 01
# 콘텐츠 제작 계획과 분명한 운영 목적을 세워라

## 1 콘텐츠 주제와 목차 만들기

'어떤 콘텐츠를 만들 것인가?' 에 대한 주제(제목)를 선정하고 그 주제에 맞는 목차를 만듭니다. 주제를 정할 때는 '누구를 위한 콘텐츠인가?' 의 물음에 답할 수 있어야 합니다. 즉 대상층이 분명해야 합니다. 주제가 결정되었으면 그 주제에 맞는 세부 목차를 만듭니다. 주제를 선정하는 방법에 대해서는 앞으로 자세히 설명하기에 여기서는 콘텐츠 주제와 목차를 만드는 방법에 대해서 설명하겠습니다. 주제를 결정한 후 주제에 맞는 목차를 작성하려고 하면 대부분의 사람들은 막막함을 느낄 것입니다. 목차를 작성하는 가장 손쉬운 방법은 도서를 활용하는 것입니다.

예를 들어, 여행 전문 카페에서 여행을 주제로 하는 콘텐츠를 제작한다고 가정해봅시다. 인터넷 서점에 접속한 후 여행 카테고리를 선택합니다. 여행 관련 도서 중 베스트셀러를 중심으로 도서의 정보를 살펴봅니다. 베스트셀러는 이미 독자들에게 검증을 받은 도서들이기 때문에 카페 회원들에도 만족도가 높을 확률이 높습니다.

도서를 클릭한 후 목차의 구성을 살펴봅니다. 목차 내용은 드래그하여 문서 작성 프로그램에 복사해둡니다. 몇 권의 목차를 참조하여 나만의 목차와 세부 목차 만듭니다. 이런 방법을 이용하면 검증된 자료를 토대로 작성된 목차와 세부 목차이기 때문에 백지 상태에서 목차를 작성할 때와는 천지차이일 것입니다.

| 목차 |
| --- |
| 강원도 |
| 01 속초 설악산국립공원 |
| ・동명항&영금정,아바이마을,청초호,석봉도자기미술관,설악워터피아,설악씨네라마,청간정,대포항 |
| 02 양양 주전골 |
| ・홀팀골,오색그린야드호텔,솔천떡마을,하조대,휴휴암,남애항,낙산사,낙산해수욕장 |
| 03 강릉 경포해변 |
| ・참소리축음기&에디슨과학박물관,선교장,하슬라아트월드,정동진 |
| 04 동해 무릉계곡 |
| ・천곡천연동굴,추암해수욕장,묵호항,망상오토캠핑리조트,망상해수욕장 |
| 05 삼척 환선굴 |
| ・해신당공원,초곡마을,죽서루,새천년해안도로,장호항 |
| 06 정선 5일장 |
| ・화암동굴,레일바이크,아우라지,아라리촌,화양약수,소금강,물문대 |
| 07 태백 태백산도립공원 |
| ・태백석탄박물관,구문소,황지연못,매봉산풍력발전단지,용연동굴,추전역,검룡소 |
| 08 평창 이효석문화마을 |
| ・봉평5일장,무이예술관,흥정계곡,허브나라농원,휘닉스파크,금당계곡,수림대마을,방아다리약수,이승복기념관,한국영무새박물관 |
| 09 평창 대관령양떼목장 |
| ・대관령박물관,대관령자연휴양림,대관령삼양목장,소금강,황청사,상원사,한국자생식물원,용평리조트 |
| 10 영월 어라연계곡 |
| ・강릉,선암마을,청령포,지봉업는미술관거리,별마로천문대,고씨동굴,조선민화박물관,김삿갓유적지 |
| 11 원주 구룡계곡 |
| ・돌길기공예&한지공예관,치악산드림랜드,금대계곡&영원사,성황림,오선암&오선정,법흥사 |
| 12 춘천 소양호&청평사 |
| ・강원도립화목원,의암호드라이브길,춘천인형극장,춘천인형극박물관,애니메이션박물관,중도유원지,황금비늘테마거리,공지천공원,국립 |

## 2 나에게 최적화된 콘텐츠 생산 및 등록 주기 산출하기

콘텐츠 주제와 세부 목차가 결되었다면 세부 목차에 해당되는 콘텐츠를 만들어야 합니다. 우선 세부 목차 각 항목들을 콘텐츠로 만드는데 소요되는 시간을 체크해야합니다. 각 항목별 콘텐츠 제작 시간을 알 수 있다면 전체 목차를 제작하는데 소요되는 시간을 알 수 있기 때문입니다. 전체 콘텐츠를 만드는데 소요시간이 산출되면 자신이 하루에 콘텐츠 제작에 소요할 수 있는 시간으로 나누면 콘텐츠의 생산 및 등록 주기를 알 수 있습니다.

- 내가 하루에 콘텐츠 제작에 투자할 수 있는 시간 = A
- 전체 콘텐츠 목차 개수 = B
- 콘텐츠 1개당 소요되는 시간 = C
- 콘텐츠 생산 및 등록 주기 = (B×C) / A

예를 들어 내가 하루에 콘텐츠 제작에 투자할 수 있는 시간은 1시간이고, 콘텐츠 1개를 만들기 위해 소요되는 시간은 2시간이며, 세부 목차의 전체 콘텐츠 수가 50개라면 콘텐츠의 생산 및 등록 주기를 산출해보겠습니다.

전체 콘텐츠를 만드는데 소요되는 시간은 총 100시간(2×50=100)입니다. 100시간을 내가 하루에 투자할 수 시간인 1시간으로 나누면 전체 콘텐츠를 생산하는데 100일이 소요됩니다. 그리고 콘텐츠의 등록주기는 콘텐츠 1개당 소요 시간을 하루 투자 시간으로 나누면 2일 (2/1=2)입니다. 만약 콘텐츠 1개당 소요되는 시간을 단축시키거나 콘텐츠 제작에 투자하는 시간을 늘린다면 전체 콘텐츠를 등록하는데 소요되는 기간을 단축할 수 있습니다. 하지만 기회비용(하루에 1시간을 콘텐츠를 생산하지 않고 다른 업무를 처리했을 때 발생되는 가치)을 고려하여 투자시간을 조정해야 됩니다. 기회비용을 고려한다면 하루에 콘텐츠 제작에 투자할 수 있는 시간을 늘리기보다는 콘텐츠 1개당 소요되는 제작 시간을 단축시키는 것이 바람직합니다. 콘텐츠 제작 시간은 정해진 규칙에 의해서 작업하다보면 노하우가 생겨 단축시킬 수 있습니다.

## 3 사례 분석을 통한 콘텐츠 배포 계획 세우기

지식, 카페, 블로그, 사이트나 쇼핑몰의 커뮤니티 게시판 등 어디에 어떤 방식으로 콘텐츠를 배포할 것인가 계획을 세워야 합니다. 그 계획은 불변이 아니라 변할 수 있습니다. 왜냐하면 지식, 카페, 블로그, 사이트나 쇼핑몰의 커뮤니티 게시판, 트위터, 미투데이, 페이스북 등 마케팅 채널에 따라 어떤 채널이 효과적인지는 로그 분석 등을 통해서 파악해야 하기 때문입니다.

콘텐츠 배포 계획을 세울 때는 방문자수를 파악해야 합니다. 방문자수를 산출하기 위해서는 목표 매출, 구매율, 최소 판매수, 최소 유입수 등을 로그분석 등의 과정이 필요합니다. 왜냐하면 한번 시작한 마케팅 채널은 쉽게 바꿀 수 있는 것이 아니기 때문입니다. 예를 들어 카페를 1년간 운영하다가 방문자수가 줄었다고 폐쇄할 수 있는 것은 아니기 때문입니다.

○○○스포츠용품 전문 쇼핑몰을 운영하는 카페의 사례를 통해서 방문자수를 왜 파악해야 하는지 그 이유에 대해서 알아보겠습니다.

카페를 운영하는데 필요한 인력은 1명, 인건비가 월 150만 원이라고 가정해보겠습니다. 투자가치의 원리를 적용하면 카페를 통해서 최소한 150만 원 이상의 가치가 발생해야 손실이 발생하지 않습니다. 이 문제를 해결하기 위해서는 상품의 객단가, 최소 방문자수, 구매전환율, 최소 판매수 등이 계산되어야 합니다.

객단가는 카페에서 유입된 회원이 ○○○스포츠용품 전문 쇼핑몰을 방문하여 한 번에 평균 얼마의 매출이 발생하는지를 나타낸 수치입니다. 좀 더 정확한 값을 얻기 위해서는 월 매출액을 판매횟수로 나누면 1회 객단가의 계산이 필요합니다. 이런 계산법으로 10만원의 객단가가 산출되었다고 가정해보겠습니다.

구매전환율은 카페에서 유입된 방문자수 대비 백분율로 나타낸 값입니다. 만약 100명이 방문했는데 1명이 구매했다면 구매전환율은 1.0%입니다. 이런 계산법으로 구매전환율이 1%라고 가정해보겠습니다. 손실을 보지 않기 위해서는 15회의 판매가 발생해야 합니다. 카페 마케팅에 필요한 인건비가 150만원이기 때문에 손실이 발생하지 않기 위한 최소 방문자수 1,500명이고, 최소 판매수는 15회입니다.

- 월 인건비 : 150만원
- 객단가 : 10만원
- 구매전환율 : 1.0%

월 150만원의 인건비가 발생하기 위한 조건
- 100,000만 원 × 15회 = 150만 원

월 15회의 구매가 발생하기 위한 최소 방문자수
- 1,500명의 방문자수(1,500×1.0%=150명의 구매자)

만약 카페를 운영하면서 위와 같은 조건을 만족하는가? 만족하고 있다면 경제적 손실율은 '0%' 이지만 조건을 만족하지 못한다면 손실율이 발생하게 됩니다. 손실율을 발생하지 않기 위해서는 카페, 블로그, 지식iN, 소셜 네트워크 마케팅 등을 통해서 콘텐츠를 배포한 후 위와 같은 분석 결과를 토대로 어느 채널에서 어떤 문제가 있는지, 어느 채널을 보강하고 어느 채널을 폐쇄해야 하는지를 파악하고 대처해야 합니다.

## 4 운영 목적 선정과 운영 전략 세우기

어떤 목적으로 블로그를 운영할 계획이신가요? 아니면 어떤 목적으로 카페를 운영할 계획이신가요? 이 물음에 분명한 답을 할 수 있어야 합니다. 대다수의 사람들은 '제가 운영하는 의류 인터넷 쇼핑몰이 있는데, 그 곳으로 카페의 회원들을 유입시키기 위해서요.' 또는 '제가 운영하는 성형외과가 있는데, 성형외과 사이트에서 성형 정보를 공유하기가 쉽지 않기 때문에 그 해결 방법으로 카페를 운영하려고 합니다.' 와 같이 인터넷 쇼핑몰이나 사이트의 상품이나 서비스를 판매하는 곳으로 방문자를 유입시키기 위해서입니다.

하지만 '저는 수익 블로그를 운영하려고 합니다.', '저는 수익 카페를 운영하려고 합니다.' 라고 답하는 분들도 있습니다. 예를 들어 '여행 전문 카페'를 만들어 그 카페의 회원수를 늘리고 활성화시켜 일정 목표치에 도달하면 카페를 통해서 여행 상품을 공동구매하고 나아가 여행 전문 소셜커머스를 운영할 계획입니다. 즉 여행 전문 카페의 회원들을 대상으로 국내외 여행 상품을 반값에 판매하는 공동구매 서비스를 통해서 판매 수익을 얻을 수 있고 나아가 소셜커머스 쇼핑몰을 만들어 수익 모델을 늘릴 계획입니다.

다음은 '어떤 목적으로 카페를 운영할 계획이신가요?' 라는 질문에 대한 두 가지 유형의 답변을 나타낸 그림입니다.

❶ 운영 계획 1안 : 마케팅용 카페

여행 전문 사이트 ──커뮤니티 목적──▶ 여행 전문 카페 ──유입목적──▶ 여행 전문 사이트

❷ 운영 계획 2안 : 수익 모델형 카페

여행 전문 카페 ──활성화 목적──▶ 카페 내 공동구매 ──유입목적──▶ 여행 전문 소셜 커머스 오픈

이 처럼 지식 마케팅, 카페 마케팅, 블로그 마케팅, 소셜 네트워크 마케팅을 진행하기 이전에 분명한 운영 계획을 세워야 운영 전략을 세울 수 있습니다. 만약 처음부터 사이트로 유입을 목적으로 한다면 카페의 메뉴, 블로그의 메뉴부터 시작해서 콘텐츠의 내용 등도 사이트로 유입을 염두하고 제작 및 운영해야 합니다. 그렇지 않고 카페의 규모를 키워서 수익 모델을 만들겠다면 철저하게 카페 자체의 규모를 키울 수 있는 방향으로 카페를 운영해야 합니다.

# Lesson 02 노가다 인터넷 마케팅과 자동 솔루션의 효능 비교

## 1 카페·블로그·지식iN·소셜 네트워크 마케팅 자동 솔루션을 찾는 이유?

마케팅부서와 전문 인력이 별도로 구축되어 있는 규모가 있는 회사를 제외하고 대부분의 사이트나 쇼핑몰들은 매일 일정량의 콘텐츠를 자체 생산하는데 한계를 느낄 수 있습니다. 1인 다(多)역을 소화해내고 있는 어느 옷가게 인터넷 쇼핑몰을 운영하는 김다역 사장님을 예로 들어보겠습니다. 김다역 사장님은 상품 사입, 상품 촬영, 웹디자인, 상품 배송 등은 모두 혼자서 처리해야 되는데 여기에 인터넷 마케팅까지 직접 진행해야 되는 상황입니다. 혼자서 처리할 수 있는 업무량은 한정되어 있기 때문에 콘텐츠 제작 방법을 놓고 고민을 할 수 밖에 없습니다. 고민 끝에 인터넷 마케팅 전문업체에 의뢰하거나 카페·블로그·지식iN·소셜 네트워크 마케팅 자동 솔루션을 이용하게 됩니다.

| 인터넷 마케팅 전문업체 의뢰 | VS | 카페·블로그·지식iN·소셜 네트워크 마케팅 자동 솔루션 이용 |

### 1-1. 인터넷 마케팅 전문업체에 의뢰해도 될까요?

스스로 콘텐츠를 생산할 능력이 부족한 경우, 기회비용을 고려하여 의뢰하는 것이 유리하다고 판단하는 경우, 카페나 블로그가 활성화되지 않고 유입율이 늘어나지 않는 경우 등은 마케팅 대행 전문업체를 찾아 인터넷 마케팅을 의뢰하게 됩니다. '하루 방문자수 10,000명 수준의 블로그로 만들어주는데 비용은 어느 정도하나요?', '카페 회원 10,000명 가입시켜주는데 어느 정도하나요?' 등과 같이 의뢰했다면 잘한 것일까요? 만약 이런 식으로 의뢰했다면 인터넷 마케팅의 본질부터 이해해야 할 것입니다.

인터넷 마케팅의 근본적인 목적은 자사나 자사의 상품 등을 많은 사람들에게 홍보하여 브랜드 가치를 높이거나 직접적인 매출 증대의 이익을 꽤하는 것일 것입니다. 하루 방문자수 10,000명이면 무엇하고 카페 회원이 10,000명이면 무엇을 얻을 수 있을까요? 다른 사람들에게 보여지는 명분보다 방문자수와 회원이 적더라도 그 속에서 마케팅의 목적을 충실히 이행하고 목적을 달성할 수 있는 실속이 더 중요하다고 생각합니다. 인터넷 마케팅의 실속이라면 유입율 대비 구매전환율을 생각할 수 있습니다. 하루 10,000명이 방문하여 그 중 1%의 방문자가 이웃이 되고, 그 이웃의 1%가 사이트로 유입되어 구매가 발생한다면 유입율 대비 구매전환율은 0.01%입니다.

> 10,000명(방문자 수)의 1%=100명(블로그 이웃 추가 수)
> 100명의 1%=1명(구매자 수)

유입율 대비 구매전환율은 0.01%의 블로그를 만드는데 마케팅 대행 전문업체에게 과연 얼마의 금액을 지불해야 할까요? 인터넷 마케팅 대행 전문업체들이 이구동성으로 가장 먼저 내세우는 항목인 방문자 수, 이제는 방문자 수 이전에 앞서 유입율 대비 구매전환율 분석이 선행되어야 할 것입니다.

**| 기회비용이란**

사이트나 쇼핑몰을 운영하는 사람이 직접 콘텐츠를 제작하는 시간과 그 시간에 사이트나 쇼핑몰 운영에 더 신경 쓰는 시간을 놓고 고민하다 사이트 운영에 더 많은 시간을 투자하기로 했다면 직접 콘텐츠를 제작하는 것을 기회비용이라 합니다

## 1-2. 카페 · 블로그 · 지식iN · 소셜 네트워크 마케팅 자동 솔루션의 효능

블로그, 카페, 지식iN에 자동으로 글을 등록하거나, 트위터, 미투데이에 자동으로 글을 등록하는 일명 '자동 등록기 솔루션'이라는 인터넷 마케팅 프로그램에 대해서 소개하겠습니다. 예를 들어 카페 자동글 등록기 솔루션을 이용하면 네이버와 다음에 가입되어 있는 카페, 블로그, 지식인 등에 자동으로 답글, 댓글, 게시글 등을 일정 시간 간격으로 등록할 수 있습니다. 또한 추출한 다른 곳의 콘텐츠에 제목 앞뒤와 본문 앞뒤에 홍보하고자 하는 홍보문구를 편집해서 삽입할 수 있습니다. 이외에도 블로그 댓글 자동 등록기를 이용하면 실시간 급상승 검색어 키워드를 추출하여 해당 키워드로 검색되는 상위 블로그 포스트에 자동으로 최상단에 댓글을 등록할 수 있습니다.

**| 글 자동 등록 솔루션의 비애**

카페, 지식iN 글 자동 등록과 블로그 댓글 자동 등록기 등 글 자동 등록 솔루션을 이용하여 글을 등록하는 경우 포털의 검색로봇은 상당수의 글을 스팸으로 간주하여 검색에서 제외시키거나 중복성 콘텐츠로 노출에서 차단시키는 경우가 많습니다. 예를 들어 100건의 콘텐츠를 등록했다면 그 중 상당수는 차단될 수 있다는 단점이 있습니다.한다. 또한 추출한 콘텐츠의 제목 앞뒤, 본문 앞뒤, 단어 교체 등과 같이 검색 상위 노출만을 위한 콘텐츠를 만들다보니 '공감과 소통을 위한 콘텐츠'이어야 한다는 점을 간과하게 됩니다.

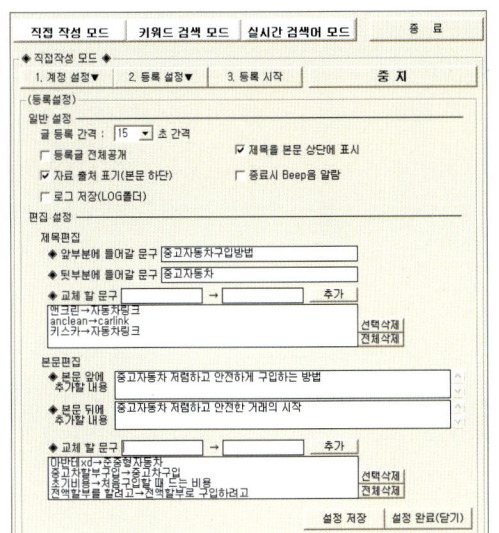
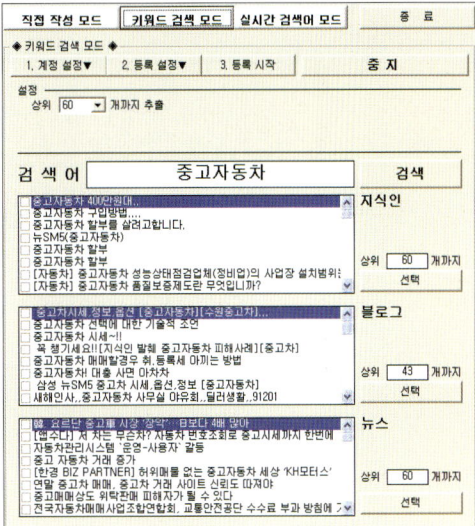

쇼핑몰 운영자라면 '인터넷 쇼핑몰 자동 질문답변 등록 솔루션'을 이용하여 쇼핑몰 Q&A 게시판에 질문과 답변글을 스케줄에 맞추어 자동으로 등록하여 검색 포털 사이트의 웹문서 검색 탭에 노출시키거나 쇼핑몰 방문자로 하여금 활성화된 쇼핑몰이라는 인식을 주기 위해 질문과 답변을 자동으로 등록해주는 프로그램입니다.

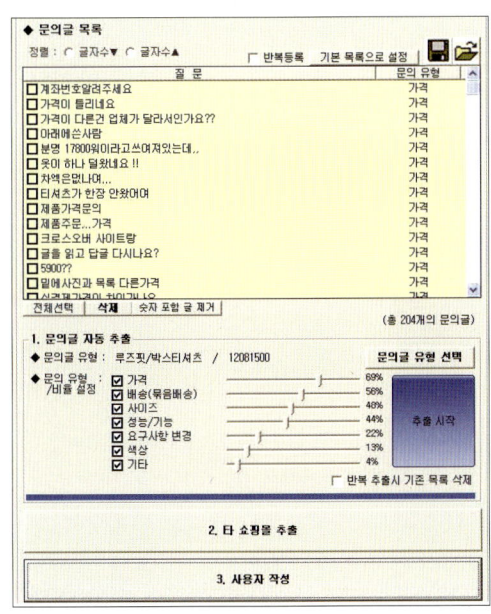
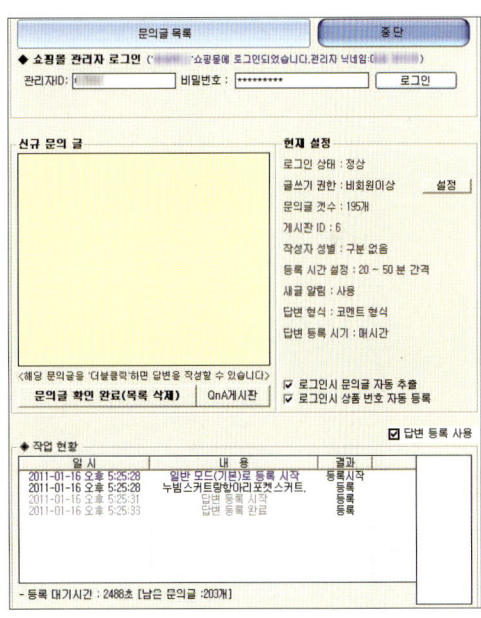

다음은 자동 질문답변 등록 솔루션을 이용하여 쇼핑몰 Q&A 게시판에 질문과 답변글을 스케줄에 맞추어 자동으로 등록하고 답변한 사례입니다.

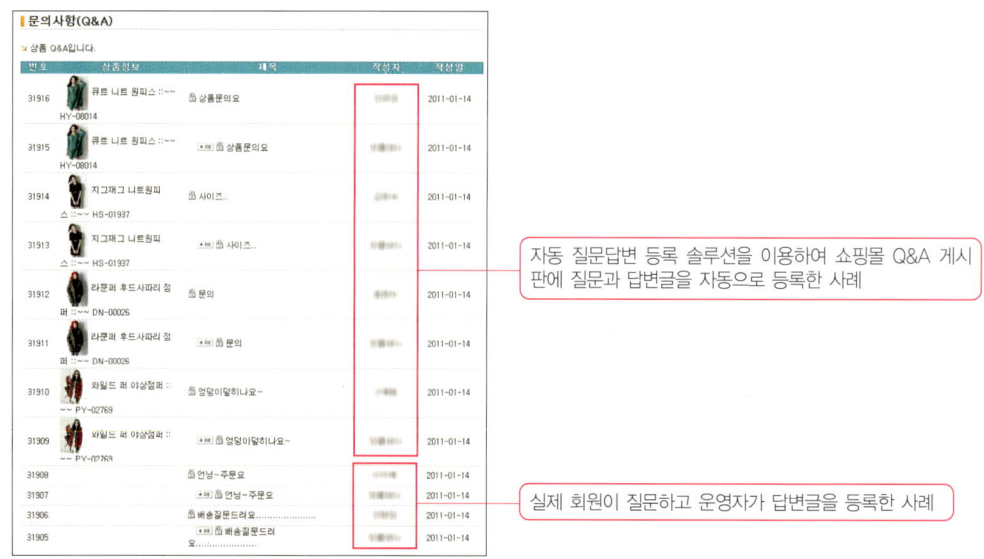

카페 마케팅 솔루션, 블로그 자동댓글 등록기를 이용하면 너무도 손쉽게 다른 카페, 블로그, 지식iN의 콘텐츠를 추출하여 제목과 본문 앞뒤 내용을 바꾸어 등록할 수 있고, 쇼핑몰 게시판 자동 질문답변 등록 솔루션을 이용하여 게시판에 자동으로 질문과 답변글을 등록할 수 있습니다. 콘텐츠 생성부터 질문과 답변 등을 모두 자동화로 시스템으로 등록하기 때문에 시간을 크게 단축할 수 있다는 장점이 있습니다. 이런 장점으로 인해 초보 인터넷 마케터들이 주로 이용하고 있습니다.

자동 솔루션은 콘텐츠를 직접 생산하는 것이 아닌 다른 콘텐츠를 추출하여 살짝 바꾸어 마치 본인의 콘텐츠인 것처럼 만드는 것입니다. 이런 편리함 속에는 장점과 단점이 모두 공존합니다. 장점은 '시간을 절약할 수 있다.' 이고, 단점은 내가 만든 콘텐츠가 아니다보니 저작권 문제와 내가 운영하는 사이트, 블로그, 카페를 이용하는 고객층과 매치시키기가 쉽지 않고 어뷰징으로 처리될 수 있다는 점입니다.

## 1-3. 노가다 인터넷 마케팅은 자동 솔루션의 장점을 접목시켜라

앞서 소개한 자동 솔루션의 단점인 저작권과 고객 매치라는 문제점을 해결하기 위해서는 마케터 본인이 직접 하나하나 글을 직접 작성하면서 백지를 채워나가야 하는, 일명 '노가다 콘텐츠 작성법'을 선택해야 합니다. 단 '노가다 콘텐츠 작성법'을 이용하여 콘텐츠를 생산 등록하는 경우에는 일정한 규칙이 있어야 합니다.

다음은 숙련된 콘텐트를 만드는 테크닉을 터득하기 전까지 수많은 인터넷 마케터들이 사용하는 노가다 콘텐츠 작성법입니다. 콘텐츠는 시간과의 싸움이지만 노가다 콘텐츠 작성법으로 시작하다보면 나름의 콘텐츠 작성 규칙이 생기게 되며 그 후로부터 콘텐츠 제작 시간이 크게 단축됩니다.

- 노가다 콘텐츠 작성법 1단계

| 제목 | • 앞부분에 들어갈 대표 문구 선정<br>• 뒷부분에 들어갈 문구 선정<br>• 교체할 문구 선정 |
|---|---|
| 본문 | • 본문 앞에 추가할 내용 선정<br>• 본문 뒤에 추가할 내용 선정<br>• 교체할 문구 선정 |

- 노가다 콘텐츠 작성법 2단계

| 방법 | 내용 |
|---|---|
| 드래그한 후 Ctrl+C 키를 눌러 콘텐츠 복사합니다. | 복사 방지된 것은 복사 가능 유틸리티 프로그램을 설치하면 해결할 수 있습니다. |
| 한글, 워드, 메모장 등 문서 작성 프로그램에서 Ctrl+V 키를 눌러 콘텐츠 붙여넣기합니다. | '텍스트 형식으로 붙여넣기' 항목을 선택하면 그림은 첨부되지 않고 텍스트만 복사됩니다. |
| 그림은 마우스 오른쪽 버튼을 클릭하여 내 컴퓨터에 저장합니다. | '다른 이름으로 저장' 메뉴를 선택하여 저장한 후 워드프로세서에서 그림 삽입하기로 첨부합니다. 대부분 저작권이 있기 때문에 무료 이미지로 대처하여 사용합니다. |
| 본문 앞, 뒤, 교체할 문구 등을 수정합니다. | 워드프로세서에서 '찾아 바꾸기' 기능으로 단어, 문장 등을 수정 및 교체합니다. 수정하는 과정에서 각색이 필요할 수 있습니다. |
| 작성한 내용을 저장합니다. | 파일을 저장할 때는 폴더를 만들어 관련된 파일을 구분하여 관리합니다. |
| 저장한 콘텐츠를 등록합니다. | 내가 운영하는 카페, 지식iN, 블로그, 쇼핑몰 커뮤니티 게시판과 지식iN의 새로운 질문, 관련성 있는 카페의 게시글, 블로그의 덧글 등으로 등록합니다. |

| 콘텐츠 복사해서 등록하면 검색에서 제외되나요?

많은 사람들이 노가다 콘텐츠 작성법으로 만들어진 콘텐츠를 등록하면 검색에서 제외된다는 말을 합니다. 이 말의 내용인즉 원본 콘텐츠를 복사하여 한글, 워드 등 문서 작성 프로그램으로 복사한 후 수정하여 카페, 블로그 등에 붙여넣기하면 복사 글로 인식하여 어뷰징 콘텐츠로 판단한 다는 것입니다. 하지만 검색로봇은 단순히 검색로봇일 뿐 어뷰징의 판단은 검색 포털 사이트의 편집자에 의해서 결정되는 것입니다. 그렇기 때문에 검색로봇에 의해서 검색에서 제외되는 것은 설득력이 떨어진다고 할 수 있습니다.

## Lesson 03 키워드 광고의 힘을 누르는 콘텐츠

 **키워드 광고, 이제 탐내지 마세요**

인터넷 쇼핑몰이나 홈페이지 오픈 후 마케터는 쇼핑몰이나 홈페이지를 보다 많은 사람들에게 알리기 위해 선택하는 방법은 키워드 광고, 지식쇼핑 광고, 배너 광고 등 인터넷 광고입니다.

초보 창업자들은 쇼핑몰 오픈과 함께 인터넷 광고, 특히 키워드 광고는 당연히 시작해야 하는 것으로 알고 있습니다. 물론 키워드 광고는 필요합니다. 또한 키워드 광고는 광고 비용을 늘리면 늘릴수록 방문자 수는 그에 비례하여 늘어나는 것은 사실입니다. 하지만 늘어난 고객의 수만큼 순이익도 늘어날까요? 그 답은 늘어난 매출액에서 소요된 광고비를 공제한 산출 결과를 통해서 알 수 있습니다. 'Chapter 01_Lesson 01 쇼핑몰 CEO의 광고 마케팅 이야기'에서도 보았듯이 초보 창업자 중 매출 대비 광고비 산출 결과에 만족하는 사람은 그리 많지 않을 것입니다.

키워드 광고에 의존하는 과정을 수개월 반복하다보면 자본금도 바닥을 보이고 결국 쇼핑몰 운영을 포기해야 하는 결론을 맞게 됩니다. 안타깝게도 이런 문제가 키워드 광고가 가지고 있는 양면성입니다. 키워드 광고를 효율적으로 집행하지 못해서 일수도 있지만 그보다 더 큰 문제점은 키워드 광고에만 의존해서 쇼핑몰이나 홈페이지를 홍보하려고 한다는 점입니다.

그렇다면 키워드 광고와 같이 광고비를 투자하지 않고 쇼핑몰이나 홈페이지로 사람들을 불러들일 수 있는 방법은 없을까요? 해답은 지금까지 설명했던 '콘텐츠'에서 찾을 수 있습니다. 콘텐츠를 무엇이라고 생각하시나요? 우리가 지금까지 검색 포털 사이트에서 보아왔던 텍스트, 이미지, 동영상, 영화, 플래시, 음악, 만화, 게임, 지도, 날씨, 운세, 증시 등 웹에서 우리 눈으로 확인할 수 있는 모든 것들이 콘텐츠입니다.

## 1-1. 왜 키워드 광고를 선택할 수밖에 없었던 걸까요?

검색엔진은 검색자가 원하는 정보를 보기 위해서는 검색 창에 텍스트를 입력해야 하고 검색엔진은 검색자가 입력한 텍스트 검색어를 바탕으로 가장 정확한 정보를 보여주기 위해 노력합니다. 검색자와 검색엔진 사이에 통할 수 있는 것은 텍스트입니다. 그 텍스트를 '검색어', 또는 '키워드'라고 합니다. 이미지, 동영상, 플래시 등은 콘텐츠도 오로지 키워드에 의해서만 반응하고 결과를 산출하여 노출합니다. 또한 마케터가 만든 콘텐츠 역시 키워드에 의해서만 반응하고 결과를 산출하여 노출합니다.

검색엔진과 마케터와 고객이 모두에게 통할 수 있는 언어는 키워드입니다. 그렇기 때문에 업체의 규모에 관계없이 모두가 키워드 광고를 가정 선호하는 마케팅 방법이라 생각합니다. 하지만 키워드 광고에 사용할 키워드들은 경쟁이 치열하다는 것을 알게 됩니다.

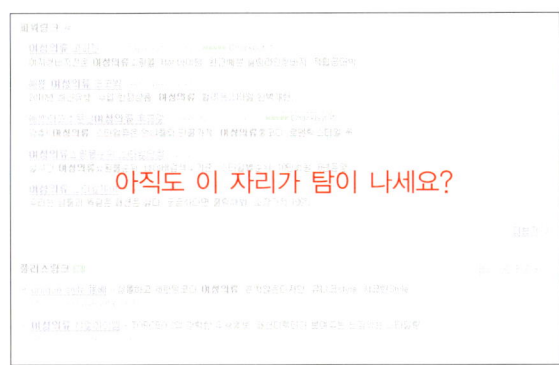

예를 들어 '여성의류' 키워드가 있다고 가정해봅시다. 검색엔진이 '여성의류' 키워드를 알아듣고 보여줄 수 있는 공간(파워링크, 플러스링크 등)은 한정되어 있습니다. 결국 이 자리에 노출되기 위해서 남들보다 높은 광고비를 지출할 수밖에 없게 됩니다. 자본력에 밀린 소호 창업자들은 결국 '날씬해 보이는 슬림라인 청바지' 등과 같은 저렴하면서 구매전환율이 높은 키워드를 찾을 수밖에 없게 됩니다. 자칫 고가의 키워드 광고를 하다가는 '고래 싸움에 새우등 터지는' 격이 될 수 있기 때문입니다.

## 1-2. 검색 포털 사이트의 키워드 광고 영역, 이제 탐내지 마세요.

콘텐츠는 키워드 광고를 하지 않아도 쇼핑몰 또는 홈페이지를 홍보하고 고객을 유입시킬 수 있는, 즉 키워드 광고를 이길 수 있는 마케팅 도구입니다. 지금까지 지식iN의 Q&A 콘텐츠, 블로그의 포스트, 카페의 게시글, 웹문서, 소셜 네트워크 서비스의 글, 이미지, 동영상 등 수

많은 콘텐트들이 어떻게 상위에 노출되는지 그 원리에 대해서 알아보았습니다. 이제부터는 '콘텐트, 어떻게 만들어야 할 것인가?' 그 방법론에 대해서 배워야 할 차례입니다. 그 방법론을 터득하는 순간 키워드 광고 영역을 탐낼 이유가 사라지기 때문입니다.

고객의 욕구를 파악하고 그들이 원하고, 그들과 함께 토론하고 공감할 수 있는 콘텐츠가 있다면 굳이 키워드 광고를 하지 않아도 그 이상의 효과를 얻을 수 있는 힘이 생기게 됩니다. 고객들과 공감할 수 있는 콘텐츠가 쌓이면 쌓일수록 키워드 광고의 힘과는 비교할 수 없는 막강한 힘이 생깁니다. 그리고 입소문 마케팅에서 가장 중요한 요소인 '나의 사람'이 늘어납니다. 그래서 수많은 쇼핑몰, 홈페이지 마케터들이 키워드 광고를 이길 수 있는 '공감할 수 있는 콘텐츠', '함께 공유하고 싶은 콘텐츠'를 만들기 위해 노력하는 것입니다.

## 1-3. 키워드 광고의 생명력과 콘텐츠의 생명력 비교

마케팅에서 생명력의 의미를 생각하면, 어떤 마케팅 사례를 통해서 직접 또는 간접적인 효과가 발생하는 기간쯤으로 생각할 수 있습니다. 키워드 광고는 광고 집행 시작부터 그 반응이 빠르게 나타나고 광고 집행 기간 동안 꾸준한 신규 방문자수가 증가합니다. 물론 광고로 유입된 신규 고객을 얼마나 단골 고객으로 만드느냐에 따라 광고의 생명력이 연장되지만 대체적으로 광고 집행 기간이 끝나면 그 효과 또한 빠르게 나타나며 신규 방문자수가 급격히 줄어듭니다. 즉 키워드 광고의 생명력은 광고의 집행 기간이라 할 수 있습니다.

반면 콘텐츠를 이용한 지식, 카페, 블로그 마케팅은 콘텐츠가 검색 상위에 노출되면서 방문자수가 서서히 늘어나기 시작하며, 그 후 상위에 노출되지 않더라도 카페, 블로그의 이웃들로 하여금 입소문이 번지기 시작하고 소셜 네트워크 마케팅을 통해서 빠르게 전파되어 마케팅의 효과는 시간이 지날수록 더욱 커지게 됩니다.

다음 그림은 검색 포털 사이트의 검색 창에서 '자전거헬맷' 검색어로 검색한 광고영역의 검색 결과와 지식iN 검색 탭의 검색 결과입니다. '자전거헬맷' 키워드에 대한 파워링크의 광고영역의 쇼핑몰들은 언제까지 그 자리를 유지할 수 있을까요? 만약 오늘 광고 집행이 끝난다면 내일부터는 다른 경쟁업체의 사이트가 그 자리를 차지하여 그동안 누렸던 광고의 혜택을 고스란히 물려주게 됩니다.

반면 '자전거헬맷' 키워드에 대한 지식iN 검색 탭 영역의 자리는 검색 상위 노출 기준에 준하여 만든다면 누구나 그 자리를 차지할 수 있습니다. 그리고 공감을 줄 수 있는 알찬 지식이라면 그 자리는 쉽게 내주지 않습니다. 또한 그 자리를 한번 빼앗겼다고 영원히 빼앗기는 것이 아니라 언제든지 다시 되찾을 수도 있습니다.

이제 키워드 광고의 생명력과 콘텐츠를 이용한 지식, 카페, 블로그 마케팅의 생명력은 어느 경우가 더 끈질기고 강한지 판단할 수 있을 것입니다. 특히 지식, 카페, 블로그 마케팅의 생명력은 콘텐츠가 쌓일수록 그 효과가 지속되는 특징을 가지고 있습니다.

## 2 콘텐츠의 소재 발굴부터 배포까지

콘텐츠 소재(글의 소재)가 될 수 있는 소스를 찾아 그 소스를 토대로 콘텐츠를 만들어 고객에게 제공되기까지 일련의 과정을 빵집과 비교하면서 설명해보겠습니다. 어떤 이야기를 만들기 위해서는 우선 이야기꺼리가 될 만한 소재가 필요하듯 콘텐츠를 만들기 위해서는 우선 콘텐츠로 만들 만한 소스를 찾아야 합니다.

콘텐츠의 소스는 맛있는 빵의 재료에 비유할 수 있습니다. 맛있는 빵을 만들기 위한 가장 중요한 조건은 빵을 만드는 재료의 배합이나 재료의 품질에 따라 결정되기 때문입니다. 좋은 콘텐츠 소스를 찾았다면 그 소스를 가지고 콘텐츠를 만들어야 합니다. 이 과정은 빵을 만드는 과정을 거쳐 고객에게 선보일 수 있는 빵의 완성품이라고 생각하시면 됩니다.

콘텐츠를 만들었다면 그 이후에는 그 콘텐츠를 보관해둘 공간이 필요할 것입니다. 콘텐츠를 보관해두는 공간은 인터넷의 어느 공간을 활용하면 됩니다. 그 공간에는 블로그, 카페, 지식 서비스의 마이지식 코너, 내 쇼핑몰의 커뮤니티 코너 등이 있습니다. 이 과정은 완성된 빵을 판매하기 위해 진열장에 진열해두는 빵집의 공간이라고 생각할 수 있습니다.

이제 콘텐츠를 보관하는 공간으로 찾아올 수 있게 홍보해야 합니다. 그 홍보 방법은 검색 포털 사이트, 트위터, 미투데이, 요즘 등 소셜 네트워크 채널, 모바일 등을 이용합니다. 이 과정은 빵집에 비유하면 빵집을 홍보하기 위해 전단지, 광고책자, 포스터, 행사도우미, 무료시식 등을 이용하는 방법이라고 생각할 수 있습니다.

콘텐츠에 동감하고 만족을 느낀 고객은 자연스럽게 콘텐츠 제공자가 운영하는 쇼핑몰이나 홈페이지를 방문할 확률이 높습니다. 그리고 단골고객이 되어 쇼핑몰이나 홈페이지를 입소문으로 퍼트립니다. 이 과정은 빵집의 홍보에 끌려 빵을 구입한 후 맛을 본 고객이 빵맛이 만족스러워 단골고객이 되고, 주변 지인들에게 소개해주는 과정이라고 할 수 있습니다. 다음은 지금까지의 일련의 과정을 설명한 그림입니다.

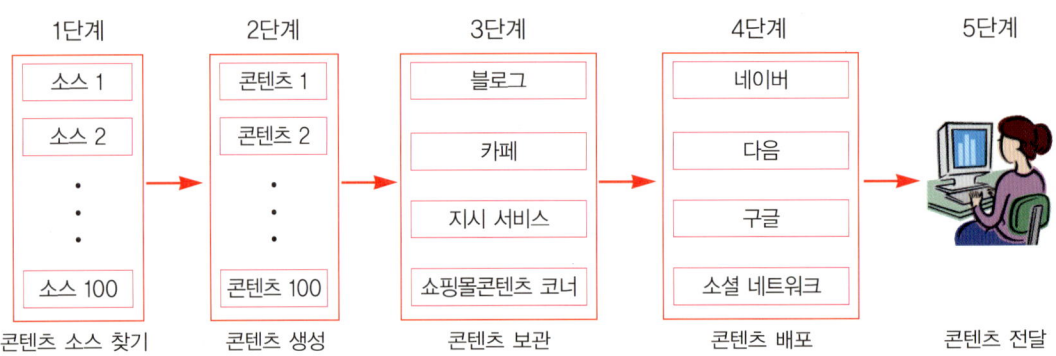

❖ 콘텐츠가 고객에게 전달되기까지 일련의 과정

## 2-1. 콘텐츠의 복제·가공·공유·배포 과정

젊은층을 중심으로 자신이 원하는 다양한 정보를 인터넷 검색 창에서 적극적으로 검색하고, 정보를 찾으며 그 정보를 카페, 블로그, 미니홈피, 검색 포털, 트위터, 페이스북 등 정보 공유 서비스를 통해서 퍼짐으로써 검색을 통한 공유 문화가 형성됩니다.

'올 겨울 가장 가보고 싶은 스키장은 어디일까요?' 라는 콘텐츠를 예로 들어보겠습니다. 겨울철 스키장은 남녀노서 누구에게나 관심사이기 때문에 '올 겨울 가장 가보고 싶은 스키장은 어디일까요?' 는 많은 사람들이 관심을 보이기에 충분한 소재이고, 검색 포털의 실시간 검색에서도 노출될 수 있는 소재입니다. 양질의 콘텐츠는 스크랩되어 여러 사람의 카페, 블로그 등에 퍼지고 다시 많은 사람들이 조회하고 소셜 네트워크에 의해서 퍼지면서 기하급수로 확산됩니다. 특히 사회적으로 이슈화된 소재일수록 그 속도는 더욱 빠르게 진행됩니다.

이슈 콘텐츠가 확산될 때 가장 핵심적인 역할을 하는 것이 '검색' 과 '사람' 입니다. 검색 순위는 여론을 형성하고 다른 사람이 무엇에 관심이 많은지 알려주는 역할을 합니다. 또한 자료를 공유하고 재상산되고 복제되는 콘텐츠가 다시 사람들에게 배포하는 역할을 합니다. 블로그, 카페, 지식, 웹문서 등의 콘텐츠가 검색 노출의 역할을 한다면 트위터, 미투데이, 페이스북은 친구들과의 인연이 시작되고 관계가 맺어져 콘텐츠 공유와 배포의 역할을 합니다.

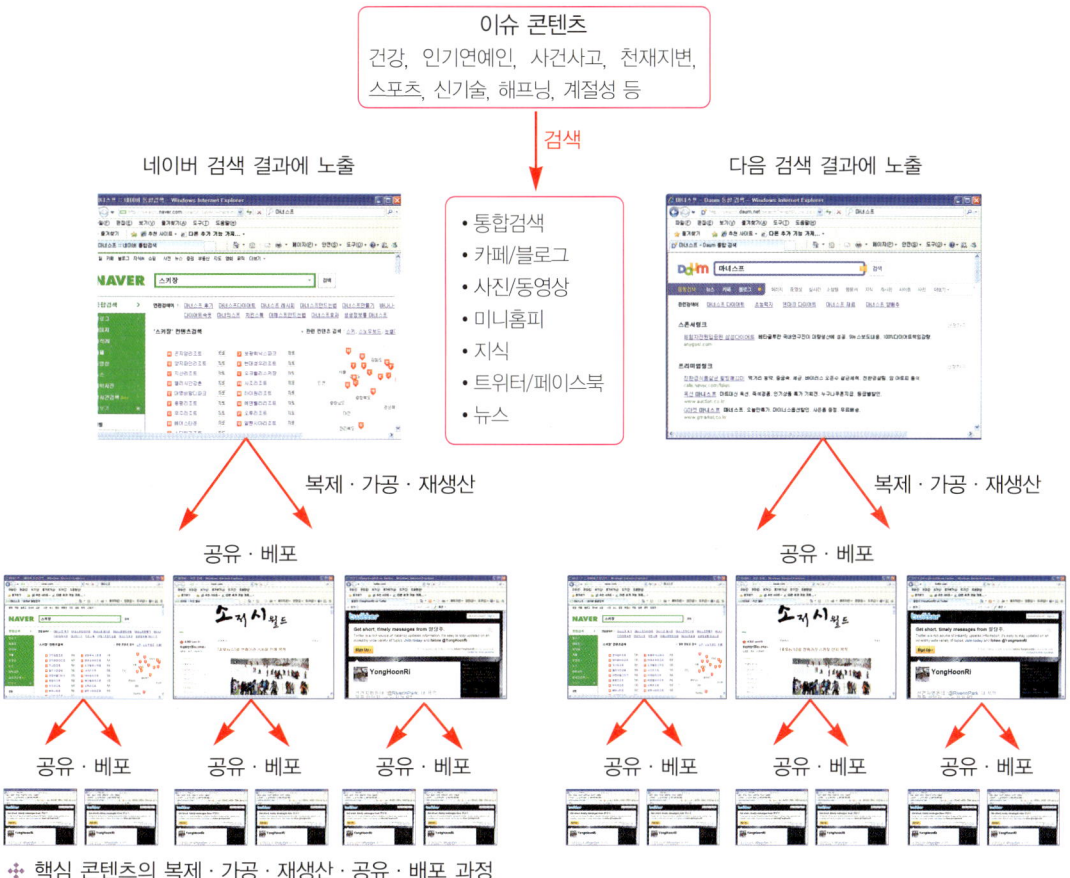

❖ 핵심 콘텐츠의 복제 · 가공 · 재생산 · 공유 · 배포 과정

핵심 콘텐츠의 '복제 · 가공 · 재생산 · 공유 · 배포' 과정에서 주목해야 될 것이 소셜 네트워크 서비스의 대표적인 도구인 트위터, 페이스북, 미투데이 등 입니다. 이 도구들은 이슈화된 콘텐츠의 배포뿐만 아니라 일상생활의 작은 이슈나 평범한 이야기들도 배포 및 구전의 소재가 됩니다. 또한 카페, 블로그, 미니홈피보다 콘텐츠의 접근과 배포 및 구전 속도가 매우 빠르다는 점입니다. 그러한 장점으로 인해 기업의 마케터나 인터넷 쇼핑몰 등에서 마케팅 수단으로 앞 다투어 적용하고 있습니다.

## 2-2. 빵과 콘텐츠의 공통점이 무엇인가요?

인터넷 마케팅을 집행하여 고객에게 쇼핑몰 또는 홈페이지를 홍보하는 최종 목적이 무엇일까요? 만약 쇼핑몰이나 홈페이지로 고객을 끌어들이는 것을 최종 목적으로 생각한다면 그것은 매우 위험한 생각입니다. 인터넷 마케팅은 목적은 사이트나 상품을 아리기 위함이며, 최종 목적은 상품을 보다 많은 사람들에게 판매하기 위해서입니다.

빵집을 잘 홍보해서 손님들이 아무리 많이 방문한다고 하더라도 빵을 사가는 사람이 없다면 무슨 의미가 있겠습니까? 즉 콘텐츠의 질을 고려하지 않고 오로지 검색 상위 노출만 목적으로 하는 어뷰징 콘텐츠를 만들어 블로그, 카페, 쇼핑몰 등으로 방문객을 끌어들이는데 성공했다고 무엇이 달라겠습니까? 콘텐츠의 내용이 방문 고객을 만족을 시키지 못한다면 원하는 목적(수익 발생)은 달성할 수 없습니다.

빵이 맛있고 저렴하고 빵집 주인이 친절해야 판매가 이루어지고 단골고객이 만들어질 수 있듯이, 콘텐츠가 품질이 방문자를 만족시킬 수 있는 양질의 콘텐츠이여야 하고 판매하려는 상품 또한 경쟁력이 있어야 판매가 이루어지고 단골고객을 만들 수 있습니다. 부패한 빵은 오로지 검색 상위 노출만을 목적으로 하는 어뷰징 콘텐츠와 다를 바 없다는 것을 반드시 기억하시길 바랍니다.

= 가치를 따지지 않고 오로지 검색 상위 노출만을 목적으로 하는 어뷰징 콘텐츠

| 어뷰징 콘텐츠

어뷰징은 의도적으로 검색 상위에 노출하기 위해 조작하는 행위이며, 어뷰징 콘텐츠는 콘텐츠의 질을 고려하지 않고 오로지 노출에만 신경 쓰는 콘텐츠를 의미합니다.

# 웹 콘텐츠를 만드는 양식

Lesson 04

## 1. 콘텐츠의 기본 양식

### 1-1. 검색 상위 노출 콘텐츠의 기본 양식

검색 포털 사이트의 검색 상위에 노출되는 카페 게시글, 블로그의 포스팅의 기본 양식은 다음과 같이 제목과 3단 본문 구조를 가지고 있습니다. 이 양식은 검색 상위 노출 콘텐츠의 기본 제작 양식입니다.

공략해야 될 핵심 키워드는 제목과 본문에서 10회 이상 반복하고, 본문을 도입 부분, 전개 부분, 결말 부분으로 3등분하였을 때 도입 부분에 60% 이상 포함되어야 하고, 전개 부분과 결말 부분에서 각각 20% 정도 포함시킵니다. 예를 들어 본문 전체의 공략 키워드의 사용횟수가 10회라면 도입 부분에 6번 정도 반복시키고, 전개 부분에 2번 정도, 결말 부분에 2번 정도 반복시켜야 합니다. 이외 이미지는 최소 5~10개 정도를 포함시킵니다.

### 1-2. 검색로봇이 좋아하는 콘텐츠 본문 구조

지식iN의 답변글, 카페 게시글, 블로그 포스팅 등 콘텐츠를 작성할 때 메인 키워드를 추출한 후 본문에 사용합니다. 이때 다음 그림과 같이 검색로봇이 좋아하는 콘텐츠 본문 구조(레이아웃 타이틀(제목)+이미지+레이아웃(본문 내용)+이미지+결론(동영상)+마무리 내용)를 고려하여 작성합니다.

❖ 검색로봇이 좋아하는 콘텐츠 본문 구조

## 1-3. 실시간 검색 상위에 노출되는 콘텐츠의 기본 양식

실시간 검색에 공략해야 될 키워드는 핵심 키워드보다 이슈화된 키워드를 혼합해서 사용해야 합니다. 이슈 키워드와 핵심 키워드의 비율은 대략 6:4 정도로 이슈 키워드의 비중을 높여야 합니다.

## 2. 콘텐츠의 유형을 결정하라

콘텐츠를 만들 때는 콘텐츠의 유형을 결정한 후 만들어야 마케팅의 방향과 대상을 선정하기가 수월합니다. 콘텐츠의 유형은 정보성 콘텐츠와 친근성 콘텐츠로 분류할 수 있습니다. 자신이 겪은 노하우, 알고 있는 지식 등은 정보성 콘텐츠이고, 일기나 사연과 일상적인 일들 속에서 벌어진 사건이나 사연 등은 친근성 콘텐츠입니다. 성형외과에서 홈페이지를 통해 성형수술에 관한 전반적인 상식에 관한 콘텐츠라면 정보성 콘텐츠에 해당되고, 어떤 환자가 성형수술을 할 수 밖에 없었던 사연과 성형수술 후 자신감을 찾아가는 이야기 등은 친근성 콘텐츠입니다. 그 분야에 해박한 지식과 다양한 경험이 있다면 콘텐츠를 만들 때 도움이 될 수 있지만 반드시 전문적인 지식을 갖추어야 되는 것은 결코 아닙니다. 전문적이면 전문적일수록 감동을 주기는 어렵기 때문입니다.

예를 들어 의류를 판매하는 사람이라면 '운영진의 하루' 라는 카페 메뉴를 만들어 도매시장에서 힘들게 사입했던 이야기, 매장의 신상품을 디스플레이하는 기쁨, 고객 때문에 속상했던 일들을 사진과 함께 사연을 쭉 적어놓으면 전문가적인 분위기도 연출할 수 있고 무엇보다도 고객들에게 공감과 신뢰를 줄 수 있습니다. 즉, 운영진의 희로애락을 연출하면 신뢰감을 줄 수 있으며 콘텐츠 본연의 목적을 달성할 수 있습니다.

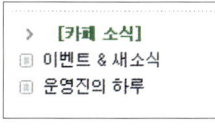

## 3. 고객을 유입시키는 콘텐츠 제목과 본문 구성

콘텐트의 제목은 최대한 클릭해보고 싶도록 만들어 클릭을 유도할 수 있어야 합니다. 예를 들어 장사꾼의 냄새가 잔뜩 풍기는 '우리 쇼핑몰의 상품은 이렇게 훌륭합니다.' 라는 제목으로는 쇼핑몰에 접근을 유도하기 어렵습니다.

"강남 최고의 이태리 ○○○ 식당"보다는 "이태리 본고장의 맛을 느낄 수 있는 ○○○"이 상품 표현 방법이 더 자연스럽습니다. 첫 번째는 너무 상업성 느낌이 강하게 전달되는 반면 두 번째 표현은 상업적인 느낌보다는 상품을 통해서 맛을 전달하려는 느낌이 강합니다.

콘텐츠는 운영진 본인의 카페나 블로그에 등록하는 것은 물론 사람들이 많이 다니는 카페나 커뮤니티 사이트 중 게시판의 성격에 맞는 곳에 카페나 블로그에 등록된 일부 콘텐츠를 등록하여 접속을 유도해야 합니다.

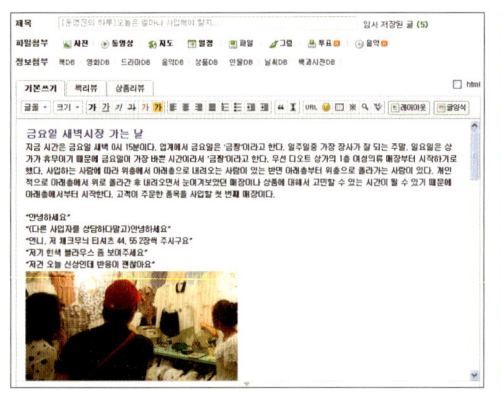 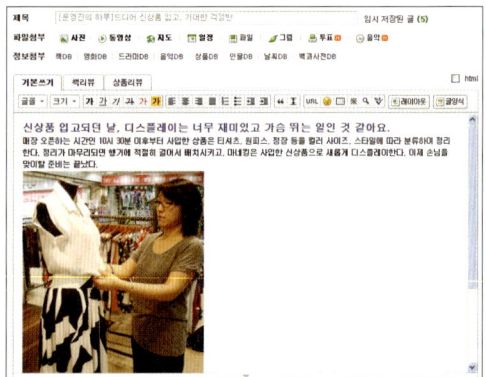

콘텐츠 마지막에 '운영진의 하루 콘텐츠 더 보기'에 링크 주소를 삽입하여 클릭을 통해 카페나 블로그 등으로 유입을 유도합니다. 다음 표는 내 카페에 등록된 '운영진의 하루 시리즈 10편' 중 5편을 선정하여 사람들이 많이 모이는 카페 몇 곳, 사람들이 많이 모이는 커뮤니티 사이트 몇 곳의 게시판, 네이버 및 다음 지식 서비스에 1~5편을 등록합니다.

등록된 콘텐츠를 클릭해본 사람들 중 콘텐츠에 관심을 보인 사람들은 링크 주소를 클릭하여 운영자의 카페나 블로그로 유입시킬 수 있습니다. 이 콘텐트는 상품을 판매하거나 홍보하는 상업적인 콘텐츠가 아닌 운영자의 진솔한 이야기를 담은 콘텐츠이기 때문에 여러 사람들에게 신뢰를 줄 수 있습니다.

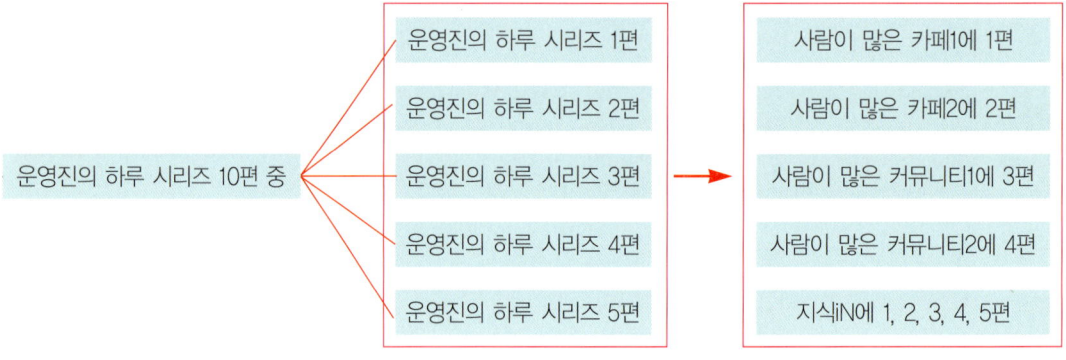

| 시리즈 콘텐츠는 사람들이 모이는 커뮤니티 게시판에 등록하라

인터넷 마케팅은 관심사가 비슷한 사람들이 많이 모이는 곳에 콘텐츠를 등록하면 마케팅 효과도 빠르게 나타납니다. 예를 들어 사진기구나 조명기구 등을 판매하는 쇼핑몰이라면 디지털카메라 전문 커뮤니티인 '디시인사이드(www.dcinside.com)'의 게시판에 콘텐츠를 등록하는 것이 유리합니다.

## 4. 콘텐츠가 키워드 광고를 이기기 위해서 반드시 지켜야 할 5가지

블로그의 글이든 카페의 글이든 아니면 인터넷 쇼핑몰의 콘텐츠이든 모든 웹 콘텐츠를 만들 때 반드시 지켜야 할 5가지 항목이 있습니다.

**❶ 직관성, 재미를 표현합니다.**

웹에서의 글, 이미지, 동영상에 있어 재미는 매우 중요한 요소입니다. 하지만 재미보다 먼저 선행되어야 할 것은 직관성입니다. 직관성이란 콘텐츠를 보는 사람이 어느 누구라도 혼동하지 않아야 합니다. 쇼핑몰 디자인을 계획할 때 사용자 인터페이스(GUI)를 고려하듯이, 콘텐츠를 만들 때도 그러한 것들을 고려해야 합니다. 콘텐츠의 직관성은 젊은 세대일수록 뛰어나지만 나이든 세대일수록 떨어지고 이해하기 어렵기 때문에 쉽게 접근해야 합니다.

예를 들어 친구 찾기 커뮤니티 사이트의 구성 내용 중 구매안전거래를 '믿음안전 거래'로, '로그인'을 '등교', 로그아웃을 '하교', 등업신청을 '진급심사신청'로 했다면 커뮤니티 사이트를 이용하는 회원들의 특성상 이 정도는 알 수 있다고 판단하여 직관성과 함께 재미를 추구한 것이라 할 수 있습니다. 콘텐츠에서 재미와 직관성 중 우선해야 하는 한 가지를 꼽으라면 재미보다는 직관성이 더 우선시 되어야 합니다.

**❷ 일관성 있게 작성합니다.**

콘텐츠의 내용은 일관성 있게 작성해야 방문자의 혼동을 최소화시킬 수 있습니다. 예를 들어 여기 콘텐츠에서는 장난스럽게, 저기 콘텐츠에서는 딱딱하게…, 여기 콘텐츠에서는 반말 비스무레하게, 저기 콘텐츠에서는 정중하게…,이런 식으로 작성하면 안 되며, 일관성 있게 작성해야 합니다. 일관성이 떨어지면 콘텐츠의 완성도를 떨어뜨릴 뿐만 아니라 방문자에게 전달하려는 콘텐츠의 목적성도 떨어집니다. 사례1 보다는 사례2 콘텐츠가 일관성 있어 보일 뿐만 아니라 완성도가 높습니다.

❖ 사례 1

**용평리조트 살펴보기**
쌩초자들을 위한 옐로우라인과 핑크라인, 좀타는 사람을 위한 뉴레드라인·그린라인 등 총 18면의 슬로프와 15기의 리프트, 3.7km 길이의 8인승 곤돌라 1기가 있답니다.^^ 이밖에도 실내에 수영장·사우나·볼링장·헬스클럽·PC방 등의 부대시설이 있구용^^. 단지 내에 산악썰매장·인도어골프장·서바이벌게임장·산악자전거길을 비롯하여 6홀 규모의 간이골프 퍼팅연습장과 산림욕로·양궁장·게이트볼/크로켓골프장·테니스장·캠프장 등이 있다. 숙박시설로는 호텔과 콘도·유스호스텔 등 총 1,078실의 객실이 있습니다. 주변에 오대산국립공원·대관령목장·대관령박물관 등 관광지가 많습니다.

❖ 사례 2

**용평리조트 살펴보기**
초급자를 위한 옐로우라인과 핑크라인, 중급자를 위한 뉴레드라인·그린라인 등 총 18면의 슬로프와 15기의 리프트, 3.7km 길이의 8인승 곤돌라 1기를 갖추고 있다. 이밖에 실내에 수영장·사우나·볼링장·헬스클럽·PC방 등의 부대시설이 있고, 단지 내에 산악썰매장·인도어골프장·서바이벌게임장·산악자전거길을 비롯하여 6홀 규모의 간이골프 퍼팅연습장과 산림욕로·양궁장·게이트볼/크로켓골프장·테니스장·캠프장 등이 있다. 숙박시설로는 호텔과 콘도·유스호스텔 등 총 1,078실의 객실이 마련되어 있다. 주변에 오대산국립공원·대관령목장·대관령박물관 등 관광지가 많다.

❸ 문장은 짧고 리듬감이 있어야 합니다.

웹 콘텐츠는 쉽게 읽히고 내용이 빠르게 전달될 수 있어야 합니다. 글이 쉽게 읽히도록 하려면, 한 문장이 3~4줄 이상을 넘어서지 않도록 해야 합니다. 사례2와 같이 중간 중간 문단을 나누거나 줄 바꿈 또는 그림을 포함시켜야 한다는 것입니다. 이렇게 하다보면 콘텐츠를 읽는 데 리듬감이 생겨서 읽기가 수월합니다.

❖ 사례 1

**용평리조트 살펴보기**
초급자를 위한 옐로우라인과 핑크라인, 중급자를 위한 뉴레드라인·그린라인 등 총 18면의 슬로프와 15기의 리프트, 3.7km 길이의 8인승 곤돌라 1기를 갖추고 있다. 이밖에 실내에 수영장·사우나·볼링장·헬스클럽·PC방 등의 부대시설이 있고, 단지 내에 산악썰매장·인도어골프장·서바이벌게임장·산악자전거길을 비롯하여 6홀 규모의 간이골프 퍼팅연습장과 산림욕로·양궁장·게이트볼/크로켓골프장·테니스장·캠프장 등이 있다. 숙박시설로는 호텔과 콘도·유스호스텔 등 총 1,078실의 객실이 마련되어 있다. 주변에 오대산국립공원·대관령목장·대관령박물관 등 관광지가 많다.

❖ 사례 2

**용평리조트 살펴보기**
초급자를 위한 옐로우라인과 핑크라인, 중급자를 위한 뉴레드라인·그린라인 등 총 18면의 슬로프와 15기의 리프트, 3.7km 길이의 8인승 곤돌라 1기를 갖추고 있다.

이밖에 실내에 수영장·사우나·볼링장·헬스클럽·PC방, 산악썰매장·인도어골프장·서바이벌게임장·산악자전거길 등이 있다.

숙박시설로는 호텔과 콘도·유스호스텔 등 총 1,078실의 객실이 마련되어 있다. 주변에 오대산국립공원·대관령목장·대관령박물관 등 관광지가 많다.

❹ 제목과 소제목을 만들어 목적성을 결정합니다.

제목과 소제목을 만드는 방법에는 두 가지 방법이 있습니다. 먼저 콘텐츠의 제목을 만든 후 제목에 맞는 내용을 작성하는 방법과 먼저 콘텐츠의 내용을 작성한 후 그에 맞는 제목을 작성하는 방법이 있습니다. 필자는 전자의 방법을 추천합니다. 왜냐하면 제목을 만들지 않고 콘텐츠의 내용을 작성하다보면 원래 목적성을 잃어버리고 다른 방향으로 나갈 수 있기 때문입니다. 우선 콘텐츠의 가이드라인을 만든다는 생각으로 콘텐츠의 제목을 정한 후 콘텐츠의 내용을 작성하는 좋습니다. 소제목은 제목과 함께 만들 필요는 없습니다. 제목에 맞는 콘텐츠 자료를 모으거나 작성한 후 단락에 맞는 소제목을 만들어주는 것이 좋습니다.

용평리조트 살펴보기
초급자를 위한 옐로우라인과 핑크라인, 중급자를 위한 뉴레드라인 · 그린라인 등 총 18면의 슬로프와 15기의 리프트, 3.7km 길이의 8인승 곤돌라 1기를 갖추고 있다.

이밖에 실내에 수영장 · 사우나 · 볼링장 · 헬스클럽 · PC방, 산악썰매장 · 인도어골프장 · 서바이벌게임장 · 산악자전거길 등이 있다.

숙박시설로는 호텔과 콘도 · 유스호스텔 등 총 1,078실의 객실이 마련되어 있다. 주변에 오대산국립공원 · 대관령목장 · 대관령박물관 등 관광지가 많다.

## 용평리조트 살펴보기

### 용평리조트 살펴보기
초급자를 위한 옐로우라인과 핑크라인, 중급자를 위한 뉴레드라인 · 그린라인 등 총 18면의 슬로프와 15기의 리프트, 3.7km 길이의 8인승 곤돌라 1기를 갖추고 있다.

### 용평리조트 주변 즐길 거리 살펴보기
이밖에 실내에 수영장 · 사우나 · 볼링장 · 헬스클럽 · PC방, 산악썰매장 · 인도어골프장 · 서바이벌게임장 · 산악자전거길 등이 있다.

### 용평리조트의 숙박시설과 주변 관광지보기
숙박시설로는 호텔과 콘도 · 유스호스텔 등 총 1,078실의 객실이 마련되어 있다. 주변에 오대산국립공원 · 대관령목장 · 대관령박물관 등 관광지가 많다.

### ❺ 고객이 무엇을 원하는지 파악하라

고객이 원하는 것이 무엇인지 파악해야 고객의 입장에서 콘텐츠를 작성할 수 있습니다. 고객의 입장을 배려하지 않은 콘텐츠는 판매자 자신만 만족하는 콘텐츠이며, 콘텐츠 만드느라 시간만 낭비한 꼴에 불과합니다. 적을 알아야 적을 무찌를 수 있는 전략이 나오는 듯이 먼저 고객들이 원하는 것이 무엇인지 알아내는 것은 마케팅의 시초입니다. 고객이 원하는 것이 무엇인지를 알아낼 수 있는 답은 나 자신 스스로 고객이 되어보면 쉽게 답을 얻을 수 있습니다. 예를 들면 고객은 만약 관심을 갖는 상품을 사용하게 되면 나에게 어떤 변화가 일어날까? 이 상품이 내가 원하는 것을 충족시켜 줄 수 있을까?라는 생각하면 조금씩 소재가 나오기 시작합니다.

청순하면서도 섹시한 변화를 주기 위해 어떤 루즈를 선택해야 할 지 고민하는 여성 고객을 위한 루즈 화장품 마케팅 목적의 콘텐츠를 만든다고 가정해봅시다. 다음은 대상 고객을 파악하고 그 고객들이 무엇을 원하는지 핵심 내용을 요약한 표입니다.

| 상품의 대상 고객은? | 약간의 변화가 필요한 여성 |
|---|---|
| 고객이 원하는 것은? | 청순하면서도 약간은 섹시한 입술을 연출하고 싶은 마음 |
| | 남자들로부터 시선을 사로잡을 수 있는 엣지 있는 분위기를 연출하기를 원하고 있음 |

다음 그림은 화장품 전문업체에서 위 표의 고객층을 분석하여 이들에게 어필할 수 있 콘텐츠를 만든 사례입니다. 입술의 붉은색을 약간 다운시켜 청순함을 연출하고 아랫입술에 볼륨감을 주어 섹시함을 연출하는 메이크업을 소개하면서 자연스럽게 상품을 노출시킵니다. 립 컨실러, 루즈, 루즈 글로스 3가지 제품 사용기를 콘텐츠에서 제품의 사용방법 및 결과와 함께 제품의 특징을 잘 표현한 사례입니다. 이 콘텐츠는 철저하게 구매자의 입장에서 작성되었기 때문에 구매자들 입장에서 보면 설득력을 강하게 어필할 수 있습니다.

이 콘텐츠의 구성을 살펴보면 루즈를 구매하고 싶은 사람들이 알고 싶은 정보가 포함되어 있고, 청순하고 섹시함이 표현된 결과 사진으로 고객들이 공감할 수 있고, 상품을 구매하라고 강요하는 부분도 전혀 없습니다. 결국 콘텐츠에 만족한 고객은 좀더 구체적으로 상품 정보를 보기위해 상품 이미지들을 클릭하게 됩니다.

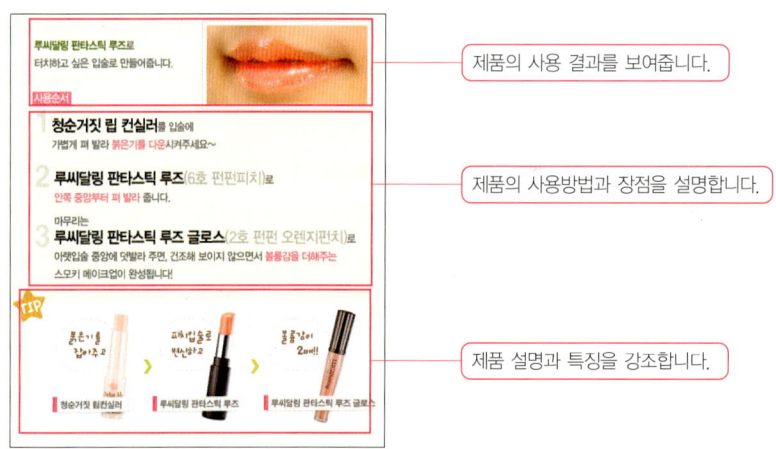

| 상품의 체험기나 사용후기 콘텐츠를 직접 만들 때 주의사항

마케터나 판매자가 제품의 체험기나 사용후기 콘텐츠를 직접 만들 때는 그 제품을 고객이 구매함으로써 얻는 이득, 효과, 장점 등에 초점을 맞추어 설명해야 합니다. 이 상품을 착용하거나 사용함으로써 어떠한 점이 달라지고 좋아질 수 있다는 식의 구체적인 표현이 중요합니다.

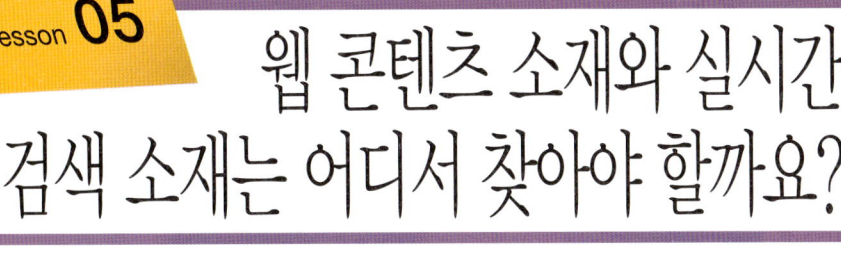

# Lesson 05
## 웹 콘텐츠 소재와 실시간 검색 소재는 어디서 찾아야 할까요?

### 1 커뮤니티 속에는 내게 필요한 콘텐츠 주제가 다 들어있다

콘텐츠를 만들기 위해서는 우선 다양한 콘텐츠 소스가 필요합니다. 콘텐츠 소스를 어디서 어떻게 찾아야 하는지 그 방법에 대해서 알아보겠습니다. 사진 및 카메라에 관련된 커뮤니티로 정보가 가장 많고 회원들의 활발하게 활동하는 곳은 '디시인사이드', 자동차에 관련된 커뮤니티로 정보가 가장 많고 회원들이 활발하게 활동하는 곳은 '카니아닷컴' 등 분야별로 인기 있는 커뮤니티 사이트를 있습니다. 이곳은 관심사가 비슷한 사람들이 정보를 교환하고 이야기를 나눈 곳으로, 이들을 통해서 무엇을 고민하고 무엇을 필요로 하는지 등 콘텐츠 주제를 파악할 수 있습니다.

### 따라하기 분야별 콘텐츠 창고에서 소스 찾기

**01** 랭키닷컴 [순위정보]-[카테고리 순위정보] 메뉴를 클릭한 후 대분류 순위 정보 페이지에서 [커뮤니티]를 클릭합니다.

커뮤니티 6개의 중분류, 47개의 소분류, 2,703개의 커뮤니티 사이트가 있습니다.

**02** 커뮤니티 중분류 관련 커뮤니티 중분류를 클릭합니다. 만약 유아용품, 여성의류, 성형외과, 소아과, 생활용품 등을 판매하는 사이트라면 여성커뮤니티를 선택하거나 분야별커뮤니티를 클릭하여 관련성이 높은 커뮤니티를 선택합니다.

**03** 포털보다는 전문 커뮤니티를 선택하는 것이 유리합니다. 이유는 트렌드가 잘 반영되고 공감 콘텐츠들이 많기 때문입니다. 여기서는 [여성커뮤니티 포털]을 클릭합니다.

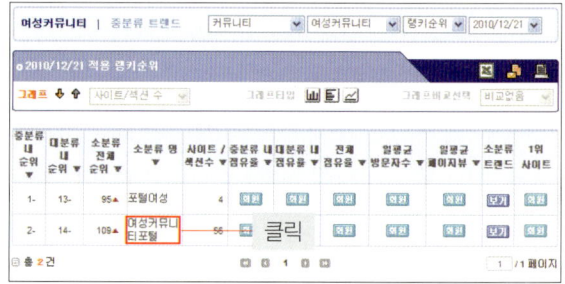

**04** 여성커뮤니티 포털 카테고리의 56개 사이트를 순위와 점유율별 리스트 목록이 표시됩니다. 가장 순위가 높은 '이지데이' 사이트를 클릭해보겠습니다.

**05** 여성과 육아 콘텐츠와 커뮤니티로 알려진 사이트입니다. [스타일/다이어트] 메뉴를 클릭해보겠습니다.

**06** '스타일/다이어트' 패션과 다이어트 등 여성들의 관심거리에 관해서 이슈화되고 있는 콘텐츠, 인기 콘텐츠 등을 한눈에 파악할 수 있습니다. '피부트러블의 원인, 뷰티도구에 있다?' 콘텐츠를 클릭해보겠습니다.

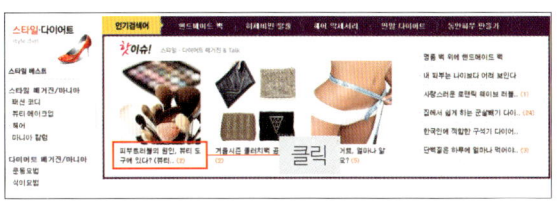

**07** '피부트러블의 원인, 뷰티도구에 있다?' 라는 주제의 안전한 뷰티 도구 사용법에 관한 내용을 소개하는 콘텐츠가 가독성 있는 구성으로 만들어졌습니다.

| 의학 지식 없는 마케터가 의학 소재를 찾는 방법

인터넷 마케팅 대행업체들이 가장 선호하는 마케팅 대상업체는 병의원입니다. 특히 성형외과를 중심으로 병의원의 인터넷 마케팅이 활성화된 상태입니다. 마케팅 업체의 마케터가 의학지식이 있는 것도 아닌데 어떻게 관련 소재를 찾을 수 있을까요? 소재는 마케팅 의뢰하는 병의원을 통해서도 찾을 수 있지만 1차적으로 전문 커뮤니티를 통해서 관심 있는 주제를 찾은 후 해당 주제를 마케팅을 의뢰하는 병의원에 자문 및 관련 자료를 요청하는 방식을 많이 사용합니다.

# 2 콘텐츠 소스 타당성 분석하기

트렌드차트란 이용자가 검색한 수치를 바탕으로 6개월 동안의 검색어 동향을 그래프 차트로 알기 쉽게 보여주는 다음(Daum)의 통계 분석 서비스입니다. 또한 로그인 이용자를 분석하여 성별, 연령별, 지역별 분포를 분석할 수 있습니다.

## 따라하기 트렌드차트로 통계 분석하기

**01** 다음(www.daum.net) 사이트에 접속한 후 통계 분석 서비스인 트렌드차트를 이용하기 위해 단어를 입력합니다. 2개~4개 단어에 대한 트렌드차트를 비교하기 위해서는 단어와 단어 사이에 "vs"를 넣어서 검색합니다.

**02** 탭을 클릭하면 '검색추이/성별/연령/지역별'로 어떤 이용자가 많이 찾았는지 알 수 있습니다. 그래프에서 숫자는 이슈가 되는 시점과 관련된 주요한 뉴스를 추출해서 보여줍니다. 다음 그래프에서 '피부트러블'의 검색횟수가 가장 많으며, '뷰티도구'의 검색횟수는 미비하여 그래프에 표시되지 않았습니다. 콘텐츠 제목과 핵심 키워드는 '뷰티도구' 보다는 '피부트러블'로 계획하는 것이 검색 포털의 검색 상위에 노출될 확률이 더 높습니다.

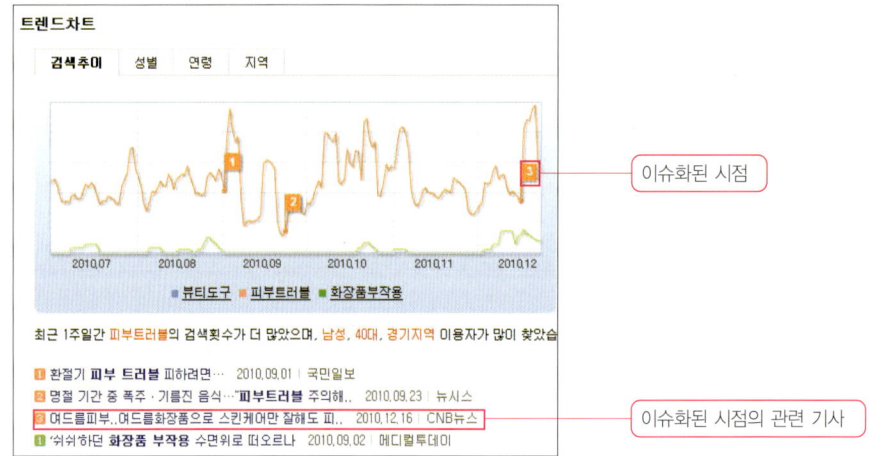

| 단어에 대한 그래프가 나오지 않아요?
검색횟수가 미비하여 수치가 집계되지 않은 경우 그래프가 나오지 않습니다.

**03** [성별] 탭을 클릭합니다. '뷰티도구'는 검색이 미비하여 전혀 나타나지 않았으며 '피부트러블'은 여성보다 남성이 약간 높으며, '화장품부작용'은 여성이 압도적으로 높게 나타났습니다. '피부트러블'은 40대에서 가장 높으며, '화장품부작용'은 50대가 가장 높게 나타났습니다. 이 자료를 토대로 키워드에 대한 마케팅 대상층과 성별에 필요한 기초 자료를 얻을 수 있습니다.

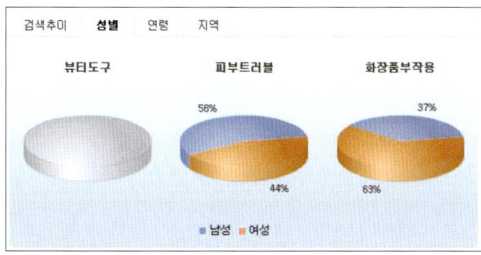

## 핵심 키워드로 고객 추이 파악하기

**01** 트렌드차트를 이용하여 4곳의 스키장 중 어느 스키장에 관심을 더 많이 갖는지 검색어의 동향을 그래프 차트로 알아보겠습니다. 다음(www.daum.net) 검색 포털 사이트에 접속한 후 검색 창에 '용평리조트 vs 대명비발디파크 vs 보광휘닉스파크 vs 무주스키장'을 입력한 후 [검색] 버튼을 클릭합니다.

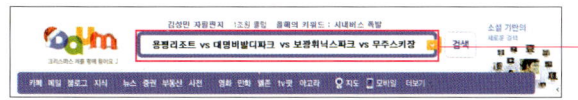

용평리조트 vs 대명비발디파크 vs 보광휘닉스파크 vs 무주스키장'를 입력한 후 [검색] 버튼을 클릭합니다.

**02** 4개 키워드에 대한 트렌드차트 결과가 나타납니다. 용평리조트, 대명비발디파크, 보광휘닉스파크 키워드는 10월 이후부터 높은 상승률을 나타내고 있으며 무주스키장 키워드는 변화가 거의 없는 상태입니다. 4곳의 스키장을 모두 소개하기 한다면 용평리조트를 중심으로

용평리조트 키워드의 사용 빈도수를 높이는 것이 검색 노출뿐만 아니라 공감을 얻을 수 있습니다.

**02** 4곳의 스키장에 대한 성별, 성별 검색 비율을 살펴봅시다. 모든 스키장에서 여성보다는 남성이 30대가 가장 많이 검색했습니다. 스키장 선정이나 예약 같은 절차에서 남성이 주도적인 역할을 하기 때문인 것으로 파악됩니다.

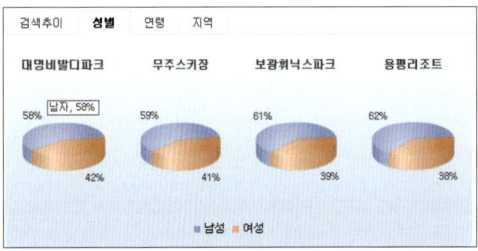 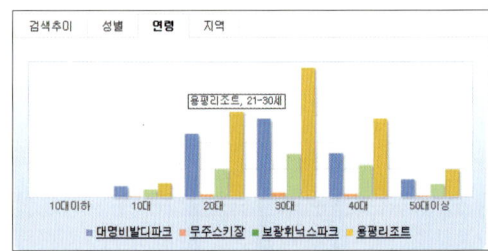

## 3 콘텐츠 구성 벤치마킹하기

지식iN, 블로그, 카페 등의 검색 결과 최근에 상위에 오른 콘텐츠와 등록된 기간이 오래되었음에도 상위에 노출되는 콘텐츠들은 콘텐츠의 기승전결을 어떻게 구성하고 핵심 키워드를 어떻게 배치했고 몇 회 정도 반복 사용했는지 등을 파악하면 소스(소재)와 함께 콘텐츠의 전체적인 구성이 쉬워집니다. 특히 콘텐츠 속에서 검색한 검색어와 일치하는 키워드를 표시하면 핵심 키워드가 어떻게 배치했고 몇 회 정도 반복 사용했는지 쉽게 알 수 있으며, 두 가지 방법이 있습니다.

❶ 찾기 단축키(Ctrl+F)를 이용하는 방법
❷ 검색어표시 버튼을 이용하는 방법

## 따라하기 찾기 단축키로 콘텐츠 구성 벤치마킹하기

**01** 네이버(naver.com)나 다음(daum.net) 검색 창에서 '피부트러블' 검색어를 입력한 후 [검색] 버튼을 클릭합니다.

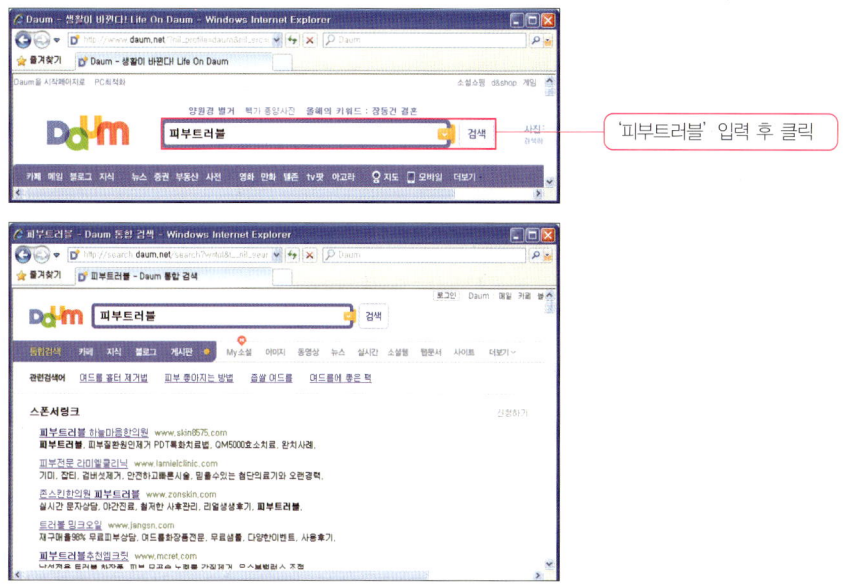

**02** Ctrl+F 키를 누르면 [찾기] 검색 창이 표시되고 검색된 콘텐츠의 제목, 본문에서 검색어와 일치되는 키워드가 형광색으로 표시됩니다.

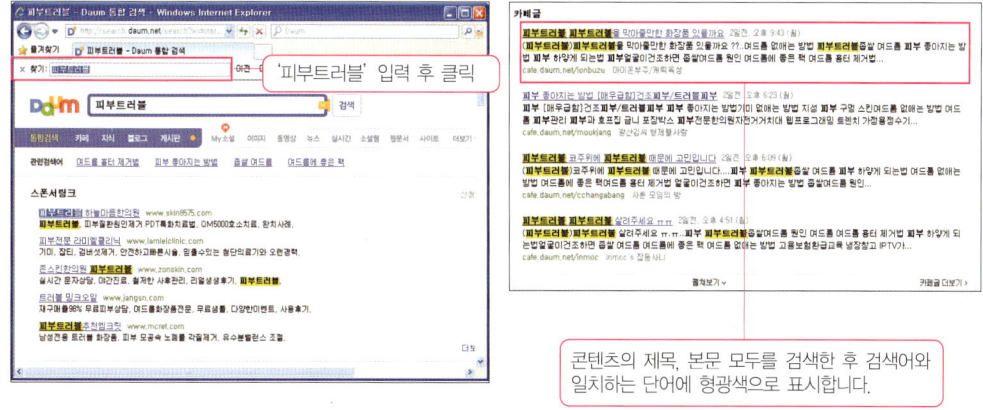

## 따라하기 검색어표시로 콘텐츠 구성 벤치마킹하기

**01** 검색 창에서 '피부트러블' 검색어를 입력한 후 [검색] 버튼을 클릭합니다.

**02** 블로그 검색 탭의 상위에 노출된 콘텐츠를 클릭합니다.

| 검색어표시가 무엇인가요?

콘텐츠의 제목 및 본문에서 검색어와 일치하는 검색어를 알아보기 쉽게 표시해주는 기능입니다. 네이버의 경우 지식, 블로그, 카페, 웹문서 모두 검색어표시 기능이 제공되지만 다음(daum)의 경우 지식 서비스에서만 제공됩니다.

**03** 블로그의 콘텐츠 구성을 살펴봅니다. 즉 주제, 소주제, 핵심 키워드의 배치와 반복 횟수, 문장 표현, 단락 구분 등을 살펴봅니다. 노란색으로 표기된 부분이 콘텐츠에서 '피부트러블' 키워드가 사용된 부분을 의미합니다.

## 4 실시간 이슈 검색어 파악하기

실시간 인기(이슈) 검색어는 사용자들이 현재 검색하고 있는 검색어를 실시간으로 보여주는 서비스입니다. 현재 검색 포털 업체의 서비스를 사용하는 이용자가 무엇을 궁금해 하는지 확인할 수 있습니다. 실시간 이슈 검색어는 별도 랭킹시스템에 따라 꾸준히 들어오는 검색어보다는 트렌디한 검색어가 주로 나타납니다. 예를 들어 '맛있게 빵 만드는 방법' 보다는 '쥐식빵' 이나 '홍대녀', '천안함사건' 과 같이 트렌드하거나 이슈화된 키워드가 올라옵니다. 즉, 한 달에 10,000번 검색된 키워드가 오늘 또 검색되는 것보다는, 한 달에 한 번도 들어오지 않은 키워드가 하루에 10,000번 사용자들이 검색하게 되면 실시간 이슈 검색어로 등록될 확률이 더 높습니다.

### 따라하기 카테고리별 실시간 이슈 검색어 살펴보기

**01** 네이버 우측에서 실시간 급상승 검색어 메뉴를 선택합니다.

**02** 인기검색어 페이지에서 실시간급상승 검색어, 일간 급상승 검색어, 주간 급상승 검색어, 이외 공연, 자동차, 국가, 섬, 산, 건강 등 문화와 생활에 카테고리의 인기검색어를 파악할 수 있습니다. 인기검색어로 콘텐츠를 만들 때는 정보성 콘텐츠보다는 친근성 콘텐츠로 주제를 정하는 것이 검색 상위 노출과 함께 실시간 검색에서도 노출될 수 있습니다.

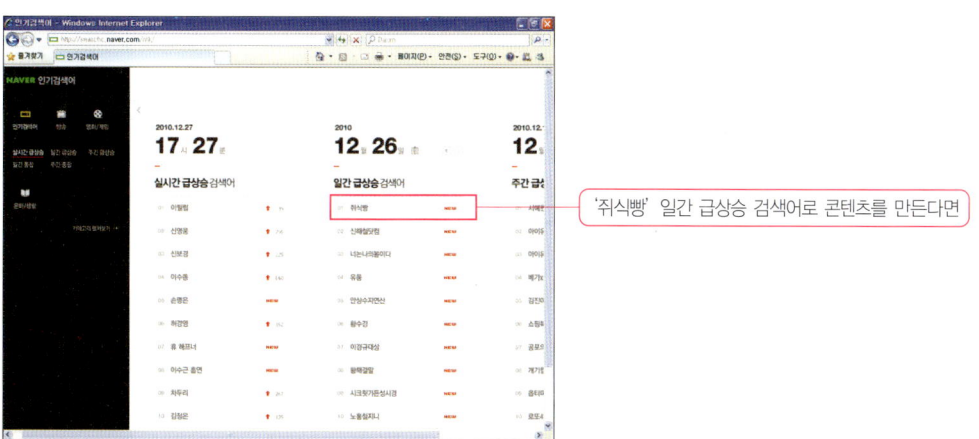

## 4-1. 마케터들은 쥐식빵 사건을 어떻게 활용할까요?

실시간 검색 1위에 오른 '쥐식빵사건(식빵 속에 쥐가 들어 있다는 내용)'은 인터넷 마케터라면 어떻게 활용할까요? '쥐식빵'과 같은 이슈화된 사건사고 소재는 꾸준히 발생합니다. 이처럼 이슈화된 사건사고를 마케터는 그대로 흘려버리지 말고 마케팅에 활용할 수 있어야 합니다.

이슈화된 사건사고는 가장먼저 방송, 뉴스, 신문 등 미디어를 통해서 보도됩니다. 보도된 직후 '쥐식빵'을 핵심 키워드로 제목을 정하고 사건사고의 간략한 내용과 함께 나의 생각, 다른 사람들의 생각을 묻는 방식으로 지식 콘텐츠, 카페의 글, 블로그의 포스트, 트위터나 미투데이의 글 등 다양한 채널을 통해서 작성합니다.

실시간 인기검색어로 순위에 오른 키워드들은 지식, 블로그, 카페는 물론 실시간 검색 탭에 상위 노출될 확률이 매우 높습니다. 단 이슈화된 키워드는 정보성 콘텐츠로 접근해서는 역효과를 불러올 수 있기 때문에 친근성 콘텐츠에 초점을 두고 작성되어야 합니다.

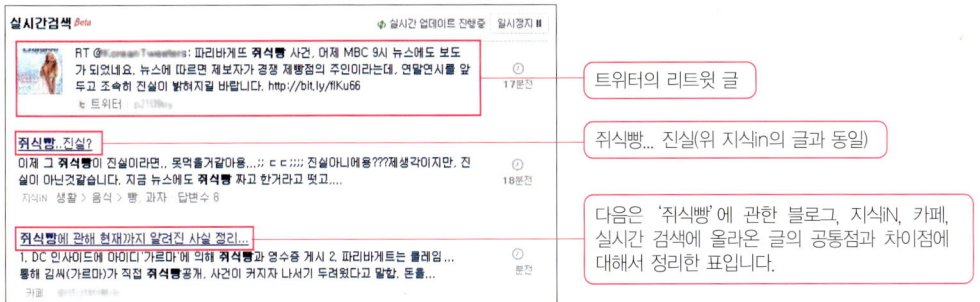

다음은 '쥐식빵'에 관한 블르고, 지식iN, 카페, 실시간 검색에 올라온 글의 공통점과 차이점에 대해 정리한 표입니다.

| 공통점 | 차이점 |
| --- | --- |
| • 콘텐츠의 제목에 실시간 인기검색어 '쥐식빵' 이용하여 각자 제목을 작성했다는 점<br>• 사건 보도 후 빠르게 올렸다는 점 | • 쥐식빵 사건에 대한 각자의 생각을 정리하여 올렸다는 점 |

## 5 시즈너블한 소재 vs 이슈 소재

하루에도 수천 수 만 개씩 만들어지는 콘텐츠들, 그 수많은 콘텐트 중 상위 노출과 공감을 주기 위해서는 어떤 방법으로 콘텐츠를 만들어야 할까요? 당연히 콘텐츠를 잘 만들어야 합니다. 콘텐츠를 잘 만들기 위해서 가장 먼저 선행되어야 할 사항이 공감할 수 있는 소재를 정하는 것입니다. 소재는 어떻게 정해야 할까요? 소재를 선정할 때는 자신에 업종에 국한시키면 콘텐츠를 만드는데 한계가 있기 때문에 업종에 국한시킬 필요는 없습니다. 예를 들어 12월에 콘텐츠 소재를 정한다면 '눈', '스키장', '일출', '크리스마스카드', '해돋이', '겨울바다' 등 사람들이 많이 찾는 키워드를 소재로 정하면 검색 상위 노출과 공감을 얻기에 충분합니다.

사람들의 관심을 집중시키려면 시즈너블(seasonable, 계절에 맞는)한 소재 또는 그 당시 이슈가 되고 있는 내용을 기준으로 주제를 정해보는 것도 하나의 방법입니다. 특히 계절적인 이슈는 매년 반복되는 소재이며 미리 예상할 수 있기 때문에 초보자들도 쉽게 접근할 수 있는 콘텐츠 소재 발굴 방법입니다.

## 따라하기 시즈너블한 소재 찾기

**01** 12월에 콘텐츠를 콘텐츠를 만든다고 가정해봅시다. 우선 전년도 12월에 어떤 검색어에 관심을 많이 갖았는지 그 통계 자료를 통해서 파악하면 시즈너블한 소재를 정하기가 수월합니다. 12월의 콘텐츠를 소재를 정해보도록 하겠습니다. 네이버 하단에서 [광고]를 클릭합니다.

**02** 네이버 광고 페이지에서 [키워드 광고] 버튼을 클릭합니다.

**03** 키워드 광고 페이지에서 [키워드 스테이션] 메뉴를 선택한 후 [월별키워드]-[12]를 클릭합니다.

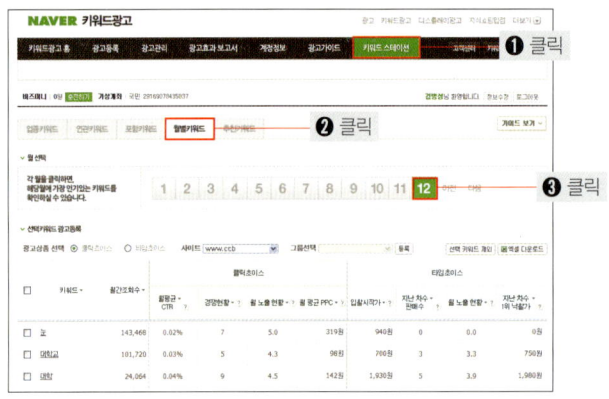

**04** [월간조회수▼]를 클릭합니다. 12월에 조회수가 가장 많은 키워드 순으로 정렬됩니다.

> 12월에 조회수가 가장 많은 키워드이며, '크리스마스선물' 키워드는 월간 400,160회 클릭했음을 의미합니다.

**05** 12월에 조회수가 많은 키워드 중 콘텐츠 소재로 사용할 키워드를 선별합니다. 여기서는 그림과 같이 체크한 '스키장', '용평리조트', '눈', '겨울여행지추천', '보광휘닉스파크', '스토우체인', '무주스키장'를 선택했습니다. 이제 소재에 필요한 키워드를 선별했기 때문에 이 키워드들을 소재로하는 각각의 콘텐츠로 만들지, 하나의 콘텐츠에 소제목으로 사용할지 타당성을 검토합니다.

## 6 사용자 그룹별 인기검색어 vs 핫토픽 키워드

**❶ 사용자 그룹별 인기검색어**

최근 유사한 검색 행태를 보였던 사용자들이 입력하는 검색어 중 현재 가장 많이 입력한 검색어를 집계하여, 각 사용자 그룹별 실시간 관심사가 무엇인지 순위 형식으로 보이는 서비스입니다. 각 사용자 그룹별로 선정된 인기검색어는 5분 간격으로 업데이트됩니다. 네이버의 검색어를 분석해 보면 사용자마다 특별히 많이 입력하는 주제가 있는데, 여기에 기계적인 로직을 적용해 사용자 검색어를 기반으로 몇 가지 그룹으로 묶고 각 그룹 검색어 특성에 맞게 "싱글녀", "싱글남", "대학생" 등의 이름을 붙임으로써, 검색 사용자 그룹이 형성됩니다.

### ❷ 핫토픽 키워드

핫토픽 키워드 서비스는 뉴스, 카페, 블로그, 미투데이, 트위터 등에서 생산된 문서를 기반으로 많이 언급되고 있는 키워드를 집계하여 보여주는 서비스입니다. 현재의 핫토픽 키워드 뿐만 아니라, 최대 4일 전까지의 핫토픽 키워드들을 볼 수 있도록 히스토리 기능을 지원하고 있습니다. 매일 4회 업데이트합니다. 업데이트 시간은 9시, 13시, 17시, 21시입니다.

매일 지정된 기준 시간 내에 생산된 뉴스, 카페, 블로그, 미투데이, 트위터의 문서들 중 높은 빈도로 나타나는 키워드를 추출하며, 특정 키워드가 문서 내에 나타나는 빈도와 증가율을 함께 고려하여 고유의 로직에 의해 점수를 매겨 순위가 결정됩니다.

실시간 급상승 검색어나 인기검색어는 이용자들이 검색 창에서 검색을 하는 키워드에 의해 결정되지만, 핫토픽 키워드는 이용자들이 카페, 블로그, 미투데이, 트위터에서 직접 작성한 콘텐츠와 언론사에서 생산한 뉴스에 포함된 키워드를 기반으로 집계되기 때문에 실시간 급상승 검색어나 인기 검색어와는 다른 패턴을 보일 수 있습니다.

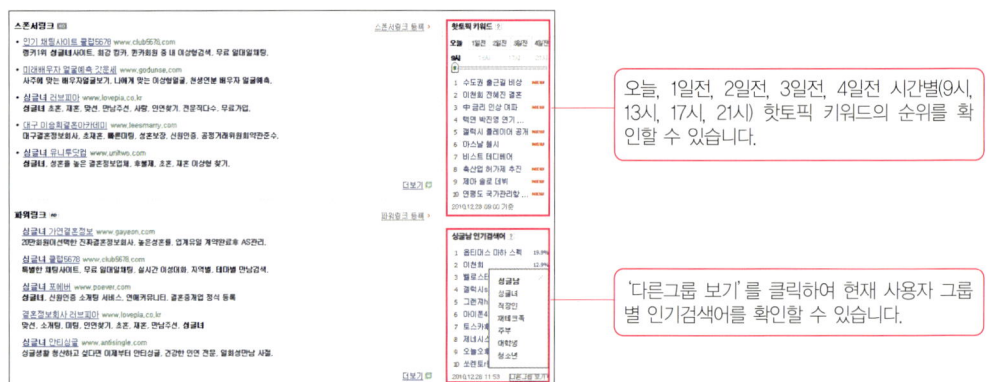

## 7. 분야별 랭킹뉴스와 콘텐츠 등록 시간 체크하기

네이버의 랭킹뉴스는 크게 일간랭킹과 주간랭킹으로 구분되고, 이외 '일간 많이 본 뉴스', '주간 많이 본 뉴스', '주간 최다 댓글', '주간 최다 스크랩', '주간 최다 검색어'로 구분하여 뉴스 랭킹을 확인할 수 있습니다.

### ❶ 일간랭킹

일간 가장 많이 본 뉴스는 실시간 전송되는 각 언론사의 기사 중 네티즌이 많이 읽은 기사를 하루 19회 집계 제공하고 있습니다. 업데이트 시간과 집계 방식은 다음 표와 같습니다. 실시간 검색 순위 상위를 고려한다면 업데이트 시간을 고려하여 업데이트 시간 이후 시간을 고려하여 콘텐츠를 등록합니다.

| 업데이트 시간 | 집계대상 |
| --- | --- |
| 06시 | 00시~06시 동안 읽은 기사의 조회수로 이전 시간대 리스트 업데이트 |
| 07~23시 | 이전 1시간 동안 읽은 기사의 조회수로 해당일 많이 본 뉴스 |
| 24시 | 00시~24시 읽은 기사의 조회수로 해당일 많이 본 뉴스 목록 최종 업데이트 |

❷ 주간랭킹

한 주간 뉴스를 이용한 네티즌의 관심을 끌었던 기사를 '일간 많이 본 뉴스', '주간 많이 본 뉴스', '주간 최대 댓글', '주간 최다 스크랩', '주간 최다 검색어'로 구분하여 뉴스 랭킹을 집계합니다.

| 종류 | 집계대상 | 내용 |
| --- | --- | --- |
| 주간 많이 본 뉴스 | 전주 토요일 00시 ~ 금주 금요일 24시 사이 읽은 기사의 조회수 | 매주 토요일 오전 8시 주간 랭킹 목록 생성 |
| 최다 댓글 뉴스 | 전주 토요일 00시 ~ 금주 금요일 24시 사이 작성된 기사별 댓글수 | |
| 최다 스크랩 뉴스 | 전주 토요일 00시 ~ 금주 금요일 24시 사이 스크랩 된 기사별 횟수 | |
| 최다 검색어 | 전주 토요일 00시 ~ 금주 금요일 24시 사이 | |

일간랭킹과 주간랭킹은 네티즌의 관심을 갖은 콘텐츠이기 때문에 실시간 검색 탭의 상위 랭킹에 유리한 콘텐츠 소재입니다.

## 따라하기 실시간 검색 상위 노출 소재 찾기

**01** 네이버 메인화면에서 [뉴스]를 클릭합니다.

**02** [랭킹뉴스]-[일간 많이 본 뉴스] 메뉴를 선택합니다.

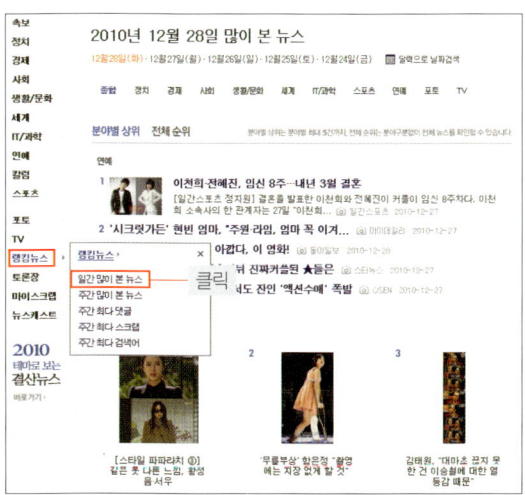

**03** 분야별로 많이 본 분야별 상위 뉴스 또는 전체 뉴스 중 가장 많이 본 전체 상위 뉴스를 선택하여 관심 있는 콘텐츠의 주제를 선택합니다.

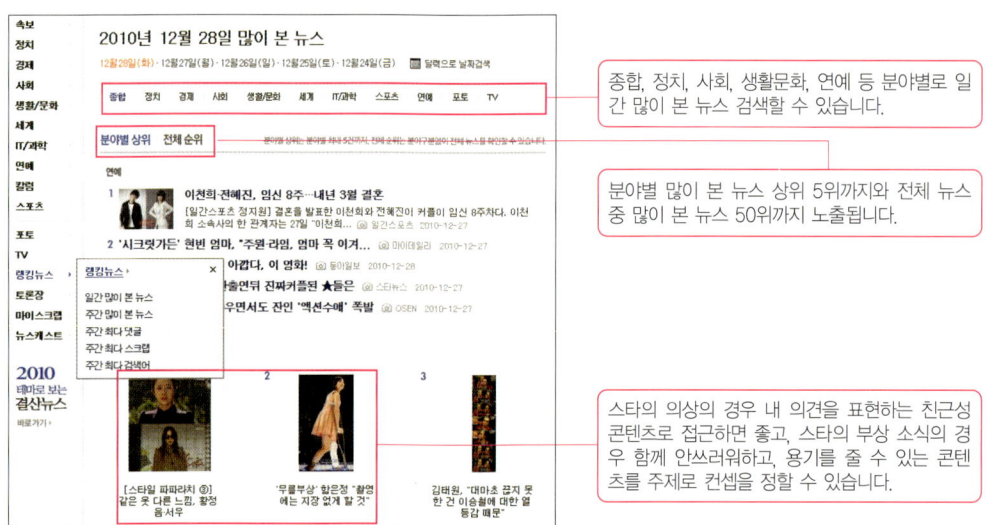

- 종합, 정치, 사회, 생활문화, 연예 등 분야별로 일간 많이 본 뉴스 검색할 수 있습니다.
- 분야별 많이 본 뉴스 상위 5위까지와 전체 뉴스 중 많이 본 뉴스 50위까지 노출됩니다.
- 스타의 의상의 경우 내 의견을 표현하는 친근성 콘텐츠로 접근하면 좋고, 스타의 부상 소식의 경우 함께 안쓰러워하고, 용기를 줄 수 있는 콘텐츠를 주제로 컨셉을 정할 수 있습니다.

**| 미투데이 검색 페이지를 활용하라.**

미투데이 검색 페이지(http://me2day.net/search)에서 검색어에 대한 미투데이 글의 본문과 태그의 인기도 등을 기간별로 확인할 수 있습니다. 미투데이를 통해서 검색어가 언제 얼마큼의 인기를 끌었는지 등을 참조할 수 있습니다.

# 소셜 네트워크 용 콘텐츠 작성과 등록하기

Lesson 06

## 1 블로그, 카페, 지식iN, 사이트 커뮤니티 게시판에서 사용할 콘텐츠 만들기

키워드 스테이션과 트렌드차트를 통해서 소재, 키워드, 대상이 결정되었습니다. 키워드 스테이션을 통해서 추출한 '스키장', '용평리조트', '눈', '대명비발디파크', '겨울여행지추천', '보광휘닉스파크', '스노우체인', '무주스키장' 키워드는 콘텐츠를 만들 중요한 소재이자 콘텐츠를 검색 상위 노출시킬 수 있는 핵심 키워드들입니다.

### 따라하기 웹에 등록할 콘텐츠 만들기

**01** 단발 콘텐츠 또는 시리즈 콘텐츠 중 콘텐츠 성격을 결정합니다.

콘텐츠 연재 유형 결정
- 단발 콘텐츠 : 다루는 소재가 지극히 개인적인 이야기인 경우
- 시리즈 콘텐츠 : 다루는 소재가 대중적으로 관심 갖는 이야기인 경우

**02** 제목과 소제목을 작성합니다. 예를 들어 4곳의 스키장을 소개하는 시리즈 콘텐츠라면 콘텐츠의 제목과 소제목 및 본문은 다음과 같이 각각의 핵심 키워드를 적절히 배치합니다.

제목 : [OO스키장 겨울여행지]올 겨울 가장 가보고 싶은 스키장은 어디? 겨울여행지 시리즈
소제목 :　OO 스키장 소개

**03** 콘텐츠 작성에 필요한 이미지, 동영상 등 자료를 수집합니다.

| 필요한 그림1 | 필요한 그림2 | 필요한 그림3 | 필요한 그림4 | 필요한 그림5 | 필요한 그림6 |
|---|---|---|---|---|---|
| 눈 내리는 스키장 전경 | 용평리조트 스키장 | 대명비발디파크 스키장 | 보광휘닉스파크 스키장 | 무주스키장 | 스노우체인 |

**04** 콘텐츠 내용을 작성합니다. 시리즈 콘텐츠를 구성할 때는 콘텐츠의 일관성을 지키고, 콘텐츠의 핵심 키워드, 공통으로 들어가는 내용, 공통으로 들어가야 할 키워드 등을 선정한 후 해당 키워드가 포함될 수 있도록 작성합니다. 또한 콘텐츠의 상위 노출과 함께 방문자의 이해와 전달되는 효과를 높이기 위해 각각 그림을 포함시킵니다.

| 필요한 콘텐츠 내용 | ○○ 스키장에 관한 콘텐츠 소개 및 특징 |
|---|---|
| 공통의 내용 | 4개의 콘텐츠를 링크시킨 주소를 첨부하여 클릭해서 볼 수 있도록 합니다.<br>스키장갈 때 반드시 준비해야 될 준비물 스노우체인 |
| 콘텐츠의 일관성 | 여기 콘텐츠에서는 장난스럽게, 저기 콘텐츠에서는 딱딱하게…, 여기 콘텐츠에서는 반말 비스무레, 저기 콘텐츠에서는 정중하게…,이런 식으로 작성하면 안 되며, 일관성있게 작성합니다. |
| 콘텐츠 대상 | 수요층이 가장 많게 조사된 30대 남성들이 공감이 될 수 있게 작성합니다. 30대 남성은 가족이나 연인과 함께 즐거운 시간을 보낼 수 있는 방향으로 이어갑니다. |
| 핵심 키워드 | 콘텐츠의 핵심되는 키워드를 선정하여 검색 상위에 노출될 수 있도록 제목, 소제목, 본문에 배치합니다. |
| 공통 키워드 | 눈, 스노우체인, 겨울여행지 등 공통으로 들어가는 키워드를 스토리를 만들 때 적절히 포함시킵니다. |

**05** 대표 콘텐츠를 작성하여 등록합니다. 대표 콘텐츠란 블로그, 카페, 지식, 사이트의 커뮤니티에 등록시킬 콘텐츠를 의미합니다. 다음은 내가 운영하는 사이트 커뮤니티 게시판, 카페, 블로그에 등록시킬 대표 콘텐츠 유형입니다. 이 콘텐츠는 내가 운영하는 곳(사이트 커뮤니티 게시판, 카페, 블로그) 이외에도 다른 카페, 블로그 등에도 등록합니다.

| 콘텐츠 제목 | [○○스키장 겨울여행지]올 겨울 가장 가보고 싶은 스키장은 어디? 겨울여행지 시리즈1<br>콘텐츠 내용 |
|---|---|
| 콘텐츠 내용 | **○○ 스키장 소개**<br>• ○○스키장 키워드를 총 10~20회 정도 반복합니다.<br>• ○○스키장 키워드를 강조(색상, 크기, 굵기)합니다.<br>• ○○스키장 이미지 5컷~10컷 정도 삽입합니다.<br>• 콘텐츠 시리즈의 링크 주소를 삽입합니다. 눈 오는 날 가보고 싶은 스키장 겨울여행지 시리즈 링크 주소를 첨부합니다.<br>• 모드 콘텐츠에 ○○스키장 가는 길 약도와 준비물(스노우체인, 상비약 등)을 소개합니다. |

## 2 소셜 네트워크에 등록할 콘텐츠를 작성하기

다음은 미투데이, 트위터, 페이스북 등 소셜 네트워크에 등록할 콘텐츠 유형입니다. 소셜 네트워크에 등록할 콘텐츠는 두 가지 유형이 있으며 목적에 따라 효과적인 유형을 선택합니다.

첫 번째 유형은 위에서 등록한 블로그, 카페 등으로 접속을 유도할 목적의 콘텐츠이고, 두 번째 유형은 쇼핑몰이나 홈페이지의 커뮤니티로 유도시킬 목적의 콘텐츠입니다.

❶ 블로그 또는 카페 유도 목적의 소셜 네트워크 글

| 콘텐츠 내용 | [○○스키장 겨울여행지]올 겨울 가장 가보고 싶은 스키장은 어디일까요? ○○스키장 겨울여행지를 자세히 소개합니다. 블로그 또는 카페 링크 주소 |
|---|---|

❷ 자신이 운영하는 커뮤니티 또는 이벤트 페이지로 유도하는 목적의 소셜 네트워크 글

❖ 트위터에서 등록하는 글

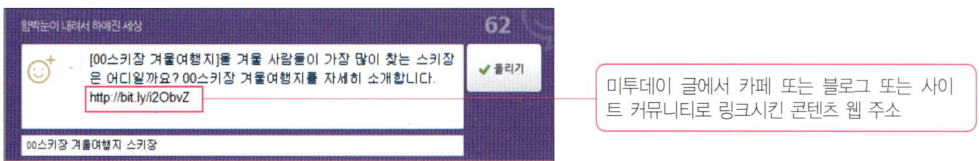

❖ 미투데이에서 등록하는 글

❖ 페이스북에서 등록하는 글

NAVER  me2DAY

Google

twitter

Find us on:
facebook

Daum

# Chapter 05

# 검색 노출과 소셜 네트워크에 최적화된 지식 마케팅

**Lesson 1.** 한눈에 보이는 지식 마케팅 원리
**Lesson 2.** 마이지식의 검색 노출과 홍보 효과 최적화
**Lesson 3.** 마이지식 네임카드 최적화시키기
**Lesson 4.** 지식 마케팅의 허와 실

# Lesson 01 한눈에 보이는 지식 마케팅 원리

## 1 지식 서비스의 등장인물과 그들의 역할

지식 서비스는 "모르면 지식iN에게 물어봐"라는 신조어까지 나올 정도로 어떤 제품, 어떤 서비스, 어떤 상식 등에 대해 궁금한 부분을 질문하면 답변하여 지식을 공유하는 서비스입니다. 지식 서비스는 궁금한 것을 질문하는 질문자, 질문의 내용에 답변하는 답변자, 지식 서비스를 운영하는 운영자, 그리고 질문자와 답변자의 지식을 검색하는 검색자로 이루어졌습니다.

❶ **질문자** : 검색 포털의 지식 서비스를 이용하여 궁금한 내용을 질문하는 네티즌(고객) 또는 마케팅을 목적으로 직접 글을 올리는 마케터입니다. 질문자는 질문 내용은 질문자가 선택하는 디렉토리와 핵심 키워드에 의해서 분야별로 분류됩니다. 질문자는 다음과 같이 질문 내용과 디렉토리를 선택했다고 가정해봅시다.

**질문 내용 : 입냄새 제거 방법**
**디렉토리 : 건강 > 의료상담 > 이비인후과**

❷ **답변자** : 질문자의 질문에 답변하는 네티즌 또는 마케터입니다. 답변할 질문 내용을 찾을 때는 디렉토리와 키워드에 의해서 찾을 수 있습니다. 답변자는 자신이 관심 있는 분야를 디렉토리를 설정할 수 있고 관심 키워드를 설정할 수 있습니다. 관심분야와 관심 키워드를 설정하면 그 분야에 새로운 지식이 등록되는 것을 실시간으로 파악할 수 있습니다. 이외에 직접 관심 있는 키워드로 새로운 질문 내용을 검색할 수 있습니다.

**관심분야 : 건강 > 의료상담**
**관심 키워드 : 입냄새, 입냄새제거, 여드름치료, 피부과, 의료상담**
**검색어 : 입냄새제거**

❸ **검색자** : 검색자는 질문자와 답변자의 질문과 답변 내용 중 자신이 궁금증을 해결하기 위해 지식을 검색하는 네티즌입니다. 검색자는 자신이 궁금한 내용을 대표하는 키워드로 검색하거나 지식 Q&A의 디렉토리를 통해서 검색할 수 있습니다.

궁금한 분야 : 건강 〉 의료상담
검색 키워드 : 입냄새 제거 방법

❹ **운영자** : 질문자, 답변자, 검색자가 서로의 목적을 취득할 수 있는 공간을 마련하고 관리하는 서비스업체입니다. 운영자는 질문자, 답변자, 검색자가 만족하는 답을 얻을 수 있도록 하기 위해 각 서비스업체마다의 검색 알고리즘과 편집자가 있습니다.

## 1-1. 마케팅 대행업체가 활용하는 지식인 서포터즈

서포터즈(Supporters)란 지원자, 지원부대라는 뜻으로 마케팅에서는 상품 또는 어떤 서비스의 체험단을 의미합니다. 서포터즈는 상품이나 서비스를 사용 또는 이용한 후 그 상품이나 서비스에 대한 평가의 글을 작성합니다.

예를 들어 지식iN 서포터즈의 경우 마케팅 업체에 소속되어 마케터가 질문 내용에 구매를 유도할 수 있도록 좋은 평가 답변글을 작성합니다. 인터넷 마케팅 대행업체들은 다수의 서포터즈를 모집하여 마케팅 대행업체의 블로그, 카페, 지식, 트위터, 페이스북, 미투데이 등을 홍보하는데 활용하고 있습니다.

인터넷 대행업체 간 또는 동종 업계 사이트의 마케터 간 서로 서로 질문자와 답변자의 역할을 공유하기도 합니다. 즉 업체 간 지식인 서퍼터즈의 역할을 하는 것입니다. 예를 들어 A 마케팅 대행업체의 마케터가 A라는 질문 글을 올리면 B 마케팅 대행업체에서 A질문에 답변하고, B 마케팅 대행업체에서 B라는 질문 글을 올리면 A 마케팅 대행업체에서 B 질문에 답변합니다.

> | 검색로봇에게 어뷰징으로 치부되지 말아야 할 행위
>
> 지식iN 마케팅 시 초보 마케터들이 범하는 공통된 잘못된 행위는 너무 성급하고 단순하다는 점입니다. 검색로봇은 다음과 같은 행위를 하는 아이는 어뷰징으로 치부되어 아이디 정지, 검색 순위 노출 제한 등의 조취를 받을 수 있습니다.
>
> • 질문자의 아이디와 답변지의 아이디 IP는 달라야 합니다.
> • 질문자는 질문 내용을 작성한 후 곧바로 답변 내용을 작성하지 말아야 합니다.
> • 한 개의 검색 포털 아이디로 연속해서 동일 주제의 질문 3개 이상 하지 말아야 합니다.
> • 답변 추천은 컴퓨터의 IP를 물리적으로 교체하여 주기적으로 합니다. 또는 IP 체인지 유틸리티를 이용해서 교체할 수도 있습니다.

## 1-2. 지식, 블로그, 카페 마케팅 효과의 속도 비교

키워드 광고의 효과는 광고를 집해하는 시점부터 바로 나타납니다. 하지만 지식 마케팅, 카페 마케팅, 블로그 마케팅, 소셜 네트워크 마케팅, 웹문서 최적화 마케팅 등의 효과는 키워드 광고와 같이 빠르게 나타나지는 않습니다. 마케팅의 효과가 나타나는 속도의 순서를 배열하면 다음과 같습니다.

'지식 마케팅 〉 블로그 마케팅 〉 카페 마케팅 〉 웹문서 최적화 마케팅'

지식 마케팅의 효과가 가장 빠르게 나타나는 이유는 마케팅 대상자의 차이점 때문입니다. 지식 서비스의 등장인물 중 질문자는 대부분 '중국으로부터 오더가 들어왔는데, 중국어 번역 좀 부탁드려요.' 와 같이 당장 질문자에 닥친 어떤 문제점이나 궁금한 내용의 답을 얻기 위해서 글을 작성합니다. 질문자가 원하는 답을 빠르게 해결해주면 그에 대한 반응도 빠르게 나타납니다. 반면 카페 마케팅은 관심사가 비슷한 사람들이 모여서 서로의 정보를 공유하고 참여하는 성격이 강하기 때문에 지식 서비스보다는 마케팅 효과가 빠르지 않습니다.

지식 서비스의 마케팅 효과가 가장 빠른 반면 소속감을 느끼기가 쉽지 않는 서비스입니다. 그렇기 때문에 키워드 광고와 같이 단발성 효과로 끝나기 쉽습니다. 마케팅 효과를 지속하기 위해서는 지식 서비스를 통해서 작성하는 콘텐츠를 최적화하여 만들어야 합니다. 반면 카페 마케팅은 소속감이 가장 높은 마케팅으로 마케팅 효과도 서서히 나타나지만 시간이 지날수록 그 효과는 지식 서비스와 비교할 수 없을 정도로 커지는 장점이 있습니다.

## 2 한눈에 보이는 지식 서비스의 콘텐츠 구조

질문자가 등록한 질문에 대해 답변자는 답변하기 또는 의견쓰기를 할 수 있고, 답변자나 검색자는 답변자의 답변 내용에 대해서 추천하기, 의견쓰기를 할 수 있습니다. 또한 모바일 지식 서비스를 통해서 모바일로 질문하거나 답변할 수도 있습니다. 답변하기, 답변 추천하기, 의견쓰기 등의 방법을 통해 의견을 표현하면 '마이지식'의 내공이 올라갑니다. 다음은 지식iN에 등록된 질문과 답변 내용으로 구성된 지식 구조의 의미에 대해서 알아보겠습니다.

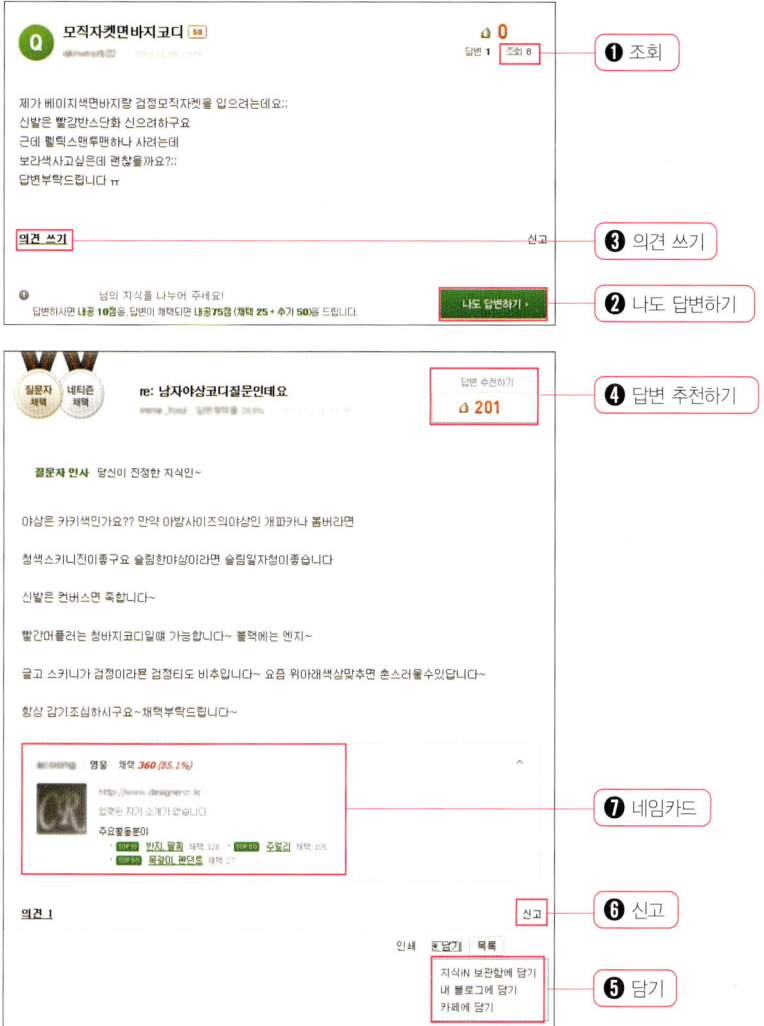

❶ **조회** : 네티즌이 검색된 지식iN 콘텐츠를 조회한 숫자입니다. 이 숫자는 콘텐츠의 관심도와 관련되지만 만족도와는 무관합니다. 미끼성 제목을 사용하면 조회 숫자는 얼마든지 올릴 수 있기 때문입니다. 또한 미끼성 제목은 노출 효과는 얻을 수 있지만 네티즌을 통한 전파(퍼나르기)는 기대할 수 없는 목적 없는 마케팅 방법입니다.

❷ **나도 답변하기** : 질문 내용에 답변글을 작성할 수 있습니다. 답변한 내용을 질문자가 선택하면 '질문자 선택' 메달 아이콘 표시됩니다. 답변이 채택되면 마이지식의 내공이 올라갑니다.

❸ **의견 쓰기** : 질문자의 질문 내용과 답변자의 답변 내용에 각각 의견을 작성할 수 있습니다. 의견 내용은 클릭해야 볼 수 있기 때문에 시각적인 효과가 떨어집니다.

❹ **답변 추천하기** 답변자의 답변글에 만족한 경우 [답변 추천하기] 버튼을 클릭하여 추천할 수 있습니다. 추천 받은 숫자가 많을수록 글에 대한 신뢰도와 답변자의 지식 레벨이 상승합니다. 답변자의 지식 레벨은 신뢰도에 영향을 줄 수 있습니다.

❺ 담기 : 콘텐츠에 대한 고객의 가장 적극적인 표현 방법으로 고객 자신의 마이지식, 자신이 운영하는 카페와 블로그에 콘텐츠를 담아갈 수 있습니다. 즉 퍼나르기가 가능합니다.
- **지식iN 보관함에 담기** : 마이 지식에 콘텐츠를 담아둔 후 수시로 확인할 수 있습니다.
- **내 블로그에 담기** : 블로그에 담아둔 후 수시로 확인할 수 있습니다. 블로그에 담긴 이 콘텐츠는 담아간 블로거의 블로그 회원들과도 공유되기 때문에 검색 포털 사이트에서 검색 시 소셜 네트워크 검색 탭에 노출될 수 있는 확률이 매우 높아집니다.
- **카페에 담기** : 네티즌의 카페에 담아둔 후 수시로 확인할 수 있습니다. 블로그와 마찬가지로 카페에 담긴 콘텐츠는 담아간 사람의 카페 회원들과도 공유되기 때문에 검색 포털 사이트에서 검색 시 소셜 네트워크 검색 탭에 노출될 수 있는 확률이 매우 높아집니다.

❻ 신고 : 답변자의 글이 건전하지 못하거나, 광고성 글인 경우, 어뷰징 글인 경우 네이버 고객센터에 신고하는 기능입니다. 만약 네이버 고객센터에서 광고성 어뷰징 글이라고 판단하면 지식 검색 상위에 노출되는 콘텐츠라도 삭제되거나 노출되지 않을 수 있습니다. 특히 인터넷 마케팅 업체들 간 상대방 비방 및 흠집 잡는 방법으로 많이 사용됩니다.

❼ 네임카드 : 네임카드는 자신의 특징을 간략하게 소개하는 프로필 기능입니다. 네임카드에는 사이트 주소, 간략한 자기소개서, 주요 활동분야, 대표 답변 등을 설정하여 자신의 특징을 네티즌들에게 알릴 수 있는 매우 중요한 홍보 기능입니다. 네임카드의 내용은 검색 로봇의 수집 대상이기 대문에 핵심 키워드를 사용합니다.

## 3 한눈에 보이는 마이지식 구조

네이버의 마이지식의 메인 화면을 구성하는 요소들입니다. 각 요소들의 기능에 대해서 살펴보도록 하겠습니다. 마이지식은 지식iN 메뉴를 통하지 않고 빠르게 접근할 수 있습니다. 인터넷 익스플로러 주소 창에서 다음과 같이 마이지식 웹주소를 입력하면 바로 마이지식 서비스로 접속할 수 있습니다.

kin.naver.com/profile/ID(네이버 아이디)

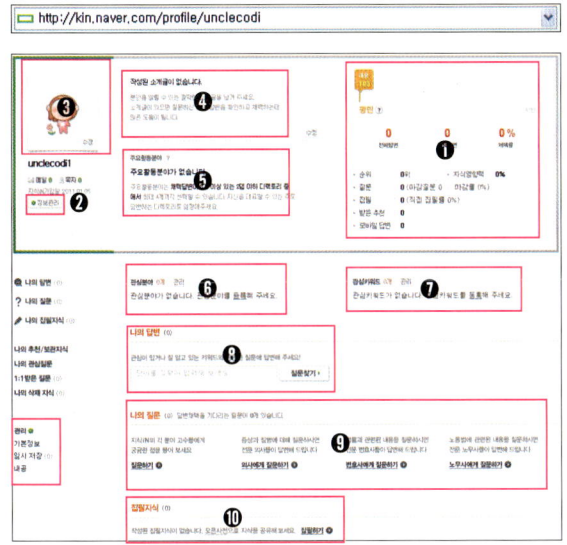

❶ 마지지식 상황 : 나의 지식 등급, 내공, 답변 상황, 질문 상황 등을 숫자로 파악할 수 있습니다. 등급이 올라갈수록 검색자와 질문자의 신뢰도도 함께 증가합니다.

❷ 프로필 사진 : 모든 답변, 질문에 표시되는 네임카드에 표시되는 사진입니다.

❸ 자기소개 글 : 200자 이내로 자신을 특징을 나타내는 소개 글을 작성합니다.

❹ 주요 활동분야 : 내가 주로 활동하는 분야(카테고리)를 선택할 수 있습니다. 채택 답변수가 5개 이상이어야 합니다.

❺ 정보관리 : 프로필 사진, 나의 소개 글, 대표답변, 대표 URL, 주요 활동 분야 등 네임카드의 내용을 설정할 수 있고 마이지식 콘텐츠를 미투데이와 연동관리 할 수 있습니다.

❻ 관심분야 : 내가 주로 관심을 갖고 있는 분야, 질문자의 입장이 아닌 답변자(마케터)의 입장에서 선택해야 질문자나 검색자의 질문 또는 검색어와 매치율이 높아집니다.

❼ 관심키워드 : 내가 주로 관심을 갖고 있는 분야를 대표하는 키워드입니다. 관심분야와 마찬가지로 질문자의 입장이 아닌 답변자(마케터)의 입장에서 선택해야 질문자나 검색자의 질문 또는 검색어와 매치율이 높아집니다.

❽ 나의 답변 : 내가 답변한 내용과 관심이 있는 키워드로 연관된 질문 내용을 검색할 수 있습니다.

❾ 나의 질문 : 내가 질문한 내용을 찾아보거나 직접 질문 내용을 작성할 수 있습니다.

❿ 집필 지식 : 오픈백과, 오픈국어, 노하우 형식을 통해서 자신의 지식을 네이버의 오픈사전이라는 지식 서비스 등록할 수 있습니다. 오픈사전(오픈백과, 오픈국어, 노하우)에 등록된 콘텐츠는 질문자와 검색자에게 높은 신뢰도를 줄 수 있고, 지속적인 검색 노출로 꾸준한 홍보 효과를 얻을 수 있는 지식iN의 가장 강력한 마케팅 방법 중 한 가지입니다.

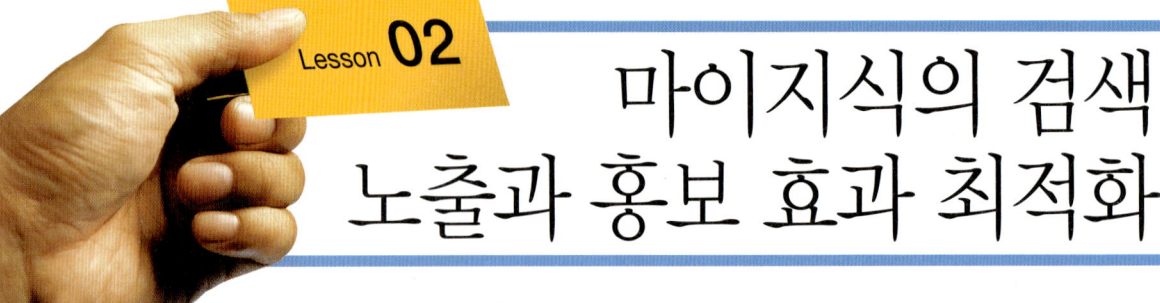

# Lesson 02 마이지식의 검색 노출과 홍보 효과 최적화

## 1 마이지식 웹 주소와 미투데이를 연동하라

네이버 마이지식 웹 주소(kin.naver.com/profile/ID(네이버 아이디))를 미투데이와 연동시키면 나의 지식(질문과 답변)이 나의 미투데이와 함께 노출되어 나의 미투 친구는 물론 모바일 웹 검색에도 노출됩니다.

### 따라하기 마이지식을 미투데이와 연동 관리하기

**01** 마이지식 웹 주소로 접속한 후 [정보관리]-[미투데이 연동 관리]를 선택합니다. 미투데이에 가입하지 않았다면 네이버 ID로 나의 미투데이를 만들 수 있습니다. '내 미투데이 만들기' 창에서 체크 옵션을 선택한 후 [확인] 버튼을 클릭합니다.

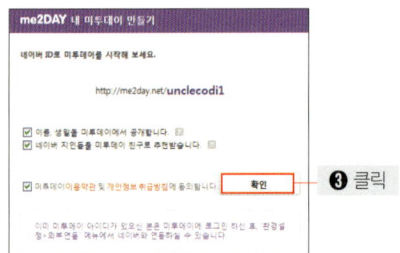

**02** [미투데이 연동 관리] 메뉴에서 [확인] 버튼을 클릭하면 자동으로 나의 미투데이 페이지로 이동합니다. 나의 미투데이 환경설정의 외부연동에 네이버 아이디와 연동된 것을 확인할 수 있습니다.

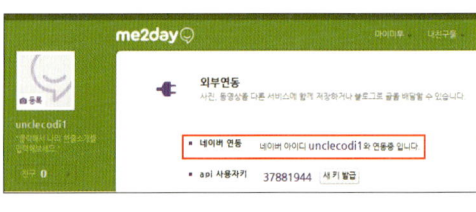

| 모바일 Q&A로 등록된 질문은 미투데이에서도 답변 할 수 있나요?

모바일 Q&A로 질문 시 미투데이 아이디와 연동된 상태에서 #11119로 질문하면 미투데이(마이미투/미투지식인)로 자동 등록되며, 모바일 웹의 경우 미투데이 등록여부를 설정할 수 있습니다. 만약 마이미투와 미투지식인에 함께 등록된 질문인 경우 지인 또는 여러 사용자가 미투데이 화면에서 댓글달기 기능을 통해 답변을 등록할 수 있습니다. 또한 미투데이에서 등록된 답변은 지식iN에서도 함께 등록됩니다.

## 2 네이버미에 노출되는 키워드를 선택하라

네이버 회원은 마이지식에서 자신이 관심 있는 분야와 키워드를 등록할 수 있습니다. 등록한 분야와 키워드는 네이버미 지식iN의 새질문, 마이지식의 나의 관심질문에 노출되어 나의 지식이 검색을 통해서도 노출될 수 있습니다.

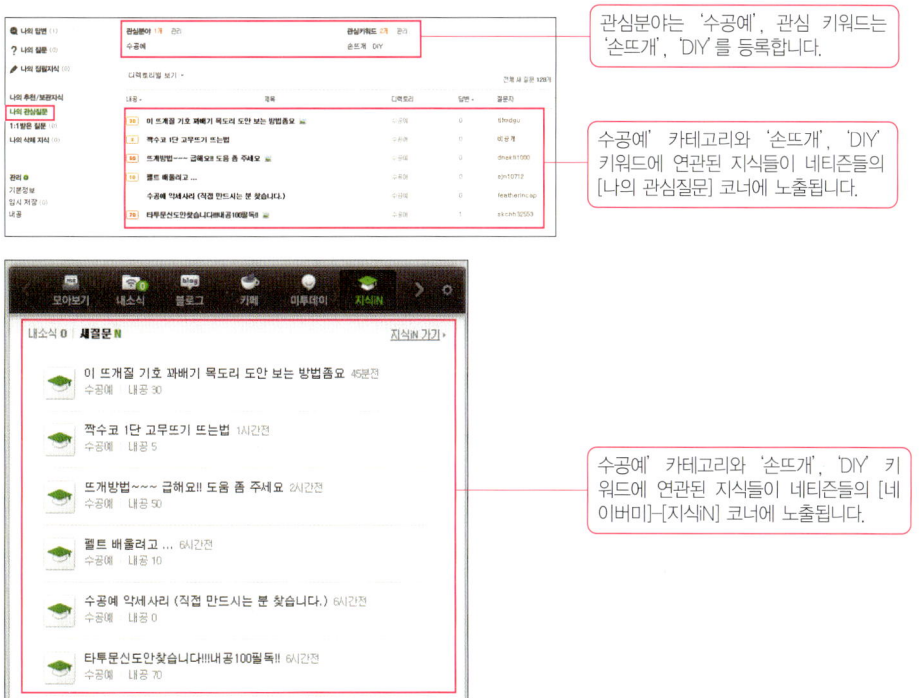

# Lesson 03 마이지식 네임카드 최적화시키기

## 1 검색로봇과 검색자가 좋아하는 네임카드 구성 요소

마이지식의 네임카드를 설정하면 질문자와 검색자로부터 답변자의 신뢰도를 높일 수 있습니다. 네임카드는 답변 및 의견에 붙는 작성자의 정보 및 지식iN 활동 내용을 보여주는 지식iN의 명함과 같습니다. 네임카드의 내용을 통해서 작성자가 어떤 사람인지 참고할 수 있도록 하여, 질문자 및 열람자가 작성자의 답변을 더 신뢰할 수 있게 해 줍니다. 다음 두 명의 지식인 중 어느 지식의 네임카드에 신뢰가 더 가시나요? 사례2번의 네임카드가 더 신뢰가 갈 수밖에 없을 것입니다.

사례 1

사례 2

지식iN의 질문 또는 답변 내용 하단에는 자신의 네임카드가 표시됩니다. 네임카드를 구성하는 요소는 다음과 같습니다.

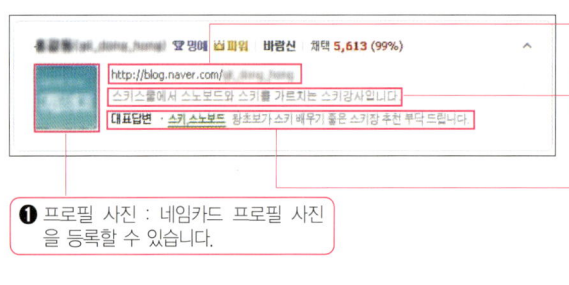

❶ 대표URL : 카페, 블로그, 사이트 등 대표 URL을 표시할 수 있습니다.

❷ 자기소개 : 자기를 소개할 수 있는 자기소개서를 표시할 수 있습니다.

❹ 대표답변, 디렉토리 설정 : 대표답변과 자신이 주로 담당하는 디렉토리가 표시합니다. 선택된 답변이 대표 답변으로 설정되며, 네임카드 '대표답변 설정'에서 대표 답변을 선택할 수 있습니다.

❶ 프로필 사진 : 네임카드 프로필 사진을 등록할 수 있습니다.

## TIP

**| 네임카드의 자기소개 내용도 검색로봇의 수집 대상이나요?**

네임카드의 자기소개 내용도 검색로봇의 수집 대상입니다. 다음은 검색 포털 사이트의 검색어에서 '식물 이름이 뭐죠?'라는 검색어에 한 파워 지식인의 자기소개 내용인 '식물과 사진을 통해....'에서 '식물' 키워드가 표시되고 이 또한 노출 순위를 결정하는 여러 요소 중 하나로 반영됩니다. 자기 소개와 주요 활동 분야 또는 대표답변과의 연관성을 고려하여 작성하는 것도 네임카드를 최적화시키는 방법입니다.

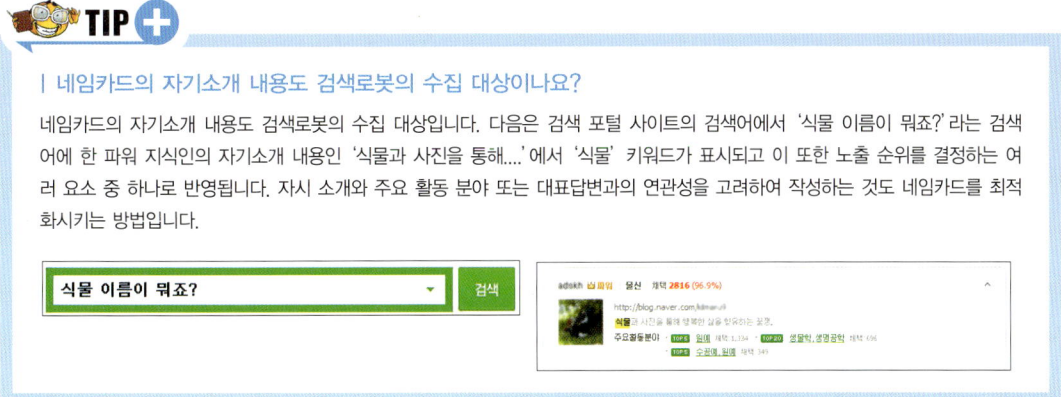

# 2 한눈에 보이는 네임카드 프로필 최적화

네이버 마이지식 프로필 페이지(http://kin.naver.com/profile/아이디)에 접속한 후 [정보 관리]-[네임카드 프로필 관리] 메뉴를 선택하면 네임카트 프로필 관리 페이지가 나타납니다. 네임카드 프로필 관리 페이지는 다음과 같은 항목들로 구성되어 있습니다.

네임카드 프로필이 완성된 후 지식iN에서 질문 또는 답변글을 작성하면 글 아래와 같이 네임카드가 보입니다.

**| 네임카드도 신고당할 수 있나요?**

프로필 사진, URL, 자기소개에 음란성, 선정성 등의 글이나 사진을 등록하는 경우 네티즌들은 그 지식인의 네임카드를 신고할 수 있습니다.

원칙적으로 지식 답변 내용에 기재하는 사이트 주소, 연락처 등은 홍보성으로 판단되어 제재 대상이 되지만 네임카드에 기재하는 것은 허용됩니다. 마이지식 페이지에서 네임카드 프로필 관리 메뉴를 통해 다음과 같이 네임카드 프로필 내용을 설정할 수 있습니다.

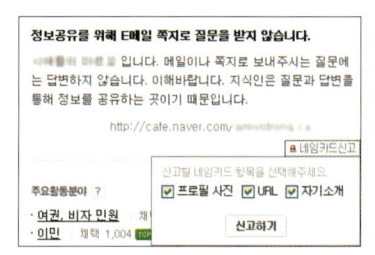

## 3 채택 답변 5개 전과 후에 해야 될 일

네임카드는 '대표 답변 강조형'과 '주요 활동 분야 강조형' 두 가지 유형이 있습니다. 채택 답변이 5개 미만일 경우에는 대표 답변 강조형만 사용할 수 있습니다. 한 디렉토리에 채택 답변이 5개 이상인 경우 '주요 활동 분야 강조형' 네임카드를 사용할 수 있으며, 그 디렉토리에서 채택된 답변 중 최대 4개까지 대표 답변을 선택할 수 있습니다.

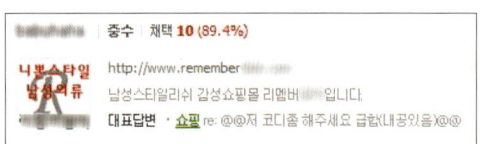
∷ 대표 답변 강조형 네임카드

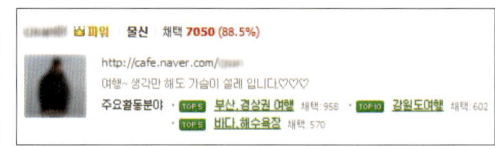
∷ 주요 활동 분야 강조형 네임카드

지식 마케팅 시 가장 먼저 해야 될 사항은 채택 답변 5개를 만드는 것입니다. 그 이유는 위에서 설명했듯이 한 디렉토리에서 채택된 답변한 글이 5개 이상이면 '주요 활동 분야 강조형' 네임카드를 설정할 수 있고 주요 활동 분야의 디렉토리를 설정할 수 있기 때문입니다. 주요 활동 분야의 디렉토리를 설정할 수 있다는 것은 그 만큼 질문자나 검색자에게 전문성 있는 답변자의 느낌을 전달할 수 있습니다. 이는 보다 많은 정보를 원하는 질문자나 검색자는 네임카드의 URL을 방문할 확률이 매우 높아집니다. 다음은 네임카드의 각 항목이 검색자와 질문자에게 주는 느낌을 나타낸 그림입니다.

## 4 대표 답변과 주요 활동 분야 최적화하기

한 디렉토리에 채택 답변이 5개 이하의 경우 '주요 활동 분야 강조형' 네임카드를 사용할 수 없기 때문에 '대표 답변 강조형'을 사용해야 합니다. 대표 답변을 선택할 때는 검색자나 질문자에게 최대한 전문성 있는 답변자의 느낌을 전달하기 위해서는 나를 가장 잘 표현할 수 있는 대표 답변을 선택해야 합니다. 대표 답변은 네임카드 프로필 관리의 '대표 답변 설정' 항목에서 최대 3개까지 선택할 수 있습니다. 3개의 대표 답변을 선택했다면 그 3개의 답변은 순차적으로 돌아가면서 네임카드의 대표 답변에 표시됩니다.

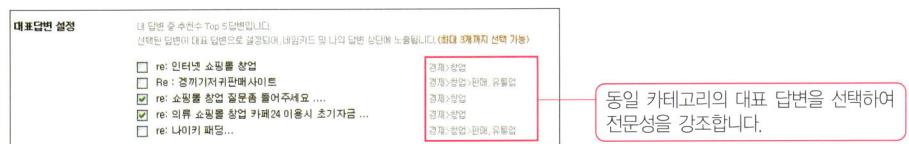

주요 활동 분야는 통일된 느낌을 주어야 신뢰성이 높아집니다. 다음 네임카드의 답변자의 주요 활동 분야는 모두 여행 카테고리를 선택하여 여행 전문가라는 느낌을 줍니다. 여행에 관심 있는 검색자나 질문자는 이 답변자의 네임카드에 표시된 URL을 방문해보고 싶은 느낌을 받을 수 있습니다.

## 5. 검색 포털은 왜 외부수집의 초기값을 비허용으로 설정할까요?

공개 설정 항목 중 외부수집 항목이 있습니다. 외부수집 허용이란 다른 검색 포털 사이트 등의 검색로봇이나 타인이 나의 지식을 수집할 수 있다는 것을 허용한다는 의미입니다. 검색 포털 사이트의 지식 서비스의 질문과 답변 내용은 자사 데이터베이스에 보관하는 자료입니다. 이 자료를 다른 사이트가 수집하여 노출시킨다면 그 만큼 자사의 지식 서비스를 통해서 축적된 데이터베이스를 다른 사이트와 공유하게 된다는 것을 의미합니다.

검색 포털 사이트의 입장이라면 굳이 지식 서비스의 자료를 공개해서 얻을 수 있는 득보다는 실이 많다고 판단할 수밖에 없습니다. 그렇기 때문에 기본값으로 허용이 아닌 비허용, 즉 다른 검색 포털 사이트에서 수집하지 못하도록 미연에 차단하는 것입니다. 하지만 답변자의 입장은 이와 다릅니다. 답변자(마케터)라면 자신의 답변글이 네이버뿐만 아니라 다음, 구글, 다른 사이트 등 보다 많은 곳에서 수집되는 것이 홍보적인 측면에서 유리할 수밖에 없습니다. 그렇기 때문에 지식iN에서 질문글이나 답변글을 작성할 때 '외부 수집'을 허용으로 설정하는 것이 옳은 방법이라 할 수 있습니다.

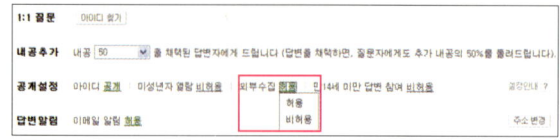

# 지식 마케팅의 허와 실

Lesson 04

## 1 자작글을 자제하라

수많은 인터넷 마케터들은 지식 마케팅 시 자신의 답변 채택율과 추천 비율을 높이기 위해서 여러 개의 작업용 아이디(ID)를 이용하여 자신이 질문하고 자신이 답변합니다. 초기에는 효과를 볼 수 있지만 너무 지나치게 장기간 사용하는 것은 지식 서비스 본질에는 어긋난 방법입니다. 충실한 답변으로 내공과 등급관리를 장기간 꾸준히 잘 한 메인 아이디를 확보해야 합니다.

인터넷 마케터들이 주로 사용하는 자작 글에 대해서 더 자세히 알아보겠습니다. 내 아이디로 질문하고 다른 아이디로 답변하는 일명 '자작 글'을 만들 수 있습니다. 수많은 인터넷 마케팅 대행업체의 대표적인 콘텐츠 상위 노출 방법으로 '자작 글'을 택하고 있기도 합니다. 하지만 아이디가 다르더라도 동일 IP에서 질문과 답변 진행되는 경우 ID 일시중지, ID 영구정지 등의 재재를 받게 됩니다. 만약 질문용 ID로 질문하고 답변용 ID로 답변하는 자작 글의 경우 질문 시 사용되는 컴퓨터 IP와 답변에 사용되는 컴퓨터 IP가 반드시 달라야 합니다. 만약 한 대의 컴퓨터 또는 IP가 동일한 컴퓨터에서 질문과 답변하는 경우 검색 포털 사이트에서 질문과 답변한 아이디 모두를 도용된 것으로 의심된다는 메시지와 함께 '아이디 보호조치'를 하여 두 아이디 모두 본인 인증 과정을 거치기 전까지는 일시 정지 상태가 됩니다.

### 따라하기 질문자용 ID와 답변자용 ID를 사용한 자작 글 테스트하기

**01** 질문자 ID로 네이버 지식 Q&A 웹페이지(http://kin.naver.com/qna/list.nhn)에 접속한 후 [질문하기] 버튼을 클릭합니다. 질문 페이지에서 질문 제목과 내용을 작성한 후 [다음단계] 버튼을 클릭합니다.

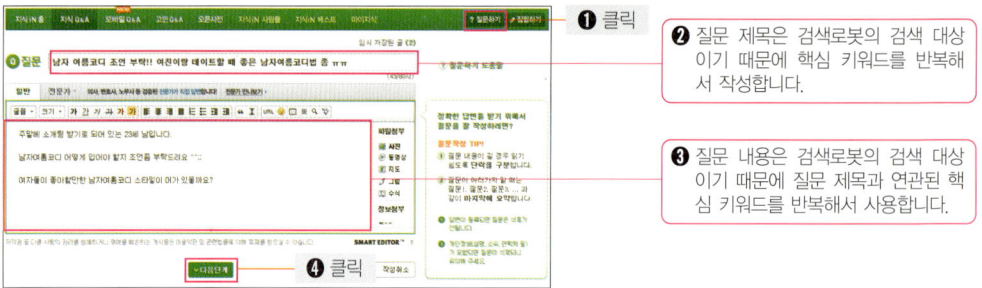

| 질문 내용에 마케팅 비중을 두어라

질문과 답변 내용 모두 사진, 동영상 등을 첨부할 수 있습니다. 많은 초보 마케터들은 답변 내용에만 목적성을 두고 작성하려고 합니다. 때로는 질문 내용에도 목적성을 둘 필요가 있습니다. 인터넷 마케터 중 상당수는 질문 내용에 '남자 친구와 첫 데이트인데 이렇게 입고 싶은데 괜찮을까요?'와 같이 답변자나 검색자 모두에게 불쾌감을 주지 않고 자신의 상품을 간접적으로 홍보하는 방법을 사용합니다.

**02** 질문 내용을 등록할 디렉토리를 선택하고 내공, 공개설정 여부, 답변 알림 등을 설정하고 [질문등록] 버튼을 클릭하면 질문이 완성됩니다. 마케터가 직접 질문하는 경우 질문 제목과 질문 내용에서 강조하고 싶은 내용의 단어를 반복해서 사용합니다. 예를 들어 '남성의류코디'를 강조하고 싶다면 제목과 내용에서 '남성의류코디', '남성의류', '의류코디', '코디' 등을 적절히 반복해서 문장을 작성합니다. 질문자가 작성한 질문 내용은 검색 포털의 검색로봇에 의해서 수집됩니다. 검색로봇은 질문자가 작성한 텍스트만 수집하며 이미지는 수집 대상이 아닙니다.

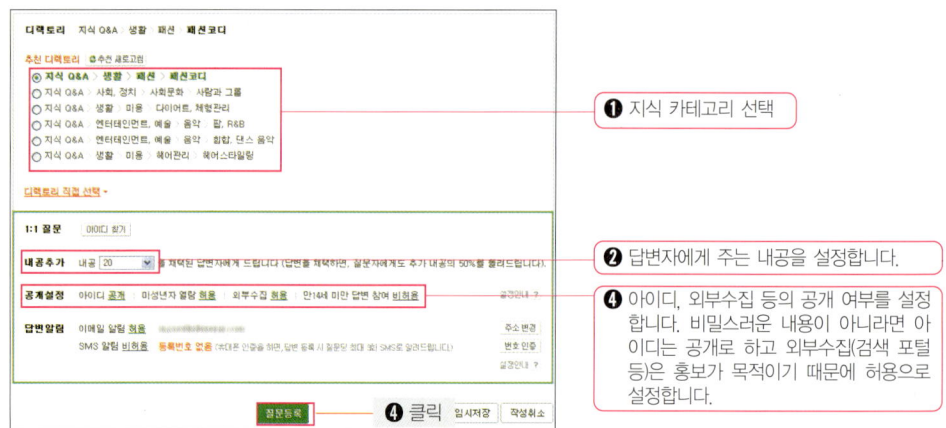

**03** 답변자 ID로 로그인한 후 답변 내용을 작성합니다. 그리고 다시 질문자 ID 로그인한 후 [답변 채택하기]와 [질문 마감하기] 버튼을 클릭합니다.

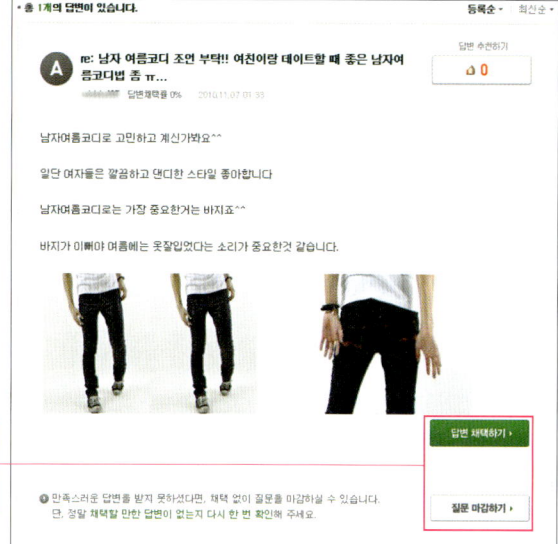

'질문 채택하기'를 클릭하면 답변자의 답변이 채택되며, 질문 마감하기를 클릭하기 전까지 추가로 다른 사람이 답변할 수 있습니다.

**04** 빠르면 몇 시간 후 늦으면 몇 일후 질문과 답변을 동일 IP로 진행되었고 홍보 목적으로 사용되었다는 사유로 인해 1차적으로 본인 확인 요청 안내 메시지를 받게 됩니다. [아이디 보호조치 해제] 버튼을 클릭한 후 본인 인증을 받으면 일시정지 상태가 해제됩니다. 하지만 이와 같은 방법을 반복하는 경우 ID가 영구 정지될 수 있습니다.

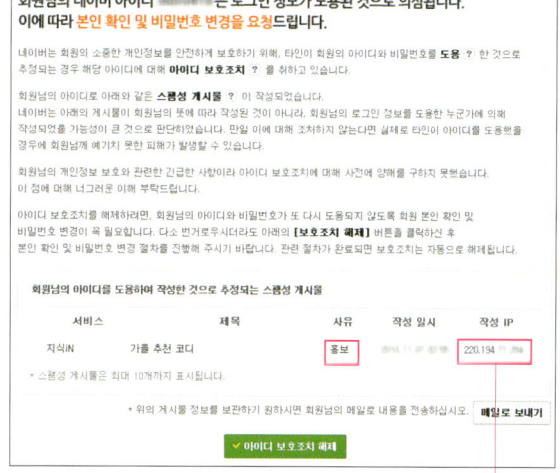

작성 IP란 작성자의 컴퓨터 IP를 의미하여 질문자와 답변자 IP가 달라야 합니다. 즉, 질문자 컴퓨터와 답변자 컴퓨터가 위치나 IP가 다른 컴퓨터에서 진행되어야 합니다.

## 2 사례로 분석하는 마케터의 답변

답변글의 유형은 답변자의 능력과 목적에 따라서 동문서답하는 경우, 자문자답(자작 글)하는 경우, 홍보용 홈페이지 주소나 쇼핑몰 주소로 도배하는 경우, 순수한 지식 공유 목적으로 답변하는 경우, 홍보 목적이지만 전문가적인 답변으로 호감가게 답변하는 경우 등 다양합니다. 동문서답형 답변은 마케팅을 처음 시작할 때 가장 많이 사용하는 방법입니다. 특히 한글 문서로 작성해둔 질문 내용과 답변 내용을 그대로 복사하여 여러 아이디로 올리거나 블로그, 카페 등에 올리는 경우는 '아이디 보호조치'나 '아이디 정지'를 당할 수 있습니다. 또한 중복된 자료로 처리되어 노출에서 제외될 수 있습니다. 만약 문서로 작성한 질문과 답변 내용을 복사해서 사용하는 경우 질문과 답변 내용을 상황마다 약간씩이라도 다르게 작성해야 합니다.

다음은 두 가지 답변글을 사례로 어떻게 답변글을 작성해야 하는지에 대해서 알아보도록 하겠습니다.

### 답변1. 본문에 광고성 링크 정보 노출

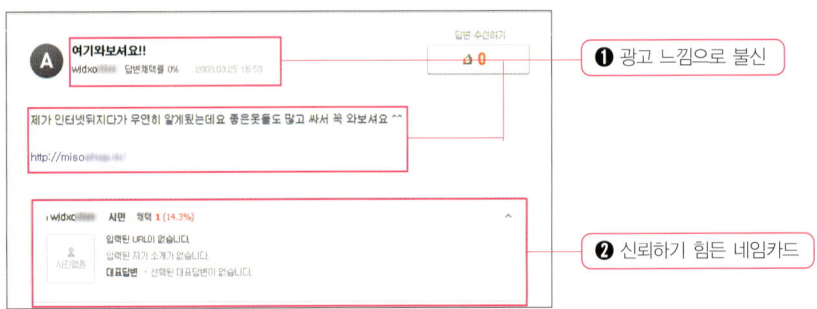

### 답변2. 본문은 성실한 정보로 답변하고 네임카드에 답변 내용과 매치되는 답변자 정보 노출

## ❶ 나만의 브랜드

답변을 작성하는 경우 답변자 자신만의 문구나 캐릭터를 사용하는 것이 좋습니다. 내가 답변하는 어떤 답변 내용을 보더라도 엉클코디가 작성한 답변인지 알아볼 수 있을 정도로 만듭니다. 지식 마케팅은 마라톤 마케팅이기 때문에 네티즌들에게 기억에 남을 만한 문장이나 문구 등을 조합하여 나만의 브랜드로 만드는 것이 중요합니다.

다음은 답변 제목과 본문 시작 부분에 '엉클코디...' 라는 자신만의 글을 일관성 있게 작성한 경우이고 본문 하단의 네임카드에 캐릭터를 넣어 확고한 자신만의 브랜드를 각인시키는 사례입니다. 답변 제목, 본문, 네임카드에 특징을 넣으면 답변 내용을 보지 않아도 질문자, 검색자들은 누가 답변했는지 무의식중에 알 수 있게 됩니다.

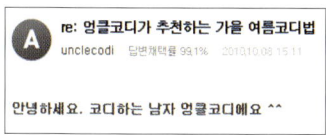 

## ❷ 신뢰

네티즌의 추천 평가 숫자가 많을수록 사람들이 답변 내용을 신뢰하다는 것을 의미합니다. G마켓이나 11번가 등에서 상품을 구매할 때 추천 평이 좋고 많을수록 판매자를 신뢰하듯이 추천 평가 숫자도 사람들에게 신뢰를 줄 수 있습니다. 다음은 21명의 사람이 추천한 답변과 추천한 사람이 한명도 없는 답변입니다. 여러분은 어느 답변을 더 신뢰되나요?

### PLUS ➕

**| 추천평은 작업용 ID를 허용하나요?**

추천평은 여러 작업용 ID를 사용하여 본인이 답변하고 본인이 추천하는 경우도 있습니다. 작업용 ID를 사용해서 본인이 본인을 추천하는 경우 ID가 정지되는 사례는 많지 않습니다.

## ❸ 공감

본문은 모든 사람이 공감갈 수 있는 내용으로 시작하는 것이 좋습니다. 다음은 질문자가 남자이기 때문에 영국에서 가장 섹시한 남자 영화배우의 스타일을 사례입니다. 질문자는 물론 제3자가 남자라면 이들에게 공감을 이끌어내기에 충분한 소재입니다.

### ❹ 강조

질문자가 궁금해 하는 핵심 내용은 코디 방법입니다. 코디 방법은 인용보다는 답변자의 개인적인 소견을 작성해야 합니다. 질문자의 질문 내용이 '여자 친구와 데이트할 때 좋은 남자 코디 스타일' 입니다. 그러면 스타일과 아이템을 조합하여 여자 친구와 데이트할 때 어떻게 보일 것인지에 대한 구체적인 설명이 필요합니다. 이때 '…이럴 것입니다.' 등과 같이 막연한 표현보다는 '…이렇습니다.' 와 같은 분명한 표현을 사용하여 강조해야 합니다.

> 가을철에는 밝고 산뜻한 색상을 선택해야 합니다. 밝은 색의 피케 셔츠나 최근 인기 높은 셔츠형 티셔츠도 산뜻한 느낌을 줍니다. 가장 기본적이면서도 빠질 수 없는 간지 아이템, 화이트 셔츠의 활용해보세요. 때로는 셔츠 단추를 서너개까지 풀어놓아 보는 여성들의 가슴을 뛰게 하는 이지적인 섹시함까지 유려하게 연출할 수 있는 아이템이 화이트셔츠입니다.

### ❺ 느낌

텍스트로 전달할 수 있는 한계점은 그림으로 보충합니다. 위의 내용에서 답변 내용을 강조했다면 이번에는 답변자가 강조한 내용의 느낌을 전달할 수 있는 사진을 첨부하면 위에서 강조한 내용이 확실히 전달됩니다. 첨부하는 사진은 쇼핑몰에서 사용한 사진을 선택하고 카페 게시글이나 블로그 포스트에도 포함되어 있어야 합니다. 특히 사진을 첨부한 후 그 사진에 쇼핑몰 주소를 링크시키는 경우가 있는데 이 방법은 바람직하지 않은 방법입니다.

### ❻ 제안

본문 마지막에는 약간의 여운을 남기는 제안을 합니다. 마치 의류 매장에서 스타일을 고민하는 고객에게 맞는 스타일을 제안하는 것과 같습니다. 고객에게 어떤 제안하는 경우는 고객에게 주는 부담을 최소화해야 하고 물건을 판매하려는 느낌을 최소화해야 합니다. 제안은 최대한 가볍게 하는 것이 좋습니다.

> 이런스타일은 어떠세요? ㅎㅎ

❼ 유인

네임카드에 홍보 웹 주소, 대표답변을 설정하여 답변하면 답변이 쌓이고 쌓아두고 그런 답변 내용을 카페나 블로그에 쌓아두면 '엉클코디가 제안하는 코디법' 등으로 콘텐츠를 만들면 사람들이 카페나 블로그를 찾게 하는 원동력이 될 수 있습니다. 카페나 블로그를 방문하는 사람들 중에는 자연스럽게 쇼핑몰을 방문하는 숫자가 늘어나게 됩니다. 다음은 네임카드의 로고와 웹 주소를 쇼핑몰 로고와 쇼핑몰 주소를 넣지 않고 캐릭터와 블로그 주소를 넣어 고객에게 거부감을 최소화한 사례입니다.

위 답변1과 답변2의 내용 구성과 홍보 효과 등을 정리해보면 다음과 같습니다.

❶ 답변 내용 구성면

답변1은 질문자의 질문 핵심(코디 조언)에 대한 답변 보다는 답변자의 쇼핑몰 방문을 유도하고 있고, 답변2는 질문자의 질문 핵심에 대한 답변에 충실하고 비광고성 사진을 첨부하여 질문자에게 신뢰를 얻을 수 있습니다.

❷ 답변 채택 건수

답변1은 질문자에게는 물론 네티즌으로부터 1건도 추천받지 못했고, 사례2는 21건을 채택받았습니다. 질문자와 답변자 이외의 제3자인 네티즌으로부터 채택 받은 건수가 많다는 것은 그만큼 질문자의 질문 내용에 충실한 답변이었음을 가늠할 수 있습니다.

❸ 답변자의 정보 전달면

답변1은 답변자의 아이디 외 어떠한 정보도 노출되지 않아 홍보 효과가 크지 않으며, 쇼핑몰이나 블로그 등으로 접속을 유도하지 못하고 있습니다. 답변2는 네임카드에 로고, 답변자가 운영하는 블로그 주소, 대표답변 내용 등을 노출하여 네티즌의 방문을 유도하기에 충분합니다.

## 3 검색 상위 노출을 걱정할 필요 없는 지식 마케팅 방법

지식 서비스의 종류에는 지식 Q&A, 모바일 Q&A 외 오픈사전이라는 지식 서비스가 있습니다. 오픈사전이란 지식iN인 이용자들의 지식이 감겨 있는 글들을 모아 놓은 서비스로 '오픈백과', '오픈국어', '노하우' 3가지로 분류됩니다.

- 사물의 정의, 현상에 대한 설명, 지식 등을 집필하려면 '오픈백과' 를 선택합니다.
- 생활 속 노하우, 지혜, 경험들을 집필하려면 '노하우' 를 선택합니다.
- 유행어, 사투리, 신조어 등 흔히 쓰이는 단어를 설명하려면 '오픈국어' 를 선택합니다.

특히 오픈사전의 '노하우' 는 지식iN 마케팅으로 네임카드의 URL을 통한 네티즌의 방문율과 URL에 접속한 후 매출 발생율이 가장 높은 방법입니다. 오픈사전은 노하우를 제외하고 등급에 관계없이 누구나 집필할 수 있습니다. 노하우는 지식 등급 중수 이상부터 집필할 수 있습니다. 오픈사전의 집필 내용은 주제와 형식에 제한이 없으며, 500자 이상의 객관성 있는 내용으로 전문성을 돋보이게 작성하면 됩니다. 질문자들은 애매모호한 답변, 예를 들어 '~일지도 모릅니다.' 와 같은 글보다는 확실한 답변, 예를 들어 '~입니다, ~임에 틀림없습니다.' 와 같은 글에 더 신뢰합니다.

글자의 색상은 검정색을 원칙으로 하지만 제목, 소제목 등은 색상을 주어 강조해도 됩니다. 글자의 사이즈는 10pt를 원칙으로 하고 글씨체는 굴림체를 추천하며 검색자나 질문자가 읽기 편한 형식으로 작성하면 됩니다. 출처는 정확하게 밝혀 주어야 하며, 특히 타인의 글이나 인터넷, 도서 등을 참고한 경우 반드시 밝혀 주어야 합니다.

오픈사전 글을 집필하면 네이버 운영진의 심사를 거친 후 등록 또는 보류 판정을 받습니다. 등록되면 다행이지만 등록되지 않고 보류된 경우 집필한 내용을 좀 더 보강하여 다시 등록하여 네이버 운영진의 심사를 받아야 합니다.

| 오픈사전의 심사에서 유보되는 경우

오픈사전의 글에 특정 업체의 이름, 배너, URL 등 광고로 생각될 만한 부분은 가능하면 배제시켜야 합니다. 꼭 필요한 부분이라면 본문과 연관성이 있는 내용으로 집필되어야 심사에 유리합니다. 또한 애매한 표현과 너무 짤막한 문제는 심사에서 배제되는 대상입니다.

지식iN 서비스 중 지식 Q&A보다 오픈사전의 오픈백과나 노하우를 공략해야 되는 가장 큰 이유 중 하나는 검색 상위 노출에 크게 신경 쓸 필요가 없다는 점입니다. 또다른 이유는 지식 Q&A로 유입되는 방문자보다 오픈사전을 통해서 유입되는 방문자의 매출 기여도가 높다는 점입니다.

## 따라하기 오픈 사전에서 노하우 등록하기

**01** 네이버 오픈사전 집필하기 페이지(http://kin.naver.com/opendic/write.nhn)에 접속한 후 [집필하기] 버튼을 클릭합니다. 사전의 종류를 선택한 후 집필 주제와 내용을 작성합니다. 지식 등급이 중수 이하인 경우 사전 종류 중 '노하우'는 선택할 수 없습니다. 오픈백과를 선택하거나 지식 등급을 중수까지 끌어올린 후 작성해야 합니다.

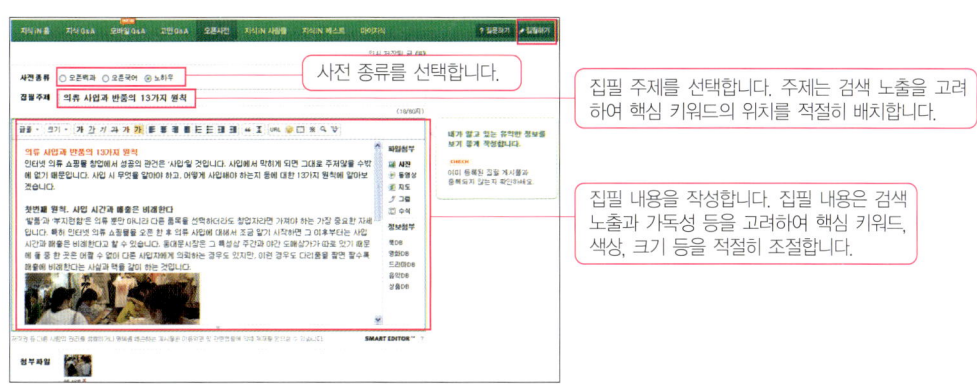

**02** 집필 출처와 디렉토리를 선택한 후 [집필 등록] 버튼을 클릭합니다.

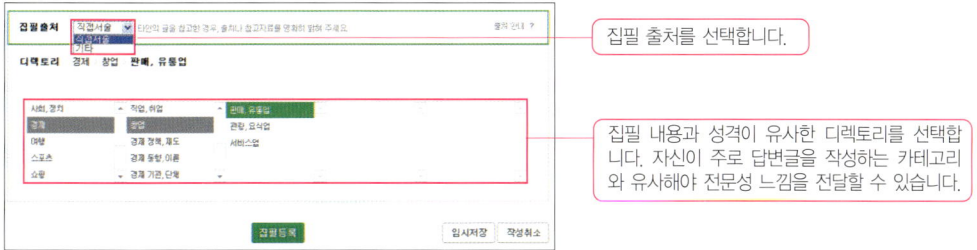

**03** 집필이 완성되었습니다. 작성한 글은 네이버의 심사를 거쳐 등록 여부가 확정됩니다. 마이지식의 '나의 집필지식' 메뉴를 선택하면 심사 진행 상태를 확인할 수 있습니다. 오픈사전의 집필은 처음에는 심사가 까다롭지만 한 번 등록된 이후부터는 심사기간이나 규정에 있어서 처음보다 순조롭게 진행됩니다.

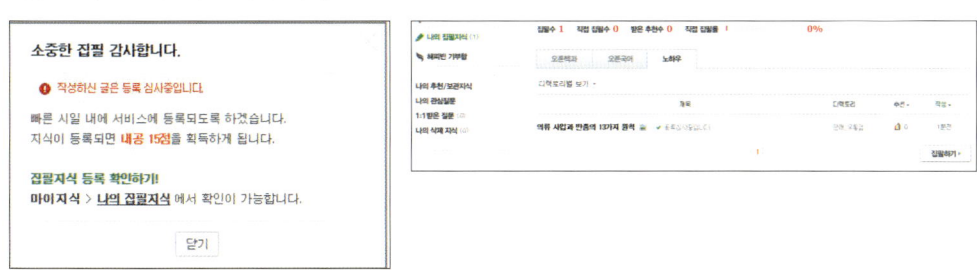

NAVER

me2DAY

Google

twitter

Find us on: facebook

Daum

## Chapter 06

# 검색 노출과 소셜 네트워크에 최적화된 카페 마케팅

**Lesson 1.** 한눈에 보이는 카페 마케팅 최적화
**Lesson 2.** 카페 메뉴 구조와 소셜 네트워크 마케팅
**Lesson 3.** 카페 환경과 네임카드 최적화시키기
**Lesson 4.** 카페 랭킹과 검색 상위 노출 기준값 분석하기

# Lesson 01
# 한눈에 보이는 카페 마케팅 최적화

## 1. 한눈에 보이는 카페의 등장인물과 그들의 역할

카페는 콘텐츠를 매번 다른 물건을 생산하는 공장과도 같습니다. 카페를 통해서 생산된 콘텐츠(게시글)가 인터넷 마케팅으로 활용되어 그 목적을 다하기까지 등장하는 인물과 그들의 역할에 대해서 알아보겠습니다.

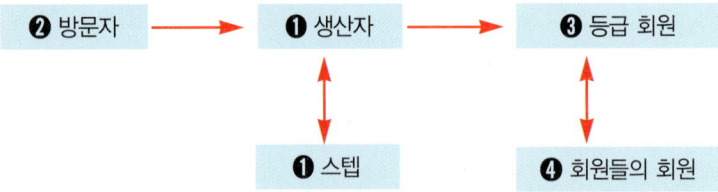

### ❶ 생산자와 스텝

카페의 콘텐츠를 생산하고 관리 및 운영을 책임지는 대표 운영자로 카페 매니저라고 합니다. 카페 매니저는 카페 운영에 관한 모든 권리와 권한을 가진 사람입니다. 카페가 활성화되기 위해서는 우선적으로 양질의 콘텐츠가 지속적으로 생산되어야 합니다. 콘텐츠의 생산은 생산자, 즉 카페 매니저가 단독으로 진행할 수도 있지만 카페 운영진(스텝)들을 선발하여 이들과 함께 카테고리 별로 분배하여 진행하면 훨씬 수월하게 운영할 수 있습니다. 뿐만 아니라 100명의 스텝과 회원들이 각자 1개의 콘텐츠를 생산하여 등록하면 100명의 스텝과 회원들을 통해서 자신들과 관계를 맺고 있는 친구들의 소셜 네트워크 검색에도 노출됩니다.

 **TIP ➕**

| 인터넷 마케터들이 다른 카페의 스텝으로 활동하는 이유?

인터넷 마케터라면 관심사가 비슷하거나 제휴가 가능한 카페 운영진(스텝)으로 활동하면 나의 카페를 빠른 시간에 활성화시키는데 큰 도움이 됩니다. 그러한 이유로 많은 인터넷 마케터들도 서로서로의 카페에 스텝으로 활동하고 있습니다.

❷ 방문자

카페를 방문하는 사람입니다. 카페를 방문하는 주요 경로는 검색 포털 사이트의 검색 결과를 통해서, 모바일 검색을 통해서, 카페의 지인들을 통해서, 소셜 네트워크를 통해서 알게 되어 카페를 방문합니다. 대부분의 카페는 새싹회원부터 우수회원까지 활동별 등급을 설정하고 그 등급에 따라 게시판이나 콘텐츠를 볼 수 있는 권한을 설정합니다. 카페를 활성화시키기 위해서는 방문자를 적극적으로 참여할 수 있도록 하기 위해서는 카페의 운영 전략이 필요합니다. 이 부분에 대해서는 앞으로 자세히 설명하겠습니다.

❸ 등급 회원

카페 회원이 되면 생산자와 '1:1 관계'가 형성되며, 네이버의 소셜 네트워크 검색, 네이버미를 통해서 생산자의 새로운 카페 게시글, 답변글, 새소식 등이 자동으로 노출됩니다.

❹ 회원들의 회원

카페의 회원 또는 카페의 글을 구독하는 구독자의 카페 회원, 그 회원과 관계를 맺고 있는 회원 또는 블로그 이웃, 그 이웃의 또 다른 이웃들과 카페의 정보를 공유하는 관계입니다. 이들과는 '1:1 관계'에서 '1:∞' 관계가 형성됩니다.

## 2 한눈에 보이는 검색 노출에 최적화된 카페 환경

질문자가 등록한 질문에 답변자는 '답변하기' 또는 '의견쓰기'를 할 수 있고, 답변자나 검색자는 답변자의 답변 내용에 대해서 '추천하기', '의견쓰기'를 할 수 있습니다. 또한 모바일 지식 서비스를 통해서 모바일로 질문하거나 답변할 수도 있습니다. 답변하기, 답변 추천하기, 의견쓰기 등의 방법을 통해 의견을 표현하면 '마이지식'의 내공이 올라갑니다.

다음은 지식iN에 등록된 질문과 답변 내용을 구성하는 요소의 의미를 나타낸 그림입니다. 카페를 처음 만드는 경우 '카페 만들기', 이미 만든 경우 [관리]-[메뉴 및 기본 설정]-[기본정보 관리] 메뉴를 선택합니다.

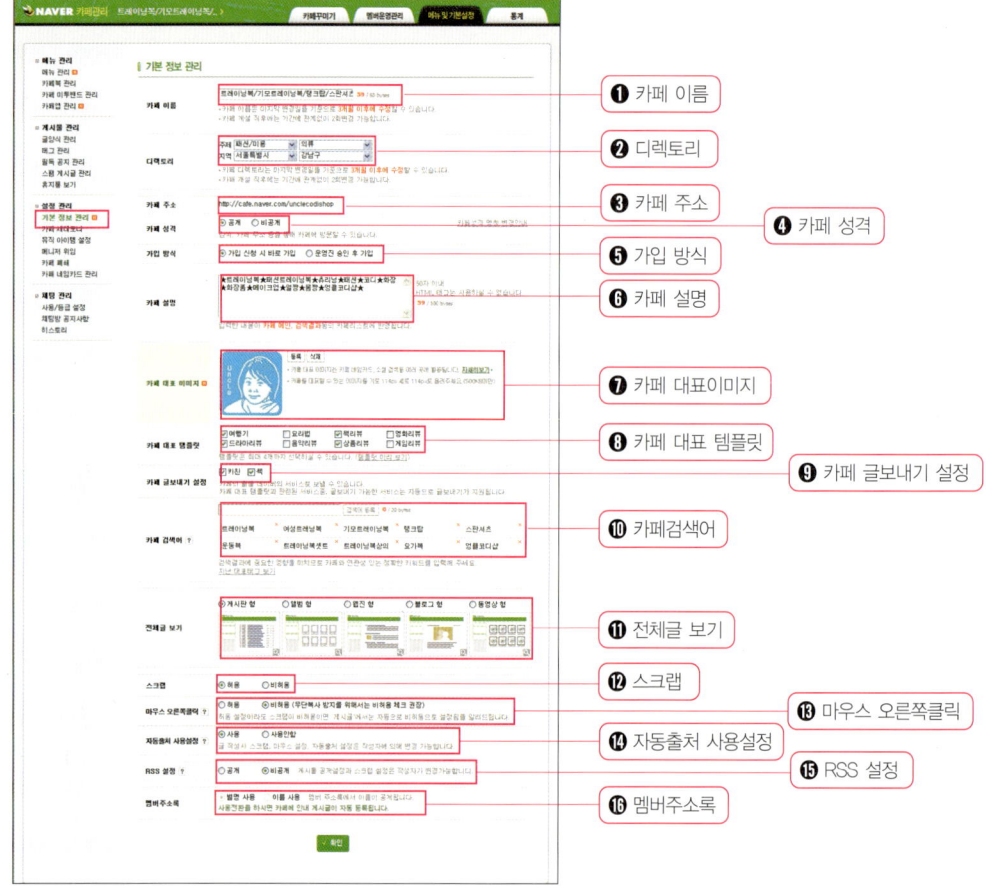

### ❶ 카페 이름

카페 이름은 쇼핑몰 또는 매장의 홈페이지 컨셉을 잘 나타내는 단어와 핵심 키워드를 조합하여 만듭니다. 카페 이름을 작성할 때는 다음 그림과 같이 화살표 방향으로 핵심 키워드를 배치합니다. 즉 카페의 컨셉이 트레이닝복 커뮤니티라면 가장 먼저 트레이닝복 키워드를 배치시킵니다. ♥와 같은 특수문자를 넣으면 검색 순위에 유리하게 작용합니다.

트레이닝복/기모트레이닝복/탱크탑/스판셔츠/운동복/엉클코디♥ ─ 핵심 키워드

### ❷ 디렉토리

카페가 포함되는 디렉토리인 카페의 주제, 지역을 선택합니다. 카페의 주제는 대분류, 중분류의 항목 중 가장 매치가 잘 되는 디렉토리를 선택합니다. 디렉토리는 검색어 배치를 고려

하여 선택합니다. 예를 들어 카페의 핵심 키워드가 '패션 코디' 인 카페라면 대분류를 '패션/미용', 중분류를 '의류' 로 선택합니다.

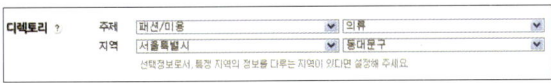

### ❸ 카페 주소

카페 주소는 변경할 수 없기 때문에 신중히 선택합니다. 카페 주소는 가능하면 인터넷 쇼핑몰, 블로그, 트위터나 페이스북 아이디 등과 함께 하나의 이름으로 통일되게 만드는 것이 바람직합니다.

### ❹ 카페 성격

특정 목적의 모임과 같이 외부에 노출하고 싶지 않은 경우는 '비공개' 로 운영하고 그 외의 경우는 누구나 가입할 수 있게 '공개' 를 선택합니다.

### ❺ 가입 방식

카페 가입 신청과 동시에 가입 승인되게 하거나 가입 신청 후 운영자의 승인을 거쳐 가입 승인되게 할 수 있습니다. 또한 특정 지역, 연령 제한, 성별 제한 등을 설정할 수도 있습니다. 카페에는 '등업' 이라는 제도가 있기 때문에 운영자가 회원의 등급 조건과 등급명을 조정할 수 있습니다. '등업' 제도는 어떻게 활용하느냐에 따라 카페 활성화에 약이 될 수도 있고 독이 될 수 있습니다. 단, 회원들의 적극적인 참여를 유도하기 위해서는 등업 조건을 까다롭지 않게 설정해야 합니다.

### ❻ 카페 설명

카페 설명 내용은 검색 결과에 반영되기 때문에 카페 검색어에서 선별된 핵심 키워드를 사용하거나 선별한 여러 가지 검색 가능성이 높은 검색어를 조사로 넣어 자연스럽게 연결해서 설명문을 만듭니다. 단, '~와', '~과', '~의', '~에게' 등 조사는 검색 대상이 아니기 때문에 최대한 사용을 자재합니다.

### ❼ 카페 대표 이미지

카페 대표 이미지는 카페 네임카드, 소셜 네트워크 검색 등의 검색 결과에도 노출되기 때문에 트위터, 미투데이, 페이스북 등과 함께 동일한 이미지를 사용합니다. 또한 지식iN 네임카드의 프로필 이미지, 블로그의 프로필 이미지와도 동일한 이미지를 사용하면 통일감을 줄 수 있습니다.

### ❽ 카페 대표 템플릿

카페에서 글쓰기 할 때 미리 제공되는 양식을 설정할 수 있습니다. 여행 관련 카페라면 여행기, 상품을 판매하는 쇼핑몰에서 운영하는 카페라면 상품리뷰 등과 같이 8개의 템플릿 중 목적에 맞는 템플릿을 최대 4개까지 선택할 수 있습니다.

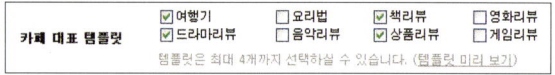

다음 그림1은 템플릿을 선택하지 않은 기본쓰기만 제공되는 기본적인 글쓰기 양식이고, 그림2는 여행기, 책리뷰, 드라마리뷰, 상품리뷰 템플릿을 선택한 상태의 카페 글쓰기 양식입니다.

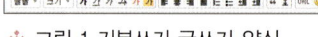

그림 1 기본쓰기 글쓰기 양식                    템플릿을 설정한 글쓰기 양식

다음은 상품리뷰 템플릿을 선택한 글쓰기 양식입니다. 글쓰기 본문 이외에 특정 상품을 선택한 후 그 상품에 대한 평가 등을 할 수 있습니다.

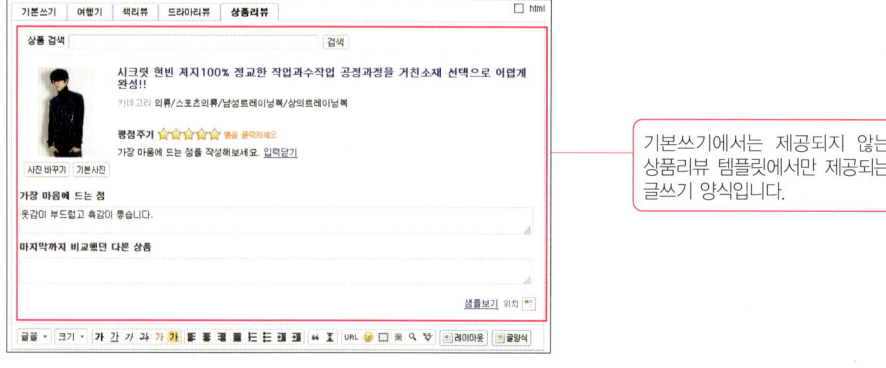

기본쓰기에서는 제공되지 않는 상품리뷰 템플릿에서만 제공되는 글쓰기 양식입니다.

❾ 카페 글보내기 설정

카페의 글을 키친과 책 서비스에 보낼 수 있는 기능입니다. 키친은 요리명을 입력하고, 책은 책명으로 책을 선택합니다.

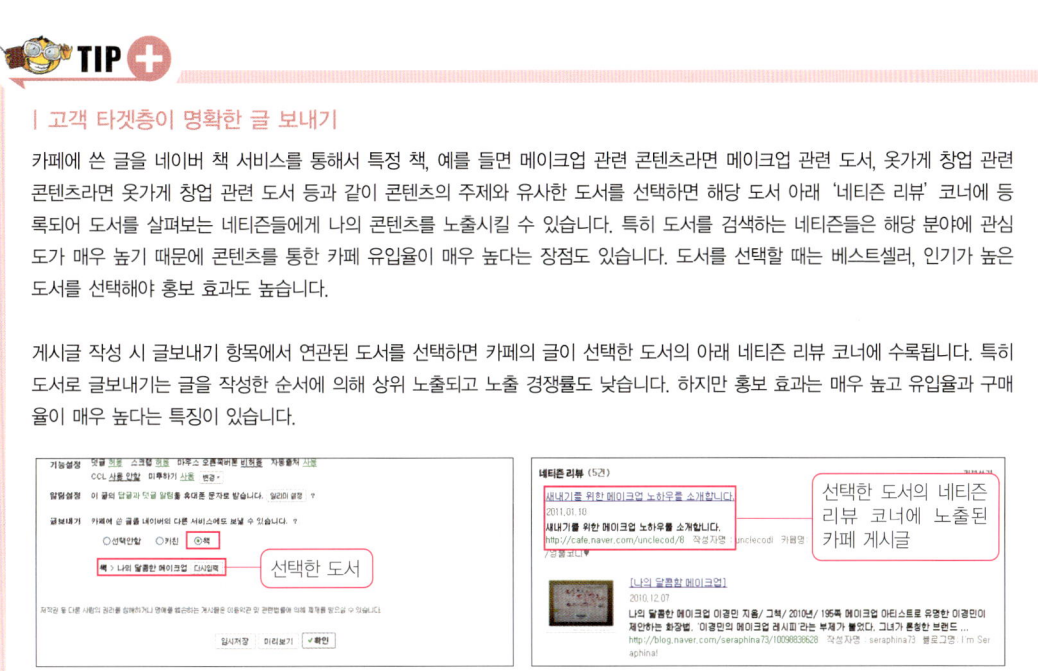

| 고객 타겟층이 명확한 글 보내기

카페에 쓴 글을 네이버 책 서비스를 통해서 특정 책, 예를 들면 메이크업 관련 콘텐츠라면 메이크업 관련 도서, 옷가게 창업 관련 콘텐츠라면 옷가게 창업 관련 도서 등과 같이 콘텐츠의 주제와 유사한 도서를 선택하면 해당 도서 아래 '네티즌 리뷰' 코너에 등록되어 도서를 살펴보는 네티즌들에게 나의 콘텐츠를 노출시킬 수 있습니다. 특히 도서를 검색하는 네티즌들은 해당 분야에 관심도가 매우 높기 때문에 콘텐츠를 통한 카페 유입율이 매우 높다는 장점도 있습니다. 도서를 선택할 때는 베스트셀러, 인기가 높은 도서를 선택해야 홍보 효과도 높습니다.

게시글 작성 시 글보내기 항목에서 연관된 도서를 선택하면 카페의 글이 선택한 도서의 아래 네티즌 리뷰 코너에 수록됩니다. 특히 도서로 글보내기는 글을 작성한 순서에 의해 상위 노출되고 노출 경쟁률도 낮습니다. 하지만 홍보 효과는 매우 높고 유입율과 구매율이 매우 높다는 특징이 있습니다.

❿ 카페 검색어

카페 검색어는 검색로봇의 검색 대상이기 때문에 매우 신중히 결정해야 합니다. 너무 인기 있는 검색어를 선택하기보다는 내 카페의 성격, 카페의 콘텐츠 성격, 내 쇼핑몰이나 홈페이지에서 판매하는 품목과 관련된 검색어 및 파생 검색어, 조회 후 사이트 수가 많지 않은 검색어 등을 고려하여 10개를 선별한 후 작성합니다.

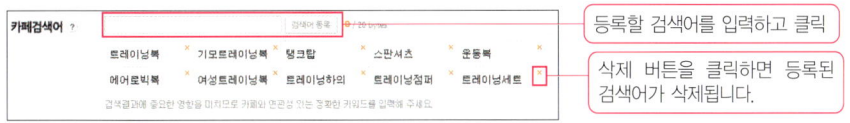

⓫ 전체글 보기

카페의 게시물이 펼쳐지는 형태에 따라, 네이버 카페는 게시판 형, 앨범 형, 웹진 형, 블로그 형, 동영상 형으로 분류됩니다. 게시판 형은 기본적으로 텍스트 중심으로 보여주고, 앨범형은 게시물의 이미지가 잘 보이도록 리스팅하여 보여주고, 블로그형은 가장 최근의 게시물의 내용이 완전히 펼쳐진 채로 가장 상단에 보여집니다.

### ⓬ 스크랩

다른 회원들이 카페 글을 담아갈 수 있는 권한을 설정하는 기능입니다. 스크랩을 허용하면 다른 회원들의 카페, 블로그에 담기가 가능해집니다. 스크랩 허용은 입소문 마케팅의 시초입니다.

### ⓭ 마우스 오른쪽클릭

카페 게시글의 복사 가능 여부를 설정하는 기능입니다. 허용하면 텍스트를 모두 복사할 수 있기 때문에 무단복사를 방지하기 위해서는 비허용으로 설정해야 합니다.

### ⓮ 자동출처 사용설정

스크랩을 허용하면 내 카페의 글이 다른 사람의 블로그 또는 카페에 담겨 퍼질 수 있습니다. 이때 그 글이 나의 글이라는 것을 알려야 내 카페를 방문할 확률이 높아집니다. 그 효과를 얻기 위해서는 자동출처 사용설정을 사용으로 설정해야 합니다.

### ⓯ RSS 설정

RSS 공개를 허용하면, RSS 구독기나 다른 사이트, 다른 검색 포털의 검색로봇을 통해 다른 사람들이 나의 카페 글을 구독할 수 있습니다.

### ⓰ 멤버주소록

회원 가입 시 작성한 실명과 별명 중 어느 것을 사용할 것인지 선택합니다. 운영진의 승인을 거쳐야 가입할 수 있게 설정해야 선택할 수 있습니다.

## 2-1. 검색 노출에 반영되는 카페 정보 관리 항목들

검색로봇은 카페 기본 정보 관리의 모든 항목을 수집합니다. 하지만 검색 결과 카페 노출 순위에 반영되는 항목과 순위에 반영되지 않지만 어떤 형태로 노출되는 항목이 있습니다.

| 노출 순위에 반영되는 항목 | 노출 순위에 반영되지 않은 항목 |
| --- | --- |
| 카페 이름, 카페 설명, 카페 검색어, 스크랩, RSS, 카페 글보내기 | 디렉토리, 카페 주소, 카페 대표 이미지, 카페 대표 템플릿 |

| 카페를 양도 받아 시작할 수 없나요?

안정적으로 카페를 시작할 수 있다는 장점으로 인해 카페 매매가 의외로 많이 이루어지고 있습니다. 주로 운영하는 사업과 대상층이 맞고, 주제가 유사한 카페를 중심으로 거래가 이루어지고 있습니다. 예를 들면 등산용품 전문업체에서 등산 관련 카페를 매매하는 경우입니다. 매매의 기준 항목 중 가장 큰 비중은 카페의 회원수와 카페의 등급입니다. 회원 1명당 책정 가격은 카페의 등급에 따라서 달라집니다. 하지만 카페 매매는 불법이고 양도 또한 불법입니다. 이런 일들이 많다보니 검색 포털 사이트는 카페 연혁(히스토리)을 수정할 수 없도록 카페 운영 규칙을 수정했지만 카페 연혁까지 인수하는 조건으로 카페를 인수하는 사례가 발생하고 있습니다.

## 3 한눈에 보이는 카페 게시글 구성 요소 최적화

카페 게시글은 나의 카페에서 작성하는 나의 게시글과 다른 카페에서 작성하는 게시글로 구분됩니다. 나의 카페에서 작성한 게시글은 카페 회원들의 네이버미, 소셜 네트워크 검색 탭에 노출됩니다. 다른 카페에서 작성하는 게시글은 그 카페 회원들의 네이버미, 소셜 네트워크 검색 탭에 노출되며, 작성자 정보(카페 서명, ❸)를 통해서 나를 알릴 수 있는 중요한 마케팅 도구로 사용되고 있습니다.

❶ 주소복사
❷ 콘텐츠 본문
❸ 카페 서명
❹ me구독/미투/스크랩
❺ 덧글
❻ 답변

❶ 주소 복사

콘텐츠의 웹주소를 의미합니다. 주소를 복사한 후 트위터, 페이스북, 미투데이 등의 링크 주소로 스크랩할 수 있습니다.

❷ 콘텐츠 본문

콘텐츠의 본문 내용을 의미합니다. 이미지를 첨부할 수 있습니다. 최근에는 쇼핑몰의 상품 상세설명 이미지를 첨부하는 사례가 많습니다. 단, 상품 페이지의 설명을 그대로 복사해서 붙여넣기하는 것은 홍보성 콘텐츠로 제재를 받을 수 있을 뿐만 아니라 광고성 콘텐츠의 느낌으로 인해 좋은 이미지를 전달할 수 없습니다.

❸ 카페 서명

콘텐츠를 작성한 사람의 개인 정보, 즉 명함과 같은 의미입니다. 콘텐츠 본문을 자동차 영업사원의 영업 내용이라면 작성자 정보는 영업사원의 명함과도 같습니다. 설명은 블로그 프로필 또는 미투데이 프로필 자기소개내용이 표시됩니다.

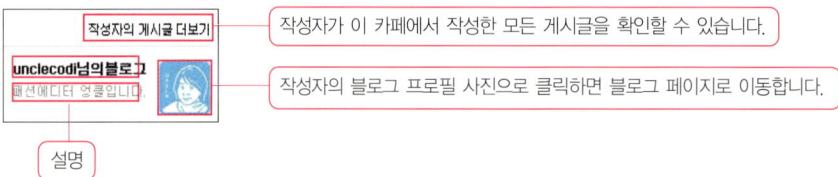

카페 서명은 미투데이 서명과 프로필 사진 또는 블로그 서명과 프로필 사진으로 변경할 수 있습니다. 자신을 홍보할 주요 채널에 따라 [Edit]를 클릭하여 블로그 서명 또는 미투데이 서명을 선택할 수 있습니다.

❹ me구독/미투/스크랩

me구독, 미투, 스크랩은 카페 콘텐츠가 퍼지기 위한 가장 핵심 기능이기 때문에 모두 사용할 수 있도록 설정합니다.

- **me구독** : 네이버미(me) 구독하기로 [me구독] 버튼을 클릭하면 콘텐츠가 담긴 게시판의 새 글과 콘텐츠를 작성한 작성자가 콘텐츠가 담긴 게시판에 작성한 새 글을 네이버미를 통해서 실시간으로 구독할 수 있습니다.

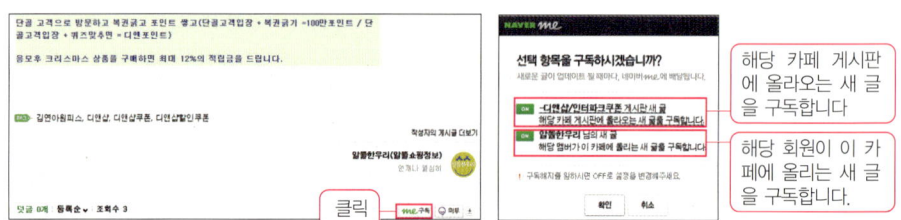

구독하는 게시판과 멤버의 새 글은 네이버미의 카페 메뉴를 통해서 실시간으로 확인할 수 있습니다. 또한 네이버미에서 바로 덧글을 쓰거나 미투데이의 미투(친구)로 등록할 수 있습니다. me구독은 네이버미를 통해서 이 카페에서 작성하는 이 회원의 글을 구독할 수 있습니다.

네이버미를 통해서 구독하는 포스팅은 미투(친구) 또는 덧글쓰기가 가능합니다.

- **미투** : 미투데이의 친구가 될 수 있는 기능입니다. 블로그의 미투하기와 네이버미 구독하기와 동일합니다. [미투] 버튼을 클릭한 후 나의 생각을 작성한 후 [올리기] 버튼을 클릭합니다.

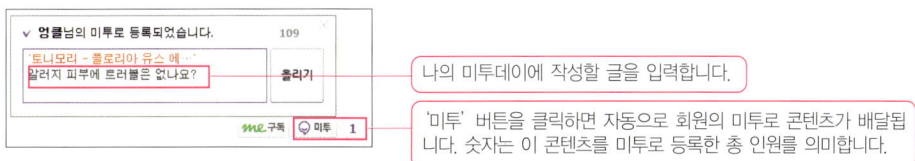

나의 미투데이에 작성할 글을 입력합니다.

'미투' 버튼을 클릭하면 자동으로 회원의 미투로 콘텐츠가 배달됩니다. 숫자는 이 콘텐츠를 미투로 등록한 총 인원을 의미합니다.

나의 미투데이에 블로그 콘텐츠의 내용과 함께 작성한 콘텐츠가 등록됩니다. 또한 이 콘텐츠는 미투한 친구의 친구들에게도 배포됩니다.

또한 미투데이의 미투(친구) 관계를 맺은 사람의 새 글은 네이버미의 미투데이 메뉴를 통해서 구독할 수 있습니다.

- **스크랩(내블로그/ 카페에 담기)** : 블로그와 카페에 담아둔 후 수시로 확인할 수 있습니다. 블로그와 카페에 담긴 이 콘텐츠는 담아간 블로거의 이웃들, 담아간 사람의 카페 회원들과도 함께 공유되기 때문에 입소문 파급효과가 매우 큽니다. 단 내 블로그 담기와 카페에 담기는 '스크랩 허용'으로 설정해야 가능합니다.

다음 사례1은 글 작성 시 기능 설정에서 '스크랩 비허용' 상태의 글이고, 사례2는 '스크랩 허용' 상태의 글입니다.

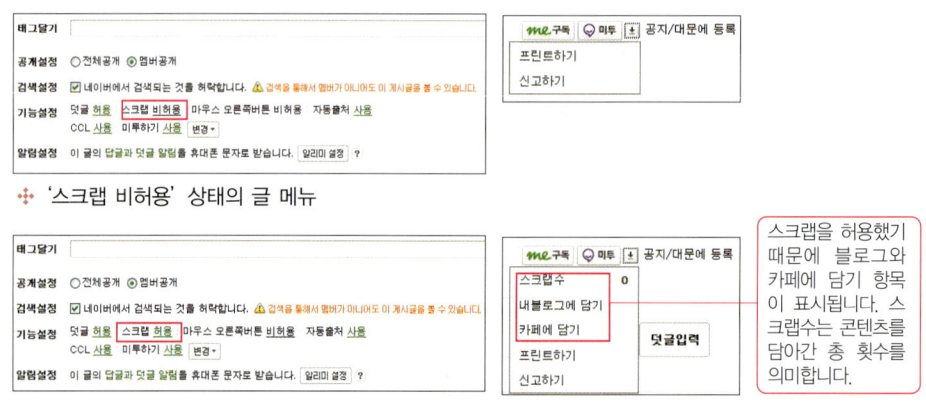

▲ '스크랩 비허용' 상태의 글 메뉴

▲ '스크랩 허용' 상태의 글 메뉴

### ❺ 덧글

콘텐츠에 대한 다른 회원들의 생각을 작성할 수 있는 기능입니다. 회원은 카페 글에 자신의 생각을 덧글로 작성할 수 있습니다. 덧글의 숫자는 글의 인기도의 반영 요소이기 때문에 최대한 덧글에 참여할 수 있도록 공감할 수 있는 콘텐츠를 작성합니다. 또한 덧글에 대해서 답글을 작성할 수 있습니다.

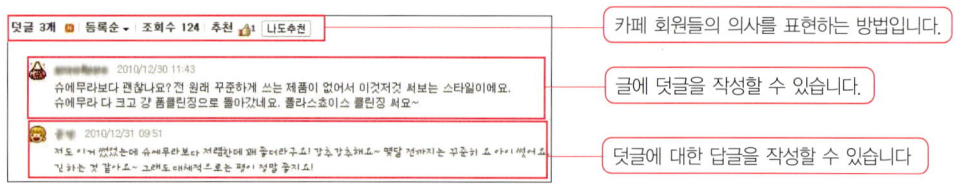

콘텐츠에 만족한 회원은 [나도 추천] 버튼을 클릭하여 콘텐츠를 추천할 수 있습니다. 이 기능은 카페 정보란의 [관리]-[메뉴 및 기본 설정]을 선택한 후 통합게시판을 추가하거나 기존 게시판을 통합게시판으로 수정해야 합니다. [추천/말머리 설정] 탭에서 '글추천기능' 의 '사용하기' 체크 박스를 선택한 후 [확인] 버튼을 클릭합니다.

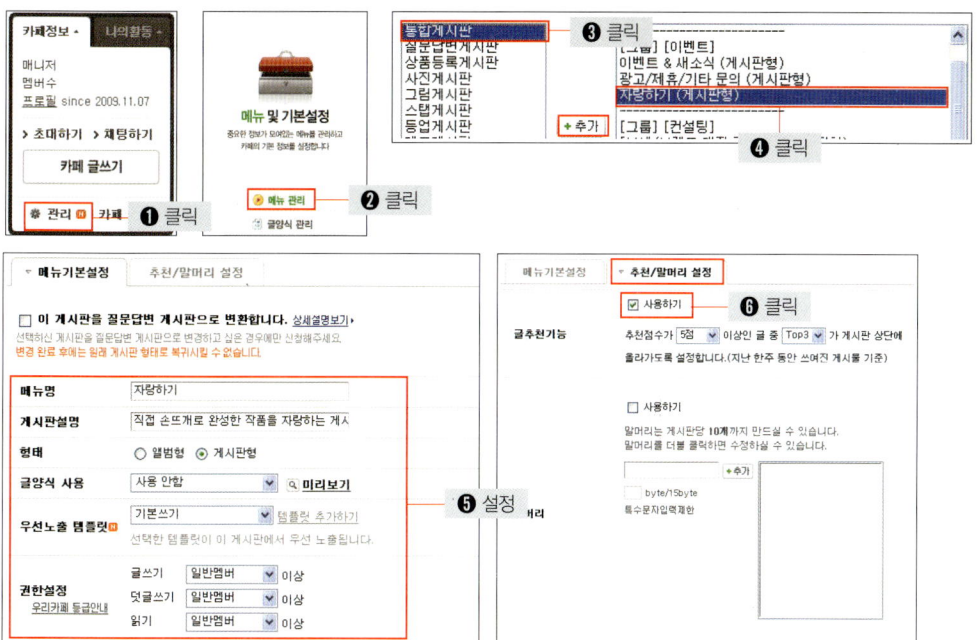

'글추천기능'은 통합게시판에만 설정할 수 있으며, '글추천기능'으로 만들어진 통합게시판에 글을 쓰면 다음 그림과 같이 '추천' 아이콘이 표시됩니다. 추천 아이콘을 클릭하면 추천 숫자가 증가합니다. 단 본인이 쓴 글은 본인이 추천할 수 없습니다.

❻ 답글
덧글 보다 적극적으로 콘텐츠에 대한 생각을 작성할 수 있는 기능입니다.

# 카페 메뉴 구조 최적화

## 1 소셜 네트워크에 최적화된 카페 메뉴 구조

카페를 만들 때 가장 고민되는 항목이 카페의 메뉴를 결정하는 것입니다. 카페를 방문하는 사람들이 원하는 것을 한눈에 파악할 수 있게 만들어져야 회원 가입율이나 재방율이 높아집니다. 메뉴의 가지 수는 중요하지 않습니다. 하지만 카페에서 주력하는 주 메뉴와 주 메뉴를 위한 보조 메뉴로 구성되어야 합니다. 특히 카페에서 주력을 생각하는 주 메뉴는 네이버미를 통해서 새 글을 구독하기 때문에 반드시 있어야 합니다.

- 전체글보기 (3,295)
- 베스트게시물
- ♥엉클코디 바로가기♥ ― 쇼핑몰로 바로 이동할 수 있는 링크 메뉴
- ♬엉클코디 트위터♬ ― 트위터로 바로 이동할 수 있는 링크 메뉴
- 행운의 출첵

[뷰티테라스]
- 엉클코디_in_매거진 N
- 엉클코디 뷰티북
- 엉클코디 피팅모델 N
- 뷰티방송국
- 뷰티레터 N
- 메이크업 노하우

콘텐츠 제공 유형의 게시판입니다. 운영자 또는 스텝들이 직접 만든 콘텐츠를 제공하는 주 메뉴로 콘텐츠가 회원들로 하여금 입소문날 수 있도록 '퍼가기'를 설정합니다.

[와자지껄]
- 파워뷰티즌 N
- 포토리뷰 N
- 구매후기 N
- 패션코디 질문방
- 화장 질문방

플랫폼 서비스 유형의 게시판입니다. 고객들의 참여를 유도하는 보조 메뉴로 질문방의 경우 Q&A 게시판으로 만들면 지식N과 연동될 수 있도록 만들면 지식N 검색 탭에 검색 노출될 수 있습니다. 카페의 활동지수를 높이는 중요한 메뉴입니다.

[엉클코디 제품들]
- 따끈따끈 신제품 N
- 베스트셀러 N
- 스테디셀러

상품의 정보를 전달하는 보조 메뉴로, 쇼핑몰에서 가장 경쟁력 있는 핵심 상품들로만 구성하여 커뮤니티 본질을 이탈하지 않도록 합니다.

[미리 체험하기]
- 뷰티 테스터 N
- 이벤트 하우스 N
- 무료샘플 신청하기 N

회원들의 트위터, 미투데이, 페이스북 등 통해서 이벤트, 체험내용 등을 퍼트릴 수 있는 보조 메뉴로 소셜 네트워크 마케팅용 메뉴의 성격을 띄고 있습니다.

카페의 특정 게시판의 게시된 글을 읽다 마음에 들어 [me구독] 버튼을 클릭하면 게시판의 구독자가 됩니다. 그 게시판의 새 글은 구독자의 네이버미를 통해서 구독자는 물론 구독자와 인맥 관계의 사람들에게도 배달됩니다. 이제 카페의 메뉴(게시판)는 단순히 콘텐츠를 구분하기 위한 목적을 한 단계 넘어 전략적인 주 메뉴를 만들고 활성화시켜야 카페로 유입되는 방문자의 숫자도 늘어납니다.

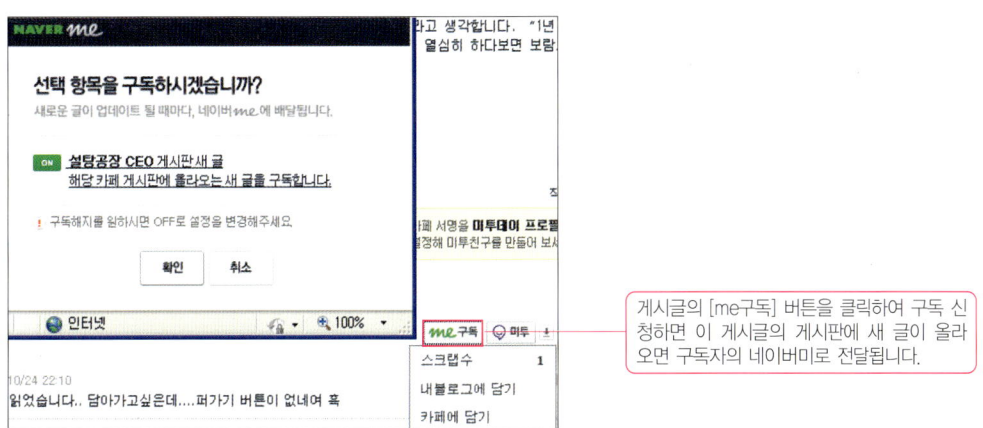

카페는 커뮤니티 목적의 게시판들로 만들어진 미니 사이트 성격을 지니고 있습니다. 모든 메뉴는 게시판으로 만들어집니다. 그렇기 때문에 메뉴를 구성할 때 성격이 유사한 메뉴를 그룹으로 묶어서 그룹게시판으로 구분해야 방문자가 손쉽게 게시판에 접근할 수 있습니다. 예를 들어 여성의류 쇼핑몰의 메뉴를 구성한다고 가정해봅시다. 티셔츠, 가디건, 자켓/코드, 원피스/정장, 청바지/진, 블라우스/셔츠/남방 등과 같이 대분류가 있고, 티셔츠 아래 후드티셔츠, 스트라이프티셔츠 등과 같이 소분류로 구분해야 손쉽게 상품을 찾을 수 있습니다. 카페의 메뉴도 이와 마찬가지로 방법으로 만들면 손쉽게 카페 메뉴를 파악할 수 있으며, 페이지뷰를 늘릴 수 있는 방법이기도 합니다.

그룹게시판 항목을 계획한 후 그 그룹게시판을 구성하는 세부적인 게시판 항목을 만듭니다. 그룹게시판 항목은 목적에 따라 다르겠지만 기본적인 구성 요소는 다음과 같습니다. 주의할 점은 처음부터 너무 많은 게시판을 만드는 것은 좋지 않다는 점입니다.

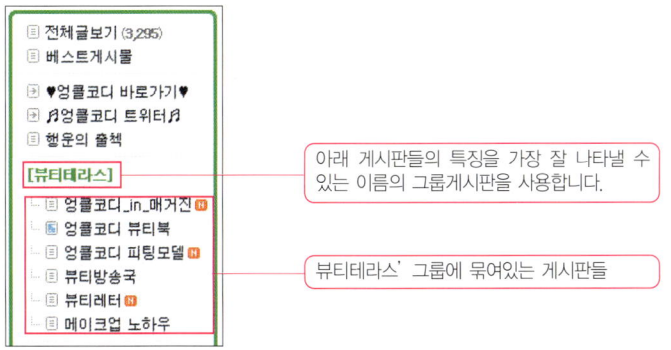

## 2 카페 게시판의 종류와 성격 파악하기

카페는 게시판을 중심으로 만들어지는 커뮤니티 미니 사이트입니다. 게시판은 카페의 모든 것이라고 비유할 수 있을 정도로 중요합니다. 카페의 게시판의 종류와 성격은 다음과 같습니다.

- **통합게시판** : 용도에 따라 다양한 형태로 사용가능한 게시판입니다.
- **질문답변게시판** : 카페의 질문 답변활동에 가장 최적화된 게시판입니다. 공개 카페의 경우 Q&A 지식을 공유할 수 있고, 카페를 널리 알릴 수 있습니다.
- **상품등록게시판** : 카페 내 멤버들 간의 벼룩시장, 무료나눔, 공동구매를 위한 상품을 등록하기에 최적화된 게시판입니다.
- **사진게시판** : 사진보기, 사진올리기에 가장 적합한 게시판입니다.
- **그림게시판** : 그림게시판은 그림보기, 그림그리기에 가장 적합한 게시판입니다.
- **스탭게시판** : 매니저와 스탭만 읽고 쓸 수 있는 게시판입니다.
- **등업게시판** : 멤버들의 등업신청을 한눈에 보고 관리(수락, 거절) 할 수 있는 게시판입니다.
- **메모게시판** : 카페가입인사나 짧은 메모를 남기는데 가장 적합한 게시판입니다. 멤버에게만 공개를 체크하시면 가입멤버에게만 보입니다.
- **출석부** : 날짜별로 출석체크를 할 수 있는 게시판입니다. 카페 당 1개씩 가능하며, 출석미션 등록도 가능합니다.

## 3 검색에 최적화된 메뉴 구성

메뉴를 결정하기 전에 다른 카페에서 좋은 메뉴를 찾아보거나 지식iN 등에서 검색율이 높은 키워드를 찾아 연관된 메뉴를 만드는 것은 검색 최적화의 시작입니다. 다른 카페의 장·단점을 파악하거나 지식iN 등에서 사람들이 많이 찾거나 질문하는 키워드 또는 문장을 분석하다 보면 그 속에서 메뉴 구성에 대한 아이디어를 얻을 수 있습니다.

메뉴를 구성하기 전, 우선 시 되어야 할 사항이 카페의 성격입니다. 카페의 성격은 크게 플랫폼 서비스 유형과 콘텐츠 제공 유형으로 구분됩니다. 플랫폼 서비스 유형이란 카페의 회원들 간에 콘텐츠를 생산하고 서로 공유하도록 멍석을 깔아주는 것입니다. 반면 콘텐츠 제공 유형이란 카페 운영진이 직접 콘텐츠를 생산하고 카페 회원들은 콘텐츠를 소비하는 것입니다.

화장품 리뷰 카페를 플랫폼 서비스 유형으로 만든다고 가정해보겠습니다. 카페 운영자는 화장품 판매 업체들로부터 상품 협찬과 콘텐츠를 생산하도록 하고, 화장품을 필요로 하는 회원들에게는 무료로 사용한 후 리뷰를 작성하도록 합니다. 이 카페는 상품 협찬 업체에서 제공하는 콘텐츠와 회원들이 작성하는 리뷰가 카페의 핵심 콘텐츠가 됩니다. 운영진은 카페가 원활히 운영되고 활성화될 수 있도록 홍보하고 관리하는데 비중을 두어야 합니다. 이러한 성격의 카페가 플랫폼 서비스 유형의 카페입니다.

이번에는 화장품 리뷰 카페를 콘텐츠 제공형으로 만든다고 가정해보겠습니다. 콘텐츠 제공형 카페의 무엇보다도 다양한 콘텐츠가 생명과도 같기 때문에 관련 콘텐츠를 운영자가 주체가 되어 직접 작성하거나 또는 스텝들을 모집하여 게시판별로 콘텐츠 작성은 물론 운영에 대한 책임과 권한을 주어 적극적으로 참여할 수 있도록 해야 합니다.

'콘텐츠를 생산하는 주최가 누구인가?' 에 따라서 플랫폼 서비스형 카페 또는 정보성 콘텐츠 카페로 구분된다고 할 수 있습니다.

플랫폼 서비스형 카페이든 정보성 콘텐츠 카페이든 간에 메뉴를 구성할 때는 다음과 같이 4가지 성격의 메뉴 그룹은 반드시 만들어야 됩니다. 만약 플랫폼 서비스형 카페라면 참여 메뉴 그룹의 비중을 높여야 할 것이고, 정보성 콘텐츠 카페라면 정보 콘텐츠 메뉴 그룹의 비중을 높여야 할 것입니다. 가장 이상적인 게시판 구성은 플랫폼 서비스형 게시판과 정보 콘텐츠형 게시판을 적절히 혼합하는 방법입니다.

| 그룹 명칭 | 내용 |
| --- | --- |
| 정보 콘텐츠 그룹 | 카페가 지속적으로 운영될 수 있는 원동력입니다. 회원들 간에 콘텐츠를 생산, 공유하도록 멍석을 깔아 주는 플랫폼 서비스 유형의 카페 이외에 정보가 없는 카페는 절대로 활성화될 수 없습니다. |
| 참여 그룹 | 일방적으로 정보를 제공하는 공간만으로는 성장의 한계가 있습니다. 출책은 기본이고 끼리끼리 토크, 꼬리말 잇기 등 회원들이 참여할 수 있는 공간을 만들어야 합니다. 회원의 참여 유형은 토크, 대화, 이벤트, 체험 등 다양합니다. 참여 공간은 카페가 소셜 네트워크와 접목시켜 입소문으로 퍼질 수 있습니다. |
| 상품 메뉴 그룹 | 사이트에서 판매하는 상품이나 서비스의 일부를 소개하는 코너입니다. 커뮤니티라는 특성상 너무 과도한 상품 홍보는 역효과를 가져올 수 있습니다. |
| 링크 | 링크 메뉴는 트위터, 미투데이, 페이스북, 블로그, 카페, 쪽지, 이메일 등 다른 커뮤니티와 이어주는 기능입니다. 원칙적으로 상업적인 목적인 쇼핑몰, 홈페이지 등 카페 회원을 유입시킬 최종 목적지 링크 거는 것은 재재 대상이지만 수많은 카페에서 운영되고 있는 것이 현실이기 때문에 제재하는 것은 쉽지 않습니다. |

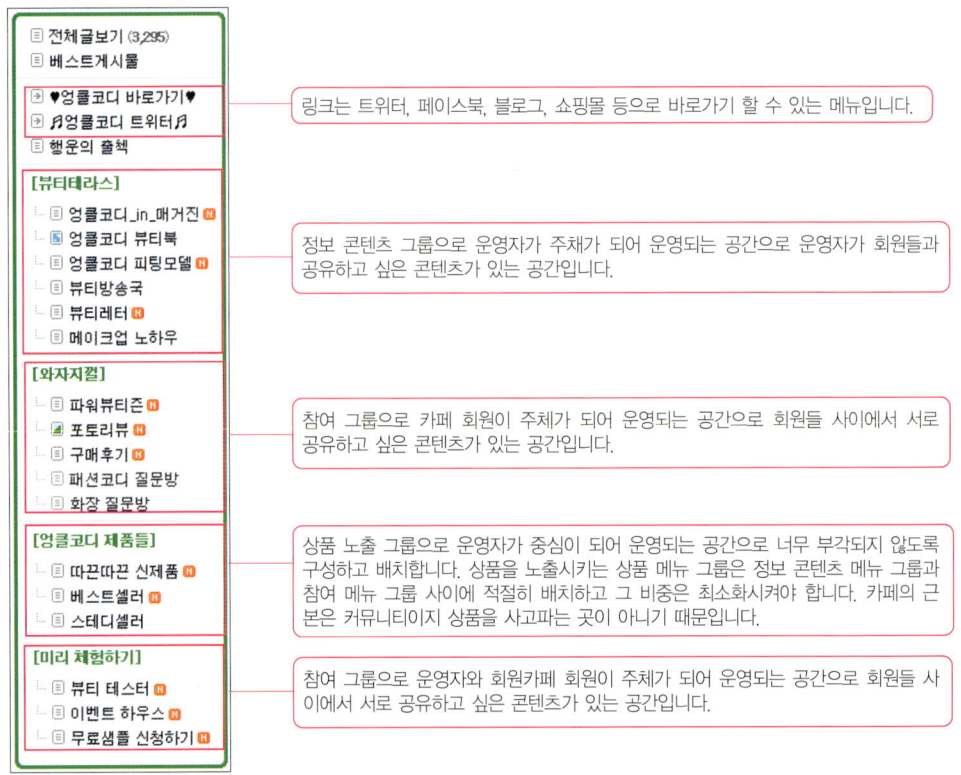

특히 이벤트 게시판 또는 이벤트 게시글은 카페나 블로그에서 쇼핑몰이나 사이트로 유입시키는데 매우 중요한 수단으로 사용됩니다. 쇼핑몰 상품 주소 댓글 달기 이벤트, '○○○ 상품을 받아야 하는 이유와 함께 쇼핑몰의 상품 주소를 스크랩하기', '미투하고 ○○○ 스파게티 전문점 점심 무료 시식권 받기' 등 사이트의 목적에 따라 다양한 방법으로 사용할 수 있습니다.

## PLUS+

### 링크 메뉴 만들기

링크 메뉴는 그림의 '♥엉클코디 바로가기♥' 메뉴와 같이 쇼핑몰이나 홈페이지로 바로 이동할 수 있는 웹 주소를 링크시킬 수 있는 메뉴입니다. 카페 관리 메뉴의 '링크'를 선택한 후 메뉴명과 링크 주소를 등록하면 설정할 수 있습니다.

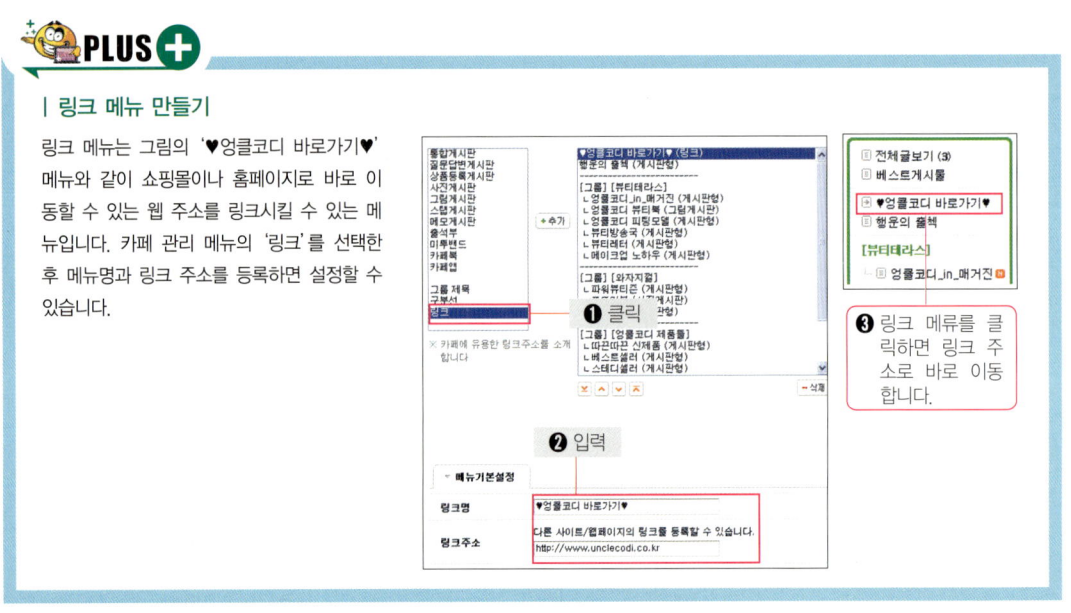

# Lesson 03
# 카페 환경과 네임카드 최적화

## 1. 카페 환경을 소셜 네트워크에 최적화 시켜라

카페정보의 [관리]-[메뉴 및 기본 설정]-[기본 정보 관리]를 선택한 후 '기본 정보 관리' 페이지에서 스크랩은 허용, 마우스 오른쪽클릭은 비허용, 자동출처 사용설정은 사용, RSS 설정은 공개, 멤버주소록은 별명 사용으로 설정합니다. 각 항목별 이유는 다음 그림과 같습니다.

| 항목 설정 상태 | 이유 |
|---|---|
| 스크랩 허용 | 콘텐츠가 손쉽게 배포되기 위해서입니다. |
| 마우스 오른쪽 클릭 비허용 | 콘텐츠가 복제되는 것을 방지하기 위해서입니다. |
| 자동출처 사용설정 사용 | 콘텐츠가 저작된 표시와 출처를 표시하기 위해서입니다. |
| RSS 설정 공개 | 카페의 구독자를 늘리기 위해서입니다. |

## 2. 네임카드 이미지 최적화

지식인의 네임카드 프로필 이미지, 카페 네임카드 프로필 이미지, 블로그의 대표 이미지, 미투데이나 트위터의 프로필 이미지 등과 동일한 이미지를 사용하여 통일성을 통한 신뢰성을 높이고 이미지만 보아도 누구의 콘텐츠인지 알 수 있을 정도로 프로필 이미지를 브랜드화시킵니다.

다음은 트위터 프로필 이미지, 미투데이 프로필 이미지, 블로그 프로필 이미지, 카페 네임카드 이미지, 지식인 네임카드 이미지입니다. 모든 프로필 이미지를 통일시켜 통일감을 주었습니다. 프로필 이미지는 계절별로 색상을 다르게 하거나 배경 이미지를 다르게 처리하거나 특별한 날(사회적 이슈화된 사건, 국경일 등)에 따라 변화를 주는 것도 네티즌들에게 좋은 효과를 얻을 수 있습니다.

✥ 트위터 프로필 이미지

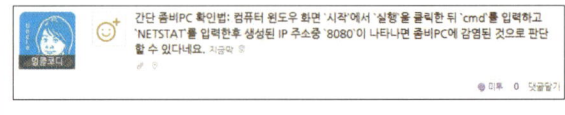

✥ 미투데이 프로필 이미지

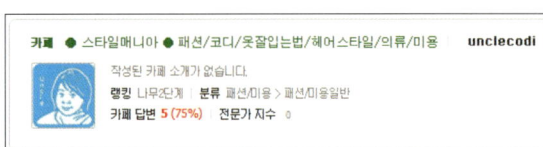

✥ 카페 네임카드 프로필 이미지    ✥ 카페 네임카드 프로필 이미지

✥ 카페 게시글의 프로필 이미지

다음은 실시간 검색에 노출된 미투데이의 프로필 이미지가 노출된 사례입니다. 프로필 이미지만 보아도 누구의 콘텐츠인지 알 수 있게 됩니다.

# 3. 게시판, 지식iN, 카페 네임카드 연동으로 검색 최적화시키기

질문답변게시판은 카페 내 질문답변을 편리하게 주고받고 검색하기 쉽게 제공한 Q&A 전용 게시판입니다. 질문답변게시판은 지식iN 질문을 연동되어 질문과 답변을 공유됩니다. 질문답변게시판 목록 하단에 자동으로 '카페-지식iN 디렉토리'를 연동하여 지식iN 질문을 배달해 주는 서비스입니다

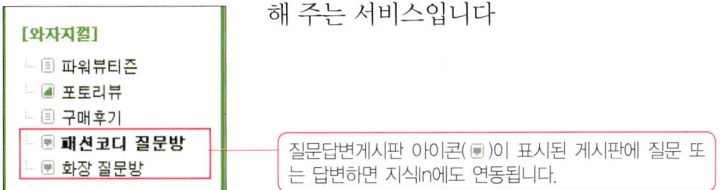

답변에 카페 네임카드를 달게 되면, 연동된 해당 디렉토리에 카페 전문가지수가 쌓이게 됩니다. 또한 카페의 답변 활동이 카페 단위의 답변율로 계산되어 제공됩니다.

• 매니저가 설정을 하지 않았을 경우

카페가 등록되어 있는 카페 디렉토리를 기준으로 가장 주제가 비슷한 지식iN 디렉토리를 자동 연동해 놓았습니다. 이 디렉토리는 매니저가 수정할 수 있습니다.

• 매니저가 설정을 하려고 하는 경우

'메뉴 관리 〉 질문답변게시판 선택 〉 하단 지식iN 연동 설정' 메뉴에서 지식iN과 연동되는 디렉토리를 설정할 수 있습니다. 각 카페에 가장 적합한 디렉토리를 선택하여 사용할 수 있습니다.

질문답변게시판을 만드는 방법은 두 가지로 첫 번째는 신규로 만드는 방법입니다. [관리]-[메뉴관리]를 선택한 후 '질문답변게시판' 메뉴를 선택한 후 [추가] 버튼을 클릭하면 '질문답변게시판' 메뉴가 만들어집니다. 두 번째는 게시판을 변경하는 방법입니다. 그림 2와 같이 기존 통합게시판을 선택한 후 '이 게시판을 질문답변게시판으로 변환합니다' 체크 박스를 선택한 후 [확인] 버튼을 클릭하면 질문답변게시판으로 변경합니다.

## 따라하기 질문답변게시판의 지식iN 연동과 카페 네임카드 사용

**01** 질문답변게시판으로 변환시킬 게시판을 선택합니다. [메뉴기본 설정]에서 '이 게시판을 질문답변게시판으로 변환합니다' 체크 박스를 선택한 후 [확인] 버튼을 클릭하면 질문답변게시판으로 변경합니다.

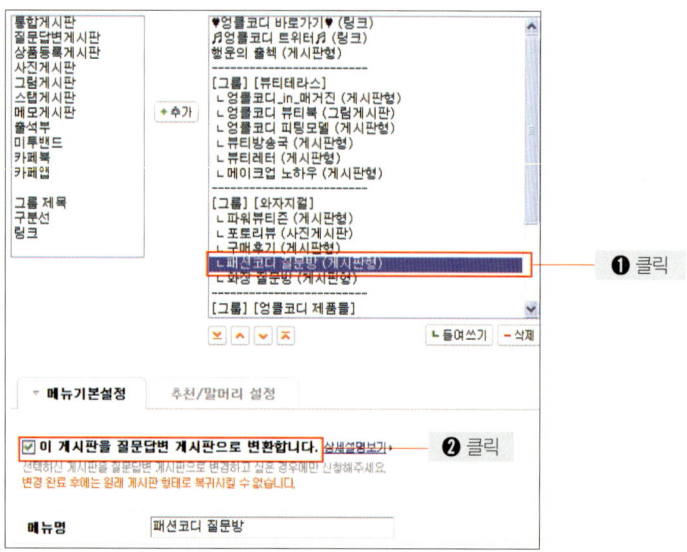

**02** 게시판 변환 창에서 [변환하기] 버튼을 클릭하면, 통합게시판에서 질문답변게시판으로 변경됩니다.

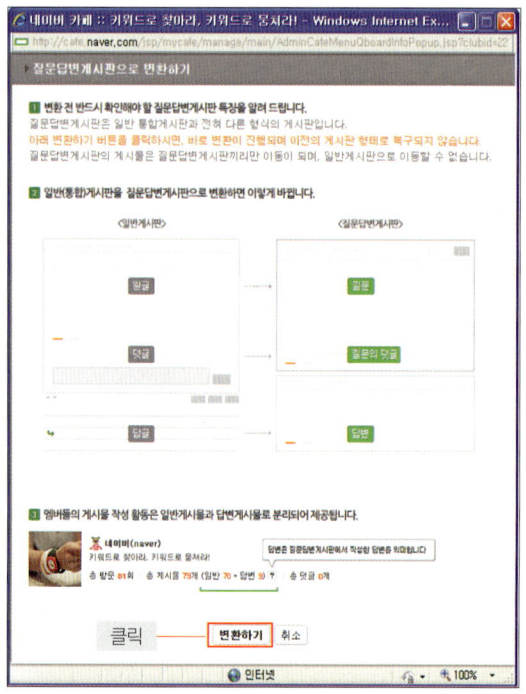

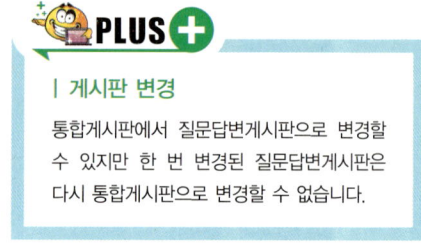

**｜게시판 변경**

통합게시판에서 질문답변게시판으로 변경할 수 있지만 한 번 변경된 질문답변게시판은 다시 통합게시판으로 변경할 수 없습니다.

**03** 카페의 게시판과 연관된 디렉토리를 설정합니다.

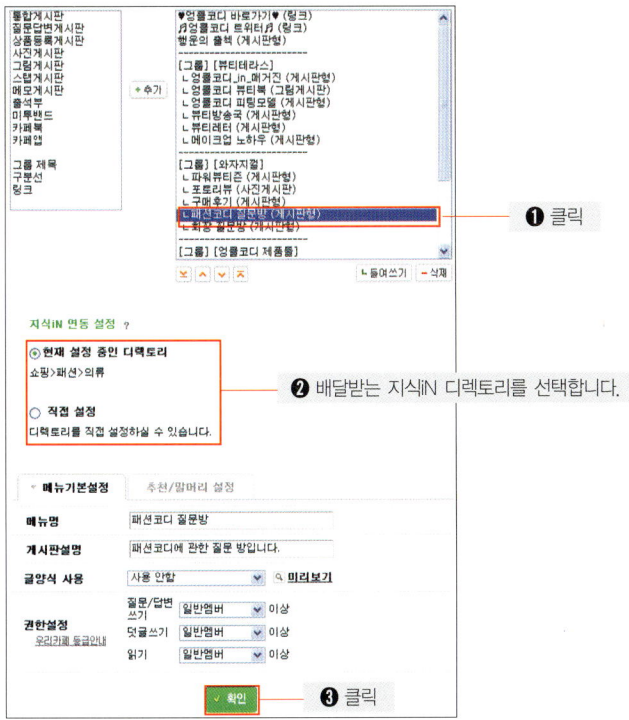

**04** 카페 질문답변게시판 목록 하단에 자동으로 '카페-지식iN 디렉토리'를 연동하여 지식iN 질문을 배달해 줍니다. 연동되도록 설정된 디렉토리의 질문 목록을 클릭한 후 답변할 경우 '지식iN에 답변한 질문 목록'에도 함께 등록됩니다. '카페-지식iN 디렉토리'가 연동되어 배달된 지식iN의 새로운 질문을 클릭합니다.

**05** '카페-지식iN 디렉토리'가 연동되어 배달된 지식iN의 질문은 새로운 질문들이기 때문에 대부분 답변 전 상태의 질문입니다. [나도 답변하기] 버튼을 클릭합니다.

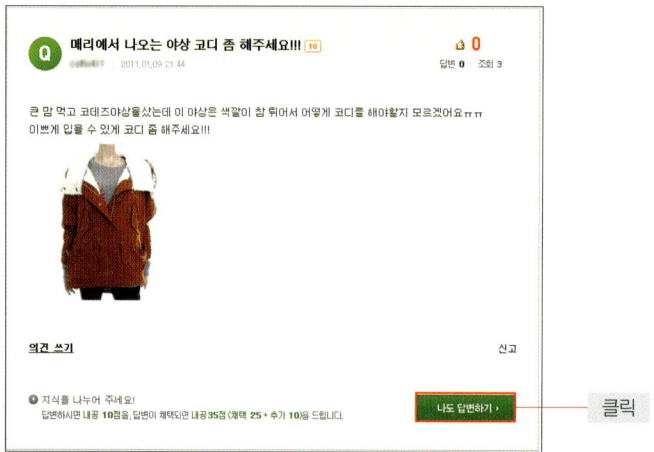

**06** 답변 내용을 작성합니다. 이미지나 동영상을 첨부하면 답변 효과는 물론 지식iN 상위 노출에도 유리합니다. 네임카드는 지식iN 네임카드와 카페 네임카드 중 선택할 수 있습니다. 마이지식으로 답변한 내용이 아니라 카페의 질문답변게시판을 통해서 답변하는 것이기 때문에 카페 네임카드를 선택하는 것이 카페 유입율이 더 높습니다. [답변등록] 버튼을 클릭합니다.

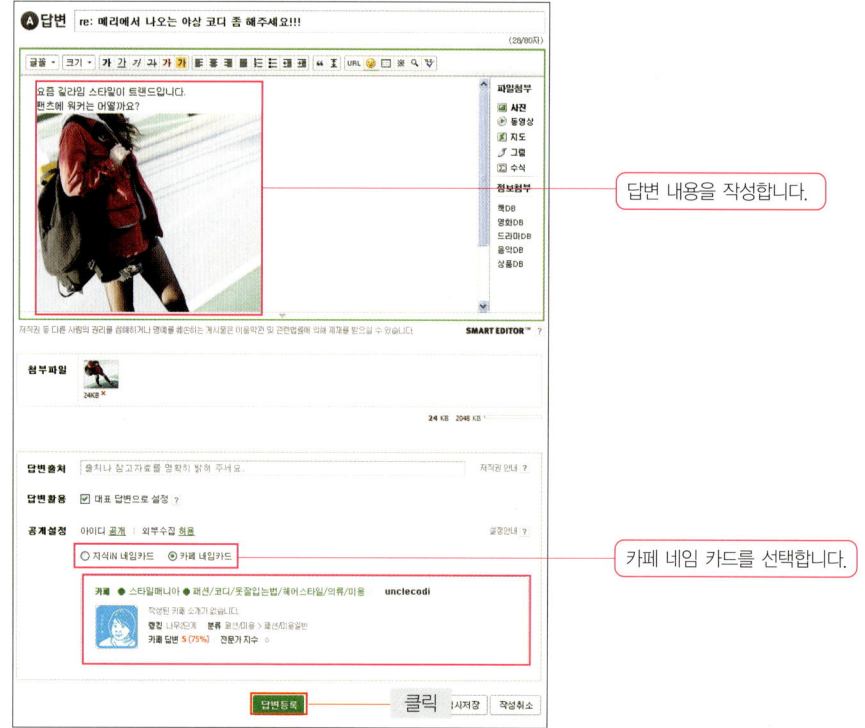

**07** [지식iN에 답변한 질문 목록] 메뉴를 선택합니다. 지식iN에 답변한 질문 목록을 확인할 수 있습니다.

지식iN의 답변 내용이 카페 게시판에 연동되어 게시판과 지식iN에 함께 등록됩니다.

## 4 미투밴드 연동으로 소셜 네트워크 검색에 최적화시키기

미투밴드는 미투데이의 새로운 모임 서비스인 미투밴드 기능입니다. 네이버 카페에서도 소모임 등 다양한 목적으로 이용할 수 있도록 미투밴드 개설, 가입, 글쓰기 등 연동서비스를 제공합니다. 카페에서 미투밴드를 개설하고 가입하면 미투데이 서비스에서도 동일하게 '개설/가입' 됩니다.

회원제로 운영되는 미투밴드는 카페에서는 카페 회원 누구나 모든 내용을 확인할 수 있는 공개 밴드가 기본 설정입니다. 카페에서 만나 다양한 관심사를 나누고 친목을 다지게 된 소모임끼리 150자 단문 대화를 나눌 수 있습니다. 또한 모바일 글 등록 및 실시간 모바일 업데이트 알림을 통해 카페 소식을 실시간으로 확인할 수 있습니다.

### 4-1. 미투밴드를 만들기 전에 해야 될 일

카페에서 미투밴드를 만들기 위해서는 매니저에게 미투밴드 생성 권한을 부여 받아야 만들 수 있습니다. 관심사가 비슷한 어떤 카페에 미투밴드를 만들고 싶다면 그 카페의 매니저에게 생성 권한을 요청해야 됩니다. 생성 권한을 부여 받은 멤버는 카페 메뉴의 '미투밴드보기'의 밴드개설 탭을 통해 밴드를 생성할 수 있습니다.

밴드 생성을 위해서는 네이버ID와 미투데이를 연결해야 합니다. 이미 연결된 경우 바로 미투밴드 이용이 가능하고 아직 연결되어 있지 않다면 밴드 개설 탭에 있는 [내 미투밴드 시작하기] 버튼을 클릭하여 안내에 따라 진행하면 네이버ID와 미투데이를 연결 할 수 있습니다. 네이버ID의 미투데이 연결이 완료되면 바로 밴드를 개설할 수 있습니다. 밴드 생성을 위해서는 밴드 이름 및 밴드 설명을 기입해야 되며 밴드를 생성한 사람은 별도로 리더 위임을 하지 않을 경우 밴드의 리더가 됩니다.

## 4-2. 미투밴드를 소셜 네트워크 검색에 최적화시키기

미투밴드를 개설한 후 카페와 연동시켜 소셜 네트워크 검색에 최적화시키는 방법에 대해서 알아보겠습니다.

### 따라하기 미투밴드를 카페 및 소셜 네트워크와 연동시키기

**01** 카페에서 [관리]-[메뉴 관리] 메뉴를 선택합니다. 기본 메뉴 적용에서 '미투밴드보기' 체크 박스를 클릭합니다.

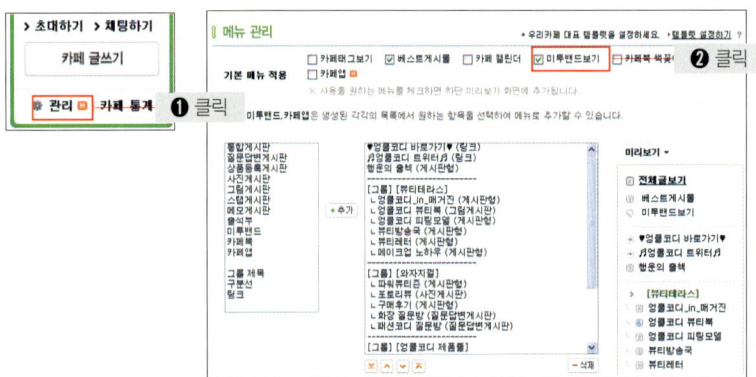

**02** '미투밴드보기'를 클릭한 후 [미투밴드 개설하기]를 클릭합니다.

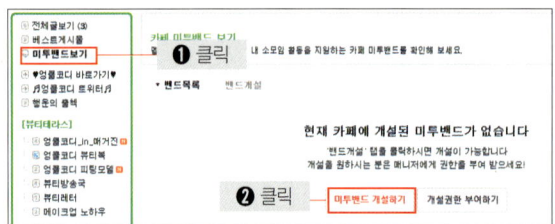

**03** 밴드이름, 밴드설명, 공개설정, 자동가입 상태, 리더지정 항목을 작성합니다. 카페 운영자가 직접 카페를 개설하는 경우나 리더가 없는 경우는 빈 공란 상태에서 [확인] 버튼을 클릭합니다.

밴더이름을 작성한 후 [중복확인] 버튼을 클릭하여 중복 여부를 확인해야 합니다.

**04** '옷 잘입는 법' 카페 미투밴드가 만들어졌습니다. 밴드이름을 클릭합니다. 미투데이와 동일하게 150자의 단문을 작성할 수 있습니다. 글을 작성한 후 [올리기] 버튼을 클릭합니다.

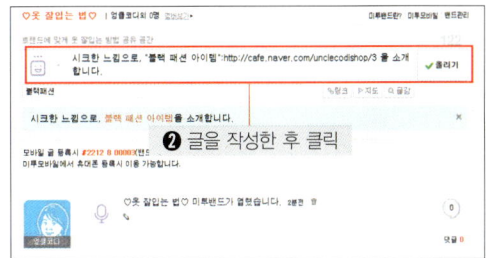

**05** '카페 밴드에 글은 나의 미투데이에도 동시에 연동되어 등록됩니다.

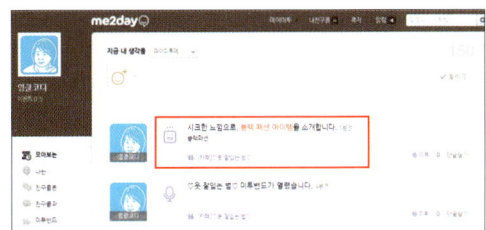

**06** '미투데이에서 [미투밴드]-[옷 잘입는법] 미투밴드를 선택하면 '옷 잘입는 법' 미투밴드에 올라온 글을 확인할 수 있고 여기서 글을 작성해도 카페의 '옷 잘입는 법' 미투밴드에도 연동되어 동시에 등록됩니다.

**│ 카페, 블로그 도메인 최적화**

카페와 블로그를 도메인과 연결시키면 웹문서가 검색 포털 사이트의 사이트의 검색 탭에 노출될 확률이 높아집니다. 예를 들어 'ABC' 라는 네이버 아이디로 카페를 만들었다면 카페 주소는 'cafe.naver.com/abc' 입니다. 이 주소를 사용하지 않고 'abccafe.co.kr' 도메인을 구입한 후 카페를 링크시키면 사이트 검색 탭에 노출될 확률이 높아집니다. 만약 블로그라면 'blog.naver.com/abc'를 'abcblog.co.kr' 도메인으로 링크시킵니다.

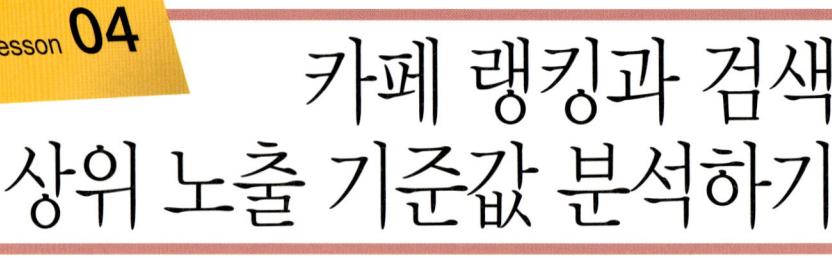

# Lesson 04
# 카페 랭킹과 검색 상위 노출 기준값 분석하기

## 1. 카페 랭킹 순위에 따라 무엇이 달라지나요?

카페 랭킹은 다음 그림과 같이 씨앗, 새싹, 잎새, 가지, 열매, 나무 등 총 6개의 그룹 등급과 그 그룹 등급에 5개의 세부 등급으로 구성되어 총 30개의 등급이 있습니다. 카페 활동 상황에 따라 한 달에 두 번(매월 2일, 17일 경) 카페 등급을 평가 받아 한번에 2단계까지 올라갈 수 있습니다.

> **PLUS+**
>
> **| 카페 등급 상승하기 위해 필요한 2주간 활동 점수**
>
> 카페 등급 상승하기 위해 필요한 2주간 활동 점수표는 '앤써북 카페(www.answerbook.co.kr)-도서 자료방/Q&A-인터넷 마케팅' 메뉴에서 [카페 등급 상승에 필요한 활동 점수표] 게시글을 참조하세요.

처음 카페를 개설 하면 가장 낮은 '씨앗' 등급 그룹의 씨앗5단계(껍질 씨앗)부터 시작됩니다. 그림1의 카페는 2004년 3월에 개설되었고 멤버수가 127,670명이고 카페 등급은 열매2단계이며, 그림2의 카페는 2010년 3월에 개설되었고 멤버수가 7,404명이고 카페 등급은 가장 높은 등급인 숲입니다. 즉 회원수가 적어도 답글, 덧글, 게시글 등 운영자와 회원들의 참여도가 높으면 카페 등급이 올라가는 것을 알 수 있습니다.

## 2 카페 등급의 혜택과 노출 순위 항목

카페 등급이 높으면 어떤 혜택이 있는지에 대해서 알아보겠습니다. 가장 큰 혜택은 카페 검색 탭의 카페명의 노출 순위에 정확도와 함께 순위 결정의 중요한 요인으로 작용한다는 점입니다. 다음 네이버 검색 창에서 '자전거여행' 검색어에 대한 카페 검색 탭의 검색 결과를 나타낸 그림입니다. 검색 결과 페이지는 '카페명-카페글' 구조로 노출되며, 카페명은 3개까지 노출됩니다. 카페명의 카페 노출 기준은 정확도, 카페랭킹, 카페회원수, 카페의 최근 새글수, 전체글수, 카페등급 등이 종합적으로 평가되어 높은 점수를 받은 카페 순으로 배치됩니다.

그 외 카페 게시글을 올릴 때 한 번에 첨부할 수 있는 파일의 용량이 늘어납니다. 씨앗등급은 5MB까지 가능하고 최고 등급인 나무 등급 이상은 10MB 첨부가 가능합니다. 또한 가지등급

이상은 네이버로부터 정모를 지원받을 수 있습니다. 그보다 중요한 것은 카페 등급이 올라가면 게시글 등록 시 노출에 유리하다는 점입니다.

## 3 카페 등급을 올리는 대표적인 방법

카페 등급은 멤버수가 많다고 무조건 등급이 높은 것은 아닙니다. 등급은 카페의 활동 점수에 따라 등급이 결정됩니다. 카페 등급을 올리는지 그 방법에 대해서 알아보겠습니다.

❶ 카페 활동수가 많아야 합니다.
카페 활동수란 좋은 게시글을 만들고, 다른 멤버의 글에 관심을 갖습니다. 게시글의 수, 방문자와 회원의 카페 게시물 조회수, 덧글수, 답글수 등 글쓰기에 관련된 모든 활동이 활동 점수에 반영되어 등급 상승에 유리한 점수를 받게 됩니다.

❷ 카페 게시글을 만들 때 옵션에서 공개 설정합니다.
카페의 게시글은 검색 포털을 웹 검색을 통해서 또는 소셜 네트워크로 연결된 회원의 회원들을 통해서 조회할 수 있습니다. 웹 검색을 통하든 소셜 네트워크를 통하든 카페로 들어오는 사람들이 많을수록 등급 상승에 유리한 점수를 받게 됩니다.

옵션 설정은 '사용', '허용'이 유리합니다.

❸ 카페 멤버 수를 늘립니다.
멤버(회원)의 수는 많을수록 등급이 올라가는데 큰 영향을 줍니다. 하지만 누적 멤버수보다 기간별 신규 멤버수가 더 큰 영향을 줍니다. 특정 기간에 많은 멤버수를 모집하여 카페의 등급을 일시적으로는 올라가지만 그 기간이 지나면 등급을 올리는데 큰 영향을 주지 않습니다. 오히려 꾸준히 신규 회원들이 늘어나는 것이 등급 상승에 유리한 점수를 받게 됩니다. 즉 꾸준한 멤버 수를 늘리려면 꾸준한 카페 활동이 따라야 합니다.

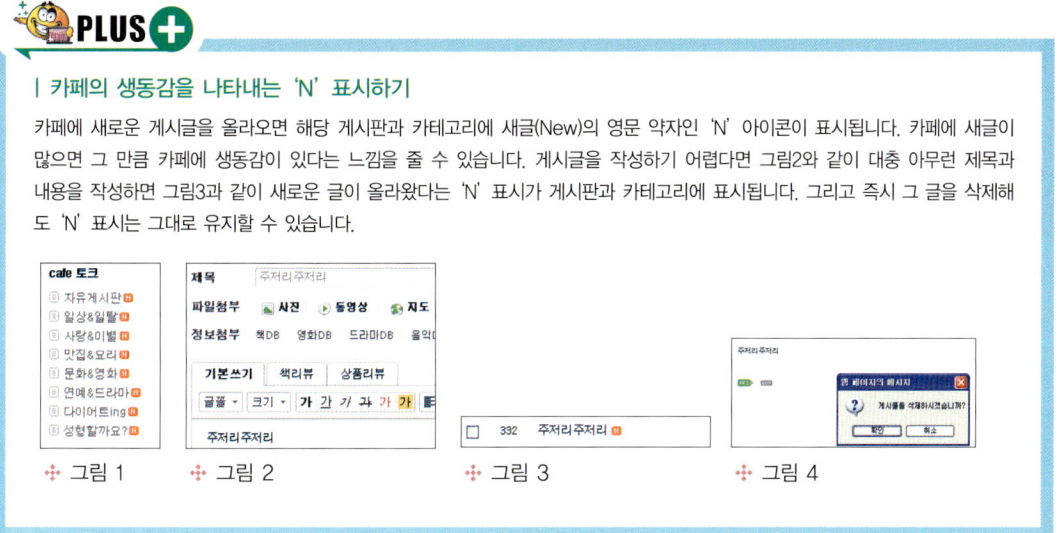

| 카페의 생동감을 나타내는 'N' 표시하기

카페에 새로운 게시글을 올라오면 해당 게시판과 카테고리에 새글(New)의 영문 약자인 'N' 아이콘이 표시됩니다. 카페에 새글이 많으면 그 만큼 카페에 생동감이 있다는 느낌을 줄 수 있습니다. 게시글을 작성하기 어렵다면 그림2와 같이 대충 아무런 제목과 내용을 작성하면 그림3과 같이 새로운 글이 올라왔다는 'N' 표시가 게시판과 카테고리에 표시됩니다. 그리고 즉시 그 글을 삭제해도 'N' 표시는 그대로 유지할 수 있습니다.

❹ 카페 등업은 수동이 아닌 자동으로 설정하라.

[관리]-[멤버운영관리]-[멤버등급관리] 메뉴를 선택한 후 멤버의 등급을 관리할 수 있습니다.

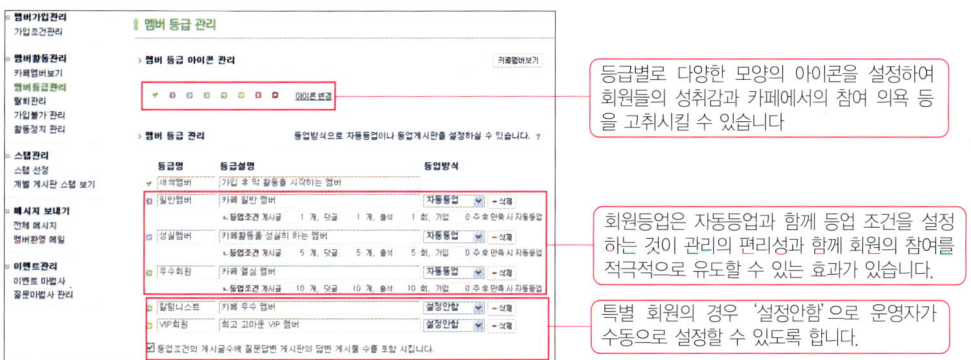

## 4 카페 활동 점수 계산법으로 카페 운영 최적화

카페의 등급은 매니저(운영자)가 조정하는 것이 아니라, 카페의 회원들의 활동에 의해서 결정됩니다. 일정 등급까지는 운영자 혼자만의 힘으로도 가능하지만, 그 이상은 카페 회원들의 활동이 절대적으로 필요합니다. 활동 점수 항목 외 네이버에서 추가로 주는 가산점이 별도로 존재할 수 있지만 카페의 기본 활동 점수의 기본적인 계산 방법은 다음과 같습니다.

카페 활동 점수 = (게시물×5)+(검색 조회수/2)+(덧글수×2)+(가입 회원수×3)

첫 번째 사례는 게시물이 10개, 카페 조회수가 100회, 회원의 덧글수가 50건, 가입회원수가 100명인 카페의 활동 점수입니다.

(10×5)+(100/2)+(50×2)+(100×3)=500점

두 번째 사례는 게시물이 30개, 카페 조회수가 100회, 회원의 덧글수가 100건, 가입회원수가 50명인 카페의 활동 점수입니다.

(10×30)+(100/2)+(100×2)+(50×3)=700점

첫 번째 사례가 두 번째 사례보다 가입 회원수가 많음에도 불구하고 두 번째 사례가 더 높은 점수를 받은 결정적 요인은 게시물의 수입니다. 신규 회원을 모집하는 것도 중요하지만 카페 회원들의 또는 운영자의 적극적인 활동지수가 더 중요하다는 것을 알 수 있습니다.

**| 카페 게시판의 종류와 카페 점수 관계**

카페 활동 점수의 채점 항목 중 게시물에 할당되는 점수가 가장 높습니다. 즉, 덧글수보다는 신규 회원 가입이 더 높은 점수를 받고, 신규 회원 가입보다는 게시글이 카페의 점수를 높이는데 유리합니다. 즉, 카페 초기에 '출석 체크 게시판', '꼬리말 잇기 게시판', '회원끼리 묻고 답하기' 등과 같이 별도의 게시판을 생성하는 것이 검색에 좀 더 유리한 점수를 받을 수 있습니다.

## 5 카페 유입 경로 파악과 분석 결과 확인하기

카페에서 제공되는 스마트리포트를 통해서 카페 회원들의 방문 현황, 카페를 방문한 경로 분석, 회원들의 게시물 현황, 회원들의 활동 현황 등의 분석 결과를 확인할 수 있습니다. 분석 결과를 토대로 카페 운영 전략 및 마케팅 전략을 수정 보완할 수 있습니다.

카페 프로필에서 [관리]-[통계] 메뉴를 선택한 후 방문 현황 메뉴, 방문 경로 분석 메뉴, 게시물 통계 메뉴, 멤버 분석 메뉴 등을 파악할 수 있습니다.

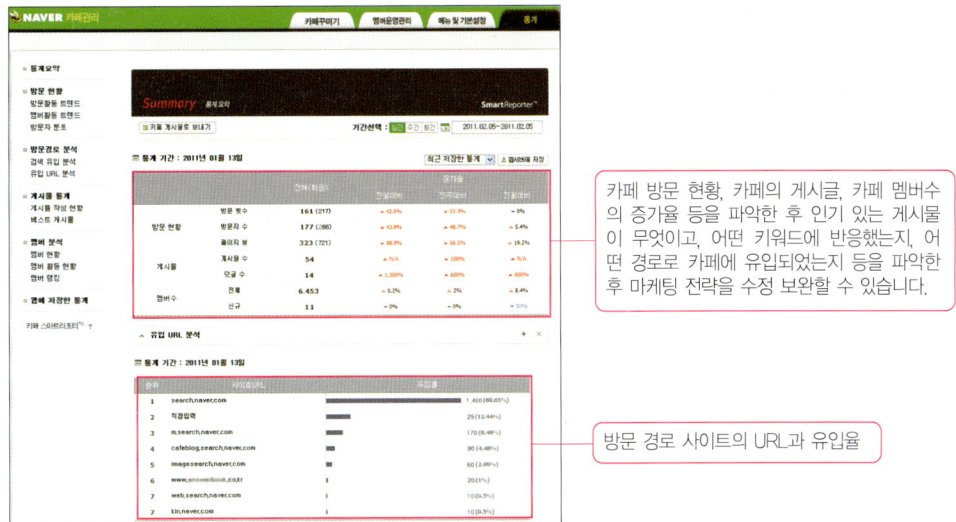

카페 방문 현황, 카페의 게시글, 카페 멤버수의 증가율 등을 파악한 후 인기 있는 게시물이 무엇이고, 어떤 키워드에 반응했는지, 어떤 경로로 카페에 유입되었는지 등을 파악한 후 마케팅 전략을 수정 보완할 수 있습니다.

방문 경로 사이트의 URL과 유입율

| 유입 경로명과 내용

유입 경로명과 내용에 관한 표입니다. 최근 대부분의 카페의 유입 경로 중 네이버 모바일 검색(m.search.naver.com), 네이버 소셜 검색(social.search.naver.com) 등이 눈에 띄게 증가하고 있는 추세입니다.

| 유입 경로명 | 내용 |
| --- | --- |
| search.naver.com | 경쟁이 치열한 키워드가 아닌 경우 카페 또는 카페 속에 이미지가 검색 첫 페이지 노출될 때 통합검색 첫 페이지에 노출된 결과를 클릭해서 유입된 경우 |
| 직접입력 | 직접 입력한 경우 |
| m.search.naver.com | 네이버 검색으로 유입된 경우 |
| cafeblog.search.naver.com | 통합검색 결과화면에서 카페 또는 블로그 탭을 클릭 또는 검색 포털 메인에서 카페나 블로그 탭을 클릭한 후 유입된 경우 |
| imagesearch.naver.com | 이미지 검색으로 유입된 경우 |
| www.naver.com | 네이버에서 클릭해서 유입된 경우 |
| section.cafe.naver.com | 네이버 카페 섹션에서 유입된 경우 |
| map.naver.com | 네이버 지도 검색에서 유입된 경우 |
| kin.naver.com | 네이버 지식인 검색에서 유입된 경우 |
| cafe.naver.com | 카페 내에서 클릭해서 유입된 경우 |
| realtime.search.naver.com | 실시간 검색에서 유입된 경우 |
| social.search.naver.com | 네이버 소셜 검색에서 유입된 경우 |
| video.search.naver.com | 네이버 동영상 검색에서 유입된 경우 |

# 6 카페를 홍보하고 회원을 늘리는 방법

카페 운영자는 회원들에게 카페 공지 및 새소식과 같은 초대장을 발송할 수 있습니다. 카페 초대장 기능은 카페를 홍보하고 회원을 늘리는 방법을 많이 사용하고 있는 기능입니다. 무작위로 랜덤하게 초대장이 발송되면 신고되어 제재를 받거나 스팸으로 취급 받는 것보다는 가능성이 높고 초대하고 싶은 사람들만 선별하여 초대장을 발송하는 것이 더 효율적인 방법입니다.

초대 받은 회원 중 관심을 보여 내 카페의 회원이 되면 소셜 네트워크의 효과를 기대할 수 있습니다. 네이버 검색의 경우 소셜 네트워크 검색과 네이버미를 통해 카페 회원의 콘텐츠(게시글)만 검색되거나 구독하기 때문에 양질의 회원을 선별하여 초대장을 발송해야 합니다.

초대장은 카페 개설 시기에 따라 활용성을 달리할 수 있습니다. 카페 초반에는 다른 카페의 운영이나 스텝을 내 카페 카테고리나 특정 코너의 운영진으로 모시는 초대장으로 활용하고, 카페 회원 모집과 활성화를 위해서는 양질의 회원들을 선별하여 발송합니다. 초대에 가장 빠르게 응하는 대상은 신규 회원이지만 이들은 검증되지 않은 상태이기 때문에 카페 회원수를 늘리는데는 도움은 될 수 있지만 카페 활성화에는 큰 기대하기는 어렵다는 단점이 있습니다. 네이버 카페의 경우 초대장 발송은 하루 100명으로 제한되어 있습니다.

## 6-1. 양질의 회원이 주는 소셜 네트워크 검색 효과

양질의 회원을 선별하여 초대장을 발송한 후 초대에 응하여 회원으로 가입되면 그 회원을 통해서 나의 게시글이 소셜 네트워크 검색 탭에 노출될 수 있습니다.

### 따라하기 양질의 멤버만 골라서 초대하기

**01** 연관성이 높고 네티즌들이 많이 찾는 양질의 카페에 가입합니다. 카페 좌측 상단의 '카페 정보 창'에서 카페 회원수를 클릭하면 카페 회원보기 페이지가 나타납니다.

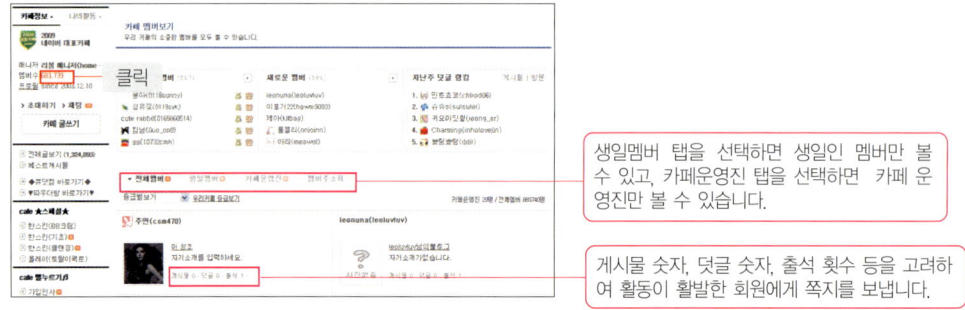

생일멤버 탭을 선택하면 생일인 멤버만 볼 수 있고, 카페운영진 탭을 선택하면 카페 운영진만 볼 수 있습니다.

게시물 숫자, 덧글 숫자, 출석 횟수 등을 고려하여 활동이 활발한 회원에게 쪽지를 보냅니다.

**02** 회원 아이디를 클릭한 후 '카페 초대' 메뉴를 선택합니다.

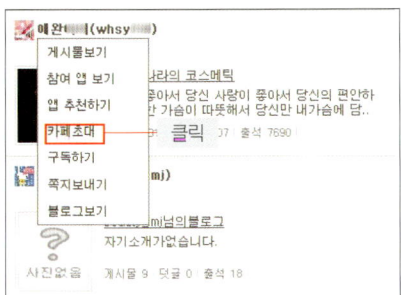

**03** 카페 초대장 보내기 팝업 창에서 초대할 카페(내 카페를 선택)를 선택하고 초대 메일 제목과 내용을 작성한 후 [보내기] 버튼을 클릭합니다. 초대를 수락하면 그 회원의 소셜 네트워크 검색 탭은 물론 네이버 미를 통해서도 카페의 정보가 전달·노출 됩니다.

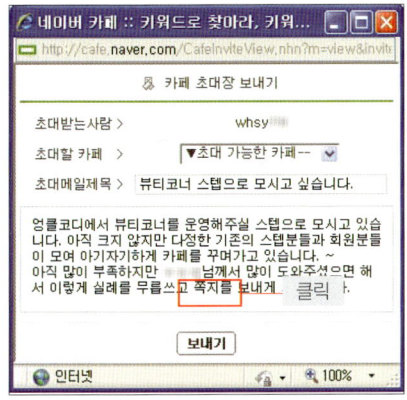

## Chapter 07

# 검색 노출과 소셜 네트워크에 최적화된 블로그 마케팅

**Lesson 1.** 한눈에 보이는 블로그 마케팅 최적화
**Lesson 2.** 한눈에 보이는 블로그 포스트와 화면 구성 요소
**Lesson 3.** 블로그 최적화 시키기

# 한눈에 보이는 블로그 마케팅 최적화

## 1 블로그의 등장인물과 그들의 역할

블로그는 카페와 마찬가지로 콘텐츠를 생산하는 생산 공장의 역할을 합니다. 블로그를 통해서 생산된 콘텐츠(포스트)가 인터넷 마케팅으로 활용되어 그 목적을 다하기까지 등장하는 인물과 그들의 역할에 대해서 알아보겠습니다.

### ❶ 생산자

블로그를 운영하는 운영자입니다. 포스트를 만들어 블로그에 등록시킨 후 노출을 통해서 방문자들을 기다리는 마케터가 있는가하면, 관심사 비슷하거나 파워 블로그를 방문하여 자신의 발자취(포스트, 댓글 등)를 남기는 마케터도 있습니다. 두 마케터 모두 자신의 블로그로 보다 많은 블로거들을 유입시키는 목적을 가지고 있습니다.

생산자의 콘텐츠 생산 횟수(신규 포스트 등록 숫자), 즉 포스팅 지수는 블로그 포스트의 상위 노출에 있어서 가장 중요한 요인 중 하나로 작용합니다. 하루에 많은 양의 포스트보다는 매일매일 꾸준히 1~2개의 포스트를 남기는 것이 블로그 운영지수에 유리하게 작용합니다. 운영지수가 낮은 블로그와 동일한 신규 포스트를 등록했을 때 운영지수가 높은 블로그의 포스트가 검색 상위에 노출될 확률이 높아집니다.

### ❷ 방문자

검색 포털의 검색 결과로 블로그를 찾거나 다른 이웃 블로거를 통해서 방문하는 사람입니다. 인터넷 마케터는 방문자의 숫자를 늘리는 것도 중요하지만 방문자가 방문자로 끝나는 것이 아니라 이웃 블로거로 발전해야 합니다. 블로그의 방문자수는 블로그의 인기도 지수에 영향을 줍니다. 블로그의 인기도는 블로그의 페이지뷰에 방문자 수를 나눈값입니다. 예를 들어 방문자수가 1,000명이고, 페이지뷰 수가 1,000 클릭이라면 인기도 지수는 1,000/1,000=1.00입니다. 즉, 1명이 방문할 경우 보통 1개의 게시글을 보았다는 것을 의미합니다. 블로그의 인기도 지수는 포스트의 상위 노출에도 영향을 주기는 요인이기 때문에 방문자의 페이지뷰 수를 늘릴 수 있도록 콘텐츠뿐만 아니라 블로그의 구성도 방문자의 편리성을 고려해야 할 것입니다.

❸ 이웃, 구독자

블로그와 이웃 또는 서로이웃 맺기로 관계가 맺어진 블로거들을 이웃이라고 하고, 이웃 블로거 중 생산자의 포스트를 구독하는 이웃을 구독자라 합니다. 생산자와 이웃 또는 구독자와는 '1:1 관계'로 네이버의 소셜 네트워크 검색, 네이버미를 통해서 생산자의 콘텐츠가 배달되면서 '1:∞' 관계가 형성됩니다. 블로그 이웃, 구독자의 덧글, 공감, 조회, 스크랩, 엮인글 등의 숫자는 블로그의 운영지수를 높이데 중요한 요인으로 작용합니다. 특히 덧글의 경우 비밀 덧글보다 방문자가 남기는 덧글이, 방문자가 남기는 덧글보다 이웃 또는 구독자가 남기는 덧글이 블로그 포스트의 인기도 지수를 높이는 요인으로 작용합니다.

❹ 이웃의 이웃들

블로그의 이웃 또는 구독자와 이웃하는 이웃, 그 이웃의 또 다른 이웃들과 관계를 맺어가는 것이 인터넷 마케팅의 목적입니다. 이웃의 이웃들과 관계를 맺기 시작하면 '1:1 관계'에서 '1:∞' 관계가 형성됩니다. '1:∞' 관계가 형성되기 위해서 사용되는 도구가 미투데이, 트위터, 페이스북 같은 소셜 네트워크 서비스입니다. 소셜 네트워크 서비스의 초점은 전파력에 있으며, 블로그가 전파력을 발휘하기 위해서는 포스트를 소비한 이웃들이 '~해서 좋았습니다.', '~정말 감동했습니다.', '~반값이네요.' 등과 같이 전파할 수 있도록 공감을 줄 수 있어야 합니다.

## 2 블로그와 카페의 차이점은 무엇인가요?

일상생활 속에서 일어나는 일들을 그때마다 노트에 작성하듯이 인터넷의 특정한 공간을 통해서 형식에 구애받지 않고 자유롭게 메모하는 것이 블로그의 시초라 할 수 있습니다. 사실 인터넷의 특정한 공간에 개인의 일상생활에 관한 자유로운 글을 작성하는 것의 시초는 "싸이월드 미니홈피"라 할 수 있습니다. 하지만 "싸이월드 미니홈피"는 싸이월드 이외의 인터넷 공간에서는 접근하기 쉽지 않다는 점으로 인해 "끼리끼리" 문화를 즐기는 10~20대 여성들이 주로 이용했었습니다. 그래서 10~20대 여성을 주고객층으로 하는 여성의류 쇼핑몰에서는 "싸이월드 미니홈피"를 운영하는 사례가 많습니다. 이러한 특성 반영하여 나만의 인터넷 공간으로 떠오르는 것이 블로그입니다.

블로그와 카페는 유사한 부분이 많이 있지만 차이점도 많습니다. 카페가 집단적인 커뮤니티라면 블로그는 개방적인 커뮤니티라 할 수 있습니다. 블로그의 포스트(블로그의 글)가 트위터, 미투데이, 페이스북 등 소셜 네트워크를 통해서 급속히 전파할 수 있게 되면서 블로그의 개방성이 홈페이지나 쇼핑몰 홍보에 더욱 중요해지고 있습니다. 블로그와 카페가 어떤 차이점이 있는지 표를 통해서 알아봅시다.

| 분류 | 카페 | 블로그 |
| --- | --- | --- |
| 콘텐츠 | 회원 중심의 폐쇄적인 공간에서 정보를 공유하고, 회원들끼리만 정보를 교류합니다. | 개방적인 공간에서 제약 없이 정보를 공유하기 때문에 카페보다 전문적인 측면의 정보를 교류합니다. |
| 회원 관계 | 운영자와 부운영자, 부운영자와 회원과 같이 회원을 등급으로 구분하는 수직과 수평 관계의 혼합된 형태로 운영됩니다. | 운영자와 회원, 회원과 회원들과 수평적인 관계로 자유롭게 운영됩니다. |
| 홍보 효과 | 폐쇄적인 특성으로 인해 블로그에 비해 홍보 효과는 빠르지 않지만 체계적인 홍보가 가능합니다. | 개방적인 공간 특성과 함께 다양한 채널을 함께 활용할 수 있어 홍보 효과가 빠릅니다. |
| 활동성 | 약간의 구속력이 있기 때문에 의견을 수집하고 집행하기가 수월합니다. | 구속력이 없기 때문에 의견을 수집하기가 수월하지 않습니다. |

# Lesson 02 한눈에 보이는 블로그 포스트와 화면 구성 요소

## 1 한눈에 보이는 블로그 포스트 구성 요소와 소셜 네트워크 관계

블로그의 포스트는 내 블로그에서 작성하는 포스트와 다른 블로그에서 작성하는 포스트로 구분됩니다. 특히 다른 블로그에서 작성하는 포스트에는 작성자 정보(❸)가 노출되며, 이는 나를 알릴 수 있는 중요한 마케팅 도구로 사용되고 있습니다.

블로그의 콘텐츠를 보고 자신의 블로그나 카페에 담아갈 수 있고, 자신의 트위터나 미투데이 계정으로 보내어 친구들과 공유할 수 있고, 이웃 블로그로 추가할 수 있고, 네이버 블로그의 경우라면 네이버미로 정기 구독할 수 있고, 쇼핑몰이나 홈페이지를 운영한다면 방문해 볼 수 있습니다. 블로그의 포스트를 구성하는 요소와 특징은 다음과 같습니다.

❶ 이웃추가

이웃추가는 웹브라우저의 '즐겨찾기'와 같습니다. 다시 방문하고 싶거나 즐겨찾는 블로그를 블로그 이웃으로 추가하면 로그인할 때마다 추가한 이웃들의 업데이트 소식을 볼 수 있으며, 쉽고 빠르게 수많은 블로그 이웃들을 둘러볼 수 있습니다.

- **이웃** : 내가 다른 블로거를 추가하거나 다른 블로거가 나를 이웃 추가하면 '이웃' 관계가 맺어집니다. 단 '이웃' 공개로 포스팅을 한 경우는 내가 추가한 '이웃'들까지 열람할 수 있으며, '서로이웃' 공개로 작성한 포스트의 경우에는 '이웃' 블로거들은 열람할 수 없습니다.
- **서로이웃** : '서로이웃'은 상호간 동의하에 서로를 이웃으로 등록한 경우에 해당됩니다. '서로이웃' 신청을 한 후 상대방이 '서로이웃'을 승낙하면 '서로이웃' 관계가 성립됩니다. '서로이웃'인 경우에는 '서로이웃' 공개로 쓴 포스트와 '이웃' 공개 포스트 모두를 열람할 수 있습니다.

**PLUS ➕**

**| 서로 서로 '이웃' 추가하면 '서로이웃'이 되나요?**

이웃추가는 누구나 자유롭게 추가할 수 있는 북마크(즐겨찾기)와 같은 기능이기 때문에 내가 다른 사람을 이웃으로 추가하고, 그 사람도 나를 이웃으로 추가했다고 해도 서로이웃은 아닙니다. 서로의 블로그를 즐겨찾기 한 정도로 이해하면 됩니다.

물론, 이런 경우 상대방의 서로이웃공개 포스트는 읽을 수 없습니다. 상대방도 내가 작성한 '이웃공개' 포스트까지만, 나도 상대방의 '이웃공개' 포스트까지만 볼 수 있습니다. 그렇기 때문에 서로이웃이 되기를 원한다면 반드시 '서로이웃신청'을 통해 상호 신청과 승인이 이루어져야 서로이웃 관계가 형성됩니다.

- **이웃의 이웃** : 내 블로그 이웃들과 이웃하는 블로거들을 추가할 수 있는 기능입니다. 네이버 블로그의 경우 블로그 섹션(section.blog.naver.com)에서 [이웃 소식보기] 탭을 클릭한 후 '이웃의 이웃' 메뉴를 클릭합니다. 관심있는 이웃추가() 버튼을 클릭합니다. 이웃추가 팝업창에서 '이웃' 또는 '서로이웃' 라디오버튼을 선택한 후 [다음] 버튼을 클릭합니다. '이웃'을 선택하면 바로 나의 이웃 블로거가 되지만, '서로이웃'을 선택하면 서로이웃 맺기에서 이웃 신청 메시지를 작성한 후 상대의 동의를 기다려야 합니다. 상대의 동의 여부에 따라 서로이웃이 될 수도 있고 그렇지 못할 수도 있습니다.

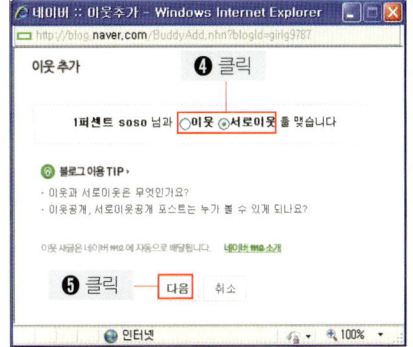

❷ 내 블로그에 담기 / 카페에 담기

내 블로그에 담기를 선택하면 포스트를 블로그에 복사할 수 있으며, 카페에 담기를 선택하면 포스트를 카페에 복사할 수 있습니다. 포스트가 다른 블로그나 카페에 담기면 담아간 블로그나 카페를 통해서 입소문 마케팅이 시작됩니다. 포스트가 담긴 횟수는 블로그의 인기도에 반영되는 요소입니다. 하지만 그 보다 더 중요한 것은 블로그나 카페에 담긴 포스트는 담아간 블로거의 이웃, 담아간 카페의 회원들과도 공유되어 콘텐츠가 퍼지기 때문에 홍보 효과와 함께 검색 포털 사이트의 소셜 네트워크 검색 탭의 노출 빈도가 높아진다는 점입니다.

❸ 덧글 쓰기

포스트에 공감한 블로거는 덧글을 작성합니다. 덧글의 숫자는 포스팅의 인기도의 반영 요소이기 때문에 최대한 덧글에 참여할 수 있도록 공감할 수 있는 콘텐츠를 작성합니다. 블로그의 덧글에는 비밀덧글, 방문자가 작성한 덧글, 이

웃이 작성한 덧글이 있습니다. 비밀덧글보다는 방문자에 의한 덧글이, 방문자에 의한 덧글보다는 이웃의 덧글이 포스팅의 인기도에 더 높게 반영됩니다. 또한 덧글에 대해서 답글을 작성할 수 있으며, 답글이 없는 덧글보다 답글이 달린 덧글이 더 높게 반영됩니다.

### ❹ 공감하기

포스트에 공감한 블로거는 [공감하기] 버튼을 클릭하여 공감할 수 있습니다. 공감 숫자도 포스팅의 인기도를 반영하는 요소이기 때문에 최대한 공감을 유도할 수 있는 콘텐츠를 작성합니다.

### ❺ 트위터로 보내기

포스트 우측 하단에서 드롭 버튼( )을 클릭한 후 '트위터로 보내기'를 선택하면 포스트를 블로거의 트위터로 보낼 수 있습니다. '트위터로 보내기'를 선택하면 다음과 같이 트위터 텍스트 창에 제목과 블로그 주소가 삽입되고, [트윗(Tweet)] 버튼을 클릭하면 내 트위터 타임라인(홈)에 포스트가 등록됩니다. 등록된 트위터 글은 나와 관계를 맺고 있는 팔로우(친구)와 팔로우의 팔로우들에게도 배포됨으로써 입소문 마케팅이 시작됩니다.

✥ 나의 트위터 타임라인에 등록된 블로그 포스트

### ❻ 미투데이로 보내기

포스트 우측 하단 [미투] 버튼을 클릭한 후 나의 생각을 작성하고 [올리기] 버튼을 클릭합니다.

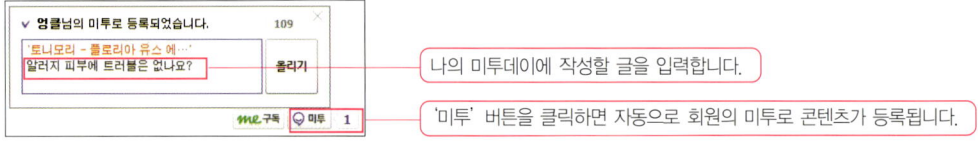

나의 미투데이에 블로그 포스트의 내용과 함께 작성한 글이 등록됩니다. 또한 이 콘텐츠는 미투데이의 친구와 친구의 친구들에게도 배포됨으로써 입소문 마케팅이 시작됩니다.

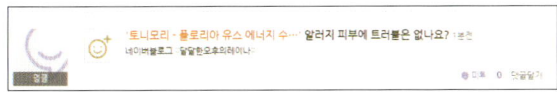

**❼ 네이버미(me) 구독하기**

[me구독] 버튼을 클릭하면 네이버미를 통해서 블로거의 새로운 콘텐츠들을 실시간으로 구독할 수 있습니다. 단 네이버미를 구독하기 위해서는 서로이웃 관계이어야 합니다.

서로이웃 관계가 맺어지면 나의 네이버미와 서로이웃 블로거의 네이버미의 블로그 소식에 서로의 새 글을 실시간으로 구독할 수 있습니다. 또한 서로이웃한 블로그를 구독하는 이웃 블로그들에게도 나의 새 글이 전파됩니다.

## 2. 한 눈에 보이는 블로그 화면 구성

블로그의 시작 화면은 타이틀 영역, 포스트 영역, 사이트바 영역으로 구성되어 있습니다. 이 분류는 절대적인 것이 아니라 사용자에 따라 유동적으로 변할 수 있습니다.

❶ 타이틀 영역
❷ 상단 대표 메뉴
❹ 프로필 영역
❸ 포스트 영역
❺ 사이트 바 / 기본 메뉴 영역

### 2-1. 블로그 타이틀 영역

타이틀은 방문자에게 블로그의 컨셉이나 정체성을 보여줄 수 있는 곳입니다. 깔끔한 블로그를 원하는 사람 중 타이틀을 사용하지 않는 경우도 있습니다. 깔끔한 장점도 있지만 새로운 방문자에게는 블로그의 첫 느낌, 블로그 이웃들에게는 계절의 변화 등을 보여줄 수 있는 수단으로 사용되기 때문에 사용하는 것이 좋습니다.

타이틀 디자인은 네이버에서 제공되는 스킨을 사용할 수 있고 직접 디자인한 이미지 파일을 사용할 수 있습니다. 쇼핑몰의 컨셉 등을 고려하여 쇼핑몰에서 사용한 유사한 느낌의 이미지를 사용할 수도 있습니다.

## 따라하기 블로그 타이틀 이미지 사용하기

**01** 포토샵에서 타이틀 이미지를 디자인한 후 저장합니다. 블로그 타이틀 이미지는 가로는 966px이고 세로는 50~300px 사이의 사이즈로 만듭니다.

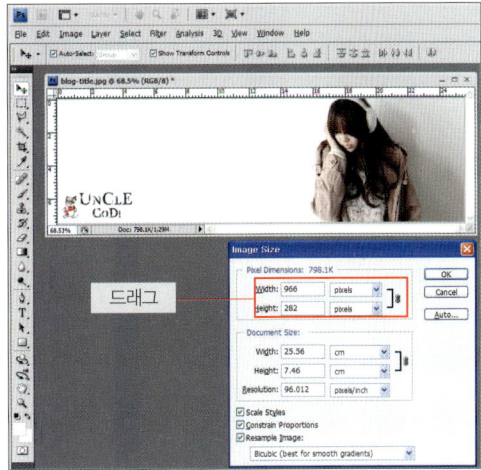

**02** 프로필 영역에서 [관리]를 선택한 후 [꾸미기 설정]-[타이틀 꾸미기]를 선택합니다.

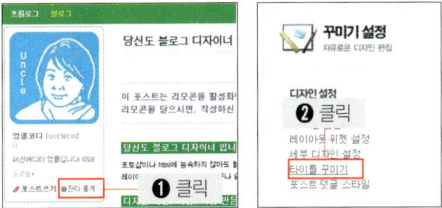

**03** 배경 선택에서 [직접등록] 버튼을 클릭한 후 타이틀 이미지로 사용할 파일을 불러옵니다. 포토샵에서 만든 이미지의 세로 사이즈에 맞게 높이를 수정한 후 [적용] 버튼을 클릭합니다. 서체는 타이틀 이미지로 사용하기 때문에 [타이틀표시] 체크 박스를 해제시킵니다. [확인] 버튼을 클릭하면 타이틀 이미지가 블로그에 적용된 결과를 확인할 수 있습니다.

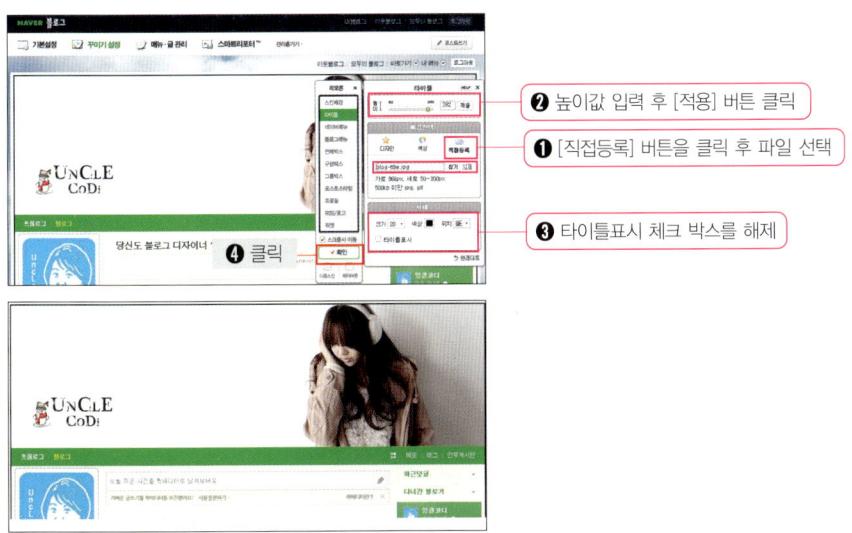

Chapter 07 | 검색 노출과 소셜 네트워크에 최적화된 블로그 마케팅 · 283

## 2-2. 상단 대표 메뉴 영역

블로그의 메뉴는 상단 메뉴와 좌측 또는 우측 메뉴로 구성됩니다. 좌측 또는 우측 메뉴는 블로그의 모든 메뉴를 나타내는 기본적인 메뉴이고, 상단 메뉴는 기본 메뉴에서 가장 활성화된 메뉴 또는 블로그에서 전략적으로 운영되는 메뉴입니다.

### 따라하기 블로그 상단 대표 메뉴 설정하기

**01** 프로필 영역에서 [관리]를 선택한 후 [메뉴·글 관리]-[상단 메뉴 설정]을 선택합니다.

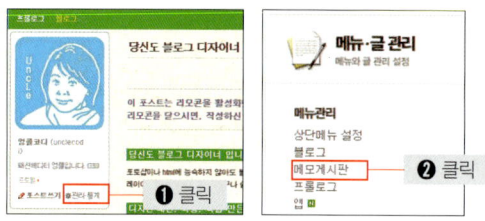

**02** 블로그 상단 대표 메뉴로 설정할 메뉴를 각각 선택한 후 [선택] 버튼을 클릭합니다. 상단 대표 메뉴는 최대 3개까지 선택할 수 있습니다.

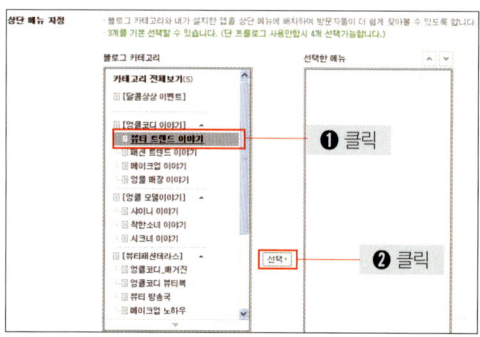

**03** 상단 대표 메뉴를 모두 선택한 후 [확인] 버튼을 클릭하면 내블로그의 상단 대표 메뉴가 바뀐 것을 확인할 수 있습니다.

**04** 메뉴의 특성을 고려하여 카테고리 주제 분류하기를 설정합니다. '카테고리 관리 · 설정'에서 카테고리를 선택하고 주제분류 항목의 다운버튼을 클릭하면 주제를 선택할 수 있는 창이 표시됩니다. 항목을 선택한 후 [확인] 버튼을 클릭합니다.

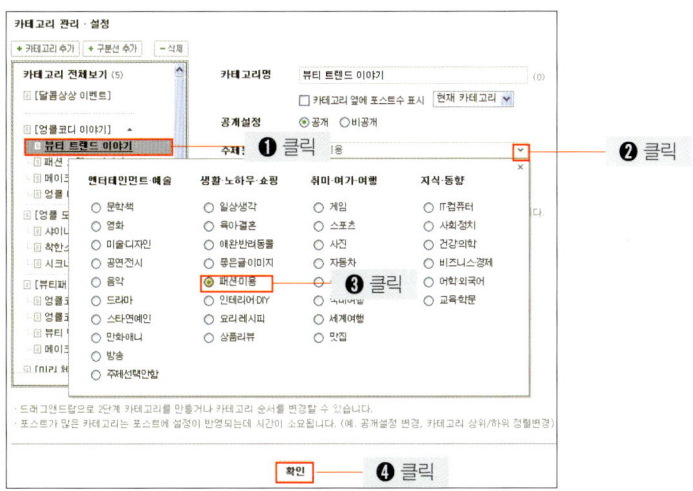

**05** 블로그 섹션(http://section.blog.naver.com)의 '주제별 글보기'에서 특정 주제를 선택하면 해당 카테고리의 글만 노출됩니다. 즉 주제를 선택하면 주제별 글보기에서 노출될 기회가 높아집니다.

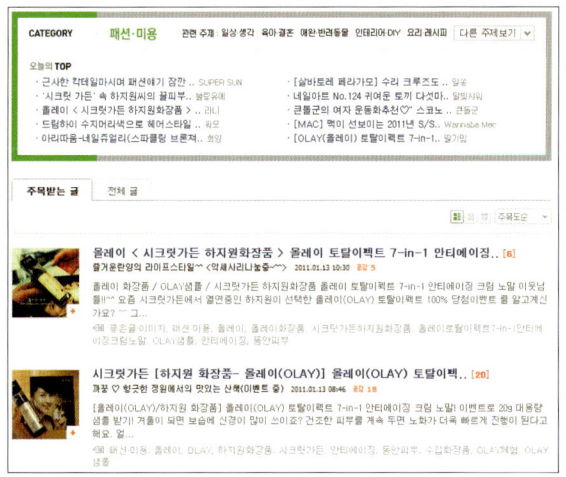

## 2-3. 메인화면 최적화시키기

블로그의 메인화면은 프롤로그 형식과 블로그 형식이 있습니다. 블로그의 프롤로그란 블로그의 첫 메인화면을 운영자가 노출시키고자 하는 포스트가 포함된 카테고리를 선택해서 배치시킬 수 있는 기능입니다. 프롤로그 형식은 한 눈에 여러 콘텐츠를 볼 수 있다는 장점이 있습니다. 단, 시선이 분산되고 콘텐츠를 보기 위해서 클릭해야 된다는 단점이 있습니다.

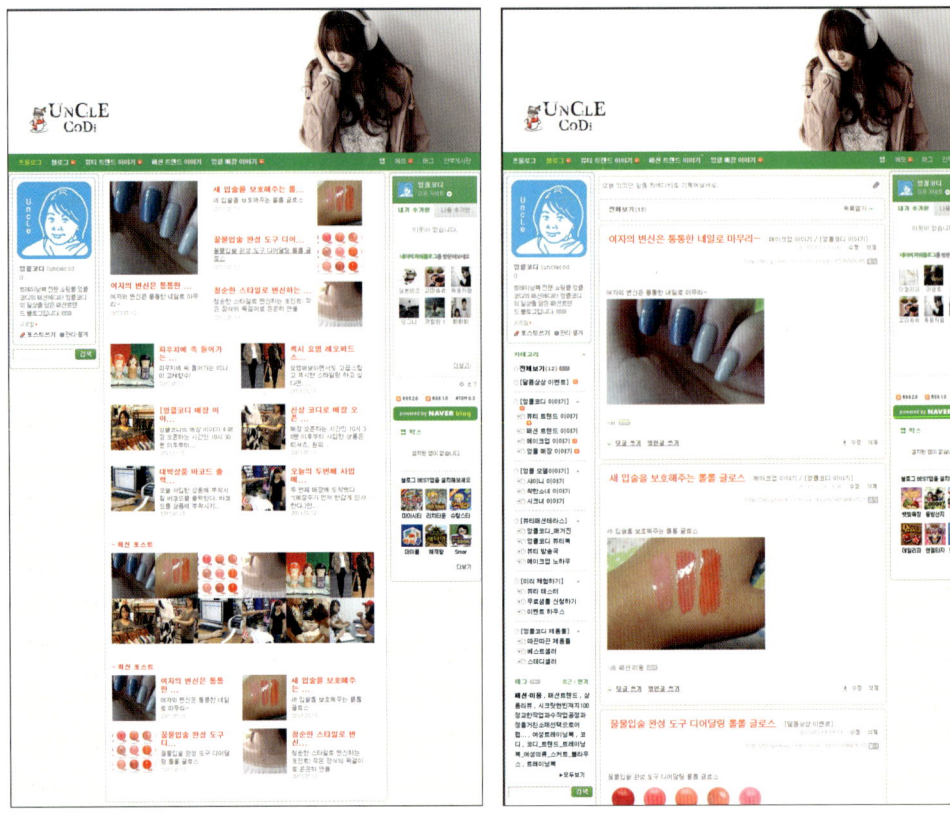

❖ 프롤로그 형식의 메인화면  ❖ 프롤로그 형식의 메인화면

## 따라하기 블로그 메인화면 최적화시키기

**01** 상단 메뉴 설정에서 프롤로그 사용 체크 박스를 선택하고 '프롤로그 관리'를 클릭합니다.

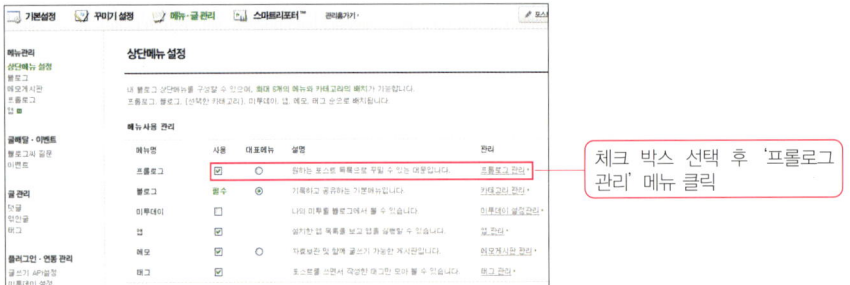

체크 박스 선택 후 '프롤로그 관리' 메뉴 클릭

**02** 포스트 강조형을 선택해보겠습니다. 사용 목록은 메인 목록, 이미지 목록, 글 목록을 선택 했습니다. 노출수는 메인목록을 6줄, 이미지 목록과 글 목록을 2줄로 선택했습니다. 특정 목록을 강조해야 되는 경우 노출수를 늘립니다. 설정된 목록과 노출수에 따라 블로그 프롤로그가 변경됩니다.

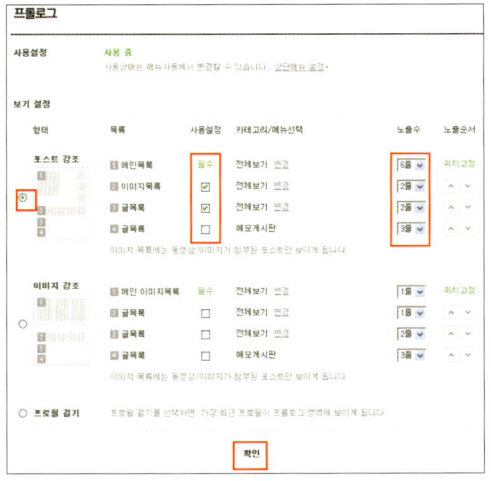

**03** 프롤로그의 메인 목록, 이미지 목록, 글 목록에 노출되는 콘텐츠가 전체 카테고리로 설정되어 있습니다. 블로그에서 전략적 마케팅 카테고리, 블로그의 특성을 가장 잘 나타낼 수 있는 카테고리 등 목적에 따라 특정 카테고리의 콘텐트만 집중적으로 노출시킵니다. 이렇게 프롤로그를 최적화시키면 방문자의 콘텐츠 클릭 숫자와 페이지뷰 숫자가 늘어나는 효과를 기대할 수 있습니다. '보기 설정'에서 목록을 선택한 후 [변경]을 클릭하고 특정 카테고리를 선택하면 선택한 목록은 선택한 카테고리의 콘텐츠만 노출됩니다. 여기서는 메인 목록을 '엉클 매장 이야기' 카테고리를 선택한 블로그의 프로로그 메인 목록입니다.

# 3. 검색에 최적화된 메뉴 구성과 사이드바

블로그 화면의 좌측과 우측 사이드 어떤 메뉴를 구성하든 다음과 같이 3가지 성격의 그룹은 반드시 만들어야 됩니다. 이외 상품 노출 공간은 정보 콘텐츠 공간과 참여 공간 사이에 적절히 배치하고 그 비중은 최소화시켜야 합니다.

| 메뉴 명칭 | 내용 |
|---|---|
| 공감 메뉴 | 운영자의 인간미를 강조하는 일기, 이야기를 강조하는 메뉴가 반드시 포함되어야 합니다. 정보 콘텐츠 메뉴가 없는 블로그는 존재할 수 있어도 공감 메뉴가 없는 블로그는 존재할 수 없을 정도로 그 어떤 메뉴보다 비중을 두고 운영해야 합니다. |
| 정보 콘텐츠 메뉴 | 블로그는 카페에 비해 콘텐츠가 퍼지는 파급효과가 크기 때문에 신뢰성이 우선시 되어야 합니다. 좋은 콘텐츠는 설상 상위에 노출되지 않아도 블로거들의 퍼가기 횟수가 늘어나게 되어 있습니다. |
| 상품 메뉴 | 사이트에서 판매하는 상품이나 서비스의 일부를 소개하는 코너입니다. 커뮤니티라는 특성상 너무 과도한 상품 홍보는 역효과를 가져올 수 있습니다. |
| 홍보성 링크 메뉴 | 이벤트 등 블로거의 참여 및 신청을 유도하는 메뉴입니다. 참여 방법과 신청 방법은 블로그, 카페 등에 포스트 담기, 트위터, 미투데이, 페이스북 등을 이용하여 운영자와 친구 맺을 수 있는 메뉴입니다. 이웃하는 블로거들을 만들 수 있는 메뉴로 사용합니다. |

카페와 함께 블로그를 운영하는 경우 카페의 메뉴를 블로그 메뉴와 동일하게 사용하는 경우가 많습니다. 블로그는 카페에 비해 이웃들에게 공감을 줄 수 있는 운영자의 일기, 공감할 수 있는 이야기 등 진솔한 이야기가 강조되어야 하기 때문에 카페와는 차별화를 두어야 합니다.

## 3-1. 카페 메뉴와 차별화된 블로그 메뉴

다음은 카페의 카테고리와 블로그의 메뉴를 비교한 표입니다. 카페에서만 사용되는 메뉴, 블로그에서만 사용되는 메뉴, 카페와 블로그에서 모두 사용하는 메뉴를 구분하였습니다.

| 구분 | 내용 |
| --- | --- |
| 카페에서만 사용되는 메뉴 | 참여 그룹(왁자지껄, 행운의 출석) |
| 블로그에서만 사용되는 메뉴 | 공감 그룹(엉클코디 이야기, 엉클 모델이야기) |
| 카페와 블로그에서 공통으로 사용되는 메뉴 | 정보 콘텐츠 그룹(뷰티테라스, 엉클코디 제품들, 미리 체험하기) |

블로그의 메인화면(프롤로그)의 좌측 또는 우측 사이드 바 영역에 트위터 위젯, 미투데이 위젯, 이웃커넥트 등을 설치하여 카페 링크(바로가기) 메뉴(❶)를 대처할 수 있습니다.

❖ 카페 메뉴   ❖ 블로그 메뉴   ❖ 블로그 사이드 바

## 4. 검색로봇에 최적화된 블로그 프로필 만들기

블로그의 프로필은 블로그의 명함이자 다른 카페의 게시글의 네임카드로 사용되고 프로필 소개 내용은 검색로봇의 수집 대상 자료이고, 블로그의 노출 순위에도 반영되는 요소이기도 합니다. 다음 그림1은 프로필 사진과 자기 소개글이 없는 기본값 상태의 프로필이고, 그림2는 캐리커쳐로 디자인한 프로필 사진과 자기소개에 대한 간단한 글 그리고 별명(닉네임)을 사용한 프로필입니다. 프로필이 네임카드로 수십만 명에서 수백만 명의 네티즌에게 콘텐츠와 함께 노출된다면 여러분은 어떤 프로필을 사용하시겠습니까?

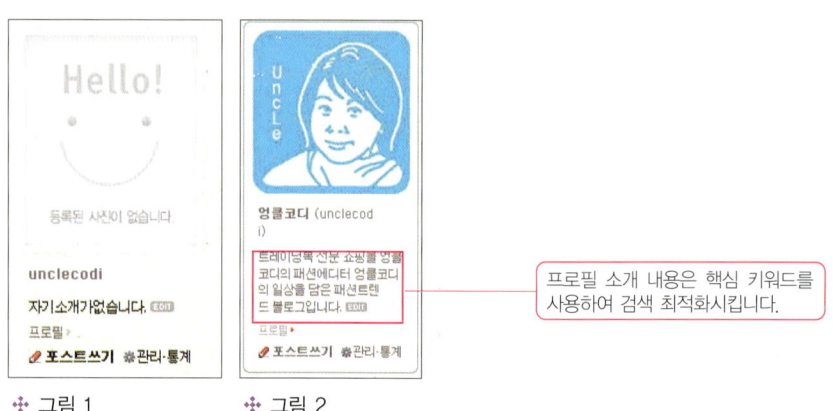

◆ 그림 1　　　◆ 그림 2

### 따라하기 블로그 프로필 최적화시키기

**01** 프로필 영역에서 [관리]를 선택한 후 [기본 설정]-[블로그정보] 메뉴를 선택합니다. 블로그 정보 페이지에서 블로그 제목, 별명, 소개글, 블로그 프로필 사진을 선택합니다.

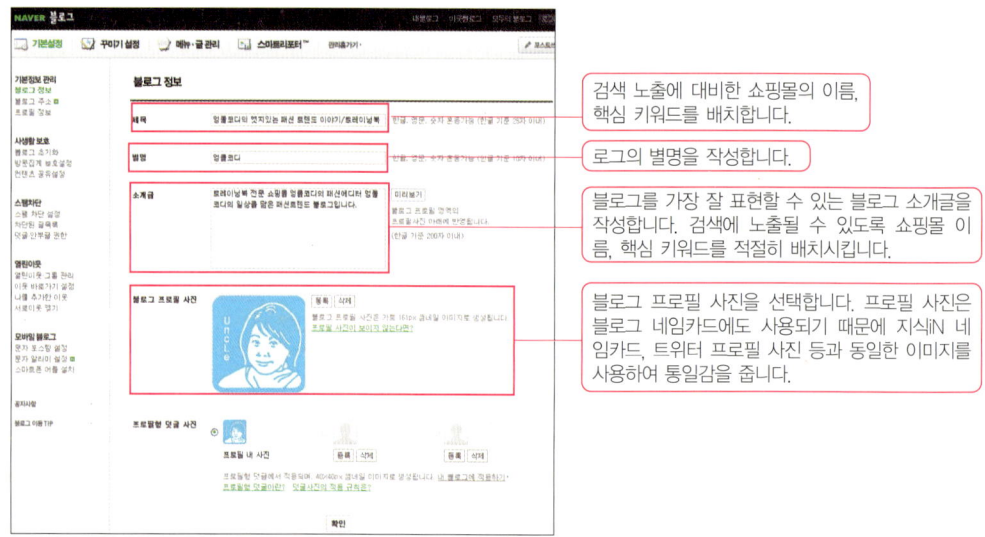

**02** 블로그 프로필이 다음과 같이 변경되었습니다. 이 프로필은 블로그 네임카드로 다른 카페에서 글을 쓰거나 지식iN에서 답변할 때 수많은 네티즌들에게 알려지게 될 것입니다.

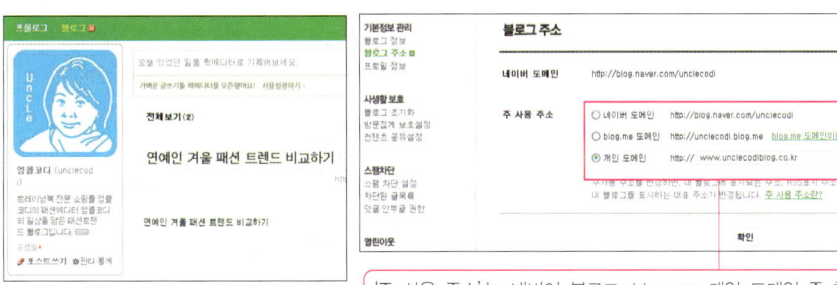

'주 사용 주소'는 네비어 블로그, blog.me, 개인 도메인 중 한 가지를 선택할 수 있습니다. 개인 도메인을 사용하더라도 네이버 도메인(블로그 주소)은 검색 결과에도 노출됩니다. 그렇기 때문에 주 사용 주소를 개인 도메인을 사용하면 검색로봇의 웹문서 수집 결과에 노출될 수 있습니다. 개인 도메인은 자신이 운영하는 쇼핑몰 도메인 뒤에 blog를 붙인 도메인을 사용하면 검색 포털 사이트의 사이트 검색 탭에 노출됩니다.

## 5 최적화된 포스팅 페이지 구성 요소

블로그 프로필에서 [포스트쓰기] 버튼을 클릭하면 블로그 포스팅(블로그에 글을 쓰는 것) 페이지가 표시되며 글을 작성할 수 있습니다. 포스팅 페이지의 구성 요소에 대해서 알아보겠습니다.

❶ 제목/본문/글감

포스트의 제목과 본문은 포털 검색 상위 노출의 가장 중요한 요소입니다. 핵심 키워드의 배치와 사용횟수 등을 고려하여 작성합니다. 핵심 키워드는 2~5회 정도 제목 앞쪽과 중간에 배치합니다. 예를 들어 콘텐츠의 핵심 키워드가 '엉클코디'라면 그림과 같이 제목과 본문 작성 시 가장 앞쪽에 배치시킵니다.

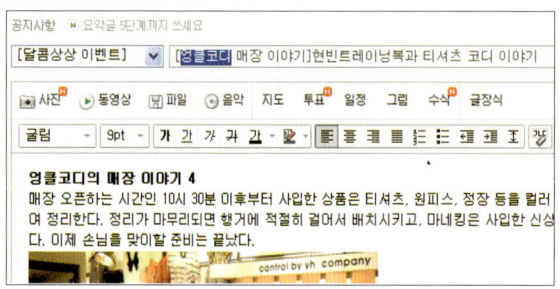

콘텐츠와 관련된 글감(책, 영화, 드라마, 음악, 상품, 인물, 백과사전, 날씨)중 한 가지를 선택하면 글감의 내용을 보는 네티즌을 통해서 방문을 유도할 수 있습니다. 예를 들어 포스트의 주제가 '엉클코디의 매장 이야기'라고 가정해보겠습니다. 글감을 '책'을 선택하고 '옷가게, 패션, 코디'와 관련된 서적을 선택하면 yes24, 교보문고 등 인터넷 서점에 노출된 관련 서적을 통해서 나의 포스트가 노출되며, 그 서적을 보는 네티즌 중 방문자 유입을 기대할 수 있습니다.

❷ 주제 분류

주제를 선택하면 블로그 섹션(http://section.blog.naver.com)의 '주제별 글보기'에서 노출될 기회가 높아집니다. 또한 선택한 주제가 태그로 자동 등록됩니다. 예를 들어 주제가 패션·미용을 선택하면 패션·미용 태그가 자동 등록됩니다. 블로그 포스트 작성 시 태그(tag) 옷이나 물건에 상표나 세탁 방법 등을 설명하는 일종의 '꼬리표'입니다. 포스트의 특성을 가장 잘 나타낼 수 있는 태그를 선택하는 것은 검색 최적화의 기본입니다.

❸ 태그 달기

카페의 게시글, 블로그의 포스트, 소셜 네트워크 서비스(미투데이, 트위터, 페이스북 등)의 글 등의 콘텐츠에 꼬리표를 붙이는 이유는 여러 가지가 있겠지만, 가장 큰 목적은 검색엔진이 나의 포스트를 판단하기 쉽게 하기 위해 내 포스트와 연관된 키워드를 태그를 통해서 알려주는 것입니다.

태그는 포스트의 정확도를 높여 검색 상위에 노출시키는 요인으로 작용하지만 반대로 포스트의 내용과 전혀 상관없는 어뷰징 태그를 사용할 경우 오히려 정확도가 떨어져 검색 노출에서 제외되는 요인으로 작용하기도 합니다.

검색로봇은 다음 두 콘텐츠 중 어느 콘텐츠 더 좋아할까요? 콘텐츠 본문 내용은 동일하지만 태그가 있고 없고의 차이가 있습니다. 그림1은 태그가 있는 콘텐츠, 그림2는 태그가 없는 콘텐츠입니다. 검색로봇은 태그가 없는 포스트보다 태그가 있는 포스트가 더 정확한 콘텐츠라고 판단합니다.

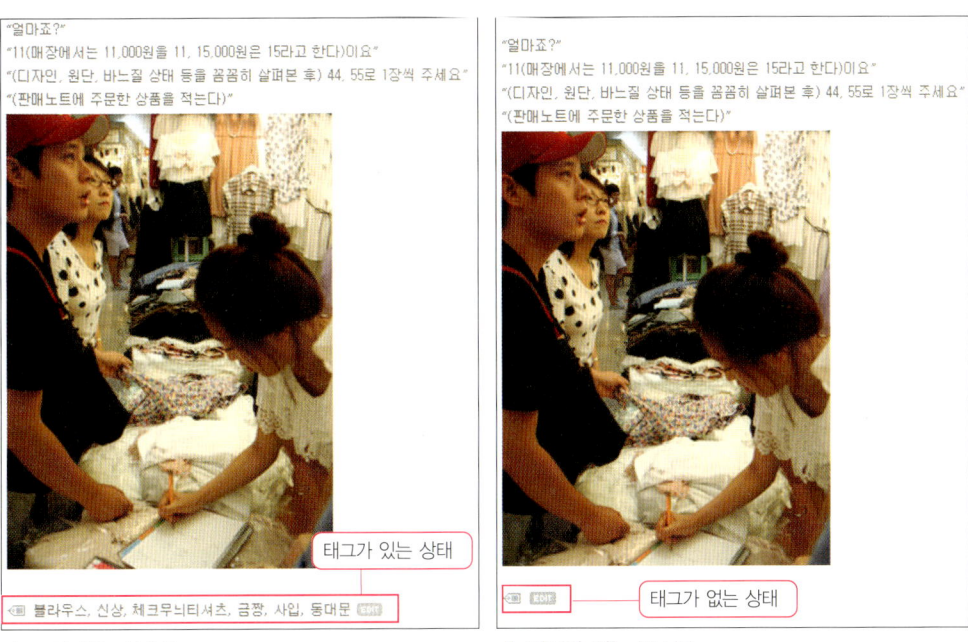

❖ 그가 있는 포스트    ❖ 태그가 없는 포스트

## PLUS➕

**| 나의 블로그에서 인기 있는 태그는 어떻게 확인하나요?**

1. [관리]-[메뉴·글관리]-[상단 메뉴 설정]-[태그]-[태그 관리]를 클릭합니다.

2. 블로그 탭에서 '인기순'을 선택하면 나의 블로그에서 인기 있는 태그 목록을 확인할 수 있습니다.

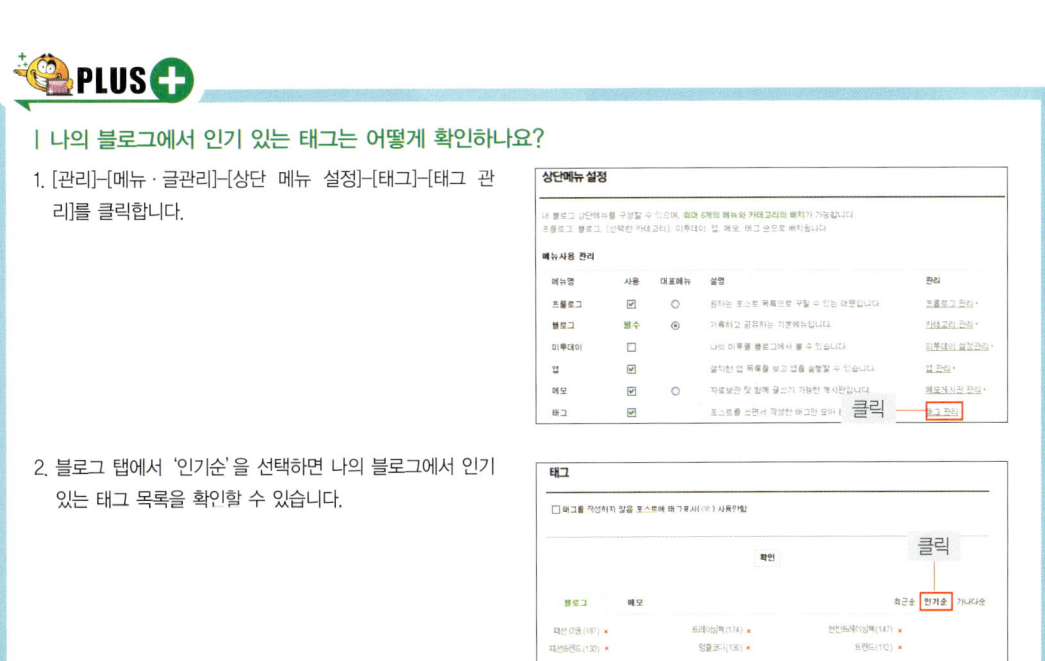

❹ 설정 정보

포스트의 공개 정도, 허용 여부, 외부 서비스 등록 여부 등을 설정할 수 있습니다. 블로그의 포스트를 모두에게 공개할 것인지, 이웃이나 서로이웃 등 가까운 사람에게만 공개할 것인지 또는 비공개할 것인지 선택할 수 있습니다.

덧글허용, 엮인글허용, 공감허용, 미투허용은 모두 블로그의 인기지수, 주목도 지수 등에 반영됩니다. 예를 들어 공감허용을 설정한 후 공감을 받은 회수는 주목도 지수에 반영이 되며, 많은 공감을 받을수록 블로그 홈 섹션(네이버 기준 http://section.blog.naver.com/SectionMain.nhn)에 노출될 가능성이 높아집니다. 검색 허용은 검색로봇이 포스트의 내용을 수집하는 것을 허용하는 옵션이고, 외부 수집 허용은 네이버 이외의 다른 검색엔진에서도 포스트를 수집해 검색 결과에 노출할 수 있게 하는 옵션입니다.

네이버 검색과 외부 수집을 모두 허용 상태로 설정하면 검색엔진에 수집되어 네이버 및 외부 검색 결과에 노출됩니다. 특히 외부수집을 허용하면 다른 사람이 RSS 리더기를 통해 나의 블로그 포스트를 구독할 수 있습니다. 스크랩을 허용하면 블로거들이 포스트를 자신의 블로그, 카페, 트위터로 보내기할 수 있습니다. 보다 많은 노출을 고려한다면 모든 설정 정보는 허용 상태로 설정하는 것이 유리합니다. 다음은 검색 노출에 가장 이상적인 포스팅 설정 정보 상태입니다.

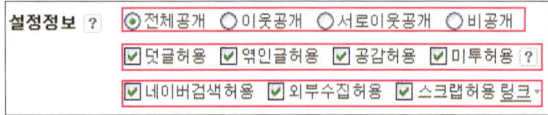

블로그에는 웹 서핑 중 공감가는 내용이 있으면 내 블로그, 카페로 자료를 담을 수 있고 트위터, 미투데이 등 소셜 네트워크로 보내기하여 여러 사람에게 빠르게 배포할 수 있습니다. 또한 RSS나 트랙백이라는 기능으로 인터넷 공간으로 손쉽게 배포하거나 가져올 수도 있습니다. 다음 그림은 덧글, 엮인글, 공감, 미투, 스크랩 등을 모두 허용한 포스트입니다.

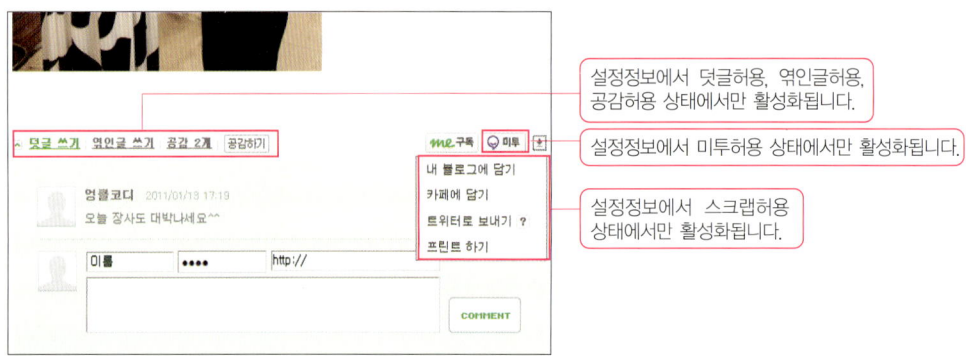

관심 있는 포스트를 쉽게 미투데이로 공유할 수 있습니다. [미투] 버튼을 클릭하면 해당 포스트의 제목과 링크가 내 미투데이에 새 글로 등록됩니다. 글쓰기 레이어를 통해 관련글을 작성해서 미투데이로 업데이트 할 수도 있습니다.

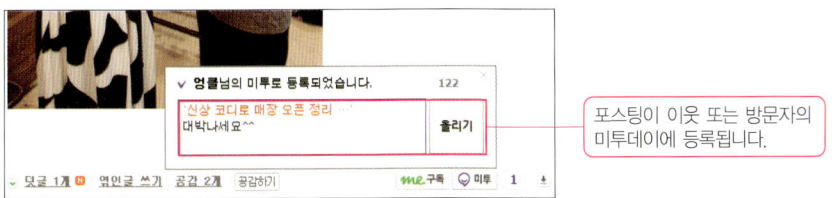

포스팅이 이웃 또는 방문자의 미투데이에 등록됩니다.

| 메타블로그와 트래백이란

메타블로그란 블로그의 광장과 같은 곳입니다. 대표적인 메타블로그 서비스는 다음 View(http://v.daum.net), 믹시(http://mixsh.com), 블로그코리아(http://www.blogkorea.net), 올블로그(http://www.allblog.net), 워드블로그(http://www.withblog.net) 등 특성에 따라 다양합니다. 메타블로그 서비스를 이용하기 위해서는 각 서비스에 회원 등록 후 내 블로그를 등록하면 인증절차를 거쳐 해당 서비스에 내 포스트와 관련된 정보를 수집해서 보여줍니다.

메타블로그에 글을 보내면 네이버 블로거 뿐만 아니라 보다 다양한 블로거들과 내 글을 나눌 수 있습니다. 서로의 포스트를 통해 댓글과 엮인글(트래백)로 생각과 의견을 서로 교환할 수 있으며, 이를 통해 다양한 블로거들과 인맥을 형성할 수 있습니다.

RSS(Really Simple Syndication)란 매우 간단한 보급을 의미합니다. 어떤 신문사의 기사, 블로그의 글 등 웹 사이트의 글을 보기 위해서는 웹 사이트의 주소를 입력하거나 검색해서 주소를 찾아 접속해야 합니다. 그러나 RSS(　)를 이용하면 검색을 하거나 주소를 입력할 필요없이 RSS 리더라는 곳으로 실시간으로 업데이트 됩니다. 즉, RSS를 사용하면 자신이 RSS를 등록해놓은 사이트나 블로그 등을 RSS 리더라는 프로그램을 통해 손쉽게 확인할 수 있습니다. RSS는 인터넷으로 응용프로그램이 실행되는 대부분의 기기에서 사용 가능하며, 스마트폰에서도 사용 가능합니다. 현재 소셜 네트워크과 스마트폰의 확산으로 RSS를 마케팅 목적으로 활용하는 사례가 급속히 늘어나고 있습니다.

트랙백(Trackback)이란 블로그에서 사용하는 주요 기능 중 한가지로, 간단히 말하면 역방향 링크를 자동으로 만들어주는 것입니다. 트랙백 기능은 블로그, 뉴스 사이트 등에서 소통 네트워크를 만들어내는 역할을 하고 있습니다. 웹서핑을 하다보면 내 블로그에 글과 비슷한 글을 보는 경우가 종종 있을 것입니다. 그 글의 하단부분에 자신의 블로그 글에 대한 간략한 설명과 함께 자신의 블로그로 바로 이동할 수 있게 링크를 설정하는 것을 '트래픽을 남긴다' 또는 '트래픽을 보낸다'고 합니다. 또한 어떤 글을 보고 댓글을 남기고 싶은데 그 내용이 너무 많을 경우는 포스팅을 작성한 후 해당글로 트랙백을 보내기도 합니다.

❺ 미투데이 등록

'이 글을 나의 미투데이에 함께 등록'을 체크하면 내 블로그와 내 미투데이에 동시에 포스팅(글을 보내는 것)할 수 있습니다. 그림과 같이 블로그 포스트의 제목이 미투데이로 보내지며, 제목은 자동으로 블로그 링크 주소가 첨부됩니다.

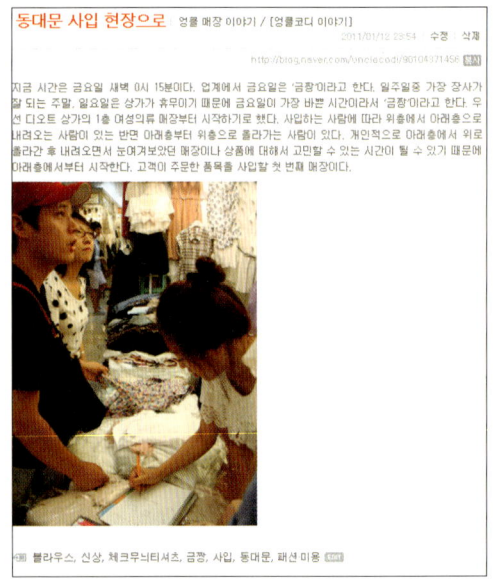

❖ 블로그에 등록된 포스트

❖ 블로그 포스트가 미투데이에 동시에 등록된 글

| 메타블로그 활용법

메타블로그 활용법은 앤써북 카페(http://cafe.naver.com/answerbook)의 [도서 자료방/Q&A]-[인터넷 마케팅] 카테고리에서 '메타블로그 활용법' 콘텐츠를 참조하세요.

❻ 등록시간

현재 또는 특정 시간에 예약 등을 설정할 수 있습니다. 특히 예약은 마케터들이 특정 시간에 포스팅하여 상위 노출을 시도하는 경우 많이 사용하는 방법입니다.

Lesson 03

# 블로그 최적화시키기

## 1 방문자의 페이지 뷰를 늘리는 카테고리 최적화

블로그 방문자가 블로그에 오래 머물도록 하기 위한 카테고리 설정 방법에 대해서 알아보겠습니다.

❶ 주 메뉴는 메뉴 바 상단에 배치시킵니다.
카페도 주 메뉴는 카페 상단에 배치시킬 수 있습니다. 카페는 메뉴 형식으로 이용되는 것이 보편적이기 때문에 지식iN이나 미투데이 등과 연동되는 메뉴 등을 상단에 배치시키는 사례가 많습니다. 블로그는 텍스트 게시판보다는 비주얼한 포스트를 중심으로 배치시키기 때문에 방문자는 자칫 콘텐츠를 보는 동선을 이탈하여 우왕좌왕할 수 있습니다. 그렇기 때문에 블로그에서 주로 보여주고 싶은 주 메뉴는 블로그 상단에 배치시켜 콘텐츠를 보는 동선을 최적화시킬 필요가 있습니다.

❷ 포스트 목록을 보여주는 방법은 블로그형을 선택하라.
블로그 포스트의 목록을 보여주는 방법은 블로그형과 앨범형 두 가지 유형이 있습니다. 두 가지 목록보기 방식 중 어느 방식이 방문자들의 페이지뷰가 많이 나올까요? 앨범형이 비주얼하기 때문에 더 높게 나올 것 같지만 대체적으로 블로그형이 더 높게 나타납니다.

✦ 블로그형 포스트

✦ 앨범형 포스트

❸ 페이지당 포스트 수를 늘려라

블로그형을 선택할 경우 블로그의 카테고리 마다 목록을 1개, 3개, 5개, 10개씩 보일 수 있게 선택할 수 있습니다. 한 페이지에 1개의 포스트만 보여주는 1개방식보다 10의 포스트를 보여주는 10개방식을 선택하는 것이 방문자의 페이지뷰 숫자를 늘리는 방법입니다. 검색을 통해서 블로그를 방문하는 사람하는 사람은 어떤 검색어를 이용하고, 그 검색어에 매치되는 포스팅을 보여줍니다. 만약 한 페이지에 1의 포스트만 보여주는 1개방식을 선택한다면 그 포스트만 보고 블로그를 이탈할 수 있지만, 10의 포스트를 보여주는 10개방식을 선택한다면 그 만큼 볼거리를 더 제공하는 것입니다. 즉, 방문자 입장에서는 보다 많은 목록을 보고 선택할 수 있게 되며, 이는 방문자를 더 오래 블로그에 머물고 페이지뷰를 늘리는 효과가 있습니다.

## 2 블로그와 미투데이 연동 메뉴 설정하기

블로그 상단 대표 메뉴 영역에 미투데이 메뉴를 설정하여 미투데이와 블로그 연동을 최적화 시킬 수 있습니다. 미투데이를 블로그에 연동시켜 미투데이를 사용 및 관리하면 블로그의 지수에도 영향을 주기 때문에 미투데이 메뉴를 사용합니다.

### 따라하기 블로그 대표 메뉴에 미투데이 설정하기

01 [관리]-[메뉴·글관리]-[상단 메뉴 설정]을 선택한 후 메뉴명에서 '미투데이' 사용 체크 박스를 선택하고 '미투데이 설정관리'를 선택합니다.

**02** 미투데이 설정 메뉴에서 '미투데이 메뉴', '새글 알림 설정'의 '사용' 라디오버튼을 선택하고 '글 보내기'의 '내 블로그에 글을 쓸 때 미투데이로 함께 전송하기 설정' 체크 박스를 선택합니다. [확인] 버튼을 클릭하면 블로그 상단 대표 메뉴에 미투데이가 추가 완료되었습니다.

**03** 미투데이 메뉴를 선택하면 미투데이 페이지가 나타납니다. 여기서 글을 작성하면 마이 투데이와 블로그 미투데이 메뉴에 동시에 등록됩니다.

| 포스팅의 내용을 수정하면 노출 순위가 떨어지나요?

많은 블로거들은 한 번 등록한 포스팅의 내용을 수정하면 노출 순위가 급격히 떨어진다고 알고 있습니다. 하지만 이는 잘못된 상식입니다. 예를 들어 '인터넷 마케팅' 강좌를 매달 개강하는 학원의 사례를 예로 들어보겠습니다. 매달 동일한 강좌가 개설되는 강좌는 개강 날짜만 수정하면 커리큘럼 내용을 다시 등록할 필요가 없습니다. 기존에 등록된 글에서 개강 날짜를 수정한 후 다시 등록하면 되기 때문입니다. 하지만 이렇게 수정해서 다시 등록하면 노출 순위가 급격히 떨어질까 걱정하여 새로운 글로 등록하는 사례가 많습니다.

결론부터 말씀드리면 포스팅의 내용을 수정하는 것과 노출 순위의 급격한 하락은 무관합니다. 수정한 내용에 따라서 오히려 노출 순위가 올라갈 수도 있고 떨어질 수도 있습니다. 단, 실시간 인기검색어 등을 반영시켜 수시로 수정하는 경우에는 검색에서 누락될 수는 있습니다.

### | 납치 소스가 뭐죠?

어떤 광고를 클릭했더니 원하지 않는 사이트, 특히 불법 및 음란 사이트로 이동되는 경우를 겪었을 것입니다. 이 처럼 어떤 웹문서를 클릭했을 때 어느 특정한 곳으로 이동하는 것을 납치한다고 표현하며, 납치는 납치 소스에 의해서 진행할 수 있습니다. 사이트 웹문서를 작성할 때 콘텐츠 중간이나 마지막 부분에 다음과 같은 소스를 삽입합니다.

```
<meta http-equiv="refresh" content=시간(초); url=http://이동할 웹 주소">
<meta http-equiv="refresh" content=1; url=http://www.answerbook.co.kr">
```

head와 head 사이에 위와 같은 소스를 작성하면 숫자는 1초 후에 이동할 웹 주소인 앤써북 사이트로 이동됩니다. 단 검색 포털 사이트에서 납치 소스는 절대 허용하지 않습니다. 그렇기 때문에 카페, 블로그, 지식 등에서 글을 작성할 때 납치 소스를 사용하기보다는 웹문서에서 카페, 블로그 등으로 이동시킬 때 사용하거나 사이트의 팝업 등에 사용합니다.

## 3 포스트에 추천 버튼 달기

블로그의 포스트를 살펴본 블로거들이 추천 또는 구독할 수 있도록 '다음뷰 추천' 버튼을 다는 방법을 소개하겠습니다. 다음뷰에 등록된 콘텐츠는 다음뷰를 통해서 검색될 수 있을 뿐만 아니라 블로그의 포스트를 구독하는 구독자를 늘릴 수 있는 방법입니다.

❖ 다음뷰 추천 버튼이 삽입된 포스트

## 따라하기 블로그에 다음뷰 버튼 달기

**01** 다음뷰(http://v.daum.net)에 접속한 후 마이뷰(MY view)를 선택하고 [블로그 등록하기] 버튼을 클릭합니다.

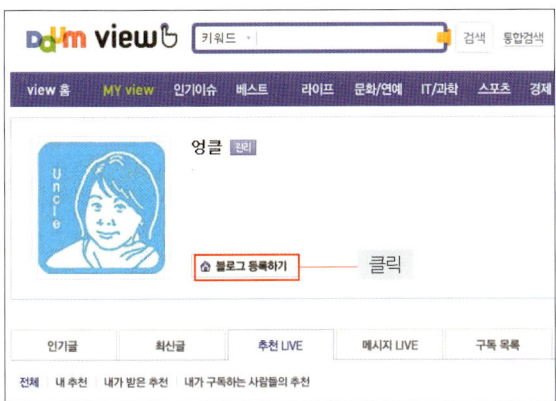

**02** 다음뷰 블로그로 등록할 블로그를 선택하고 블로거 별명과 블로그 주소를 입력한 후 [가입하기] 버튼을 클릭하면 블로거 주소와 블로거 별명이 수정됩니다.

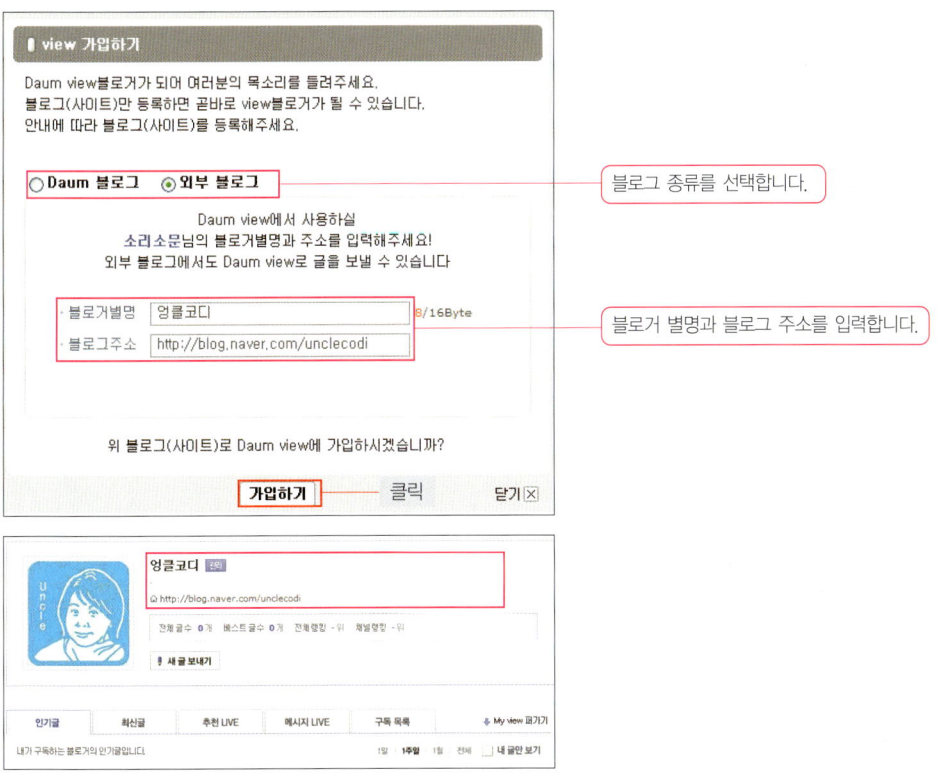

**03** 블로그 구독 주소, 송고할 글 목록, 채널을 선택한 후 [view로 글 보내기] 버튼을 클릭합니다. [웹 페이지의 메시지] 창이 나타나면 [확인]을 클릭합니다. 선택한 콘텐츠가 다음뷰로의 송고가 완료되었습니다.

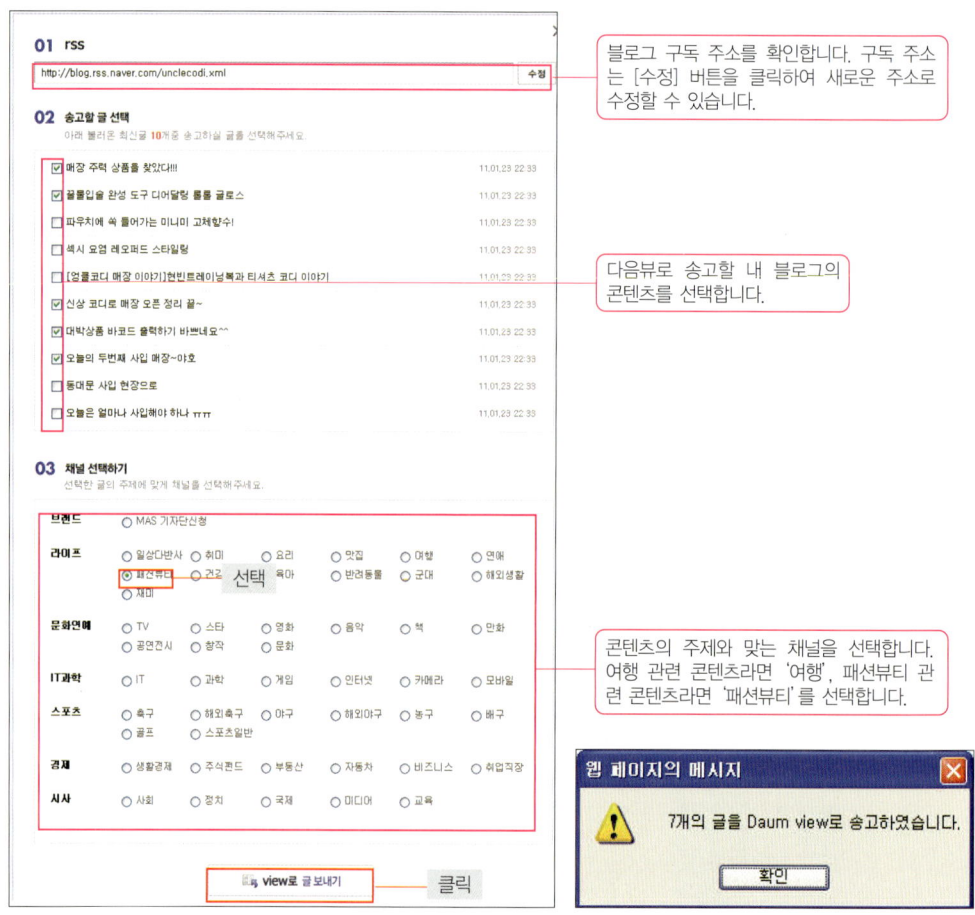

**04** 다음뷰의 마이뷰(MY view) [최신글] 탭을 선택하고 '내 글만 보기'를 체크하면 송고한 내 글들 목록을 확인할 수 있습니다.

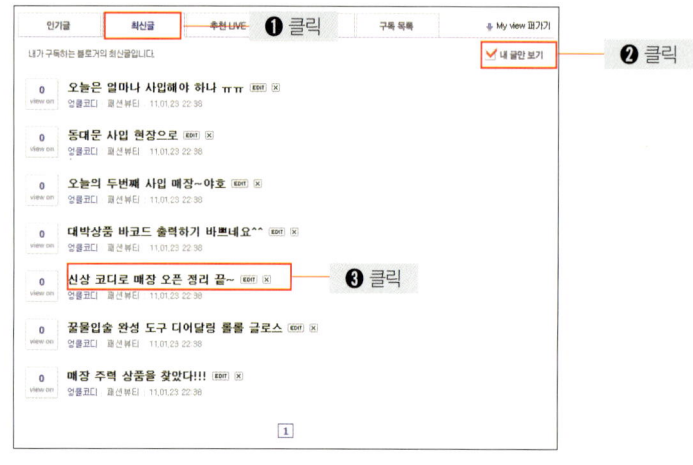

**05** 콘텐츠 상단에 다음뷰 창이 나타납니다. [퍼가기] 버튼을 클릭하면 소스보기 박스가 표시됩니다. 드래그 또는 Ctrl+A 키를 눌러 소스 전체를 선택한 후 Ctrl+C 키를 눌러 복사합니다.

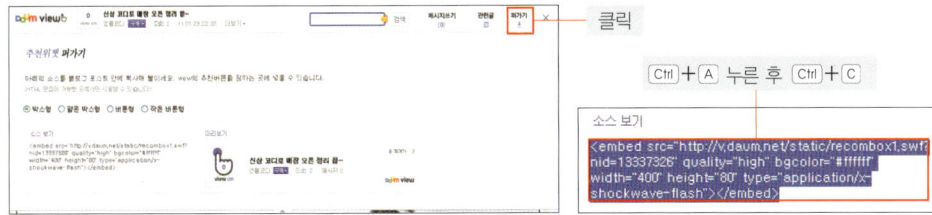

**06** 콘텐츠 하단의 [수정] 버튼을 클릭한 후 소스를 삽입하기 위해 [HTML] 버튼을 클릭합니다.

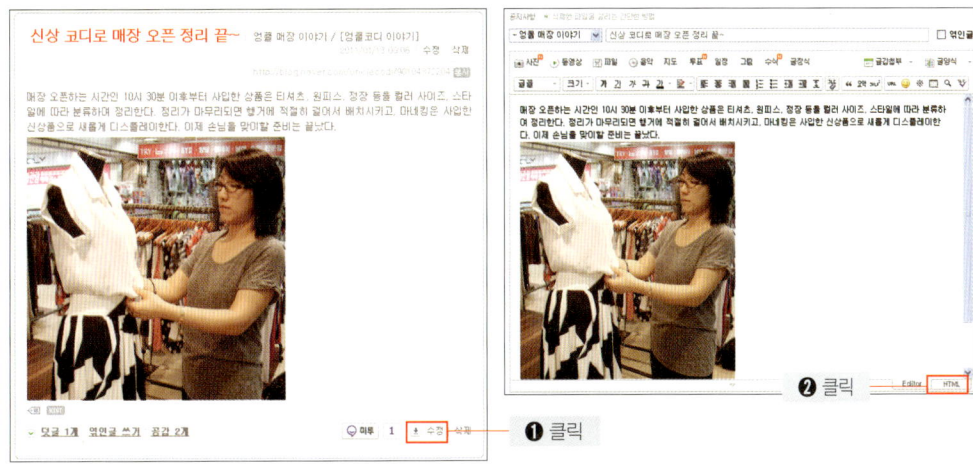

**07** 버튼이 삽입되기 원하는 부분을 클릭한 후 Ctrl+V 키를 눌러 콘텐츠를 붙여넣기합니다.

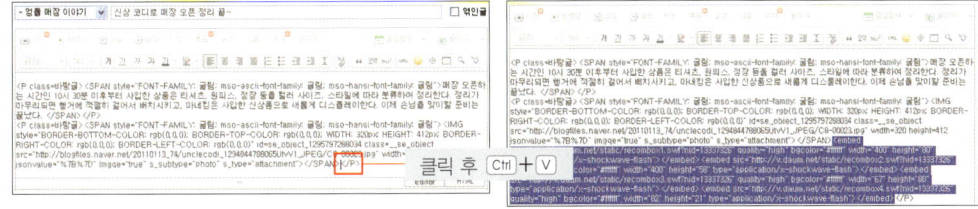

**08** [확인] 버튼을 클릭하면 콘텐츠 하단에 다음뷰 버튼 달기가 완성됩니다.

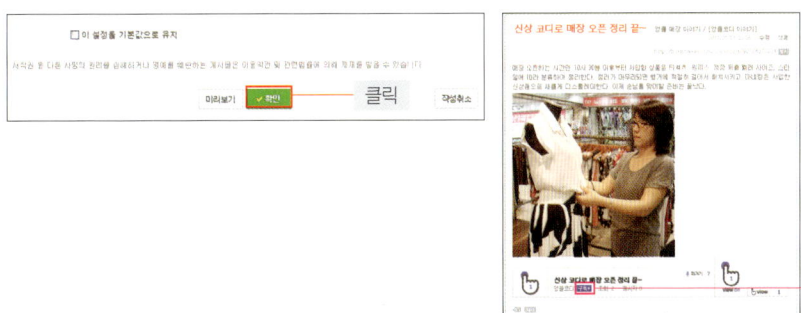

방문자가 구독 버튼을 클릭하면 블로그의 새글을 다음뷰에서 구독할 수 있습니다.

Chapter 07 | 검색 노출과 소셜 네트워크에 최적화된 블로그 마케팅 · 303

**09** [다음뷰 검색 창에서 '신상 코디' 검색어로 검색하면 검색 결과에 노출됩니다.

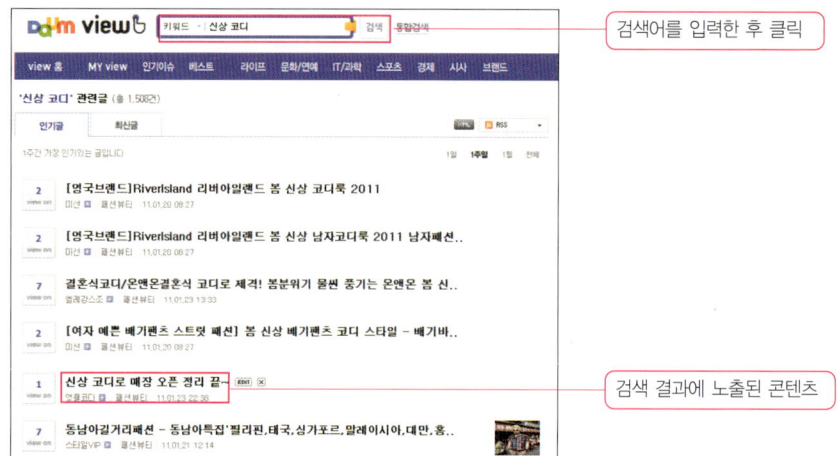

## 따라하기 다음뷰에 노출되는 콘텐츠 제목과 원본 콘텐츠 제목 다르게 설정하기

**01** 다음뷰(http://v.daum.net)에 접속한 후 마이뷰(MY view)에서 송고한 내 글들 목록을 확인한 후 글 오른쪽 끝에서 [Edit] 버튼을 클릭합니다.

**02** 송고할 글의 제목을 입력한 후 [확인] 버튼을 클릭하면 제목이 변경됩니다.

**03** 다음뷰에서 노출되는 제목과 블로그 원본 포스트의 제목이 다른 것을 확인할 수 있습니다. 예를 들어 포스트 제목이 '서인영 왕따'라면 다음뷰의 제목을 '서인영이 왕따인 이유'라고 한다면 클릭 횟수는 확실히 달라질 것입니다.

## 4 블로그가 오픈캐스터를 만나면 홍보 효과는 배가된다

네이버 블로그가 활성화된 후 '오픈캐스트'를 공략하면 홍보 효과가 높일 수 있습니다. 오픈 캐스터는 추천인 5명에게 이메일로 동의를 구하면 발행할 수 있습니다. 티스토리 블로그가 초대장이 있어야 가입할 수 있는 것과 유사합니다. 블로그에 설치할 수 있는 위젯은 여러 가지 있습니다. 그 중 트위터, 페이스북, 미투데이, 이웃커넥트를 통해서 추가로 블로그로 유입을 늘릴 수 있습니다.

### PLUS ➕

**│ 위젯을 만들기 전에 해야 될 일**

위젯을 만들기 전에 우선 해당 서비스에 가입되어 있어야 합니다. 예를 들어 Twitter 위젯을 만들기 위해서는 트위터에 가입된 아이디가 있어야 하고, me2DAY 위젯을 만들기 위해서는 미투데이에 가입된 아이디가 있어야 합니다.

 추가 유입을 늘릴 수 있는 위젯 설치

**01** 위자드팩토리닷컴의 위젯 만들기 사이트(http://wzdfactory.com/maker/intro)에 접속합니다. [Twitter 위젯] 버튼을 클릭한 후 [위젯 만들기] 버튼을 클릭합니다.

RSS 위젯, 유튜브 위젯, 트위터 위젯, 미투데이 위젯 등 다양한 위젯을 블로그에 설치할 수 있습니다. 여기서는 'Twitter 위젯' 아이콘을 클릭합니다.

**02** 위젯 설정과 위젯 등록정보 내용을 작성한 후 [네이버 블로그로 퍼가기]를 선택합니다.

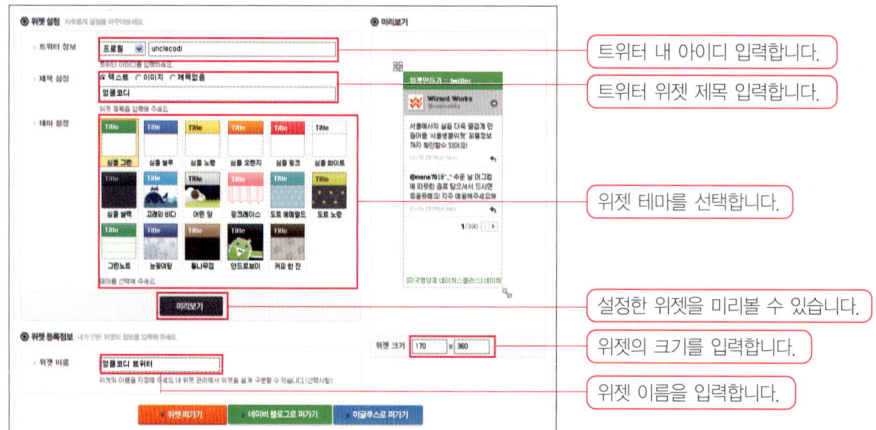

**03** 내 블로그에서 그림과 같이 트위터 위젯이 블로그에 만들어진 것을 확인할 수 있습니다. 블로그를 방문한 고객들이 운영자의 트위터로 연결될 수 있도록 합니다. 트위터 마케팅에 대해서는 앞으로 자세히 다루도록 하겠습니다.

## PLUS+

### | 다음(Daum) 위젯뱅크 이용하기

다음 위젯뱅크(widgetbank.daum.net)에는 다양한 위젯이 있습니다. 다음 그림은 드두터 필로우 위젯입니다. 위젯을 설치할 곳을 선택하고 트위터 계정과 색상을 입력한 후 [퍼가기] 버튼을 클릭하면 설치할 곳에 트위터 팔로우 위젯이 자동으로 설치됩니다.

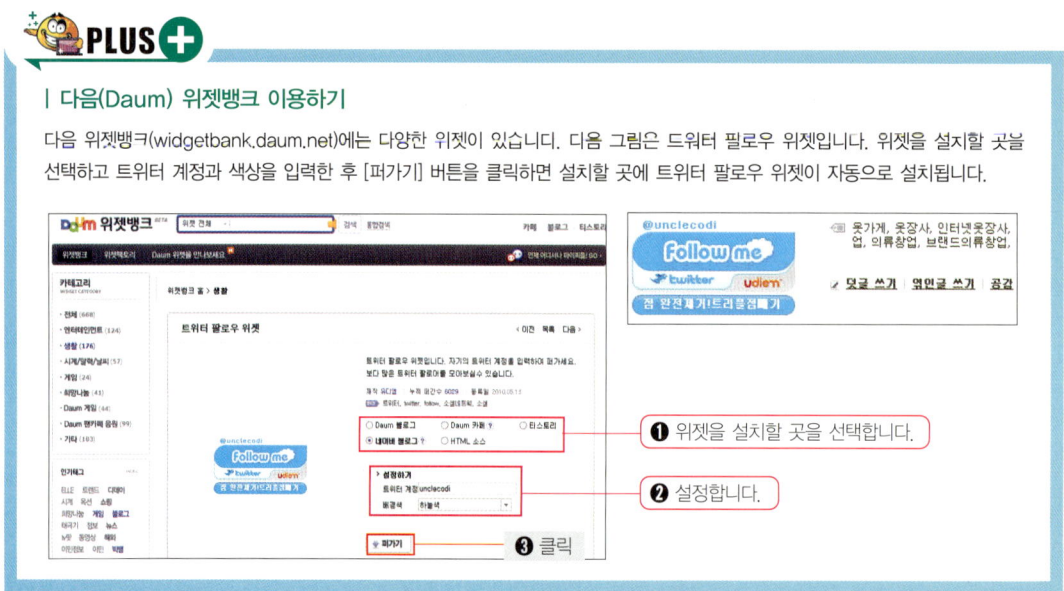

306 · 인터넷 · 검색 · 소셜 네트워크 마케팅 최적화

## 따라하기 주소창에서 네이버 이웃커넥트 설치

**01** 네이버 블로그 위젯 페이지(http://section.blog.naver.com/sub/InstallConnect Widget.nhn)에 접속합니다. 이웃커넥트 설정 페이지에서 이웃커넥트를 설치할 블로그, 위젯 종류, 위젯을 사용할 블로그 주소, 이웃 스타일, 위젯 사이즈, 위젯 디자인을 설정한 후 [퍼가기] 버튼을 클릭합니다.

**02** 네이버 이웃커넥트 위젯 설치가 완료되었습니다. [내 블로그 가기] 버튼을 클릭하면 내 블로그에 설치된 이웃커넥트 위젯을 확인할 수 있습니다.

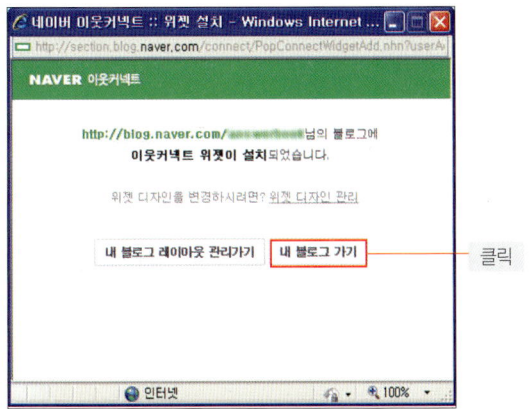

## 5 블로그의 지수를 높이는 5가지 표준 항목

검색 포털의 블로그 검색 탭의 검색 상위 상위 노출 순위는 검색엔진에 최적화된 글쓰기외에 블로그의 활동지수에 의해서 결정됩니다. 블로그의 활동지수란 블로그가 얼마나 활발하게 활동하고 있는지를 나타내는 지표 값입니다. 그 활동지수의 지표 값은 다음 항목들을 기준으로 결정됩니다.

### ❶ 포스팅의 지속성 지수
블로그 포스트의 숫자보다는 꾸준히 매일매일 등록되는 포스트가 중요합니다. 예를 들면 일주일에 하루 20개의 포스트를 올리는 것보다 매일 2~3개의 포스트를 올리는 것이 활동지수에 유리합니다.

### ❷ 포스트의 정확도 지수
블로그를 방문하는 방문자의 숫자 중 검색 유입을 통해서 증가하는 것이 블로그 활동지수에 유리합니다. 검색 유입으로 블로그를 방문했다는 것은 그 만큼 블로그에 등록된 포스트의 정확도가 높기 때문입니다. 예를 들면 블로그를 방문자 중 기타 유입으로 100명이 방문하는 것보다 검색 유입으로 100명이 방문하는 것이 블로그 활동지수가 더 높습니다.

### ❸ 블로그의 방문자 지수
블로그를 방문하는 방문자 지수가 높을수록 블로그 활동지수에 유리합니다. 방문자 지수가 높다는 것은 그 만큼 블로그에 콘텐츠가 많다는 것을 의미하기 때문입니다. 또한 방문자 지수와 함께 페이지뷰 지수(블로그를 방문해서 얼마나 많은 게시글을 보았는가를 나타내는 것)가 높은 경우, 즉 블로그의 인기도가 높을수록 유리합니다. 블로그의 인기도는 블로그의 페이지뷰에 방문자 수를 나눈 값입니다. 예를 들어 방문자 지수가 1,000명이고, 페이지뷰 지수가 1,000 클릭이라면 인기도 지수는 1,000/1,000=1.00입니다. 즉, 방문자 1명당 1개의 게시글을 보았다는 것을 의미합니다. 반면 방문자 지수 5,00명이고, 페이지뷰 지수가 1,000 클릭이라면 인기도 지수 1,000/500=2.00입니다. 즉, 방문자 1명당 2개의 게시글을 보았다는 것을 의미합니다.

### ❹ 블로그의 이웃 지수
나의 블로그를 이웃 추가한 숫자는 많을수록 블로그 활동지수에 유리합니다. 나의 블로그를 이웃 추가했다는 것은 그 만큼 블로그의 콘텐츠에 대해서 만족하고 신뢰할 수 있다고 판단되기 때문입니다.

❺ 게시글의 덧글, 공감, 스크랩 지수

블로그 포스트의 덧글수, 공감 수, 스크랩의 수가 많을수록 블로그 활동지수는 올라갑니다.

## 5-1. 검색 유입분석 리포트

위와 같이 블로그 활동지수의 표준 지표 값으로 활용되는 항목들은 블로그에서 제공되는 검색 유입분석 리포트를 활용하면 확인할 수 있습니다. 블로그 프로필에서 [통계]를 클릭하면 스마트리포터 블로그 통계 페이지로 이동합니다. 이 페이지에서 블로그 방문현황, 방문경로 분석, 내 블로그의 인기 포스트(조회수, 덧글수, 스크랩수) 등의 통계 자료를 확인할 수 있습니다. 통계 자료를 토대로 블로그 운영 방향을 재조정할 수 있습니다.

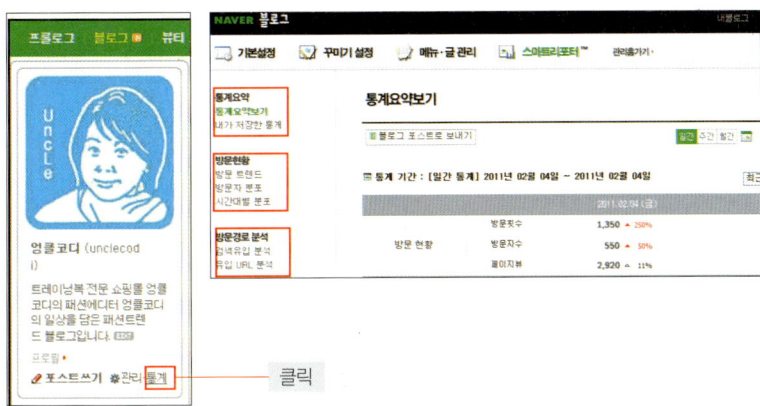

### | 방문 횟수, 방문자수, 페이지뷰, 조회수의 차이점

- **방문 횟수란**

다른 사람이 내 블로그에 방문한 횟수를 의미하고, 방문자수는 해당 기간 동안 블로그에 방문한 사람을 중복되지 않게 더한 수를 말합니다. 예를 들어 어떤 사람이 아침, 점심, 저녁으로 나눠 3회에 거쳐 내 블로그에 방문했다면 방문한 사람은 1명이기 때문에 방문자 지수는 '1'이고, 방문 횟수는 '3'입니다.

- **페이지뷰란**

다른 사람이 내 블로그를 방문한 동안 발생한 총 페이지 열람수를 의미합니다. 블로그에서 클릭하여 페이지가 전환된 경우 클릭한 모든 횟수는 페이지뷰에 더해집니다.

- **조회수란**

다른 사람이 내 블로그의 포스트를 열람한 총 횟수로, 개별 포스트를 볼 때마다 해당 포스트의 조회수가 증가합니다.

NAVER me2DAY

Google

twitter

Find us on.
facebook

Daum

## Chapter 08

# 검색 노출에 최적화된 트위터 마케팅

**Lesson 1.** 소셜 네트워크 마케팅 이해하기
**Lesson 2.** 한눈에 보이는 트위터 마케팅 최적화
**Lesson 3.** 검색에 최적화된 트위터 환경 만들기
**Lesson 4.** 검색에 최적화된 트위터 핵심 기능 익히기
**Lesson 5.** 트위터의 마케팅 기능 익히기

# 소셜 네트워크 마케팅 이해하기

Lesson 01

## 1. 사례로 살펴보는 소셜 네트워크 서비스의 활용 방법

나의 소셜 네트워크(트위터, 미투데이, 페이스북)에서 작성한 콘텐츠를 알리는 방법은 크게 세 가지 방법이 있습니다. 첫 번째는 검색 포털 사이트의 소셜 검색(네이버는 소셜 네트워크 검색 탭, 다음은 My소셜 검색 탭)과 실시간 검색 탭에 노출시키는 방법입니다. 두 번째 방법은 나의 블로그, 카페, 지식iN의 콘텐츠를 통해서 알리는 방법입니다. 세 번째는 내가 운영하는 사이트 또는 쇼핑몰에 소셜 네트워크 계정을 노출시켜 쇼핑몰의 회원 또는 방문자에게 직접적으로 알리는 방법입니다.

첫 번째 방법과 두 번째 방법은 지금까지 수차례 설명했기 때문에 여기서는 쇼핑몰에서 소셜 네트워크 계정을 직접적으로 알리는 세 번째 방법에 대해서 알아보도록 하겠습니다.

첫 번째 사례는 국내 최대 규모의 인터넷 도매 사이트인 도매.꾹(www.domeggook.com)에서 판매하는 상품의 상세페이지에는 나의 트위터, 페이스북, 미투데이, 요즘 계정으로 상품을 소개할 수 있는 기능이 제공됩니다. 이외에도 상품 페이지에서 제공되는 QR코드를 촬영하면 상품 상세페이지를 스마트폰에서도 확인할 수 있습니다. 예를 들어 상품 상세페이지(그림1)에서 페이스북 아이콘을 클릭한 후 나의 페이스북 계정에서 상품에 대한 글을 작성합니다. 그 글은 페이스북의 친구들에게 배포되고, 글을 구독하는 사람 중 관심 있는 친구들은 글에 포함된 링크 주소를 클릭하면 상품 상세페이지로 이동하여 상품에 대한 자세한 정보를 볼 수 있습니다. 이런 일련의 과정을 설명하면 다음과 같습니다.

상품 페이지에서 페이스북 버튼(f)을 클릭하면 나의 페이스북의 '프로필에 올리기' 팝업 창(그림2)이 나타납니다. 글 입력상자에 글을 입력한 후 [공유하기] 버튼을 클릭하면 나의 페이스북 뉴스피드 홈(그림3)에 글과 함께 상품 정보가 자동으로 등록됩니다.

❖ 그림1 나까마 쇼핑몰의 상품 상세페이지

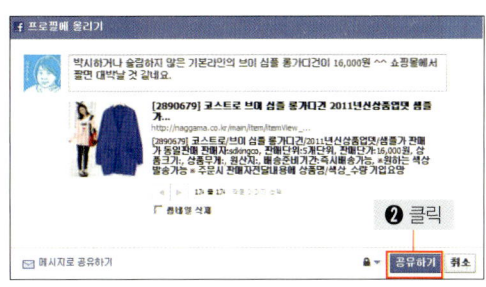
❖ 그림2 페이스북 프로필에 올리기 페이지

❖ 그림3 페이스북 뉴스피드 홈

두 번째 사례는 국내 대표적인 화장품 전문 회사 에뛰드의 사이트입니다. 에뛰드 사이트의 상품페이지의 [블로그로 퍼담기] 버튼을 클릭하여 구매자나 방문자의 블로그에 상품 정보를 담아갈 수 있습니다. 블로그에 담긴 이 상품의 정보는 방문자 블로그를 통해서 이웃들에게도 전달됩니다. 또한 사이트를 통해서 미투데이에 접속할 수 있고 미투데이를 통해서 이벤트 정보나 신상품 정보 및 다양한 소식들을 알리고 있습니다. 소셜 네트워크 서비스 중 미투데이를 선택한 이유는 10~20대 젊은층 여성들은 주로 트위터나 페이스북 보다는 미투데이를 더 선호하기 때문입니다.

나까마 도매 사이트, 에뛰드 외에도 수많은 온·오프라인 제조 및 서비스 업체들은 소셜 네트워크 서비스를 위의 사례와 같이 각 사의 성격에 맞게 다양한 방식으로 마케팅에 적극 활용하고 있습니다. 자사 쇼핑몰, 사이트 등에서 운영하는 트위터, 미투데이, 페이스북, 블로그 등은 자사의 회원 한 사람 한 사람 뿐만 아니라 그 들의 트위터 친구, 블로그 이웃 등 관계를 맺고 있는 이들에게도 자사를 알릴 수 있는 중요한 홍보 도구로 사용하고 있습니다. 이제부터 트위터, 미투데이, 페이스북 마케팅에 대해서 알아보겠습니다.

| 트위터, 페이스북 기초 자료
트위터 회원 가입과 같은 기본적인 정보는 앤써북 카페(cafe.naver.com/answerbook)의 [도서 자료방/Q&A]-[인터넷 마케팅] 카테고리에서 제공하고 있으니 참조하길 바랍니다.

## 2 사례로 살펴보는 트위터, 페이스북, 미투데이의 마케팅 핵심 기능 비교

웹 검색에서는 검색 노출이 중요하기 때문에 상위에 노출시키는 것이 핵심이었다면 소셜 네트워크에서는 '사람' 그 자체가 핵심입니다. 사람과의 관계가 중요하기 때문에 가까운 사람들(트위터는 팔로워, 미투데이와 페이스북에서는 친구)의 수와 그 사람들과 얼마나 소통하고 있는가가 핵심입니다.

| 트위터 | 트위터 | 페이스북 | 미투데이 |
| --- | --- | --- | --- |
| 소셜 네트워크 서비스의 정보의 확산 기능 | 리트윗(RT) | 좋아요(Like) | 핑백 |

1,000냥 하우스로 널리 알려진 다이소 인터넷 쇼핑몰의 소셜 네트워크 마케팅의 사례를 통해서 트위터의 리트윗, 페이스북의 좋아요, 미투데이의 핑백에 대해서 알아보겠습니다.

| 이벤트명 | 트위터 팔로우하면 스마트박스 선물 |
| --- | --- |
| 내용 | 다이소 자사의 '다이소걸's smart lift' 트위터 계정을 팔로우하거나 미투데이에 친구 신청을 한 사람에게 추첨을 통해 '다이소 스마트박스'를 선물하는 이벤트입니다. 이벤트에 참여한 고객 중 추첨을 통해 50명에게 '다이소 스마트박스'를 선물합니다. 스마트박스는 2만원 상당의 다이소 인기상품이 들어간 선물세트 기획상품입니다. |
| 참여방법 | 다이소의 트위터 계정을 팔로우(follow, 트위터에서 다른 친구를 자신의 관심인으로 등록하는 것)한 뒤 다이소의 이벤트 글을 RT(리트윗)하거나, 미투데이에 미친(미투데이 친구) 신청을 한 후 이벤트 글을 핑백(댓글을 마이미투 포스팅으로 연결하기)하는 방식입니다. |
| 1차 마케팅 효과 | 다이소의 마케팅 콘텐츠는 검색 포털 사이트의 수집 대상이기 때문에 검색결과 블로그 검색 탭, 소셜 네트워크 검색 탭과 실시간 검색 탭, 웹문서 검색 탭 등에 노출됩니다. |
| 2차 마케팅 효과 | 런칭 상품 홍보와 자사 홍보, 그리고 자사 트위터 계정의 팔로워 확보, 미투데이 계정의 미친(미투데이 친구) 확보할 수 있습니다. |
| 3차 마케팅 효과 | 확보된 팔로워의 팔로워들, 친구의 친구들을 통해 다이소의 '스마트박스' 상품 홍보뿐만 아니라 다이소의 인터넷 쇼핑몰을 알릴 수 있고 지속적으로 신상품 소개 등을 알릴 수 있는 잠재고객들을 확보할 수 있습니다. |

이벤트의 상품 정보 콘텐트가 있는 공간은 다이소 블로그와 다이소 인터넷 쇼핑몰입니다. 다이소의 이벤트에 관심을 갖는 팔로워와 팔로워의 팔로워들, 미친과 미친의 미친들은 마이소의 블로그나 다이소의 인터넷 쇼핑몰을 방문하게 됩니다. 팔로워의 팔로워들과 미친의 미친들에게 다이소의 정보가 알려지는 핵심은 바로 트위터의 리트윗(RT)과 미투데이의 핑백입니다.

❖ 다이소 인터넷 쇼핑몰

❖ 다이소 블로그

❖ 다이소 미투데이

❖ 다이소 트위터

한 가지 아쉬운 점은 페이스북을 활용하지 않았다는 점입니다. 특히 페이스북의 '좋아요(친구의 트윗을 추천하는 것)'를 선택한 글은 페이스북 친구의 친구들에게도 홍보되는 기능으로 트위터의 리트윗, 미투데이의 핑백과 유사한 기능입니다. 최근 페이스북의 페이지 개설 기능으로 페이스북 커머스(페이스북의 페이지를 이용하여 상품을 판매하는 것, 일명 'F커머스'라고 합니다.)가 활성화되면서 페이스북 개정을 추가한다면 검색 포털 사이트의 검색에 더 많이 노출될 수 있고, 정보가 더 퍼질 수 있는 페이스북 네트워크 마케팅 효과를 기대할 수 있습니다.

# 한눈에 보이는 트위터 마케팅 최적화

Lesson 02

## 1 트위터의 등장인물과 그들의 역할

트위터는 나와 상대방 그리고 상대방의 상대방들이 관계를 맺음으로써 서로의 글을 통해 소통이 시작됩니다.

누군가(B)가 나의 글을 보고 싶다면 팔로우하기 버튼( ⊕팔로우하기 )을 클릭하여 '나(A)'를 팔로잉( ✔팔로잉 )해야 됩니다. 나를 팔로잉하면 나의 글을 구독하는 팔로워가 됩니다. 즉 나의 팔로워 숫자는 '1' 만큼 늘어납니다. 그리고 나를 팔로잉하는 '상대방(B)'의 타임라인에 나의 글이 자동으로 보이게 됩니다.

하지만 나를 팔로잉한 '상대방(B)'의 글은 '나(A)'의 타임라인에는 보이지 않습니다. 상대방(B)의 글을 보기 위해서는 '나(A)'도 '상대방(B)'을 팔로잉해야 됩니다. '내가(A)' 상대방을 팔로잉하면 '상대방(B)'의 글이 나의 타임라인에도 보이게 됩니다. '나(A)'와 '상대방(B)'이 서로 팔로잉하는 것을 '맞팔'이라고 합니다.

'상대방의 상대방(C)'이 나를 팔로잉하면 나의 글이 '상대방의 상대방(C)' 타임라인에도 보이게 됩니다. 그리고 '내가(A)'가 '상대방의 상대방(C)'을 팔로잉하면 '상대방의 상대방(C)'이 작성한 글은 '나(A)'의 타임라인에도 보이게 됩니다.

내가 '나(A)'의 타임라인에 작성하는 글을 트윗이라고 합니다. 내가 작성한 트윗(예를 들어 '앤써북 이벤트')은 나를 팔로잉한 '상대방(B)'의 타임라인에 보이게 됩니다. '상대방(B)'이 나의 트윗을 '상대방의 상대방(C)'에게 전달하는 것을 리트윗이라고 합니다. '상대방(B)'이 '상대방의 상대방(C)'에게 리트윗하면 '상대방의 상대방(C)'의 타임라인에 '앤써북 이벤트' 트윗이 보이게 됩니다.

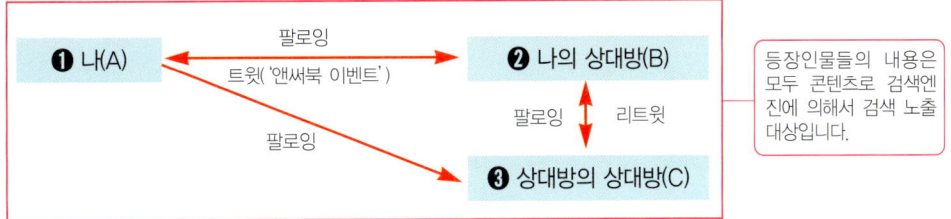

트위터에서 등장하는 인물들과 그들의 역할에 대해서 알아보겠습니다.

❶ **나(마케터)** : 트위터에서 친구를 늘리기 위해서는 '나는 어떤 사람이다.' 라는 것을 확실히 알릴 수 있어야 합니다. 그림1은 자신은 다른 사람을 팔로잉은 많이 했지만 자신을 팔로잉한 사람이 적은 경우이고, 그림2는 자신과 상대방 모두 적극적으로 팔로잉한 경우이며, 그림3은 자신은 팔로잉한 사람은 많지 않지만 나를 팔로잉한 사람들이 많은 경우입니다.

그림1의 경우는 '나는 어떤 사람이다.' 를 충실히 이행하지 못했거나 나의 트위터 활동에 문제 있는 경우입니다. 예를 들어 프로필을 성실히 작성하지 않아 나는 어떤 사람인지 모르거나, 내가 작성하는 글들이 상대방에게 호감을 느끼지 못하게 했거나 등 어떤 문제가 있는 경우입니다. 그림3의 경우는 '나는 어떤 사람이다.' 를 충실히 이행했거나 글을 구독하고 싶은 '팔로우 신청하고 싶은 사람' 입니다. 그림2는 '나는 어떤 사람이다.' 를 충실히 이행했거나 글을 구독하고 싶은 사람이며 '많은 친구들을 많고 싶은 사람' 입니다. 트위터 마케터의 전형적인 특징을 지닌 경우는 그림2의 사례입니다.

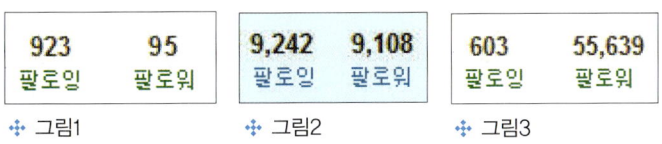

❷ **나의 상대방** : 나의 글을 퍼트릴 수 힘의 원천인 리트윗을 보내줄 수 있는 사람입니다. 리트윗의 개념에 대해서 알아보겠습니다. 나의 상대방(B)는 나(A)가 발행한 콘텐츠인 '앤써북 이벤트' 트윗이 좋다고 생각하면 B를 따르는 C에게 '앤써북 이벤트' 트윗을 보낼 수 있습니다. 이를 리트윗(RT)라고 합니다. RT 표시를 하는 이유는 '앤써북 이벤트' 는 B가 만든 콘텐츠가 아니라 A로 부터 받았다는 것을 의미하기 때문입니다. '앤써북 이벤트' 만 보내는 경우에는 'RT @A 앤써북 이벤트', 자신의 의견을 첨부해서 보내는 경우에는 앤써북 '대박이네요^^ RT @A 앤써북 이벤트' 라고 표시합니다.

❸ **상대방의 상대방** : 나의 상대방과 팔로잉 또는 팔로워 관계를 맺고 있는 친구들입니다. 상대방의 상대방은 많을수록 나의 글이 퍼지는 규모도 커집니다. 전쟁에서 아군을 도와주

는 연합군과 같은 역할을 담당합니다. RT '엉클코디 이벤트'를 받은 C도 똑같이 RT로 보낼 수도 자신의 생각을 추가해서 보낼 수도 있습니다. C가 '앤써북 이벤트'만 보내는 경우 'RT @B 대박이네요^^ RT @A 앤써북 이벤트' A의 타임라인에는 다음과 같이 표시됩니다.

'RT @C RT @B 대박이네요^^ RT @A 앤써북 이벤트'

자신의 의견을 첨부해서 보내는 경우 '신청합니다^^ RT @B 대박이네요^^ RT @A 앤써북 이벤트' A의 타임라인에는 다음과 같이 표시됩니다.

'RT 신청합니다^^ @C RT @B 대박이네요^^ RT @A 앤써북 이벤트'

**| 소셜 네트워크 서비스 별 소문 퍼뜨리는 기능**

소셜 네트워크 서비스의 소문 퍼뜨리는 기능에는 트위터의 '리트윗(RT)', 페이스북의 '공유하기(Share)' 또는 '좋아요(Like)', 미투데이의 '미투', 다음의 요즘은 '소문내기' 등이 있습니다. 검색 포털 사이트가 상위 노출을 통해서 자신의 콘텐츠를 보다 많은 사람들에게 노출시키는 것이 핵심이라면, 소셜 네트워크 서비스는 위에서 언급한 소문 퍼뜨리는 방법으로 보다 많은 사람들에게 나의 소식을 알리기입니다. 좋은 정보가 보다 많은 사람들에게 노출되고 보다 많은 사람들에게 퍼진다면 굳이 비싼 금액을 들여 키워드 마케팅에 연연할 필요가 없게 됩니다.

**| RT & 팔로우를 통한 이벤트**

트위터를 사용하는 인구층의 증가와 트위터의 콘텐츠가 검색 포털 사이트의 검색 결과로 노출되면서 트위터 마케팅이 인터넷 마케팅 도구로 자리를 잡아가고 있습니다. 현재의 트위터를 이용한 마케팅 방법 중 팔로우를 늘리고 RT를 통해서 상품 이벤트, 쇼핑몰, 매장의 이벤트 소식 등을 퍼트리는 방법을 가장 많이 사용하고 있습니다. 일대일 대화를 통해서도 가능하지만 마케터의 노동력과 시간을 고려한다면 효과가 크기 때문입니다.

## 2 한눈에 보이는 트위터 메인화면 구성 요소

트위터의 메인화면은 검색과 셋팅을 구성하는 상단 메뉴 영역과 글을 쓰고 답변 등을 할 수 있는 타임라인 영역 그리고 팔로잉과 팔로워 및 즐겨 찾기, 트렌드 등을 볼 수 있는 트위터 인포 메뉴 영역으로 구분됩니다. 다음은 트위터 메인화면의 구성 요소들에 대한 간단한 설명이며 각각 항목들은 앞으로 자세히 설명하겠습니다.

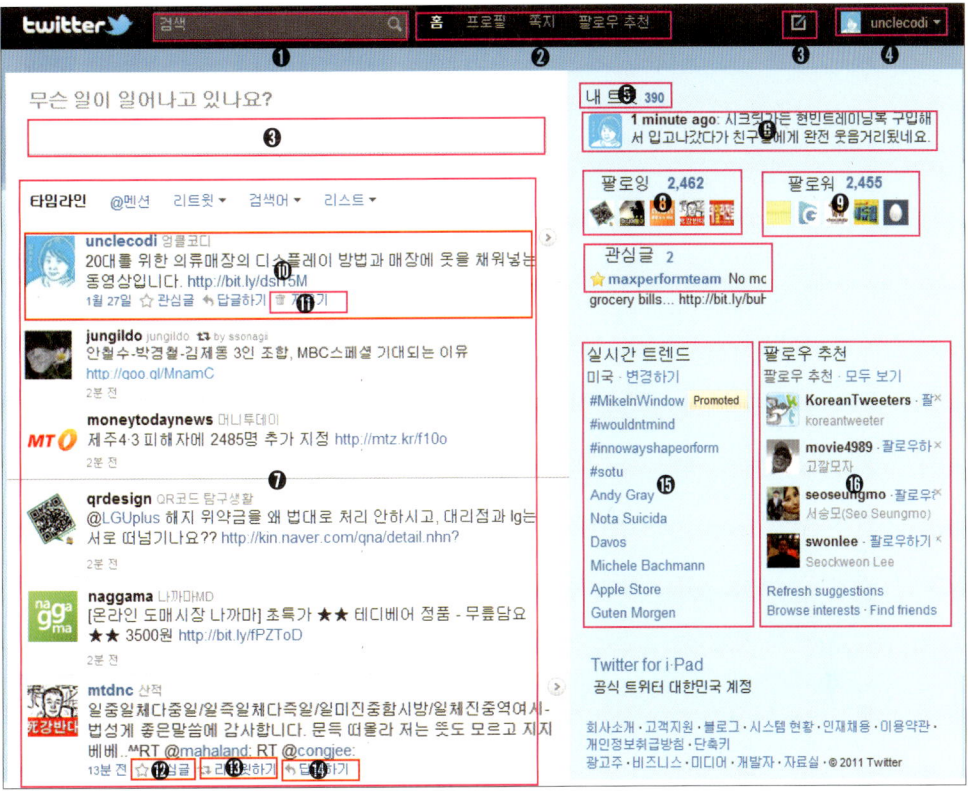

❶ 검색(Search) 창 : 찾고 싶은 트위터 글을 검색할 수 있습니다. 한글, 영문 모두 사용할 수 있습니다.

❷ 메뉴 설정 : 트위터의 메뉴를 설정할 수 있습니다.

❸ 글자 입력 박스 : 글자 입력 박스 아이콘( )을 클릭하거나 메인 화면의 글자 입력 박스에서 140자의 글자를 작성할 수 있습니다.

❹ 나의 계정 : 트위터 기본 정보를 설정할 수 있습니다.

❺ 내 트윗 : 자신이 작성한 트윗(글)의 수입니다.

❻ 나의 최신 트윗 : 내가 최근에 작성한 글입니다.

❼ 타임라인(Timeline) : 나에게 트윗을 보내주는 사람들의 트윗을 모여서 보여주는 트윗의 전체 페이지입니다. 멘션 탭, 리트윗 탭, 검색어 탭, 리스트 탭으로 구성되어 있습니다.

❽ 팔로잉(Following) : 자신이 팔로우한 사람의 수입니다.

❾ 팔로워(Follower) : 다른 사람이 나를 팔로우한 사람의 수입니다.

❿ 나의 트윗 : 자신이 작성한 글(트윗)입니다.

⓫ 지우기(Delete) : 자신이 작성한 글을 삭제할 수 있습니다.

⓬ 관심글(Favorte) : 관심글을 모아서 볼 수 있습니다. 관심글(Favorte) 버튼을 클릭하면 글에 별 모양 아이콘이 표시되며 관심글(Favorites) 코너에서 별도로 관리할 수 있습니다. 관심글을 설정한 계정의 정보도 검색로봇의 수집 대상이며, 검색 결과에 노출될 수 있

기 때문에 관심글을 설정할 때는 팔로잉 또는 팔로워의 수가 많이 설정된 사람이 유리합니다.

⓭ 리트윗하기(Retweet) : 다른 사람의 글을 추천할 때 사용하는 기능입니다. 즉 다른 사람의 글을 복사해서 또 다른 사람에게 퍼뜨리는 기능으로 입소문 마케팅의 가장 강력한 기능입니다. 검색로봇은 리트윗 경로의 트윗 내용도 수집하며 검색 노출 대상입니다. 리트윗하면 글에 리트윗 아이콘( )이 표시됩니다.

⓮ 답변하기(Reply) : 어떤 특정 트위터 사용자에게 어떤 이야기를 나누고 싶을 경우 글자 입력 박스에 '@(골뱅이)'를 아이디 앞에 붙여 작성하거나 답글하기(Reply)을 클릭한 후 글자 입력 박스에 글을 입력하고 [트윗하기(Tweet)] 버튼을 클릭하면 트위터 사용자에게 글이 전달됩니다. 답변 트윗 내용과 답변 계정도 검색로봇의 수집 대상입니다. 답변 내용을 작성할 때 핵심 키워드, 이슈 키워드, 트위터 트랜드 등을 포함시켜 내용을 작성하여 검색 노출에 최적화시킵니다.

다른 트위터 사용자의 글에 답변한 글은 나의 타임라인 글에 '@(골뱅이)'가 표시됩니다.

⓯ **트랜드(Trends)** : 수많은 트윗들 중 포함된 단어들을 분석해서 가장 많은 순서대로 10개를 모아놓은 곳입니다. 즉 트위터에서 화제가 되고 있는 검색어들을 보여줍니다. 상단부터 가장 많이 리트윗된 트윗들을 보여줍니다.

⓰ **추천 팔로우(Who to follow)** : 나와 관심사가 비슷한 사람들을 추천해주는 곳입니다. 특히 나와 공통된 인물을 팔로우한 사람들을 위주로 추천해줍니다. 이들이 작성한 트윗들을 살펴본 후 마음에 들면 팔로우합니다. 관심사가 비슷한 사람들을 선택해야 검색 노출 효과가 크기 때문에 최대한 비슷한 관심을 갖는 사람들을 선별하여 팔로우합니다.

### 트위터 영문 인터페이스를 한글로, 한글은 영문으로 변경하기

2011년부터 트위터의 인터페이스의 한글이 지원되었습니다. 2011년 이후부터 회원가입한 사람의 트위터 인터페이스는 한글로 표시되지만 2011년 이전에 회원가입한 사람의 인터페이스는 영문으로 표시됩니다. 영문을 한글로 또는 한글을 영문으로 변경하는 방법에 대해서 알아보겠습니다.

1. 나의 계정에서 [설정(Settings)] 메뉴를 선택합니다.

2. 나의 트위터 환경설정 페이지에서 [계정(Account)] 탭을 선택한 후 언어(Language)의 영어 또는 한국어를 선택합니다.

3. [저장하기(Save)] 버튼을 클릭합니다. 계정 변경사항 저장하기 페이지에서 비밀번호를 입력한 후 [변경사항 저장하기] 버튼을 클릭합니다.

 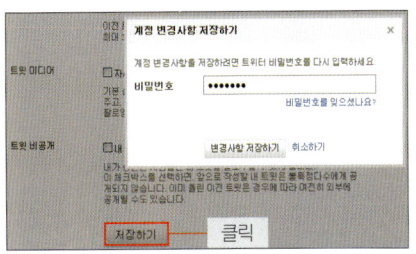

4. 다음 그림과 같이 영문은 한글로 한글은 영문 인터페이스로 변경됩니다.

# 3 검색로봇이 수집하는 트위터의 항목

검색포털의 검색로봇은 트위터의 트윗 내용, 프로필 등 모두를 수집합니다. 그 중 검색포털의 실시간 검색 탭, 소셜 네트워크 검색 탭에 노출되는 트위터의 내용에 대해서 알아보겠습니다.

| 검색로봇의 수집 대상 | 트윗의 텍스트, 링크(링크, 멘션, 리트윗 등)가 설정된 트윗, 친구의 트윗, 계정 프로필 정보(사용자 이름, 계정 이름, 프로필 내용) |
|---|---|

트위터에서 트윗을 작성하면 트윗 내용은 물론 트윗 내용에 설정된 링크 주소, 답변 계정자의 답변 트윗, 관심글 설정자의 계정 등 모든 항목이 검색로봇의 수집 대상입니다. 또한 이 모든 항목들은 검색 노출 대상입니다. 검색로봇의 검색 노출에 최적화시키기 위해서는 검색로봇의 수집 대상에 핵심 키워드의 배치하고 팔로잉 또는 팔로워가 많은 사람들과 팔로우하고, 멘션 또는 리트윗합니다.

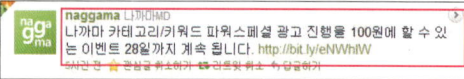 

| '좋아요'는 검색 정확도 평가의 핵심 항목이 될 것이다.

페이스북을 통해서 작성하는 나의 글, 친구들과 주고받는 글 등은 아직 국내 검색 포털 사이트에서 제한적으로 노출되지만 활성화가 된다면 상위 노출의 기준 항목 중 '좋아요'를 많이 받은 콘텐츠의 비중이 가장 크게 작용될 것입니다. 그 이유는 '좋아요'는 다른 사람의 글을 추천하는 것이기 때문에 '좋아요' 추천을 많이 받았다는 것은 결국 양질의 콘텐츠라는 것을 검증 받았기 때문입니다.

# Lesson 03 검색 노출에 최적화된 트위터 환경 만들기

## 1 검색 노출에 최적화된 회원 가입

트위터 회원 가입 시 검색에 잘 노출될 수 있는 최적화 방법을 이용하여 회원 가입해보도록 하겠습니다.

### 1-1. 검색엔진에 최적화된 트위터 회원가입 페이지

검색엔진은 콘텐츠의 제목, 내용과 웹 주소(URL)에 검색자가 검색한 검색 키워드가 어느 정도 포함되었는지를 기준으로 정확도를 판단합니다. 트위터의 경우 사용자 이름은 콘텐츠의 제목에 해당되고, 트윗(글)은 내용에 해당되며, 계정이름은 웹 주소에 해당됩니다. 즉, 사용자 이름과 글 내용 그리고 계정이름에 검색자가 검색한 검색 키워드가 어느 정도 포함되었는지를 기준으로 정확도를 판단합니다. 트위터 회원 가입 시 작성하는 내용 중 검색엔진이 수집하는 자료는 다음과 같습니다.

| 회원 가입 시 검색로봇의 수집 대상 자료 | 사용자 이름, 계정 이름, 프로필 내용 |

 **검색엔진에 최적화된 트위터 회원 가입 페이지 만들기**

**01** 트위터 메인 화면에서 [가입하기] 버튼을 클릭합니다.

**02** 이름, ID, 비밀번호, 이메일주소를 입력하고 [가입하기] 버튼을 클릭합니다.

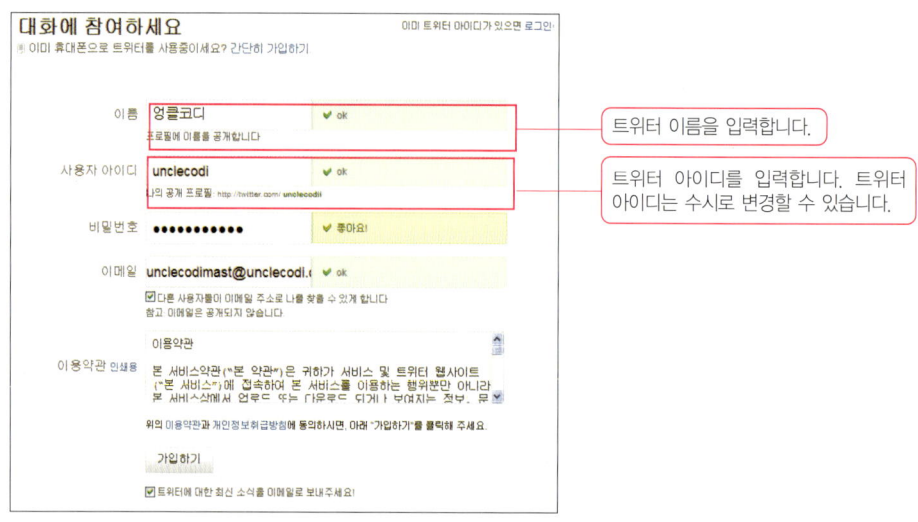

### TIP

**| 트위터 사용자 아이디 최적화**

트위터에서 작성할 수 있는 글은 140자로 한정되어 있습니다. 이 140자에는 사용자의 아이디가 포함되어 있습니다. 그렇기 때문에 트위터에서 사용하는 아이디가 짧게 만들수록 보다 많은 내용을 작성할 수 있습니다. 예를 들어 앤써북 계정이 '@answerbook' 인 경우와 '@ab' 인 경우를 비교해봅시다. '@answerbook' 에게 보낼 수 있는 글자 수는 130자입니다. 반면 '@ab' 에게 보낼 수 있는 글자 수는 138자입니다. 만약 '@answerbook' 에게 답변(Reply), 멘션, RT 등을 보내려면 띄어쓰기를 포함하여 128자 밖에 사용할 수 없습니다.

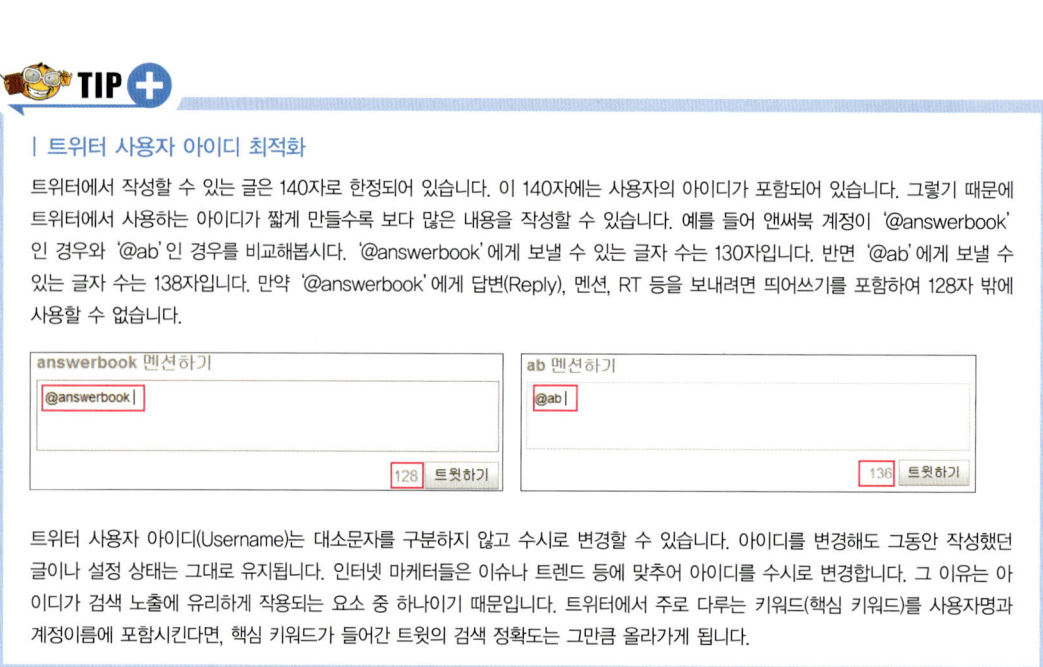

트위터 사용자 아이디(Username)는 대소문자를 구분하지 않고 수시로 변경할 수 있습니다. 아이디를 변경해도 그동안 작성했던 글이나 설정 상태는 그대로 유지됩니다. 인터넷 마케터들은 이슈나 트렌드 등에 맞추어 아이디를 수시로 변경합니다. 그 이유는 아이디가 검색 노출에 유리하게 작용되는 요소 중 하나이기 때문입니다. 트위터에서 주로 다루는 키워드(핵심 키워드)를 사용자명과 계정이름에 포함시킨다면, 핵심 키워드가 들어간 트윗의 검색 정확도는 그만큼 올라가게 됩니다.

**03** 자동 가입 방지를 위한 보안 문자를 입력하고 [완료] 버튼을 클릭합니다.

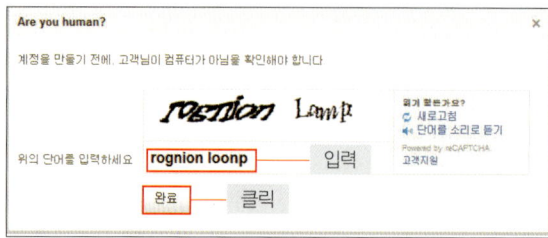

**04** 각 분야별로 유명한 사람을 팔로우할 수 있습니다. 이 과정은 생략해도 되는 단계입니다. [건너뛰기>>]버튼을 클릭합니다.

**05** 지메일(Gmail), 야후(Yahoo)메일의 주소록을 검색해서 트위터를 사용하는 사람들을 찾아주는 단계입니다. 이 과정은 생략해도 되는 단계입니다. [건너뛰기>>]버튼을 클릭합니다.

**06** 자신의 트위터 홈페이지로 이동하며 가입 시 입력했던 이메일 주소로 인증 메일이 발송됩니다.

**07** 이메일을 확인인합니다. 메일 내용의 링크를 클릭하여 트위터 계정을 승인합니다.

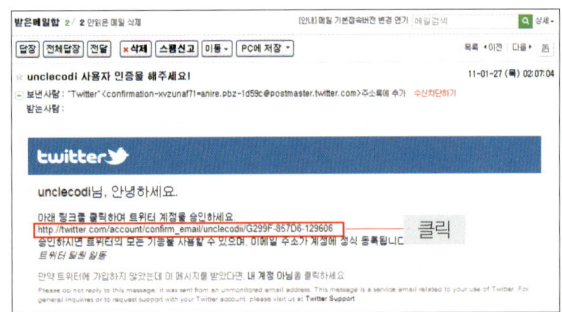

## 2 검색에 최적화된 트위터 기본 정보 설정하기

트위터에 가입하고 가장 먼저 기본 정보, 즉 자신을 나타내는 소개, 회사나 쇼핑몰의 특징을 나타내는 소개 등을 설정하는 것이 좋습니다. 앞에서 언급했듯이 프로필의 내용, 특히 이름과 자기소개 내용은 검색로봇의 수집 대상이며 검색 정확도를 판단할 때 기준이 되는 요소이기 때문입니다. 다음은 트위터 검색 창에서 'trade(무역)' 키워드에 대한 검색 결과 화면입니다. 트위터는 검색 키워드에 대해 트윗, 링크를 포함한 트윗, 내 주변 트윗과 함께 인물 검색 결과도 노출됩니다. 인물 검색인 트위터 계정 아이디, 프로필의 내용 등의 텍스트가 노출 대상입니다.

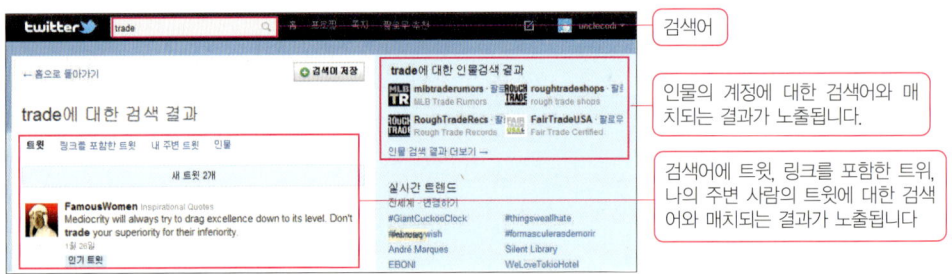

다음 그림과 같이 자개소개에 핵심 키워드를 포함시킨 트위터 프로필과 공란으로 둔 프로필 중 어느 경우가 검색 정확도에 유리할까요? 자기소개는 작성하지 않고 빈 공란으로 두는 경우가 있는데 자기소개를 작성할 때 핵심 키워드, 인기 키워드 등을 적절히 포함시켜 검색에 유리하도록 해야 작성합니다.

❖ 자기소개에 핵심 키워드를 포함시킨 트위터 프로필   ❖ 자기소개를 공란으로 둔 트위터 프로필

## 따라하기 계정 정보 설정하기

**01** 트위터 사이트에서 [로그인(Sign in)] 메뉴를 클릭한 후 아이디 또는 이메일주소와 비밀번호를 입력하고 [로그인] 버튼을 클릭합니다. 로그인 후 설정 메뉴를 선택합니다.

**02** [설정(Settings)]-[계정(Account)] 메뉴를 선택한 후 가입 시 설정한 개인 정보를 변경할 수 있습니다.

## 따라하기 프로필 정보 설정하기

**01** 프로필 사진과 배경 이미지를 등록하거나 변경할 수 있습니다. 우선 프로필 사진의 이미지를 준비합니다. [설정(Settings)]-[프로필(Profile)] 메뉴를 선택한 후 변경할 프로필 사진 이미지를 선택합니다.

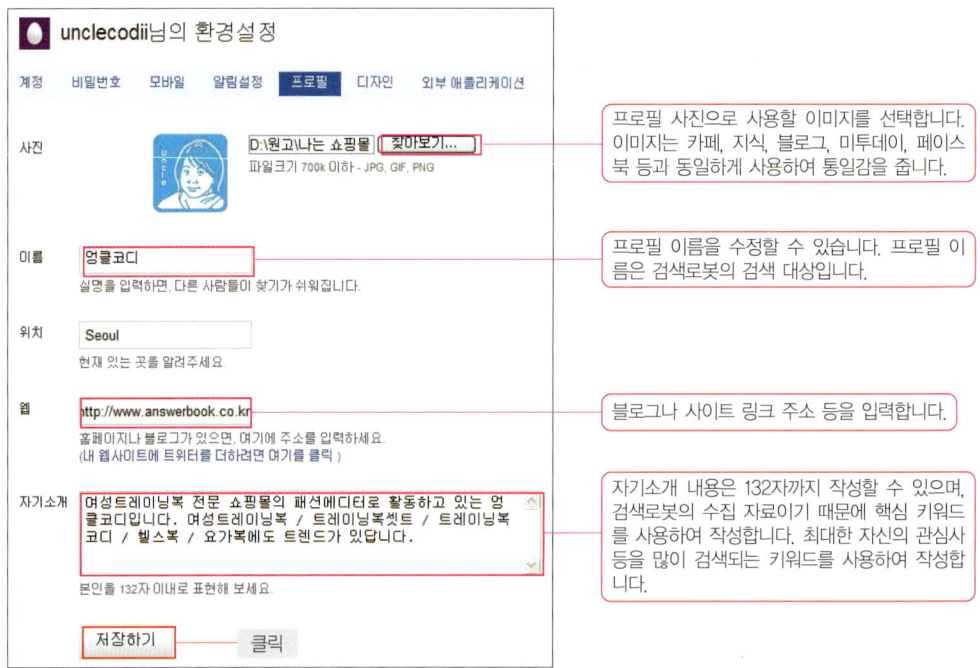

**02** [설정]-[디자인] 메뉴를 선택하고 배경 화면을 변경합니다. 배경 화면은 트위터에서 기본적으로 제공하는 테마 중에서 선택할 수 있고 직접 디자인한 이미지를 선택할 수 있습니다.

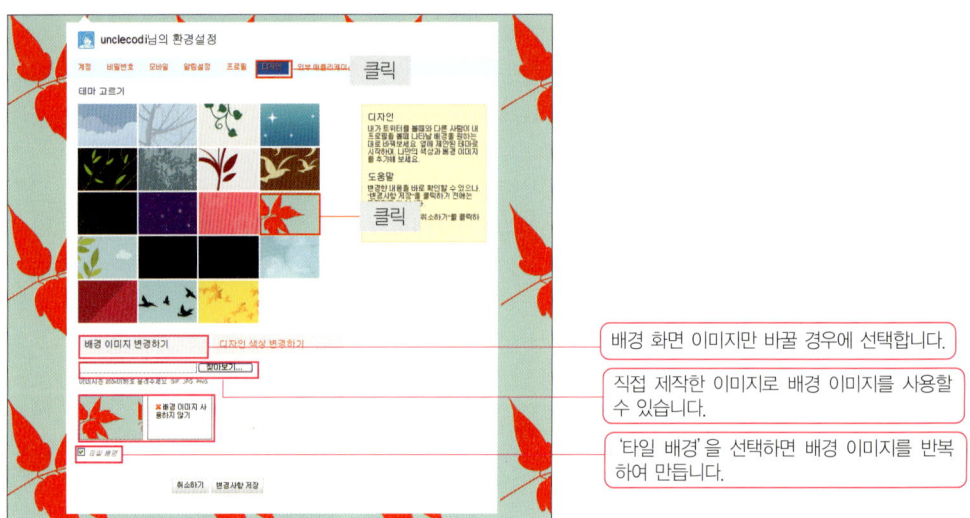

### | 목적에 달라지는 프로필 사진과 배경 화면

특히 프로필 사진은 첫인상이기 때문에 매우 중요합니다. 프로필 사진은 목적에 따라 개인 실물 사진, 캐리커처, 회사나 쇼핑몰 로고, 블로그나 카페 로고 등을 사용할 수 있습니다. 다음 그림은 국내 최대 규모의 신발 전문 쇼핑몰 슈즈모아의 인터넷쇼핑몰과 트위터입니다. 트위터의 프로필 사진은 쇼핑몰 로고를 그대로 사용했고, 배경 화면은 쇼핑몰 자연스럽게 조화를 이루는 이미지로 사용하여 쇼핑몰을 친근하게 느낄 수 있도록 하였습니다.

❖ 인터넷 쇼핑몰의 로고

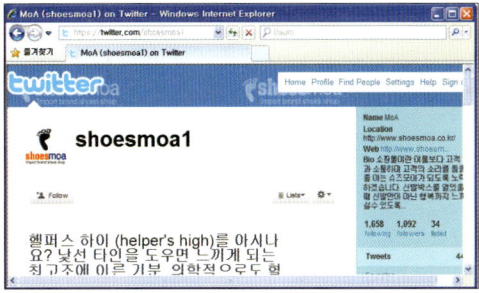

❖ 인터넷 쇼핑몰의 로고를 반복하여 배경 이미지로 사용

### | 트위터 프로필 정보의 최적화

트위터의 검색창에서 '마케팅' 키워드를 검색하면 '마케팅' 키워드에 대한 검색 결과는 '트윗', '링크를 포함한 트윗', '내 주변 트윗', '인물' 등 4가지 항목으로 구분하여 노출됩니다.

트윗은 트위터의 트윗 내용을 검색하고, 링크를 포함한 트윗은 링크가 설정된 트윗의 내용을 검색하고, 내 주변 트윗은 나의 팔로우 친구 또는 그 친구들의 친구들의 트윗을 검색하고, 인물은 프로필 정보에서 아이디, 자기소개의 내용 등을 검색하여 '마케팅' 키워드와 매치되는 검색 결과를 총 4가지 항목으로 구분하여 그 결과를 노출시킵니다. 즉 트위터 검색 결과에 노출을 위한 최적화 방법은 트위터 프로필 정보에서 '나의 핵심 키워드를 얼마나 적절히 배치시키는 것인가?' 입니다.

# 검색에 최적화된 트위터 핵심 기능 익히기

## 1 누구를 팔로우해야 노출에 유리할까요?

팔로우(Follow)란 '따르다' 라는 뜻으로 우리말로 표현하면 '구독' 기능입니다. 팔로우하면 상대방의 허락과 관계없이 상대방의 글을 내 트위터 홈(타임라인)에서 확인할 수 있습니다. 팔로우 상대방의 숫자가 늘어날수록 내 트위터 홈에 올라오는 정보의 양도 늘어납니다. 팔로우는 단순히 글을 구독하는 것으로 끝내는 것보다 그 글에 대한 어떤 반응이 나타나게 해야 합니다. 트위터는 '소통'을 통한 대화를 나누는 것이 목적이기 때문입니다.

트위터 메인 화면 우측에 다음 그림과 같이 팔로워와 관련된 정보가 표시됩니다. 팔로잉(following)이란 자신이 다른 사람을 팔로우하고 있다는 의미로 내가 팔로우하는 사람을 의미합니다. 싸이월드의 1촌 신청과 비슷하지만 상대방의 동의가 없어도 성립합니다. 팔로잉의 숫자가 높을수록 자신의 트위터 홈에 글의 숫자도 많아집니다. 팔로워(followers)란 자신의 글을 구독 신청한 다른 트위터 사용자입니다. 즉 나를 팔로우한 사람을 의미합니다. 팔로워 숫자가 높을수록 자신을 팔로우한 트위터 사용자가 많다는 것을 의미합니다.

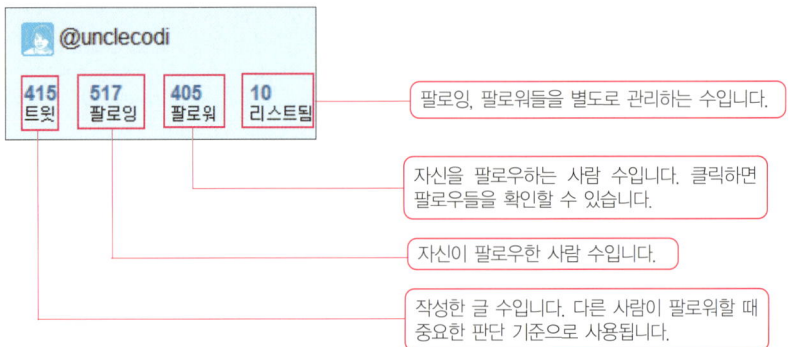

김연아 선수의 트위터(http://twitter.com/Yunaaaa)를 접속한 후 [팔로우하기(Follow)] 버튼을 클릭하면 팔로잉(Following)이라는 글자로 바뀌면서 김연아 선수의 팔로워가됩니다.

이제 김연아 선수의 트위터는 나의 팔로잉이 됩니다. 즉 나의 김연아 선수의 팔로우 정보를 보면 김연아 선수가 팔로잉한 사람은 6명인 반면 김연아 선수를 팔로워한 사람은 무려 316,956명입니다. 아마도 트위터를 하는 대한민국 사람치고 김연아 선수를 팔로우하지 않은 사람은 없을 것입니다. 하지만 김연아 선수를 팔로워한 사람을 모두 팔로잉한다면 관리하기가 쉽지 않을 것이며, 김연아 선수의 트위터에는 많은 팔로워가 있지만 팔로잉 숫자가 적은 이유입니다. 유명한 스타나 인기 연예인, 정치인의 트위터 계정은 보통 이런 식으로 아주 적은 팔로잉과 수많은 팔로워를 가지고 있습니다.

 김연아 선수의 트위터

위와 같이 팔로우와 팔로잉은 내가 다른 사람을 한 것인가 아니면 다른 사람이 나를 한 것인가로 구분됩니다. 유명한 스타나 인기 연예인, 정치인의 트위터 계정과 달리 일반인들의 트위터 계정은 팔로우와 팔로잉 숫자가 거의 비슷합니다. 만약 다른 사람이 나를 팔로우 했는데 내가 그 사람을 팔로우하지 않을 경우 그 사람은 자기를 무시한다고 생각해서 팔로우를 다시 삭제할 수도 있습니다. 이것을 언팔로우(unfollow)라고 합니다. 또한 나를 팔로우한 상대를 역으로 팔로우하는 것을 역팔로우 또는 맞팔로우라고 합니다.

### TIP

**| 소셜 네트워크 마케팅의 초점은 '사람'이다.**

소셜 네트워크 마케팅의 가장 큰 장점은 쇼핑몰이나 사이트 또는 이들이 판매하는 상품이 아닌 '사람'입니다. 그렇기에 마케팅의 초점을 '사람'에 맞추어야 합니다. 검색 포털 사이트에 광고를 할 때 보다 많은 사람들이 이용하는 곳을 선택하면 광고 효과가 크듯이 소셜 네트워크도 마찬가지입니다. 소셜 네트워크 마케팅을 통해 입소문 효과, 즉 콘텐츠가 퍼지는 효과를 극대화시키기 위해서는 가장 인기 있는 팔로우를 선택해야 합니다. 그 팔로우를 통해서 다른 팔로우들에게 이벤트 소식과 같은 콘텐츠가 공유되기 때문입니다. 그리고 관심사가 비슷한 사람을 팔로우해야 최적의 효과를 얻을 수 있습니다. 아무리 좋은 정보라도 관심사가 비슷하지 않은 사람에게는 단지 광고 또는 '어뷰징' 콘텐츠에 불과하기 때문입니다.

## 따라하기 다른 사용자를 팔로우하기

**01** 팔로우할 상대방의 프로필 페이지(twitter.com/트위터 아이디)에 접근한 후 팔로우하기([Follow]) 버튼을 클릭합니다. 국내 최대 도매1위 사이트인 도매.꾹(domeggook)을 팔로우 해 보겠습니다.

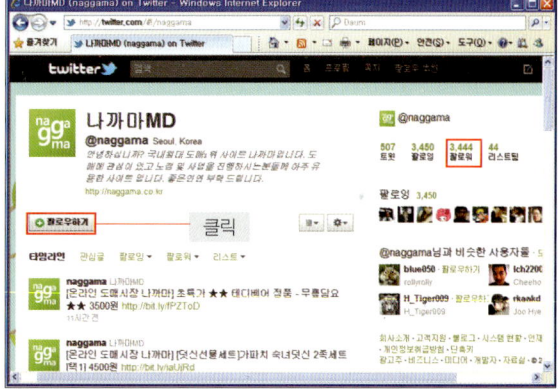

**02** 다음과 같이 팔로잉(Following, 팔로우 하는 중)이라고 표시되면 팔로우가 완료된 것입니다. 이제 자신의 트위터 홈(타임라인)에 나까마의 신상품 소식 글을 받아 볼 수 있습니다. 즉 나까마의 글을 구독하겠다고 신청한 상태가 됩니다.

### PLUS+

**| 팔로우 해지하기**

팔로우를 해지하고 싶을 경우에는 팔로잉한 상대방의 트위터 프로필 페이지(twitter.com/트위터 아이디)에서 수정 아이콘( )을 클릭한 후 '아이디님 차단하기'를 선택합니다. 자신의 트위터 팔로우 정보에서 팔로잉 숫자 '1' 만큼 줄어듭니다.

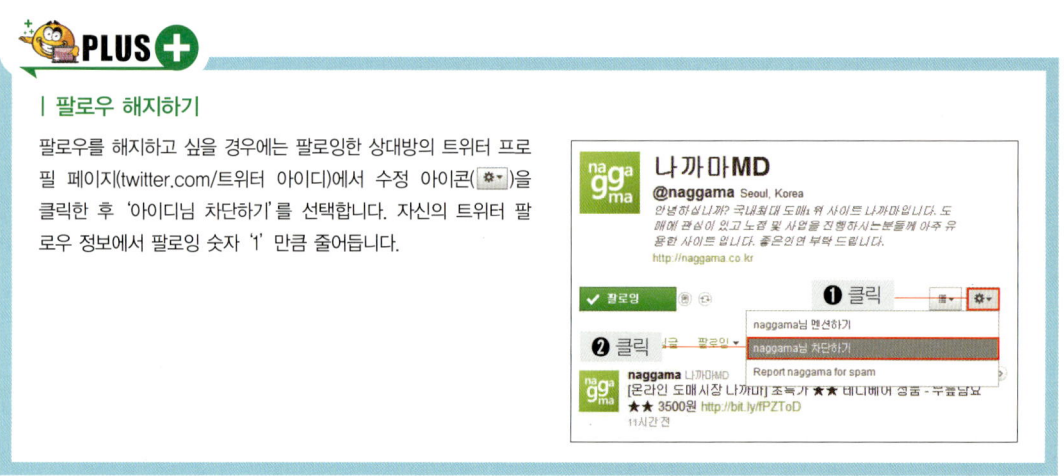

## 2. 검색 노출에 최적화된 트윗하기

트위터 타임라인(홈)에 '무슨 일이 일어나고 있나요?'의 입력 상자에 140자 이내의 트윗(글을 작성)할 수 있습니다. 글을 작성할 때 핵심 키워드가 있다면 가능한 가장 앞쪽에 배치시키고 또한 한 트윗(글) 당 3~5개 내외로 핵심 키워드를 반복시키면 검색 정확도를 높일 수 있습니다. 다음은 핵심 키워드가 '현빈트레이닝복'으로 결정한 후 작성한 트윗입니다. '현빈트레이닝복' 키워드를 3회 반복했고, 가장 앞쪽과 뒤쪽 그리고 중간에 각각 배치시켜 검색 정확도에 유리하게 작용하도록 만든 사례입니다.

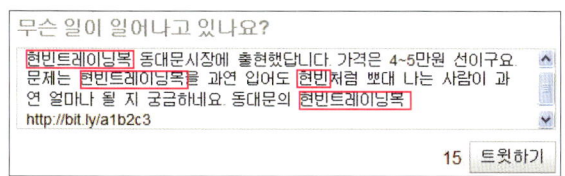

### 따라하기 검색 노출에 유리한 글 올리기

**01** 트위터에 로그인한 후 '무슨 일이 일어나고 있나요?(What's happing?)'라는 글자 입력 상자에 글을 작성한 후 [트윗하기(Tweet)] 버튼을 클릭합니다.

**| 글자 입력 박스의 글 제한**

트위터는 본래 140 글자 이상의 글자를 입력할 수 없습니다. 만약 140 글자를 넘으면 글자 수에 마이너스(-)가 표시되고 동시에 [트윗하기] 버튼이 비활성화 상태로 됩니다. 글자 수를 줄여야 트윗할 수 있습니다.

**02** 글을 올리면 나의 트위터 타임라인에 나의 트윗(나의 글)이 나타납니다. 이제 이 글은 검색 포털 사이트의 검색 소셜 네트워크 검색 탭(네이버는 소셜 네트워크 검색 탭, 다음은 My 소

셜 검색 탭)과 실시간 검색 탭에 노출됩니다. 또한 나를 팔로우하는 사람과 그 사람의 팔로워들의 타임라인에도 노출됩니다. 즉 나의 글을 구독하는 사람들에게만 보입니다.

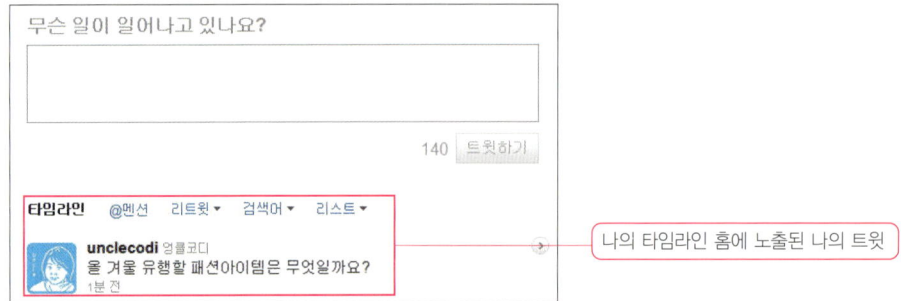

### | 트위터 글 지우기

실수 또는 잘못된 정보의 글을 트윗한 경우에는 트윗을 지울 수 있습니다. 지우고자하는 글에 마우스를 위치시킨 후 [지우기(Delete)] 버튼을 클릭합니다. 지운 글은 다시 회복시킬 수 없기 때문에 신중해야 합니다. 지워진 글은 나의 팔로워 타임라인에서도 삭제됩니다.

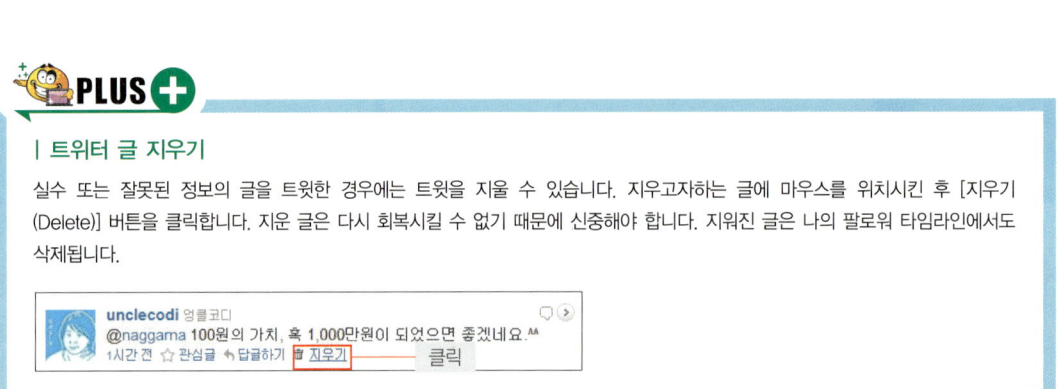

## 3 답글과 멘션하기

트위터는 답글하기(Reply)와 멘션(Mention)으로 대화가 이루어집니다. 두 가지 모두 특정 트위터 사용자에게 이야기를 나눌 수 있는 수단으로 사용합니다. 답글하기(Reply)와 멘션(Mention)은 모두 상대방이 확인할 수 있도록 트윗을 보냅니다. 하지만 멘션은 '@아이디'가 글 가장 앞쪽에 오는 것이 아니라 글 사이에 놓인다는 점이 '답글하기'와 다른 점입니다. 즉 상대방의 말에 대답하거나 응답해야 하는 경우 '답글하기'를 클릭하거나 '@아이디'를 글 가장 앞쪽에 넣고 글 중간에 특정인을 언급할 때는 '@아이디'를 글 사이에 넣으면 됩니다.

중요한 점은 답글하기의 트윗 내용과 멘션의 트윗 내용 모두 검색로봇의 수집 대상이며, 검색 포털 사이트 뿐만 아니라 트위터의 검색 결과에도 노출된다는 점입니다. 그렇기 때문에 답글하기와 멘션의 트윗 내용을 고려하여 매치되는 핵심 키워드, 이유 키워드 등을 삽입하면 검색 노출에 유리합니다.

❖ 답글하기 사례

트위터에서는 그림과 같이 글에 위치에 관계없이 '@+상대방 아이디'가 글에 포함되면 무조건 언급된 상대의 타임라인에 해당 글이 올라가게 됩니다. 멘션(Metion)은 팔로잉 또는 팔로워 관계가 아니어도 글을 보내고 싶은 사람에게 나의 의견을 보낼 수 있습니다.

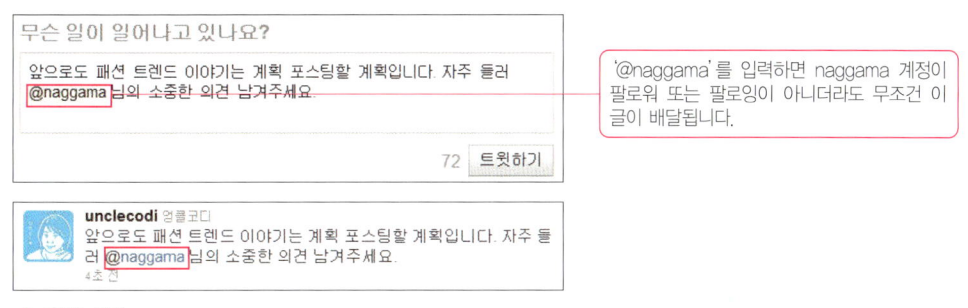

❖ 멘션 사례

### 3-1. 누구와 멘션해야 검색 노출에 유리할까요?

누구와도 멘션을 할 수 있다는 사실을 알았다면, 누구와 멘션을 해야 검색 노출 및 마케팅에 유리할까요? 가능한 트위터 랭킹이 높고 관심사가 비슷한 사람에게 가능한 자주 멘션을 보내는 것이 검색 노출에 유리합니다. 해외 트위터 순위 제공 사이트에는 트윗토스터(http://twitoaster.com), 트위터 카운터(http://twittercounter.com), 트위터 그레이더(http://twitter.grader.com) 등이 있고 국내 트위터 순위 제공 사이트는 코리안 트위터(www.koreantweeters.com)가 있습니다. 특히 코리안 트위터는 한국 트위터 사용자들의 순위뿐만 아니라 인기 태그, 화제의 트윗 등도 확인할 수 있습니다.

코리안 트위터(www.koreantweeters.com) 사이트에서 [디렉토리] 메뉴를 선택하면 각 태그별로 팔로워 수가 많은 랭킹을 확인할 수 있습니다. 예를 들어 여행 상품을 판매하는 여행

사이트 마케터라면 여행 태그의 상위 랭킹 트위터와 팔로워를 맺고 트윗, 리트윗, 맨션등을 보내면 그 트위터의 팔로워들에게도 모두 전달됩니다.

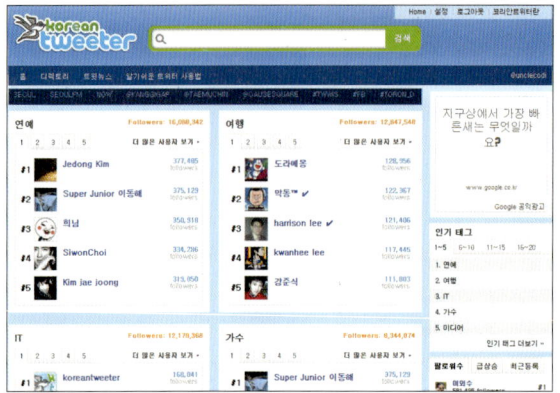

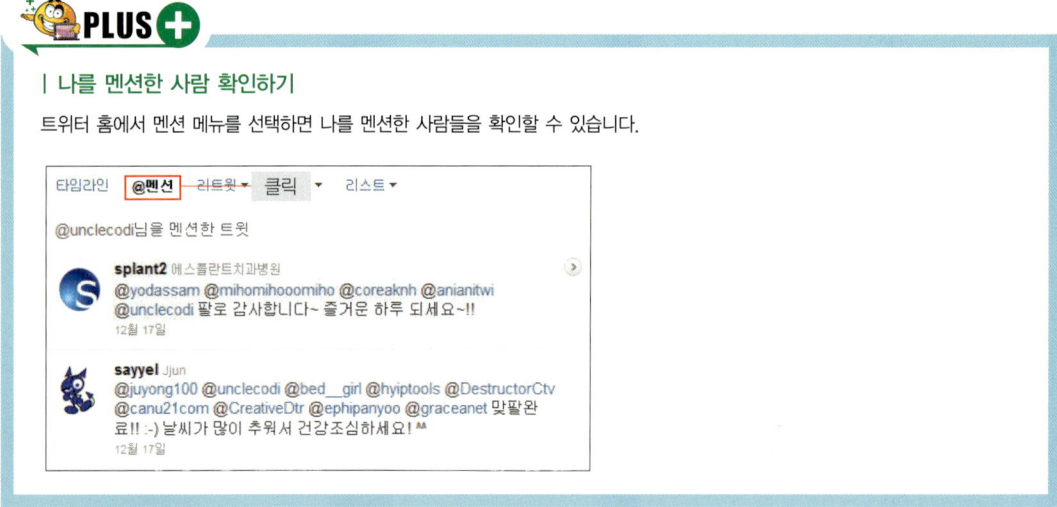

| 나를 멘션한 사람 확인하기

트위터 홈에서 멘션 메뉴를 선택하면 나를 멘션한 사람들을 확인할 수 있습니다.

## 따라하기 특정인에게 질문하기

**01** 글자 입력 상자에 '@특정 아이디'와 글을 입력한 후 [트윗하기(Twitter)] 버튼을 클릭합니다.

**02** '@naggama'의 'naggama' 아이디가 파란색으로 나타납니다. 즉 링크가 설정된 것을 의미합니다. 이 글은 naggama 계정의 트위터로 보내지게 됩니다.

## 4 검색 노출에 유리한 해시태그 사용하기

트위터를 이용하는 경우 많은 사람들이 느끼는 점 중 한 가지가 '팔로워가 많아지면 타임라인이 너무 빠르게 이동하기 때문에 트윗을 읽기가 힘들어진다는 점'입니다. 이런 경우 '해시태그'라는 기능을 이용하면 해결할 수 있습니다. 해시태그(Hash tag)란 관심사가 비슷한 트위터리안끼리 공유할 수 있는 트위터 고유의 태그입니다. 관심사가 비슷한 주제어를 지정한다는 점에서 블로그의 태그와 유사합니다. 트위터에서는 글 중간에 태그를 넣는다는 점이 블로그와 다른 점입니다.

해시태그는 주로 특정 이벤트나 관심주제 등에 붙이는 것으로 해시태그로 검색하면 그 주제와 관련된 글을 빠르게 찾을 수 있습니다. 해시태그를 사용하는 방법은 '#주제어 또는 관심사' 형식입니다. 즉, 자신이 작성하려는 내용과 관련된 단어(2011년 1월 현재까지는 영문만 사용할 수 있습니다.)를 작성하고 그 앞에 Hash(#) 표시를 붙입니다. 단, 태그는 트윗 내용과 관련하여 시정하는 것이 좋습니다. 해시태그는 트윗 가장 앞쪽이나 뒤 쪽에 작성합니다.

다음은 트위터 검색 창에서 '#diy'의 실시간 결과입니다. '#diy' 해시태그가 포함된 트윗만 검색되는 것을 알 수 있습니다.

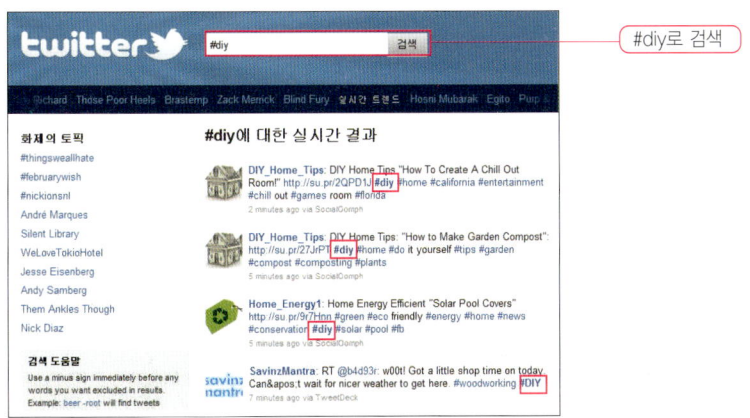

트위터 사이드바에 있는 실시간 트렌드 영역을 보면 영어 단어에 우물정자(#)가 붙은 글을 볼 수 있습니다. 이것이 바로 해시태그입니다.

## 따라하기 해시태그 사용하기

**01** '2010년 패션 트렌드의 변화 #fashion' 을 입력하고 [트윗하기] 버튼을 클릭합니다. 해시태그를 붙이면 그 단어에 링크가 만들어져 클릭하면 해당 검색 페이지로 이동해 검색 결과를 나타냅니다. 타임라인에 등록된 글에서 '#fashion' 을 클릭합니다.

**02** #fashion 해시태그에 대한 검색 결과에서 자신의 글이 노출된 것을 확인합니다.

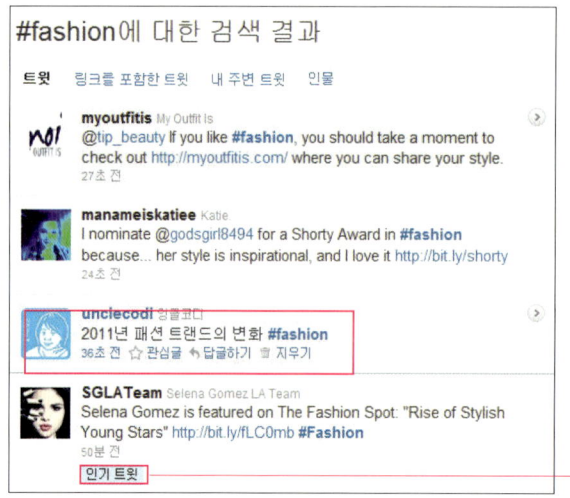

'인기 트윗' 이 표기된 트윗은 검색 결과에서 리트윗이 많이 달린 트윗들입니다.

# 5 리트윗 원리와 검색에 최적화된 리트윗하기

## 5-1. 리트윗 원리 이해하기

내가 팔로잉(Following)하는 사람 중 어떤 사람이 올린 글을 나의 팔로워(Follower)들에게 퍼뜨리고 싶다면 리트윗(RT: Retweet) 기능을 이용합니다. 다른 팔로워의 글을 선택한 후 '리트윗하기'를 클릭하거나 팔로잉 받은 글에 '@RT'를 붙여서 작성하면 'RT아이디 내용' 형식으로 표시됩니다.

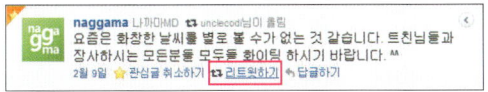 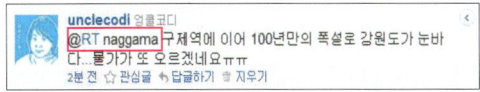

RT는 이벤트 홍보, 신상품 정보, 이슈 정보, 연재 정보 등의 내용을 전파하는데 큰 효과를 얻을 수 있습니다. 특히 팔로워 수가 적다하더라도 팔로워 수가 많은 사람에게 자신의 메시지가 전달되고, 그 사람이 그 내용을 자신의 팔로워들에게 전달하면서 소통하는 사람의 수가 기하급수적으로 늘어납니다. 이 기능이 트위터의 핵심적인 기능입니다.

예를 들어 unclecodi 계정의 팔로우에 answerbk가 있다고 가정해봅시다. answerbooks가 보낸 답글은 unclecodi 뿐만 아니라 answerbk의 트위터 타임라인(홈)에도 보이게 등록되고 이 글은 answerbk의 트위터 홈과 팔로우들에게 퍼지게 됩니다.

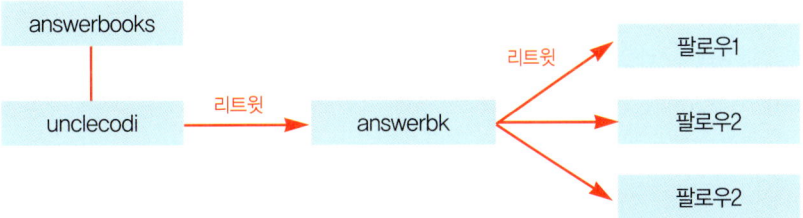

위 과정에서 팔로우1, 팔로우2, 팔로우3은 answerbk로부터 구독한 글이 좋은 정보라면 '이런 좋은 정보를 준 사람이 누굴까?' 하고 아이디를 클릭하여 @answerbooks의 트위터 홈에 들어와서 다른 글을 살펴보거나 팔로우를 하기도 합니다.

트위터 홈에서 [리트윗] 메뉴를 선택하면 다른 사람들의 리트윗, 내 리트윗, 리트윗된 내 트윗 등을 확인할 수 있습니다.

리트윗의 모든 단어와 링크된 곳의 정보는 검색로봇의 수집 대상이기 때문에 검색 결과에 노출됩니다.

| 대답하기와 리트윗의 차이점

대답하기(Reply)는 어떤 글에 대해서 얘기하고 싶을 때 사용하는 기능이며, 나와 상대방 그리고 나와 상대방을 모두 팔로우하는 사람들만 자신의 타임라인에서 확인할 수 있습니다. 리트윗(RT: Retweet)은 대답하기와 달리 아이디 앞에 RT가 표시됨으로써 나를 팔로워(Follow)하는 모든 사람(Followers)에게 공개됩니다.

## 5-2. 누구와 리트윗해야 검색 노출에 유리할까요?

누구와 리트윗을 해야 검색 순위에 최적화할 수 있을까요? 가장 많이 리트윗(RT: Retweet) 된 글에 리트윗하는 것이 노출 순위 최적화에 유리합니다. 그 이유는 보다 많은 사람들에게 노출될 수 있는 기회가 많기 때문입니다. 가장 많이 리트윗 된 글은 트리윗 순위 사이트를 이용하면 확인할 수 있습니다. 리트윗의 순위를 확인할 수 있는 사이트는 다음과 같습니다.

- 해외 사이트 : 리트윗닷컴(http://retweet.com), 리트윗랭크(http://www.retweetrank.com)
- 국내 사이트 : 팔로우KR(http://www.followkr.com)

특히 팔로우KR은 RT순위 확인 및 검색은 물론 인기 태그, 해쉬태그 등의 트렌드에 대해서 알 수 있습니다.

❖ 팔로우KR(http://www.followkr.com)

## 따라하기 리트윗하기

**01** 다른 사람이 보낸 글 중 리트윗하기 원하는 글 위에 마우스를 위치시킨 후 [리트윗하기 (Retweet)]를 클릭합니다. 그리고 팔로워들에게 리트윗을 하겠느냐는 질문에 [리트윗하기 (Yes)] 버튼을 클릭하면 추가되는 글 없이 바로 등록됩니다.

### PLUS+

**| 리트윗 마크**

리트윗 마크( )가 글 앞에 달리며, 리트윗한 사람의 트위터 아이디가 아래쪽에 표시됩니다.

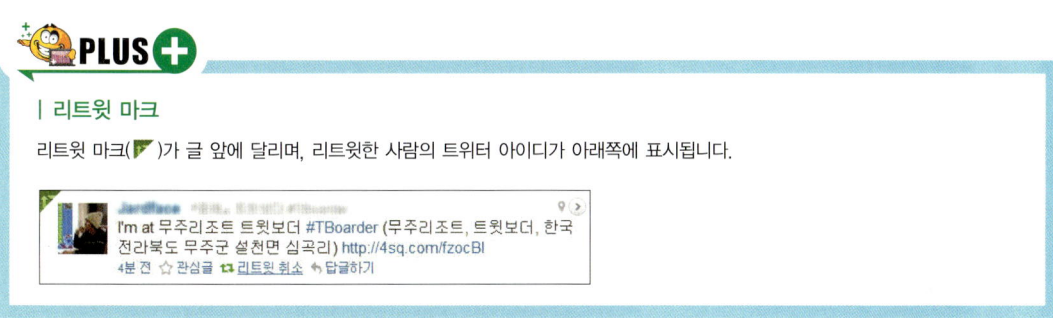

**02** 리트윗했던 글은 리트윗 취소 버튼( )을 클릭하면 취소할 수 있습니다. 취소된 글은 리트윗한 다른 사람의 트위터에서도 삭제됩니다.

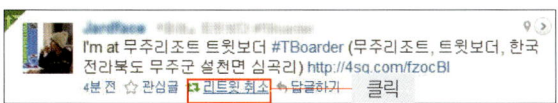

### TIP+

**| 리트윗을 가장 많이 받는 정보**

트위터에서 리트윗을 하는 이유는 감동적인 글을 보거나, 어떤 사람이 어떤 주장에 대해 공감할 때, 재미있는 글을 보았을 때, 나에게 필요한 정보를 발견했을 때를 가장 선호합니다. 트위터용 콘텐츠는 트위터리안(트위터를 이용하는 사람)의 리트윗을 선호하는 유형을 토대로 만들어야 리트윗을 통해서 자신의 콘텐츠가 퍼지는 효과를 극대화시킬 수 있습니다. 또한 이런 글을 보았을 때는 대부분 선팔(먼저 팔로우를 신청하는 것)하는 경향이 높습니다.

# Lesson 05 트위터의 입소문 마케팅 기능 익히기

## 1 리스트 만들기

리스트(listed)는 단골고객, 친구, 모임 등과 같이 특징별로 사람들을 관리하는 기능입니다. 수많은 사람들을 팔로우하고 있을 경우 트윗이 모두 섞여서 중요한 고객이나 친분이 있는 사람의 트윗을 놓치는 경우가 많습니다. 팔로우 기능은 모든 사람을 한 곳에서 관리한다면 리스트 기능은 몇 개의 분류 폴더를 만들어 각 폴더의 특징에 맞게 넣어서 관리하면 이들의 트윗을 놓치지 않고 확인하고 관리하기가 매우 수월해집니다.

다음 그림과 같이 unclecodi의 팔로우가 910명이 있습니다. 이 중에는 상품을 구매한 고객들도 있을 것이고, 개인적으로 친분관계에 있는 분들, 회사 동료 등도 있을 것입니다. 이모두를 한 곳에서 관리하지 않고 'most-liked', 'voce-foi-bolinado', 'best-user' 등 5개의 리스트를 만들어 특징별로 그룹 관리하면 효과적일 것입니다.

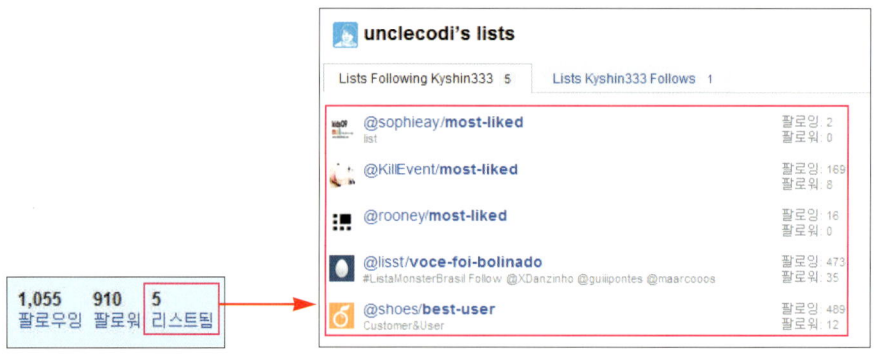

리스트는 'twitter.com/아이디명/리스트명' 과 같이 고유한 웹 주소를 가집니다. 리스트명은 모든 사람에게 공개할 수도 있고, 비공개로 설정할 수도 있습니다. 다른 사람들의 리스트 자체를 팔로우할 수도 있습니다. 팔로우 해둔 리스트의 구성원들과 틈틈이 팔로우하면 짧은 시간에 자신의 영향력을 높이는 길이 됩니다.

| 리스트를 만들어야 하는 이유?

팔로잉의 숫자가 급속도록 증가하면서 개개인의 중요성이 떨어지기 시작합니다. 그 이유는 너무 많은 트윗이 올라오면 제대로 읽지 않기 때문입니다. 그래서 리스트의 중요성이 부각되는 것입니다. 예를 들어 나의 고객 중 상위 10%의 고객을 별도의 리스트를 만들어 이들을 집중적으로 관리하거나 나의 쇼핑몰에서 구매한 사례가 있는 고객들만 별도의 리스트를 만들어 관리하는 이유입니다. 리스트를 만들 때는 사람의 중요성에 따라서 리스트 당 100명이 이내로 구분합니다. 왜냐하면 리스트에 포함된 인원이 너무 많을 경우 개개인의 중요성이 떨어지기 때문입니다.

## 따라하기 리스트 만들고 추가하기

**01** 자신의 타임라인(트위터 홈)의 [리스트] 메뉴 아래에서 [리스트 만들기(New list)]를 클릭합니다.

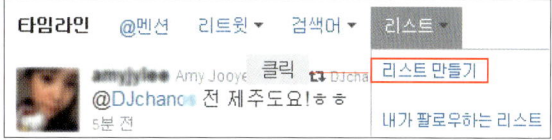

**02** '리스트 만들기' 팝업 창에서 리스트 제목과 설명 그리고 공개 여부 선택한 후 [리스트 저장하기(Create list)] 버튼을 클릭하면 리스트가 만들어집니다. 리스트의 설명은 리스트의 특징을 가장 잘 나타낼 수 있는 핵심 키워드를 사용해야 해야 팔로워의 구독 선택이 쉬워집니다.

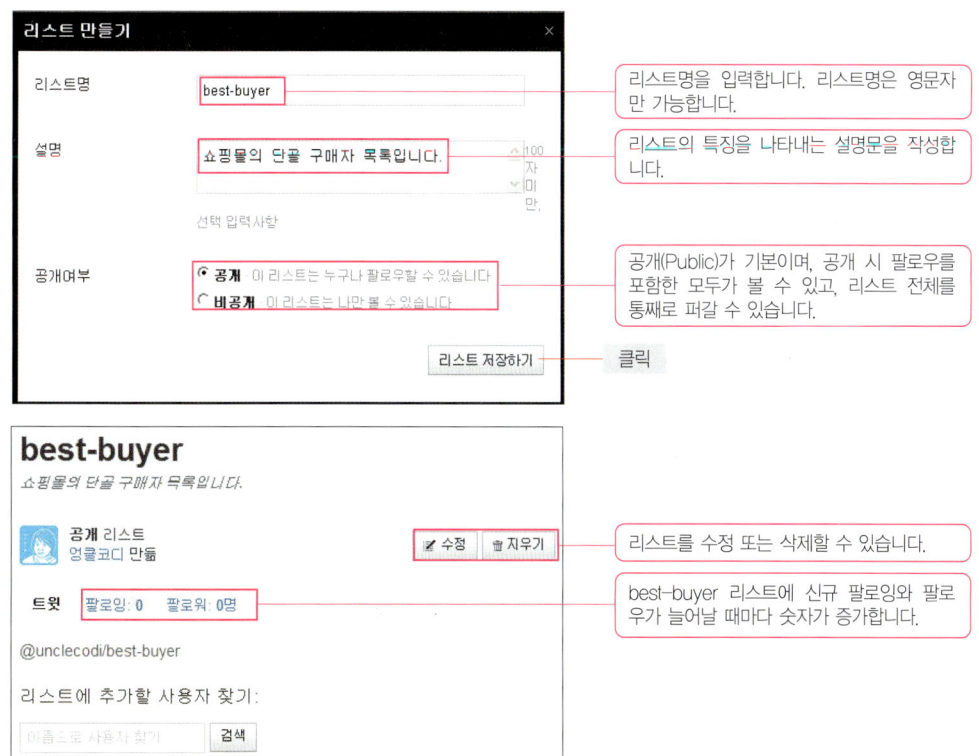

**03** 팔로잉 또는 팔로워 페이지에서 원하는 사용자를 찾고 리스트 아이콘 리스트에서 다른 트위터 사용자를 등록합니다. 리스트 버튼( )을 클릭한 후 바로 전에 만든 'best-buyer' 리스트 체크 상자에 체크 표시를 합니다.

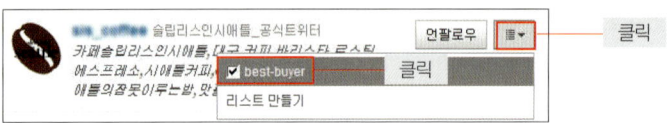

**04** 리스트 페이지(twitter.com/아이디명/리스트명)로 이동하면 'best-buyer' 리스트에 추가시킨 팔로우의 글이 보입니다.

### PLUS+

**| 리스트 통째로 구독하기**

누군가 특정인들의 트위터 아이디를 모아 놓은 리스트를 통째로 얻을 수 있습니다. 트위터 사용자들의 리스트를 검색하다 자신에게 유용한 리스트를 발견하면 일일이 클릭해서 내 리스트에 등록할 수 있지만 '리스트 구독하기(Follow this list)'를 이용하면 통째로 등록할 수 있습니다. 다른 사람의 리스트는 프로필 페이지(twitter.com/아이디)에서 확인할 수 있습니다.

##  리스트 구독 해지하기

**01** 리스트 페이지, 여기서는 twitter.com/naggama/list에 접속하여 상단에 [리스트 팔로우하기(Follow this list)] 버튼을 클릭합니다.

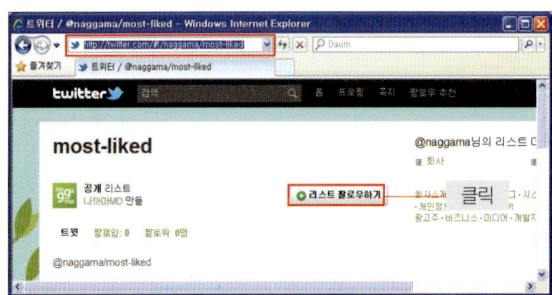

**02** 리스트 구독을 해지하려면 해당 리스트 페이지에서 [언팔로우(Unfollow)]를 클릭합니다.

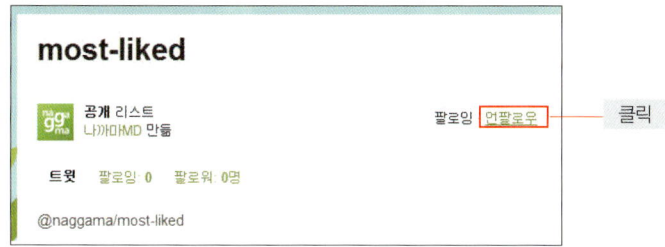

## 2 트윗에 이미지 넣기

트위터의 트윗에는 이미지, 동영상 등을 첨부할 수 있는 기능이 없습니다. 그렇기 때문에 트위터 타임라인에 이벤트 이미지, 매장 이미지 등을 보이게 할 수 없습니다. 이런 경우 트위터 이미지 업로드 사이트에 직접 이미지를 올리고 링크를 입력하는 방식으로 트위터 사용자들과 이미지를 공유할 수 있습니다. 트위터 이미지를 업로드할 수 있는 국내외 사이트는 다음과 같습니다.

- 해외 사이트 : twitpic.com, img.ly
- 국내 사이트 : twipi.net, spic.kr

특히 트윗픽(Twitpic)을 주로 이용하는데 트위터 계정과 패스워드를 사용하기 때문에 별도의 회원 가입 절차 없이 이용할 수 있습니다.

### 따라하기 트윗픽으로 트윗에 이미지 넣기

**01** 트윗픽(twitpic.com) 사이트에 접속한 후 [Login or Create an Account] 버튼을 클릭합니다.

**02** 트위터에 로그인 상태라면 트위터 아이디와 비밀번호 그대로 사용한다는 [Allow] 버튼을 클릭합니다. 만약 로그인 상태가 아니라면 아이디와 비밀번호를 입력해야 합니다.

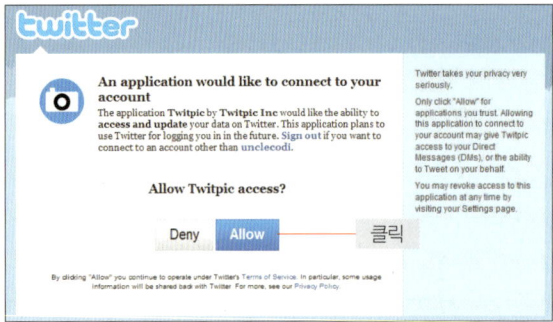

**03** 새로운 사진을 올리기 위해 [Upload photo] 메뉴를 클릭합니다.

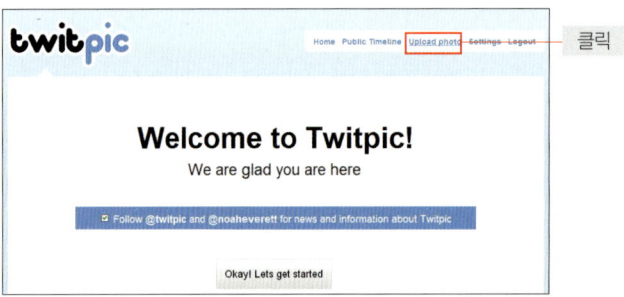

**04** 업로드할 사진을 선택하고 글과 옵션을 선택한 후 [Upload] 버튼을 클릭합니다.

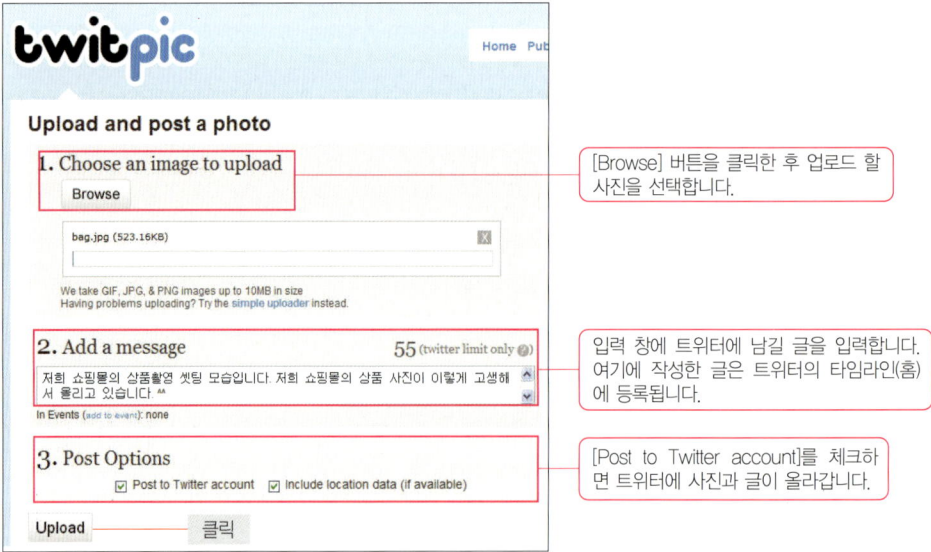

**05** 사진 업로드가 끝났습니다. 트윗픽 메인화면에 바로 전에 올린 사진과 글을 확인할 수 있습니다.

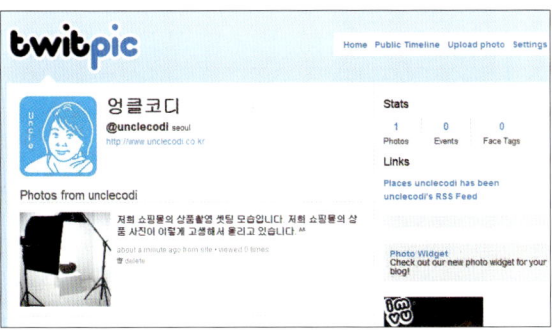

**06** 나의 트위터 타임라인(홈)에도 글과 사진이 올라간 것을 확인할 수 있습니다.

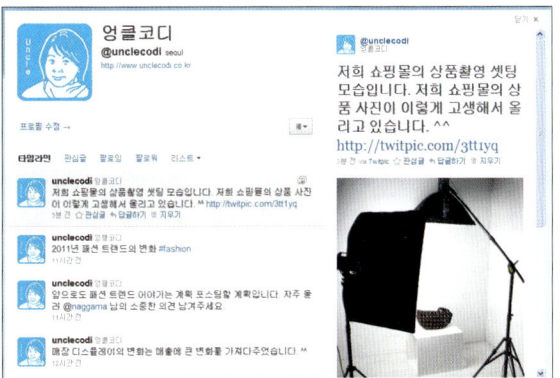

### | 트위터에 동영상 올리기

트위터에 동영상을 올릴 수 있는 동영상 서비스를 제공하는 대표적인 사이트는 트윗비드(http://www.twitvid.com), 와이프로그(http://yfrog.com), 유튜브(http://www.youtube.com) 등이 있습니다. 이들 사이트는 모두 트위터 사이트와 접속 시스템이 연동되어 있기 때문에 이 사이트에서 동영상을 올리면 자신의 트위터에도 등록할 수 있도록 설정할 수 있습니다. 트윗비트를 이용하여 트위터에 동영상을 올리는 방법은 앤써북 카페(cafe.naver.com/answerbook)의 [도서 자료방/Q&A]-[인터넷 마케팅] 폴더에서 '트윗비드를 이용하여 트위터에 동영상 올리기[트윗비드(twitvid) 활용법' 콘텐츠를 참조하세요.

# 3 사이트 주소를 줄여서 트윗하기

트위터의 글자 입력 상자에 입력할 수 있는 길이는 140자로 한정되어 있습니다. 하지만 인터넷 쇼핑몰의 상품페이지 주소, 블로그의 홍보 페이지 주소 등은 때에 따라서 140자를 훌쩍 뛰어 넘기도 합니다. 이런 긴 주소를 입력한다면 내용을 작성하기가 부족할 수 있습니다. 이런 경우 긴 쇼핑몰의 상품페이지 주소, 쇼핑몰 웹주소, 블로그의 홍보 페이지 주소, 카페 주소 등은 짧은 주소로 줄여하고, 짧은 주소를 넣더라도 원래 링크로 이동시켜 주는 '주소 줄이기'는 트위터나 페이스북 마케팅에는 필수적입니다. 다음은 블로그 포스트의 원본 웹 주소와 그 주소를 줄인 상태의 웹 주소입니다.

| 블로그의 포스트 원본 웹 주소 | 블로그 포스트 웹 주소를 줄인 상태 |
| --- | --- |
| http://blog.naver.com/unclecodi/90105591287 | http://bit.ly/ifsOAh |

### PLUS ➕

**| 사이트의 주소를 줄여주는 기능을 제공하는 사이트**

인터넷의 상품페이지 주소, 블로그의 홍보 페이지 주소 등을 줄이기 위해서는 주소를 줄여주는 www.bit.ly, www.tinyurl.com 등의 사이트를 이용합니다.

##  카페의 정보 페이지 주소를 줄여서 트윗하기

**01** 트위터를 통해서 홍보할 페이지를 복사합니다. 여기서는 앤써북 카페에서 홍보할 페이지 주소(http://cafe.naver.com/answerbook/257)를 복사합니다.

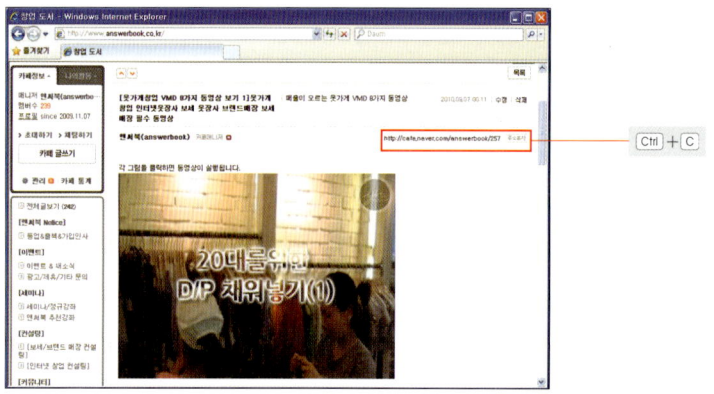

**02** bit.ly 사이트에 접속한 후 복사한 카페 홍보 페이지 주소를 붙여 넣습니다. [Shorten] 버튼을 클릭하면 짧은 주소가 만들어집니다.

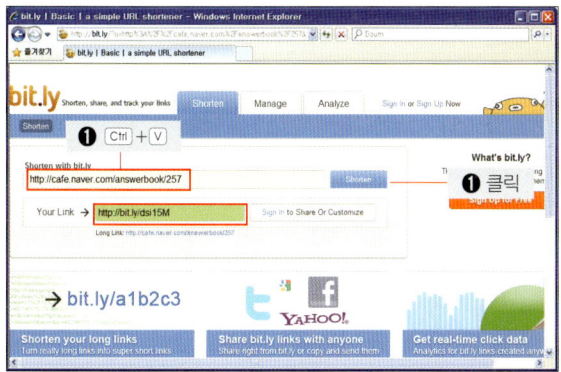

**03** 짧은 주소가 만들어지면 [Click to copy] 버튼을 클릭합니다. 짧은 주소는 클립보드에 복사됩니다.

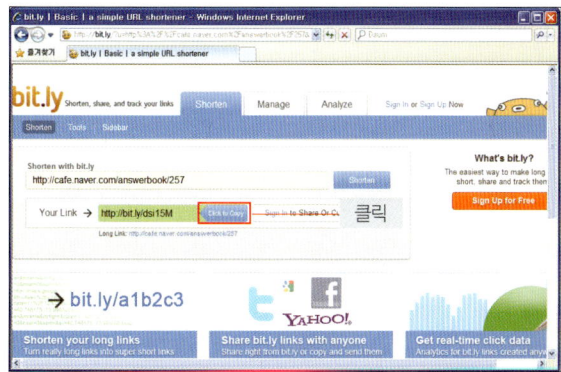

**04** 트위터(twitter.com) 홈(타임라인)으로 돌아와서 글자 입력 상자에 홍보할 문구를 작성하고 Ctrl + V 키를 눌러 짧아진 주소를 붙여 넣기 합니다. 그리고 [트윗하기(Twitter)] 버튼을 클릭합니다.

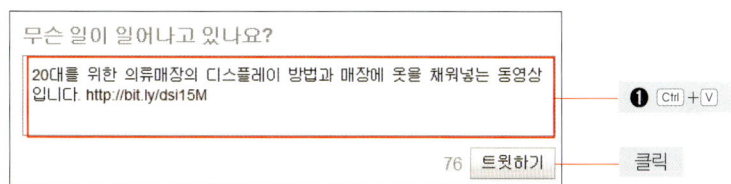

**05** 이제 홍보 문구와 함께 카페 홍보 페이지 주소가 링크됩니다. 이 주소를 클릭하면 해당 카페의 홍보 페이지로 이동하게 됩니다.

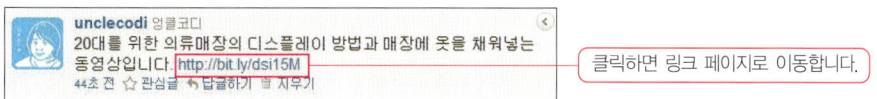

## PLUS ➕

**| 비밀 글 작성 방법**

자신의 팔로우 중에서 특정한 사람에게만 공개해야 하는 글을 작성해야 하는 경우에 사용합니다. [설정(Settings)]-[계정(Account)]-[트윗 비공개(Twitter Protect)-내 트윗을 비공개로 설정(Protect my tweets)] 선택 항목을 체크하면 내 트윗은 내가 팔로우를 허락한 사람에게만 보이게 됩니다.

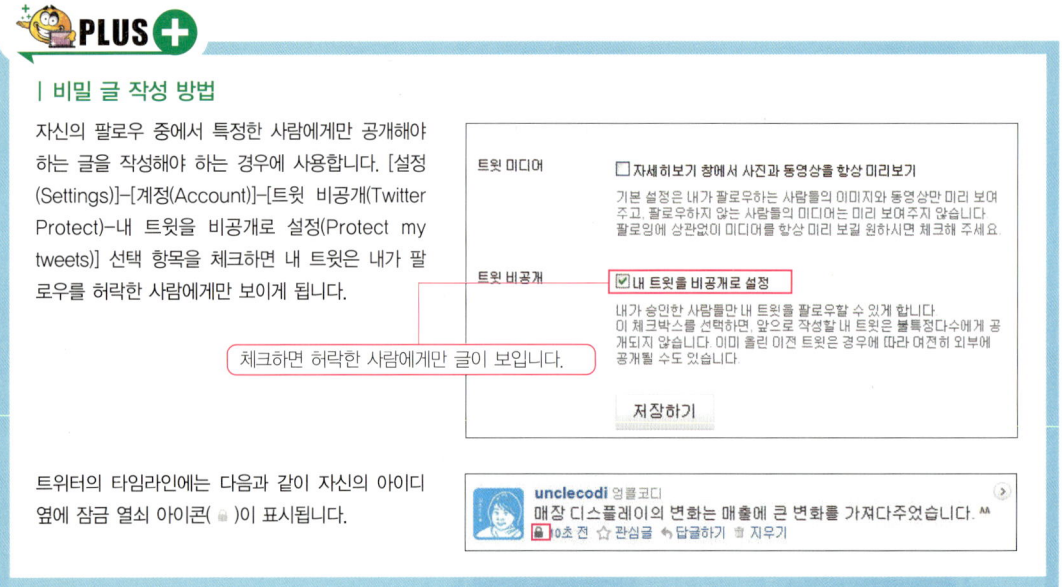

트위터의 타임라인에는 다음과 같이 자신의 아이디 옆에 잠금 열쇠 아이콘( )이 표시됩니다.

---

## 4 검색 정확도가 높아지는 블로그 포스트의 트위터와 페이스북 연동

트위터의 콘텐츠에 검색 키워드를 포함시키는 것도 검색 노출에 중요하지만 트위터가 외부 사이트와 얼마나 잘 연동되게 설정되어 있는가도 검색 정확도를 높이는 중요한 기준이 됩니다. 블로그의 글을 트위터로 자동 전송해주는 프로그램인 트위터피드(Twitterfeed)에 대해서 알아보겠습니다. 트위터피드에 내 블로그를 한번만 등록해 놓으면 블로그에 새 글을 작성할 때마다 자동으로 블로그의 글을 트위터로 보낼 수 있습니다. 또한 보낸 글을 사람들이 얼마나 클릭했는지 통계도 확인할 수 있습니다. 트위터피드를 이용하기 위해서는 먼저 트위터에 회원 가입해야 합니다.

### 따라하기 트위터피드를 이용하여 블로그와 트위터 연동시키기

**01** 트위터피드(twitterfeed)에 가입하기 위해서 트위터피드(http://twitterfeed.com)에 접속한 후 [Register Now] 버튼을 클릭합니다.

**02** 이메일주소와 패스워드와 또 한 번의 패스워드를 입력한 후 [Create Account] 버튼을 클릭하여 트위터피드 계정을 만듭니다.

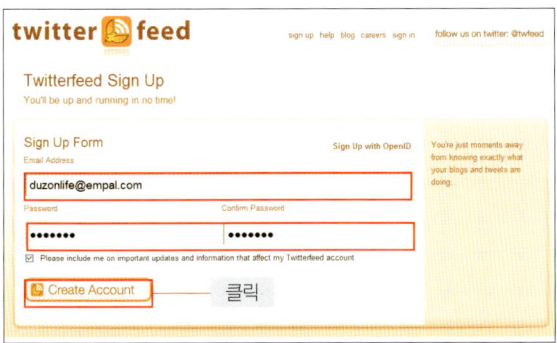

**03** 트위터피드 설정 페이지에서 블로그 이름, 블로그 RSS 주소를 입력한 후 [Continue to Step 2] 버튼을 클릭합니다.

## PLUS+

**| 블로그 RSS 주소 복사하기**

블로그 사이드바 또는 하단에 RSS 버튼을 클릭하면 인터넷 주소 창에 RSS 페이지 주소가 표시됩니다. 그 주소를 복사하여 트위터피드 'RSS Feed URL' 입력 상자에 붙여넣기합니다.

**04** 트위터피드에 트위터를 연동시킬 수 있는 페이지입니다. 블로그에 새 글을 작성하면 자동으로 트위터에도 등록될 수 있도록 하기 위해서는 트위터와 연결 작업이 필요합니다. 트위터뿐만 아니라 블로그와 페이스북에도 연동시킬 수 있습니다.

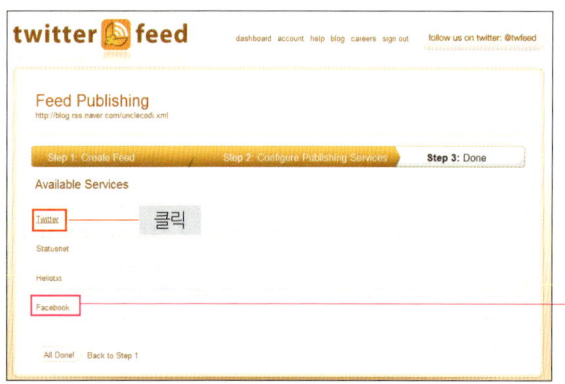

| 블로그 포스트를 페이스북과 연동시키는 방법

블로그 포스트를 페이스북과 연동시키는 방법 앤써북 카페(cafe.naver.com/answerbook)에서 [도서 자료방/Q&A]-[인터넷 마케팅] 카테고리에서 '블로그 포스트를 페이스북과 연동시키는 방법' 콘텐츠를 참조하세요.

**05** [Authenicate Twitter] 버튼을 클릭한 후 트위터 연동 허용 창에서 [Allow] 버튼을 클릭합니다.

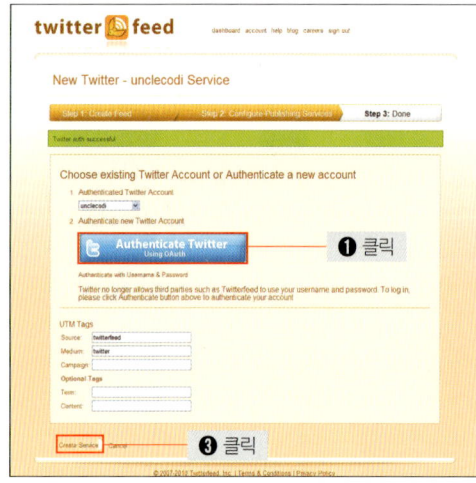

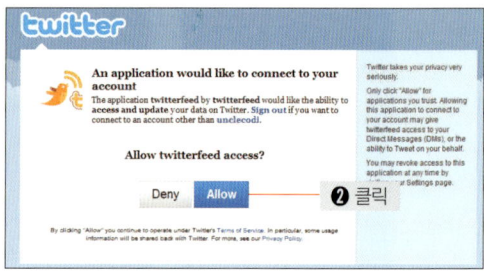

**06** 트위터 아이디와 Active 상태를 확인 후 [All Done]을 클릭합니다.

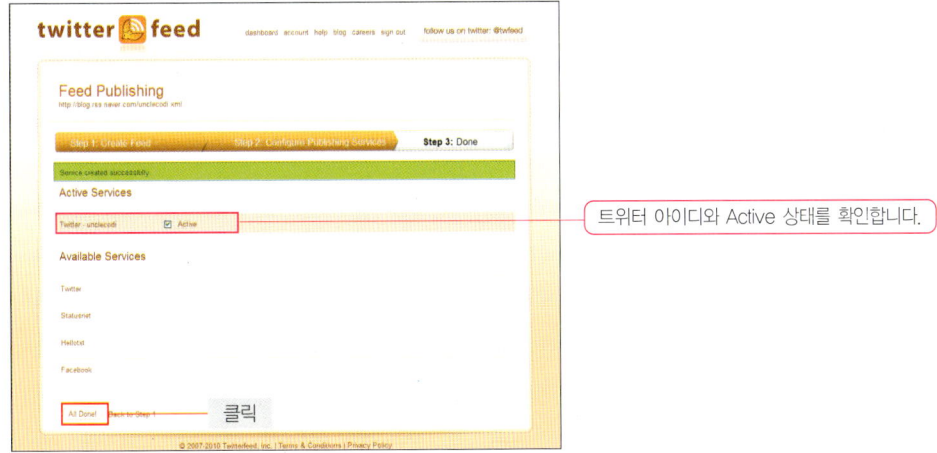

**07** 블로그 이름, 블로그 RSS 주소 활성화, 트위터와의 연동 상태가 정상적으로 이루어졌는지 메시지를 확인한 후 [Go to Dashboard]를 클릭합니다.

**08** [Edit] 버튼을 클릭하여 대시보드를 수정할 수 있고, 블로그 RSS를 추가할 수도 있습니다. [Create New Feed] 버튼을 클릭하여 블로그 RSS 주소를 추가할 수 있습니다.

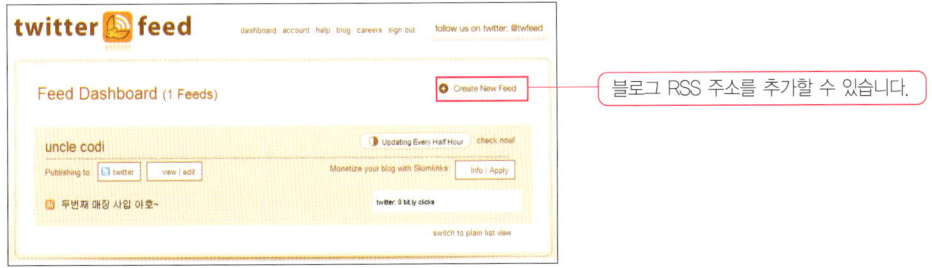

**09** 트위터피드로 트위터와 연동된 블로그에서 새로운 글을 작성합니다.

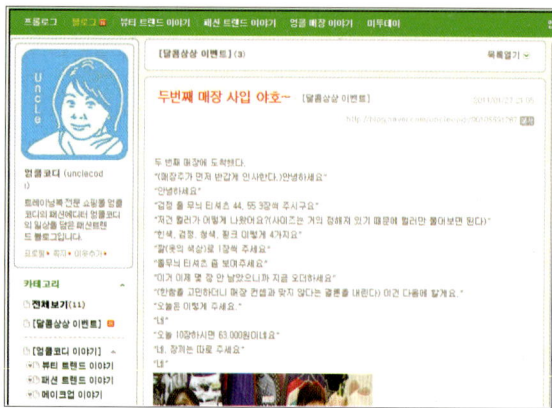

**10** 트위터피드로 블로그와 연동된 트위터 타임라인에서 블로그에서 작성한 새로운 글을 등록된 것을 확인할 수 있습니다.

## 5 관심 있는 글 등록 기능 익히기

팔로우하는 사람들이 많아지면 순식간에 글들이 쌓기고 수많은 글들 중 다시보고 싶은 글이 있다면 검색어로 검색하면 됩니다. 하지만 검색어도 모르는 상태라면 수십 페이지를 일일이 확인해야하는 번거로움이 발생합니다. 이런 경우 '관심 있는 글(Favorties)' 기능을 이용하면 언제든지 손쉽게 보관하고 볼 수 있습니다. 즉, 블로그에서 '스크랩하기'가 자신이 원하는 정보를 블로그로 퍼갈 수 있는 기능인 것 처럼 트위터에서 내가 작성한 콘텐츠를 트위터의 '관심 있는 글'에 등록한 후 공유하거나 수시로 다시 볼 수 있습니다.

## 따라하기 관심 있는 글 등록하기

**01** 트위터에 올라온 글 중 관심 있는 글의 '관심글'을 클릭합니다.

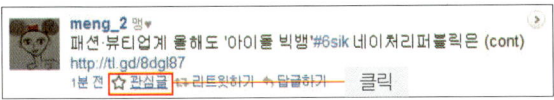

**02** 별 표시가 노란색으로 바뀝니다. 오른쪽 메뉴의 '관심 있는 글(Favorties)'을 클릭하면 관심 있는 글들만 볼 수 있습니다.

## 6 팔로우의 숫자를 늘리는 방법

팔로워를 늘리는 방법은 다른 사람들의 글을 읽으면서 의견을 나누는 방법, 팔로우를 늘려나가는 방법, 다른 사람의 좋은 글을 쓴 사람을 팔로우하는 방법 등이 있습니다.

가장 일반적인 방법은 다른 사람들의 글을 열심히 읽으면서 서로의 의견을 나누는 과정에서 팔로워가 늘려나가는 것입니다. 예를 들면 커피 원두에 대해서 의견을 서로 나누는 과정에서 커피 원두 쇼핑몰에서 운영하는 사람이 대화 속으로 끼어들기하여 자신의 해박한 지식으로 대화하다보면 팔로워가 늘어나고 쇼핑몰에 접속하여 커피 원두를 구입하는 경우, 다가오는 계절에 대한 의류 트랜드와 코디 방법에 대해서 의견을 나누는 과정에서 의류쇼핑몰에서 운영하는 사람이 끼어들기하여 코디에 대한 해박한 지식을 나누다보면 자연스럽게 팔로워가 늘어나게 됩니다.

이외에도 서로 팔로우하는 '맞팔로우' 방법도 많이 이용합니다. 트위터를 이용하는 사람들은 자신을 팔로우하는 사람을 팔로우하는 경향이 높습니다. 예를 들어 100명의 팔로워를 만들고 싶다면 100명이 넘는 사람을 팔로우합니다. 어떤 사람을 내가 팔로우를 하면 대부분 나를 다시 팔로우합니다. 그렇기 때문에 팔로우하는 사람이 많을수록 그만큼 나의 팔로워도 늘어납니다. 어떤 아웃도어 쇼핑몰에 신상품이 출시했다고 가정해봅시다. 이벤트는 신상품 출시와 함께 아웃도어 쇼핑몰의 트위터에 맞팔로우 신청한 고객 중 10명을 선정하는 조건입니다. 10명을 선정할때는 팔로워의 숫자가 많은 사람 중 팔로워들과 잘 소통하는 사람을 선정합니다. 선정된 10명의 맞팔로우와 이들이 거느린 수많은 팔로워들을 통해서 순식간에 신상품에 대한 소문이 퍼지기 시작합니다.

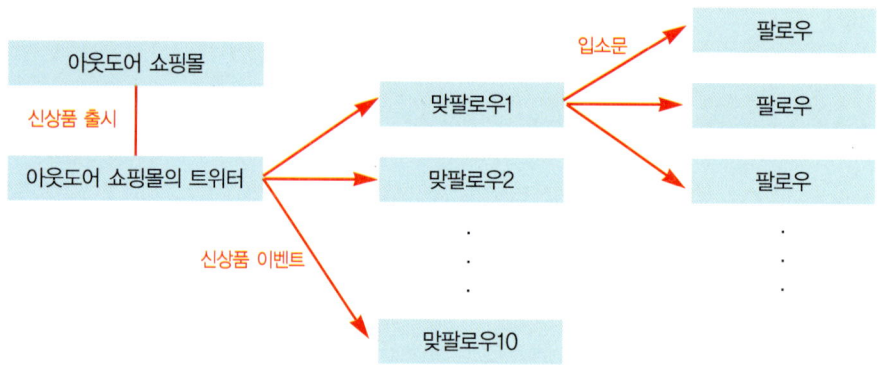

## PLUS+

**| 나의 맞팔율계산기**

맞팔율은 '(나의 팔로워 중 내가 팔로잉한 사람의 수×100)/ 팔로워 수'로 계산합니다. 트위터에 로그인한 후 twitaddons(http:/twitaddons.com/follow_rate)에 접속하여 나의 맞팔율을 계산해볼 수 있습니다.

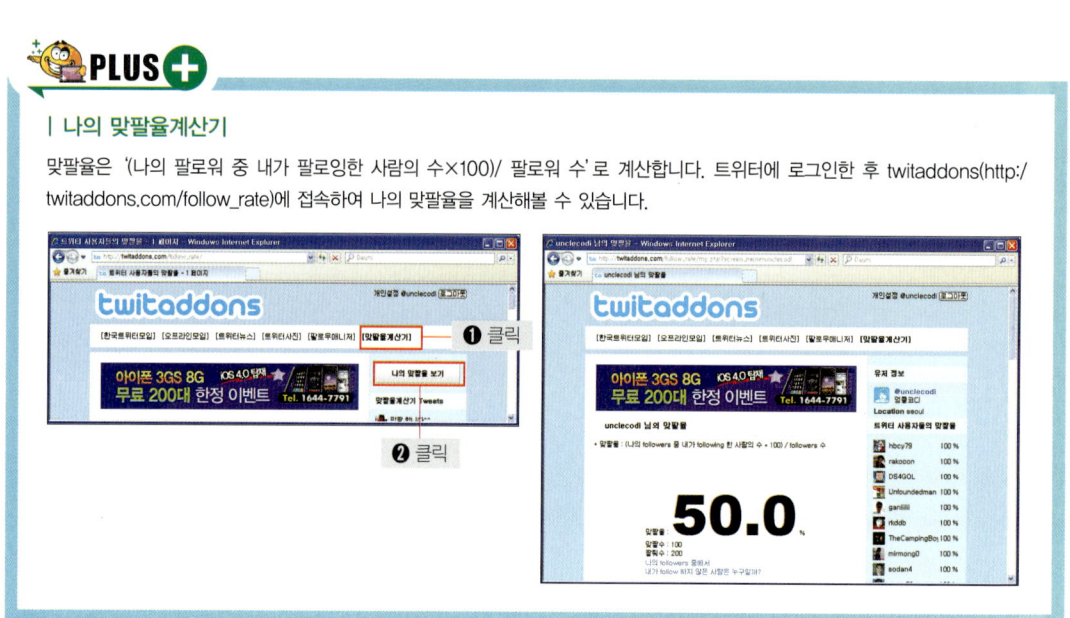

# 7 나의 리트윗 진단과 최적화

어떤 사람이 물건을 사고 싶은 업체로부터 자신이 사고 싶은 상품에 대한 알림을 받을 수 있고, 친구로부터 어떤 소식을 받을 수도 있고, 아니면 뉴스에서 이슈화된 사건사고 소식을 실시간으로 받을 수 있습니다. 이런 일련의 일들의 트윗을 받는 사람이 트윗 혹은 링크를 클릭하지 않는다면 해당 정보가 흥미롭지 않다는 신호입니다. 이런 경우 자신의 트윗을 분석하여 리트윗, 답변, 링크 클릭 등의 행위를 분석하여 글을 작성할 때 새로운 방향으로 우회하거나 전면 수정해야 합니다.

다음 그림은 트윗의 링크를 클릭한 횟수, 리트윗 수, 답변 수, 멘션 수를 나타낸 표입니다. 특히 리트윗 수, 답변 수가 적은 콘텐츠의 경우 그 이유를 분석한 후 새로운 콘텐츠 제작 시 분석 결과를 반영합니다.

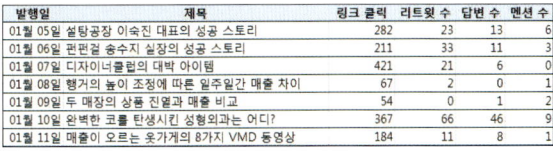

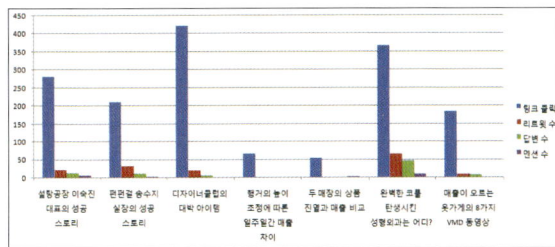

NAVER me2DAY

Google

twitter

Find us on:
facebook

Daum

# Chapter 09

## 검색 노출에 최적화된 페이스북 마케팅

Lesson 1.　한눈에 보이는 페이스북 마케팅 최적화
Lesson 2.　페이스북 핵심 기능 익히기
Lesson 3.　사례로 배우는 페이스북 마케팅
Lesson 4.　페이스북 계정 최적화와 연동

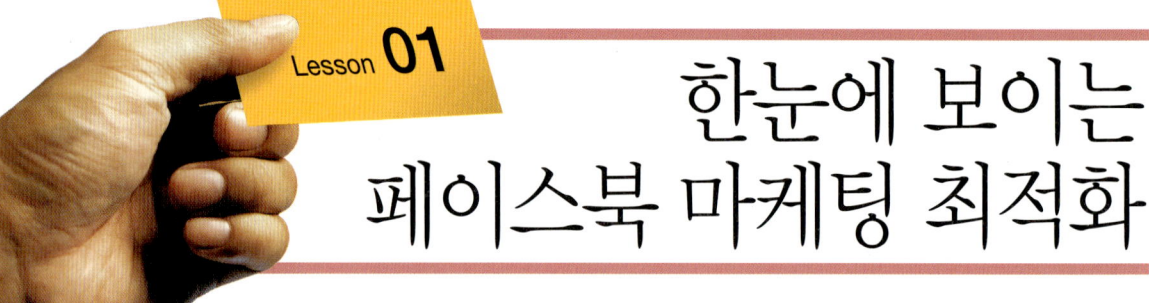

# 한눈에 보이는 페이스북 마케팅 최적화

Lesson 01

## 1 페이스북의 등장인물과 그들의 역할

페이스북은 트위터와 달리 상호 승인에 의한 친구 관계가 형성됩니다. 즉 상대방이 친구 요청을 해오면 확인 후 승인해야 서로 간에 '친구' 관계가 형성됩니다. 트위터보다는 친구 관계를 형성하기는 쉽지 않지만, 한 번 맺어진 관계는 트위터나 미투데이의 친구 관계보다 친밀한 관계가 형성될 수 있는 환경을 제공합니다.

친구 관계 이후 나의 뉴스피드(페이스북 홈)에서 글을 작성하면 나의 상대방(친구)과 상대방(친구)의 친구들의 뉴스피드에도 등록되어 글이 퍼지기 시작합니다. 상대방이나 상대방의 친구들은 나의 글에 '좋아요', '댓글 달기'를 할 수 있습니다. 친구를 맺는 과정이 다르고 페이지 개설과 그룹 개설 등 마케팅 기능이 추가되었다는 점 이외에는 페이스북의 등장인물과 트위터의 등장인물과 역할은 동일합니다.

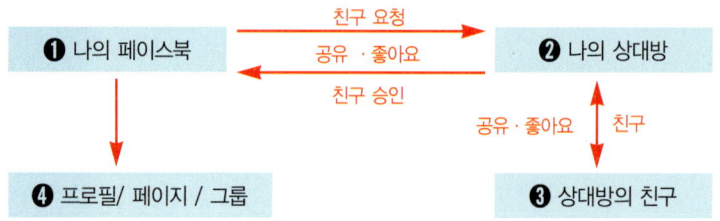

지식iN 마케팅, 카페 마케팅, 블로그 마케팅, 웹문서 최적화 등은 검색 상위 노출을 통해 콘텐츠를 소비하는 것이 목적이었다면 페이스북, 트위터, 미투데이는 '사람의 입에서 입으로 전달되고 또다시 입에서 입으로 전달' 되는 바이럴 마케팅이 목적입니다.

예를 들어 블로그의 콘텐츠가 바이럴 마케팅의 목적을 달성하기 위해서 페이스북, 트위터, 미투데이 등을 만나면 그 목적을 달성하기가 훨씬 수월해집니다. 왜냐하면 카페나 블로그의 방문자는 콘텐츠를 소비한 후 바로 떠나버리는 경우가 많지만 페이스북, 트위터, 미투데이의 초점은 콘텐츠의 소비 과정에서의 표현 즉, '~ 때문에 좋아요.', '~은 불편한 것 같아요.'와 같은 감정 표현이 확실하고 또한 전파하기 수월한 구조로 만들어졌기 때문입니다.

트위터, 페이스북, 미투데이 마케팅은 전파에 초점을 맞추어 마케팅 방향을 설정해야 하고 검색 노출은 그 기본이 되어야 합니다.

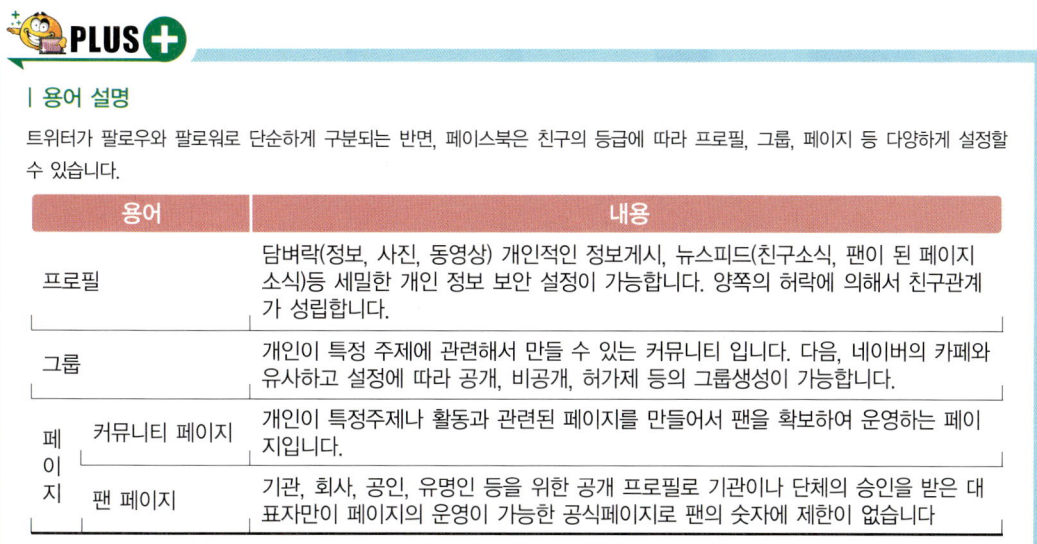

| 용어 | | 내용 |
|---|---|---|
| 프로필 | | 담벼락(정보, 사진, 동영상) 개인적인 정보게시, 뉴스피드(친구소식, 팬이 된 페이지 소식)등 세밀한 개인 정보 보안 설정이 가능합니다. 양쪽의 허락에 의해서 친구관계가 성립합니다. |
| 그룹 | | 개인이 특정 주제에 관련해서 만들 수 있는 커뮤니티 입니다. 다음, 네이버의 카페와 유사하고 설정에 따라 공개, 비공개, 허가제 등의 그룹생성이 가능합니다. |
| 페이지 | 커뮤니티 페이지 | 개인이 특정주제나 활동과 관련된 페이지를 만들어서 팬을 확보하여 운영하는 페이지입니다. |
| | 팬 페이지 | 기관, 회사, 공인, 유명인 등을 위한 공개 프로필로 기관이나 단체의 승인을 받은 대표자만이 페이지의 운영이 가능한 공식페이지로 팬의 숫자에 제한이 없습니다 |

## 2 트위터와 페이스북 핵심 요소 비교하기

페이스북은 '사람'이 중심이 되어 정보와 새로운 소식을 공유하고 전파되는 일련의 과정과 인터넷 마케팅의 도구로 사용된다는 점은 트위터와 매우 유사합니다. 하지만 트위터와 페이스북이 가지는 장·단점을 살펴보면 큰 차이점이 느낄 수 있습니다.

트위터는 그 서비스 자체에서 상품의 판매가 이루어질 수 없는 반면 페이스북은 상품의 홍보는 물론 판매와 결제가 모두 페이스북 내에서 가능하게 만들 수 있습니다. 그런 장점으로 인해 쇼셜 커머스 쇼핑몰(일명 F커머스)이 크게 활성화될 것으로 예측할 수 있습니다. 트위터와 페이스북의 장·단점을 비교해보도록 하겠습니다.

|  | 트위터 | 페이스북 |
|---|---|---|
| 장점 | • 별도의 승인 없이도 상대방을 친구로 추가(팔로잉)하면 그 사람의 글을 볼 수 있는 개방형 소셜 네트워크 서비스 입니다.<br>• 검색 포털, 모바일 검색 등에서 실시간 검색, 소셜 네트워크 검색 등에서 실시간으로 검색 노출됩니다.<br>• 리트윗(RT) 검색, 리스트 기능으로 정보 확인과 정보 확산 속도가 매우 빠릅니다.<br>• 블로그, 사이트와 연동시켜 트위터와 연계 마케팅하기가 수월합니다.<br>• 어플리케이션을 설치하면 스마트폰에서도 PC 계정으로 트위터를 사용할 수 있습니다. | • 140자 이상의 긴 글과 사진 및 동영상 첨부와 외부 링크 등이 수월합니다.<br>• 개인 사진첩, 개인 동영상, 친구와 채팅 등 부가 기능이 있어 사이트와 같이 마케팅 채널로 활용할 수 있습니다.<br>• 친구들을 그룹별로 관리할 수 있고, 글을 추천하는 '좋아요' 기능으로 정보를 확산시킬 수 있습니다.<br>• 페이스북 자체에서 상품 판매와 결제가 가능한 소셜 커머스 쇼핑몰을 만들 수 있고 또한 이벤트나 사이트 홍보 목적의 광고 페이지를 만들 수 있습니다.<br>• 트위터, 사이트와 연동이 가능합니다. |
| 단점 | • 나의 트위터 타임라인에 트윗이 너무 빠르게 지나가기 때문에 확인하지 못한 정보가 발생할 수 있습니다.<br>• 이슈 키워드로 글을 작성할 경우 검색 노출 체류 시간이 짧아집니다.<br>• 140자 이내의 글만 작성해야 된다는 제약이 따릅니다. | • 친구 요청한 상대방의 친구 승인이 있어야, 즉 서로 친구인 사람들만의 글만 볼 수 있는 폐쇄형 소셜 네트워크 서비스입니다.<br>• 포털 검색을 통한 실시간 정보가 트위터 보다 약하기 때문에 페이스북 계정을 알리기가 쉽지 않습니다. |

## 3 페이스북 메인 화면과 메뉴 바 구성 요소 파악하기

페이스북의 가장 큰 기능은 수많은 네트워크 연결망을 통해 친구를 찾아주고, 친구 관계를 맺게 해주고, 친구의 친구를 소개해주고, 이렇게 연결된 친구들의 근황이나 소식을 실시간으로 열려주는 것입니다.

트위터나 미투데이도 마찬가지 이지만 페이스북을 검색 노출에 최적화하기 위해서는 우선 최적화된 자기 프로필 정보를 등록해야 합니다. 그리고 주변의 친구, 새로운 친구를 찾아내서 그들과 관계를 맺는 것으로 페이스북 마케팅이 시작됩니다.

### 3-1. 페이스북 메인 화면 구성 요소

페이스북의 초기 화면은 상단 메뉴 바와 3단으로 구성되어 있습니다. 각각의 항목에 대해서 살펴보겠습니다.

❶ 개인 프로필 정보, 기본 메뉴란

❖ 페이스북 화면 구성

❶ **개인 프로필 정보, 기본 메뉴란** : 내 프로필을 관리하고, 그룹 만들기, 이벤트 보기, 메시지 보기 등을 할 수 있습니다. 특히 그룹은 개인이 특정 주제에 관련해서 만들 수 있는 커뮤니티입니다. 카페와 유사하고 설정에 따라 공개, 비공개, 허가제 등의 그룹을 생성할 수 있습니다. 개인 프로필 정보, 기본 메뉴란의 공개된 모든 검색 노출 대상입니다.

❷ **뉴스피드, 담벼락, 글 상자** : 뉴스피드(친구 소식, 나의 팬이 된 페이지 소식)와 담벼락(글, 사진, 동영상) 개인적인 정보 등을 작성하거나 소개되는 영역입니다. 뉴스피드, 담벼락의 글은 친구들의 뉴스피드 페이지에 노출됩니다.

친구의 프로필 사진을 클릭한 후 친구의 담벼락에 글을 작성하면 친구의 담벼락 페이지와 뉴스피드 페이지 그리고 나의 뉴스피드 페이지에 동시에 등록됩니다. 또한 친구와 친구 관계에 있는 다른 사람들의 뉴스피드에도 노출됩니다.

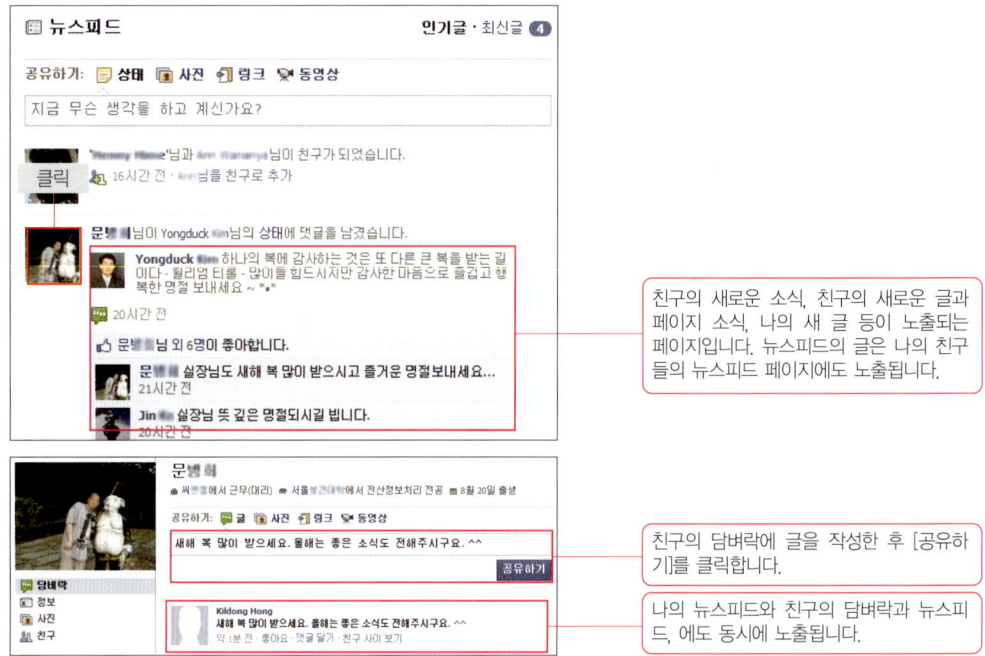

❸ **친구 추천, 친구 찾기 등** : 현재 5천명까지 친구추가가 가능하고, 세밀한 개인 정보 보안 설정이 가능합니다. 친구를 추가하는 방법은 야후 메신저에 등록된 친구들만 추가하거나, 학생들만 친구 추가하거나, 송파구에 거주하는 ○○대학교의 여학생만 친구 추가하는 등 친구 추가 방법은 무궁무진합니다.

**| 뉴스피드와 담벼락의 차이점**

뉴스피드가 여러 가지 서비스의 콘텐츠들을 모두 보여주는 네이버의 메인화면이라면 담벼락은 특정 서비스의 콘텐츠만 보여주는 네이버의 블로그, 카페라고 할 수 있습니다.

## 3-2. 페이스북 메뉴 바 구성 요소

페이스북 메인화면 상단의 메뉴 바의 구성 요소에 대해서 알아보겠습니다.

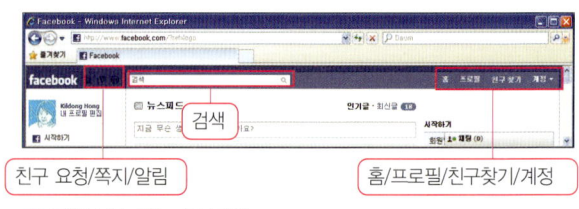

❖ 페이스북 메뉴 바 구성

❶ 친구 요청

나에게 친구 요청을 해온 사람들의 목록을 확인할 수 있습니다. [친구 찾기]를 클릭하면 [친구] 페이지로 이동합니다.

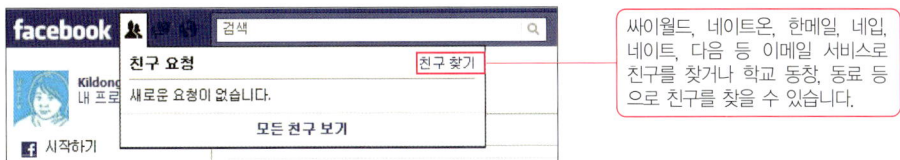

싸이월드, 네이트온, 한메일, 네입, 네이트, 다음 등 이메일 서비스로 친구를 찾거나 학교 동창, 동료 등으로 친구를 찾을 수 있습니다.

❷ 쪽지

현재 내가 받은 쪽지 목록을 확인할 수 있습니다. [새 쪽지 보내기]를 클릭하면 친구에게 새로운 쪽지를 보낼 수 있습니다. 쪽지 내용은 주고받은 사람 외에는 공개되지 않기 때문에 비밀 글이나 특정 회원들을 대상으로 하는 특별한 이벤트 등을 주제로 의견을 주고받을 때 유용합니다.

❸ 알림

나의 담벼락에 새롭게 등록된 게시물이나 댓글, 친구 요청 수락 현황, 친구 상태 변경 상황 등 친구들의 행적들을 확인할 수 있습니다.

❹ 검색

친구를 검색하거나 특정 주제를 다룬 페이지를 찾거나 어플리케이션 검색 키워드로 검색할 수 있습니다. 다음은 '스마트폰' 키워드로 검색한 결과 화면입니다.

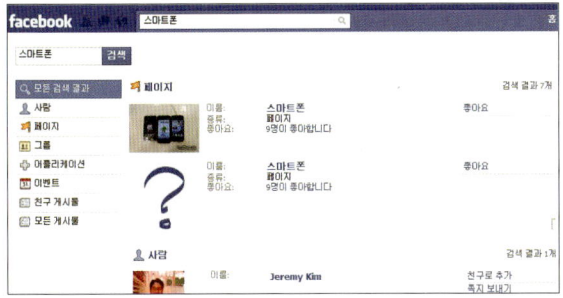

❺ 홈 / 프로필 / 계정 / 친구 찾기

홈은 트위터 홈페이지로 이동하는 기능이며, 프로필은 내 프로필 페이지로 이동하는 기능입니다. 계정 메뉴는 나의 계정에 대한 각종 옵션을 설정하는 메뉴를 제공합니다. 친구 찾기는 설정한 이메일 주소와 관련된 친구 목록을 확인할 수 있습니다. 페이스북의 친구는 서로가 서로를 친구로 인정해야 관계가 성립됩니다. 블로그의 서로이웃과 유사하다고 할 수 있습니다.

| 페이스북 내 정보 모두 내려받기

만약 내 페이스북 계정을 삭제해야 되는 경우가 발생한다면 지금까지 올린 글과 사진을 고스란히 삭제됩니다. 하지만 이런 문제는 사진, 동영상, 담벼락 게시물, 쪽지, 친구 리스트 등 모든 활동 정보를 압축 파일 형태로 내려 받을 수 있는 기능으로 해결할 수 있습니다. [내 계정]-[설정]-[내 정보 다운로드]에서 다운로드 받습니다.

| 페이스북 닉네임 설정

페이스북은 실명 이외 별명(닉네임)을 사용할 수 있습니다. 예를 들면 실명은 영문으로 사용하고 닉네임은 한글 이름, 회사명, 서비스명, 핵심 키워드 등을 사용하면 페이스북 검색 창에서 한글 이름을 검색하면 그 결과에 노출됩니다. 페이스북 우측 상단에서 [계정]-[계정 설정]을 선택한 후 [설정] 탭의 이름 수정 페이지에서 이름은 영문으로 작성하고 다른 이름 란에 별명 또는 한글이름 또는 핵심 키워드 등을 입력한 후 [예명 변경] 버튼을 클릭합니다. 여기서는 '엉클코디' 라고 입력해보겠습니다.

트위터 검색 창에서 '엉클코디'를 입력하면 나의 영문 프로필 이름이 표시됩니다. 영문 프로필을 선택하면 '영문(별명)'과 같이 영문과 함께 예명이 표시됩니다.

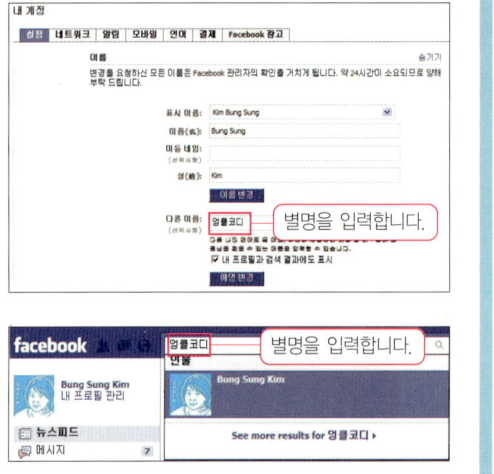

# 페이스북 핵심 기능 익히기

Lesson 02

## 1 친구 찾기와 친구 맺기

친구를 찾는 방법은 크게 페이스북에서 내 계정을 토대로 자동으로 제안하는 사람 중 선택하는 방법과 찾을 사람의 이름, 신상 정보, 회사명 등 어떤 특징을 나타내는 검색어를 직접 입력하는 방법이 있습니다.

**첫째, 페이스북 메인화면 오른쪽 중간에 '알 수도 있는 사람'을 통해서 찾는 방법**
페이스북에서 자신의 프로필 정보와 친구 정보를 이용해 새로운 친구를 추천하는 방법입니다. [친구로 추가]를 클릭해 [요청보내기]를 누른다. 이렇게 하면 해당 이용자의 알림에 표시되고 이메일로도 전송된다. 알 수도 있는 사람 항목에서 [전체보기]를 클릭하면 이용자 목록이 보인다.

**둘째, 검색어로 검색하는 방법**
페이스북 검색란에 직접 찾을 사람의 이름, 신상 정보, 관심사 등 특징을 나타내는 검색어를 입력하고 [검색] 버튼을 클릭하면 입력한 이름과 동일한 페이스북 이용자들이 검색됩니다. 자신이 찾고자 하는 사람이 있을 경우 [친구로 추가]를 클릭해 친구 요청합니다.

| 페이스북 회원 가입, 친구찾기/친구 추가하기 방법

페이스북 회원 가입 방법, 친구찾기/친구 추가하는 방법 등은 쉽게 따라할 수 있기 때문에 본문에 수록하지 않았습니다. 회원 가입을 하지 않으신 독자분들 중 스스로 가입하기 어려운 경우나 페이스북에서 친구를 찾고 추가하는 방법을 습득하기 어려운 분들은 앤써북 카페(cafe.naver.com/answerbook)의 [도서 자료방/Q&A]-[인터넷 마케팅] 카테고리에서 [페이스북 회원 가입 방법] 따라하기 콘텐츠를 참조하세요.

## 따라하기 친구 맺기 요청하기

**01** 페이스에서 제공하는 친구가 될 만한 친구 리스트 중 친구 맺기를 원하는 사람의 썸네일 이미지와 이름을 확인하고 [친구로 추가]를 클릭합니다.

**02** '○○님을 친구로 추가하시겠습니까?' 라고 묻는 팝업창이 나타납니다. 친구 맺기를 요청하는 이유나 사연을 전달하고 싶으면 [메시지 추가...]를 클릭하여 [쪽지] 입력란에 메시지를 작성한 뒤 [요청 보내기] 버튼을 클릭합니다.

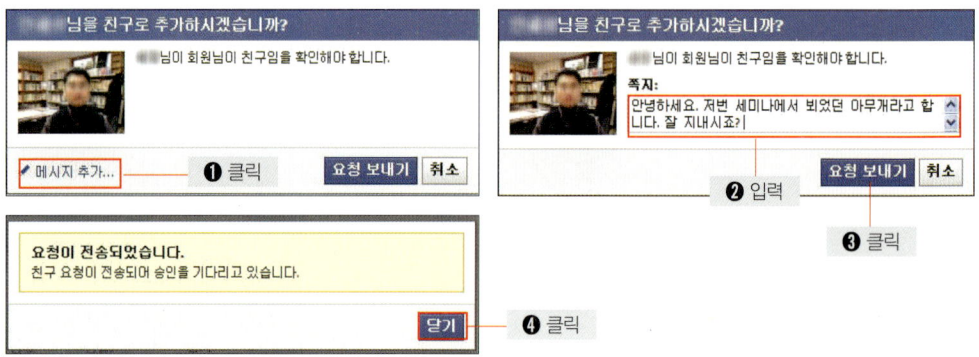

**03** 친구 맺기를 요청한 사람이 친구 요청을 수락했다면 수락 안내 이메일과 알림 버튼(🌐)을 통해서 '○○○님이 친구 요청을 수락했습니다.' 라는 메시지를 확인할 수 있습니다.

## 따라하기 친구 초대하기

**01** 페이스북 홈의 오른쪽 하단의 'Facebook을 사용하고 있지 않은 친구' [지금 초대하기]를 클릭합니다.

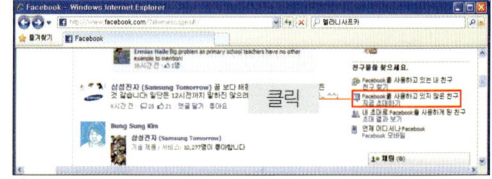

**02** '친구 초대 창에서 받는 사람 이메일 주소와 내용을 작성한 후 [초대] 버튼을 클릭합니다.

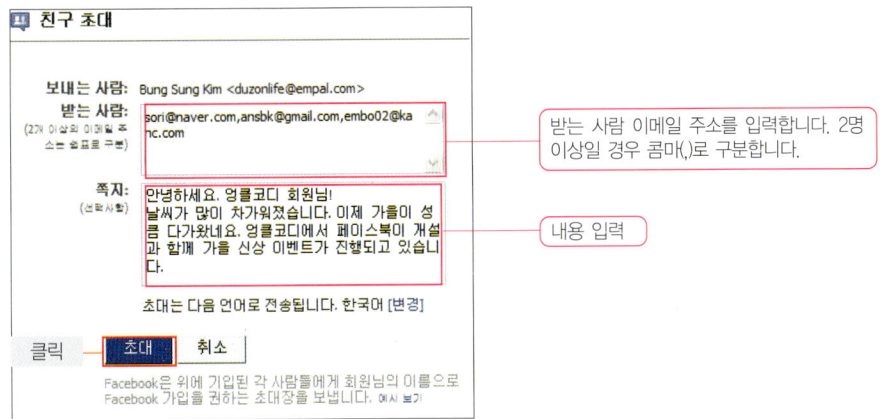

## 2 친구를 늘리는 가장 확실한 방법

페이스북에서 친구를 늘리는 가장 확실한 방법은 기본에 충실하는 것입니다. 그 기본의 기본이 되는 것은 프로필을 작성하는 것입니다. 페이스북은 상대에게 친구를 요청하거나 상대가 친구 추가를 요청할 때 가장 먼저 확인하는 것이 프로필이기 때문입니다. 페이스북 프로필은 프로필에는 나의 프로필 사진, 학력과 경력, 관심있는 스포츠, 나의 활동 및 관심사, 나의 연락처 정보 등을 작성할 수 있습니다.

페이스북 뉴스피드 홈 좌측 상단에서 '내 프로필 관리'를 클릭하면 프로필을 작성할 수 있는 프로필 페이지가 표시됩니다.

프로필 페이지의 메뉴 중 프로필 사진, 학력과 경력, 스포츠, 활동 및 관심사 등은 반드시 작성하도록 합니다. 특히 학력과 경력, 활동 및 관심사는 친구를 요청하거나 친구 수락의 가장 중요한 항목으로 사용됩니다. 예를 들어 활동 및 관심사가 '자동차 튜닝'이라면 자동차 튜닝에 관심있는 사람이 친구 요청 또는 친구 요청을 받았을 경우는 전혀 모르는 사람에게 요청 받았을 경우보다 친구 수락 확률이 매우 높아지기 때문입니다.

프로필 페이지를 최적화시키지 않은 상태에서 친구 요청하면 수락을 받기가 쉽지 않을 뿐만 아니라 친구 요청 받기도 쉽지 않습니다. 관심사가 비슷한 친구가 1명 추가되었다면 그 친구의 친구를 검색하여 친구로 추가합니다. 친구의 친구와 친구 관계를 맺는 것은 좀더 수월합니다. 왜냐하면 'ㅇㅇ님도 아는 사람을 친구로 추가했기 때문에 나도 알 수도 있는 사람인가?' 라고 호감을 갖기 때문입니다.

| 페이스북 검색 창에서 검색할 수 있는 항목

페이스북 검색 창에서 검색할 수 있는 항목은 프로필 페이지의 모든 정보는 물론 담벼락에 작성하는 글, 펜페이지와 광고페이지 등에 작성하는 제목 및 모든 내용 등도 검색 대상 항목입니다.

순수하게 친구를 찾아 추가하는 방식을 택한다면 1,000명의 친구를 만들기까지는 시간이 꽤 소요되지만 외부 마케팅을 통하거나 페이스북 펜페이지를 만들어 이벤트 등을 진행하면 시간을 단축시킬 수 있습니다. 하지만 페이스북 친구는 5,000명의 한계라는 단점을 가지고 있기 때문에 일정 숫자 이후부터는 신구 신청은 선별하여 받아야 합니다. 그리고 페이스북에서 친구의 숫자는 트위터나 미투데이처럼 중요하지 않습니다. 트위터나 미투데이는 검색 포털 사이트의 소셜 네트워크 검색 탭이나 실시간 검색 탭에서 노출 대상이지만 페이스북의 글 및 정보는 검색 노출 대상이 아니거나 제약이 많기 때문입니다.

## 3 친구와 대화하기

페이스북에서 친구와 대화할 수 있는 방법은 여러 가지 방법이 있습니다. 실시간 채팅, 쪽지 교환, 담벼락 등을 이용하여 친구들과 함께 대화하고 소통할 수 있습니다. 페이스북의 대화하기 기능을 이용하면 고객들과 실시간 상담도 가능하기 때문에 인터넷 쇼핑몰에서 고객관리 및 마케팅에 적극적으로 도입하고 있는 추세입니다.

### 3-1. 실시간 채팅하기

페이스북에 접속된 상태에서 친구들과 실시간으로 대화를 나눌 수 있는 방법으로 채팅이 있습니다. 채팅 메뉴는 페이북 오른쪽 아래에 살짝 보일 듯 숨겨져 있습니다.

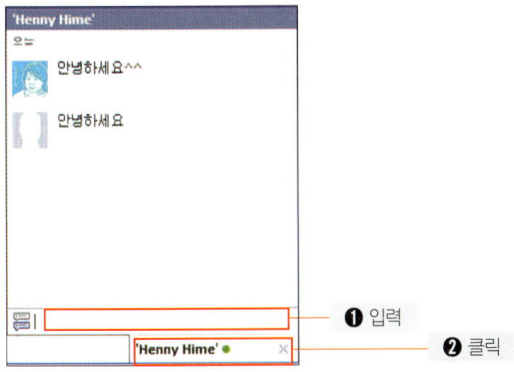

❖ 페이스북 채팅

## 따라하기 친구와 채팅하기

**01** 친구 중 로그인 상태의 친구가 있다면 채팅 박스에 친구 목록이 표시됩니다. 대화하고 싶은 친구를 클릭합니다.

**02** 채팅 창이 열리면 대화 내용을 입력한 후 Enter 키를 누릅니다.

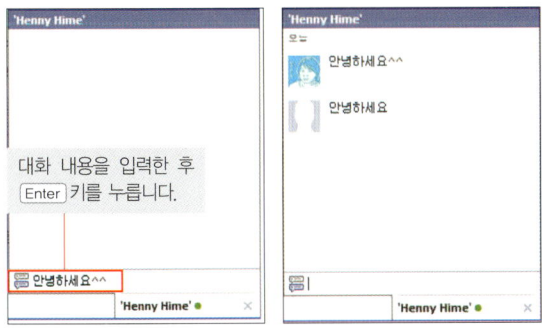

### 3-2. 주고받도 쪽지는 검색 노출 대상인가요?

학교 동창들에게 정기 모임 안내 문자를 보내듯이 특정 부류의 사람을 지정하여 특별한 목적의 내용을 전달하는 기능이 쪽지입니다. 쪽지는 글과 함께 사진, 동영상, 링크 등을 첨부할 수 있습니다. 쪽지의 내용은 페이스북의 노출 대상이 아니기 때문에 검색되지 않습니다.

## 따라하기 쪽지 보내기

**01** 페이스북 상단 메뉴 바에서 쪽지 버튼(💬)을 클릭하거나 좌측 메뉴에서 [쪽지]를 클릭한 후 [+새 쪽지] 버튼을 클릭합니다.

**02** 새 쪽지 입력창에 받는 사람, 제목, 쪽지 내용을 작성하고 [보내기] 버튼을 클릭합니다.

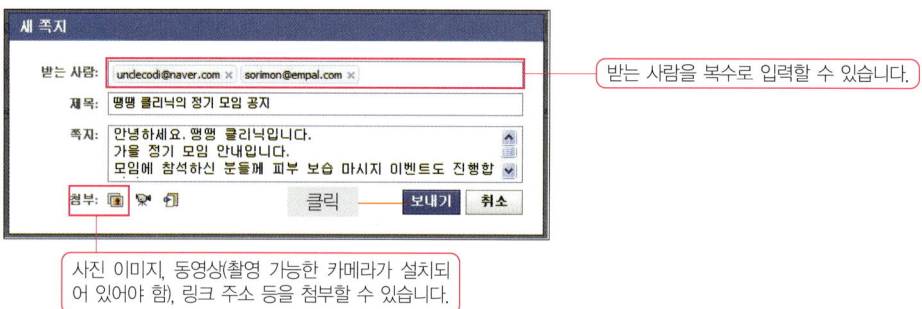

**03** 받은 쪽지는 페이스북 홈 상단 메뉴 바에서 쪽지 버튼(💬)을 클릭하면 확인할 수 있으며, 답장을 보내려면 [새 쪽지 보내기]를 클릭합니다. [답장] 입력창에 회신 내용을 입력하고 첨부할 내용을 불러온 후 [답글] 버튼을 클릭합니다.

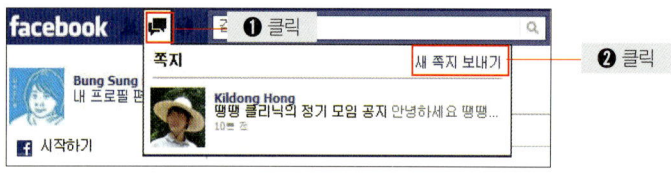

| 페이스북의 콘텐츠는 모든 검색 포털에서 노출되나요?

웹 검색에서 페이스북의 콘텐츠 노출 유무는 검색 포털 사이트에 다라 다릅니다. 네이버 검색에서는 노출되지 않지만, 다음(daum)의 소셜 웹 검색에는 노출 대상입니다.

## 4 담벼락의 글은 검색 노출 대상인가요?

담벼락은 길거리의 벽보 게시판이라 생각하면 됩니다. 벽보 게시판은 모든 사람에게 공개된 알림판 역할로 내용이나 형식에 제한 없이 누구나 내용을 등록할 수 있고 누구나 볼 수 있습니다. 내 담벼락뿐만 아니라 친구 관계를 맺고 있는 다른 친구의 담벼락에도 글을 올릴 수 있습니다. 담벼락에는 텍스트뿐만 아니라 사진, 동영상, 링크 등을 첨부하여 실시간으로 공유하고 수시로 업데이트할 수 있습니다. 담벼락에 작성한 글은 검색 대상이기 때문에 페이스북 검색 창에서 검색한 검색어에 정확도를 기준으로 매치된 결과가 노출됩니다.

### 따라하기 나의 담벼락에 글쓰기

**01** 페이스북 홈에서 [프로필]-[담벼락]을 선택합니다.

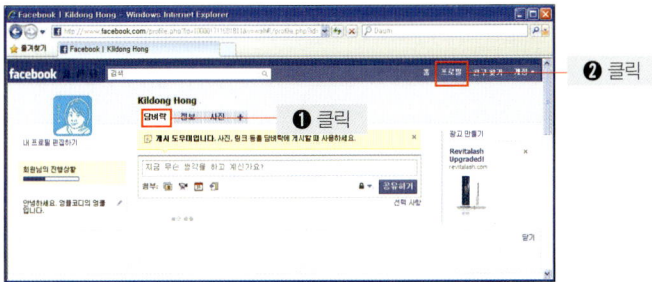

| 친구 담벼락에 글쓰기

친구와 친구의 친구 담벼락에도 글을 쓸 수 있습니다. 친구 또는 친구의 친구 프로필 페이지에서 [담벼락] 탭을 클릭한 후 글을 작성합니다.

**02** 메시지 박스에 내용을 입력한 뒤 [공유하기]를 클릭합니다.

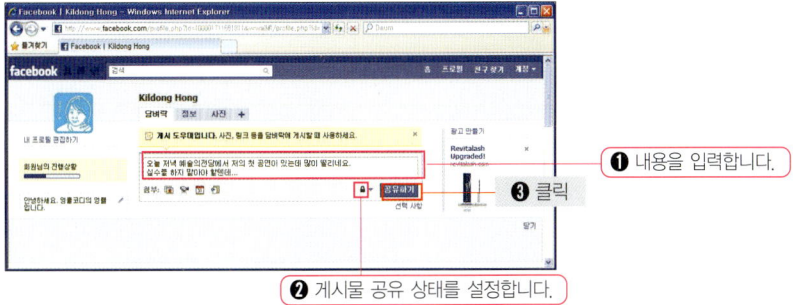

## 따라하기 담벼락에 사진, 동영상, 링크 첨부하기

**01** 내 프로필 페이지에서 [담벼락]을 선택한 후 글을 작성한 후 첨부시킬 요소(그림, 동영상, 링크)를 선택합니다. 여기서는 사진 아이콘(📷)을 선택하여 사진 이미지를 첨부하겠습니다.

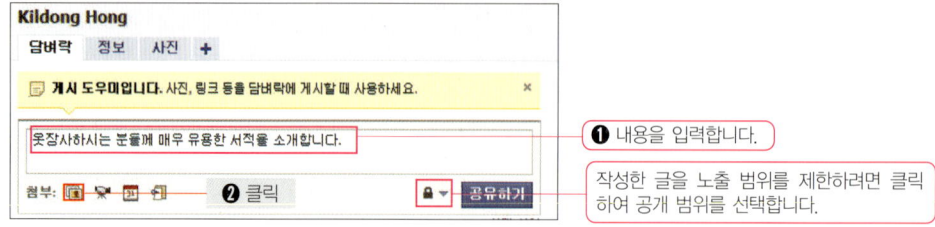

**02** 첨부할 사진 유형을 선택합니다. 여기서는 내 컴퓨터의 사진을 첨부해보겠습니다. '사진 업로드'를 클릭합니다.

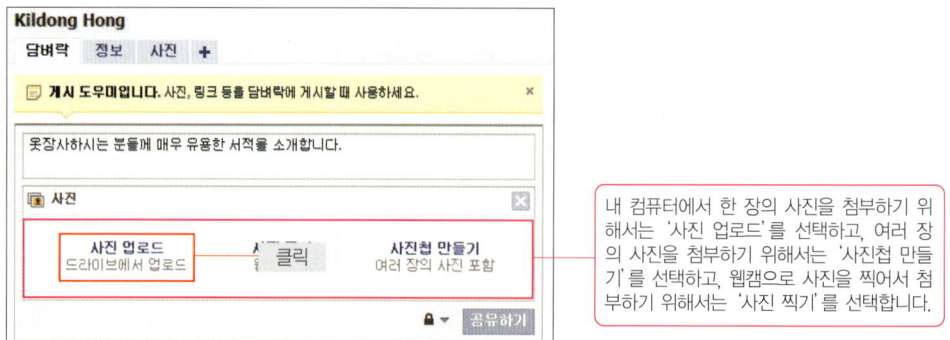

**03** [찾아보기] 버튼을 클릭한 후 이미지 파일을 선택합니다. [공유하기] 버튼을 클릭합니다.

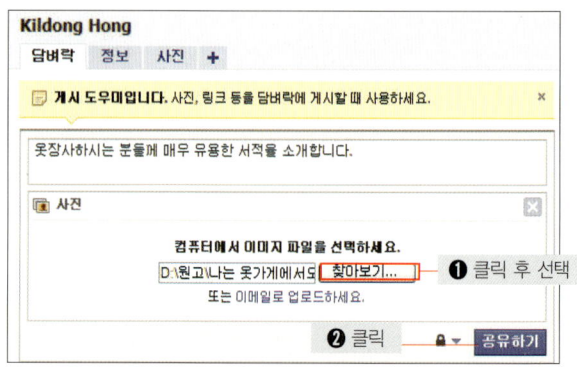

**04** 사진이 첨부되었습니다. 글자와 함께 사진이 첨부되면 글의 주제 전달에 효과적입니다. 트위터는 이미지 파일을 첨부할 수 없었지만 페이스북은 콘텐츠에서 바로 이미지를 확인할 수

있기 때문에 콘텐츠 전달 효과를 높이기 위해서는 콘텐츠의 의미를 잘 전달할 수 있는 이미지를 사용합니다.

## 따라하기 담벼락 게시글에 사이트 주소 링크하기

**01** 페이스북 홈에서 [프로필]-[담벼락]을 선택한 후 글을 입력하고 링크아이콘( )을 클릭합니다.

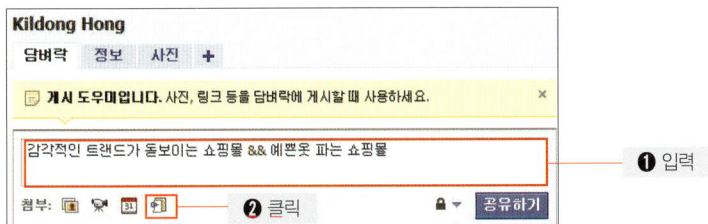

**02** 링크시킬 인터넷 쇼핑몰 주소를 입력하고 [첨부] 버튼을 클릭합니다.

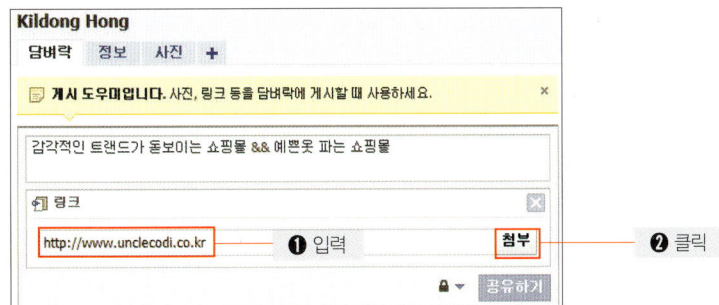

**03** 자동으로 인터넷 쇼핑몰 타이틀과 태그(Tag) 등이 표시됩니다. 앞으로가기 버튼(▶)을 클릭하여 원하는 사진을 선택한 후 [공유하기] 버튼을 클릭합니다.

인터넷 쇼핑몰에 등록된 작은 상품 이미지가 목록 숫자가 표시되고 '앞으로가기' 버튼을 클릭하면서 대표이미지를 선택할 수 있습니다.

**04** 인터넷 쇼핑몰 주소를 자동으로 검색하여 선택한 상품 사진 및 쇼핑몰 정보와 함께 링크 주소가 표기됩니다.

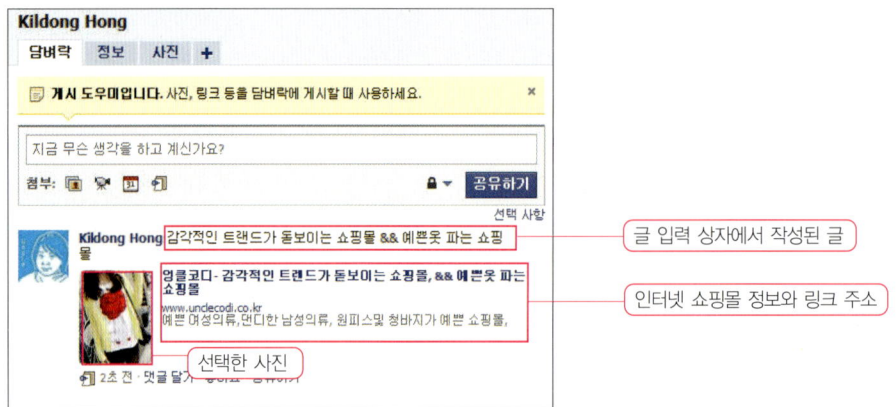

## Lesson 03 사례로 배우는 페이스북 마케팅

### 1 그룹 개설과 인터넷 쇼핑몰 이벤트 활용

지금까지 배운 페이스북의 담벼락, 쪽지, 댓글 기능을 통해 친구들 간의 일상적인 소식부터 다양한 유형의 정보들을 공유하고 입소문을 낼 수 있습니다. 페이스북을 통해 알게 된 수많은 친구들 중에서 나와 관심사나 취미가 유사한 사람들을 분류하여 관리하면 어떨까요? 예를 들면 자전거를 즐기는 자전거 동호회, 회사 업무와 연관된 사람들만 모이는 모임을 통해 서로의 비슷한 관심사에 대해서 생각을 공유할 수 있다면 페이스북의 이용 가치가 더 효율적일 것입니다.

애완용품을 판매하는 회사라면 애완동물을 사랑하는 모임을 만들고, 출산 및 유아용품 판매 회사라면 아기사랑 모임을 만들어 그들과 정보 공유와 소통을 통해서 회사나 상품 등을 홍보할 수 있습니다. 페이스북은 이와 같은 특징별 집단 활동이 가능할 수 있도록 그룹 및 페이지를 만들어 운영할 수 있는 기능을 제공합니다.

### 따라하기 관심사가 비슷한 그룹에 가입하기

**01** 페이스북 검색 창에서 '인터넷쇼핑몰' 키워드를 입력하고 Enter 키를 누릅니다. '인터넷쇼핑몰' 키워드로 검색한 결과 화면 아래에 그룹이 노출됩니다. 그룹명을 클릭합니다.

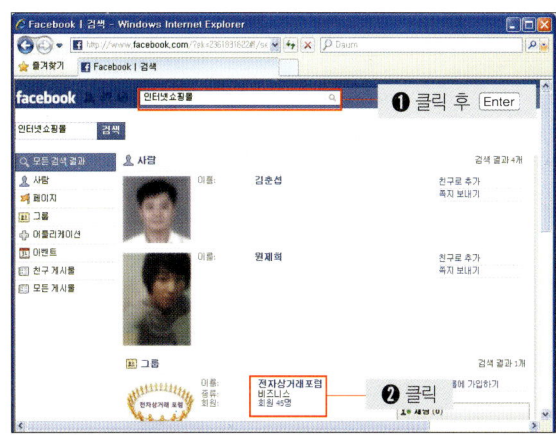

**02** 그룹의 프로필 정보를 확인하고 [가입] 버튼을 클릭합니다. 그룹 가입 확인 메시지 창에서 [가입] 버튼을 클릭합니다. 초대장이 필요한 그룹이나 그룹 개설자의 승인이 필요한 그룹인 경우 가입을 요청하고 승인이 될 때까지 기다려야 합니다.

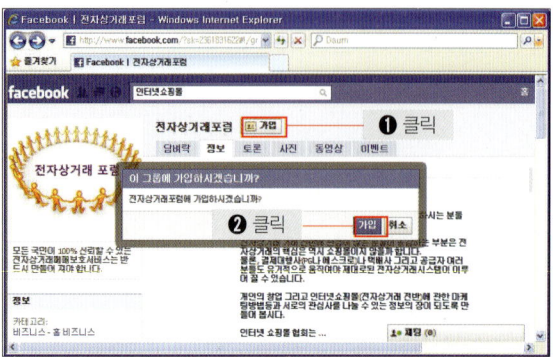

**03** 페이스북 홈 좌측의 [그룹]을 클릭하면 가입이 완료된 그룹을 확인할 수 있습니다.

## 따라하기 그룹 만들고 초대하기

**01** 페이스북 홈 좌측 메뉴에서 [그룹]을 클릭합니다. 그룹 페이지 우측에 [그룹 만들기] 버튼을 클릭합니다.

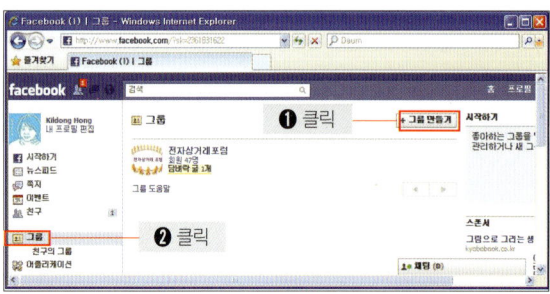

**02** 그룹 이름과 그룹 특징을 입력한 후 [만들기] 버튼을 클릭합니다. 이제 그룹 만들기 작업이 끝났습니다.

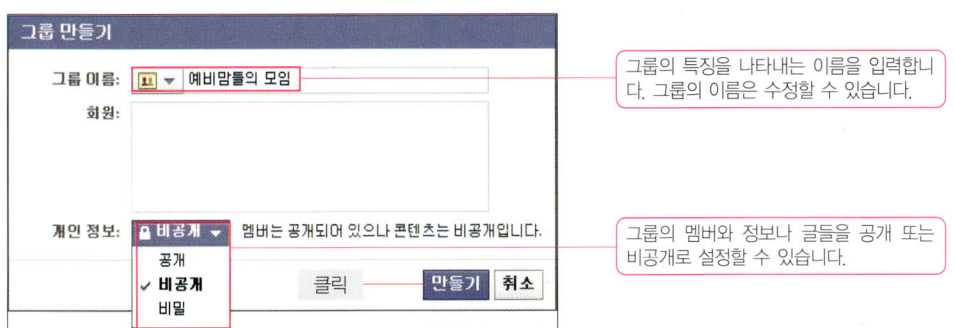

**| 그룹의 구성 요소는 검색 노출 대상이다.**

페이스북 그룹을 구성하는 요소인 그룹 이름, 그룹의 회원 정보 등은 페이스북 검색 창에서 검색하면 검색 결과로 노출됩니다. 그룹의 이름을 검색 노출에 최적화시키기 위해서는 키워드 선택에 있어서 신중을 기할 필요가 있습니다.

**03** 페이스북 홈 좌측 메뉴에서 [그룹]을 클릭하면 그룹 페이지가 표시되고 그룹을 수정할 수 있습니다.

## 따라하기 유아용품 무료 체험 이벤트 만들고 초대하기

**01** 페이스북 홈 좌측 [그룹] 메뉴를 선택하고, 새롭게 만든 그룹명을 클릭한 후 [이벤트]를 클릭합니다.

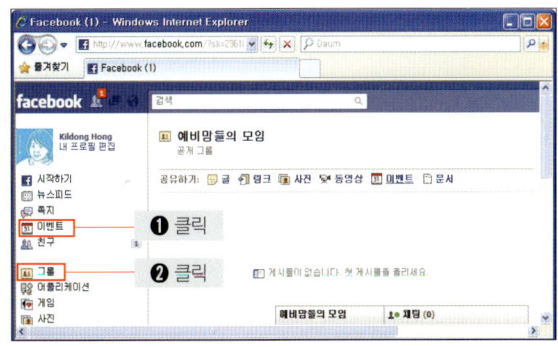

**02** 이벤트 제작 페이지에서 [상세 정보 추가]를 클릭합니다.

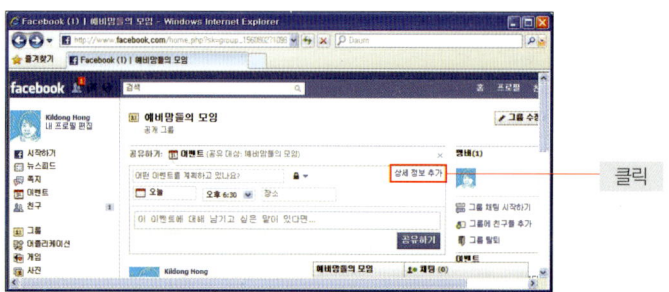

**03** 이벤트 기간, 이벤트 제목, 장소(홈페이지 주소나 쇼핑몰 주소 등을 포함), 손님 명단을 설정한 후 [이벤트 사진 추가] 버튼을 클릭합니다.

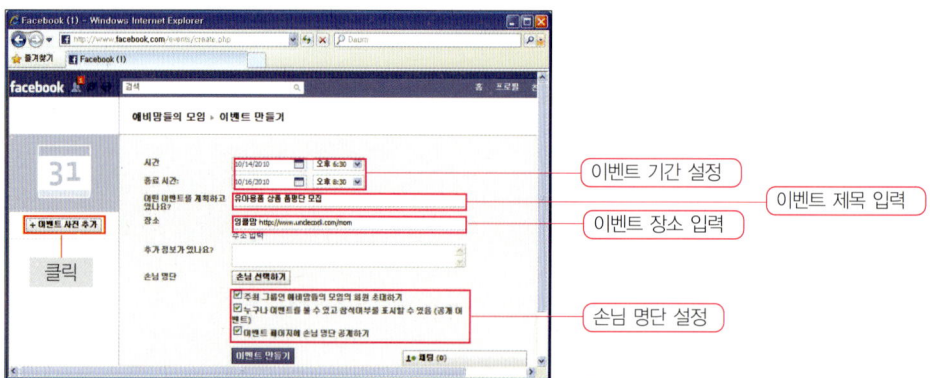

**04** 이벤트 사진 변경 팝업 창에서 미리 만들어놓은 이벤트 이미지 파일을 선택합니다.

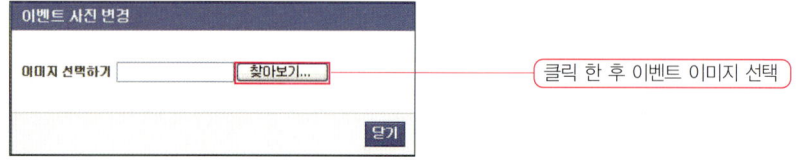

**05** 이벤트 만들기 페이지에서 [이벤트 만들기] 버튼을 클릭하여 이벤트 제작을 완성합니다. 완성된 이벤트는 페이스북 홈 우측 이벤트란에 표시됩니다.

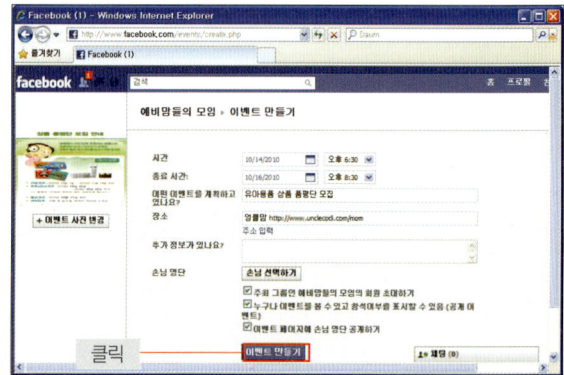

**06** 친구 관계의 사람들부터 이벤트 소식을 알립니다. 이벤트 페이지 좌측 아래에서 [+초대할 손님을 선택하세요.] 버튼을 클릭합니다.

**07** 친구 초대하기 팝업창에서 이벤트에 초대할 친구를 선택합니다. 친구를 선택하는 방법은 친구 찾기 상자에서 친구의 이름을 직접 입력하는 방법, 친구 필터링 목록에서 친구를 클릭하는 방법, 이메일 주소록을 불러와서 선택하는 방법이 있습니다. [초대장 보내기] 버튼을 클릭합니다.

**08** 초대장을 받은 친구의 페이스북 홈 우측 이벤트 목록에 이벤트 초대에 관한 제목이 표시됩니다.

**09** 초대받은 친구는 이벤트를 클릭한 후 이벤트 내용을 검토하고 [참석], [불확실], [아니오] 중 선택할 수 있습니다.

**10** 이벤트 페이지 좌측 하단에 [전체보기]를 클릭하면 이벤트 참석자의 목록을 확인할 수 있습니다.

## 2 페이지 개설과 광고하기

페이스북에는 상품을 홍보할 수 있는 페이지를 만들 수 있는 페이지 개설 기능입니다. 페이지는 개설뿐만 아니라 유료 또는 무료 광고도 집행할 수 있습니다. 페이지를 활용한 광고는 전 세계인을 상대로 마케팅 할 수 있습니다. 페이지는 한마디로 상품이나 회사 등을 공짜로 광고할 수 있는 인터넷 프로필이라 할 수 있습니다. 페이스북 우측 광고란은 저렴한 비용으로 광고 대상을 특화시켜 광고할 수 있습니다.

다음은 인터넷 쇼핑몰, 병원, 학원 등의 페이스북 광고 마케팅 사례입니다. 페이스북 광고를 클릭하면 각각의 홈페이지나 인터넷 쇼핑몰로 링크시킨 사례입니다.

❖ 인터넷 쇼핑몰의 페이스북 광고와 링크 사이트

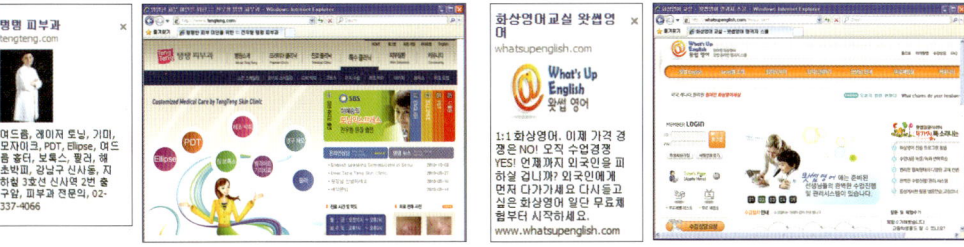

❖ 피부과 병원 페이스북 광고와 링크 사이트    ❖ 영어 학원 페이스북 광고와 링크 사이트

| 페이스북에서 광고 시 주의할 사항

페이스북에서 광고 효과를 높이기 위해서는 광고의 목적을 정하고 광고 목적과 최대한 매치되는 대상층 설정하여 노출시켜야 합니다. 광고 목적과 대상층의 매치율이 근접할수록 광고 대상자의 숫자는 줄어들지만 그것이 광고 효과를 높이는 가장 기본적인 원칙입니다.

## 따라하기 쇼핑몰 상품 할인 안내 페이지 만들고 광고하기

**01** 페이스북 홈 아래 [광고]를 클릭한 후 광고 페이지 본문 가운데 [Facebook 페이지] 링크를 클릭합니다.

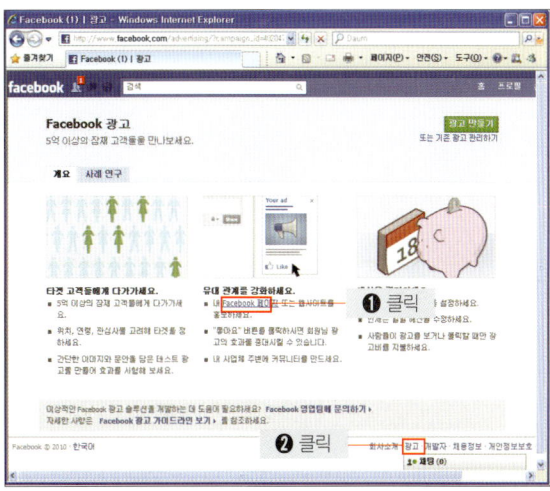

Chapter 09 | 검색 노출에 최적화된 페이스북 마케팅 · **383**

**02** [페이지 만들기] 버튼을 클릭합니다.

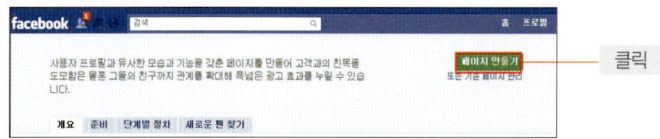

**03** [커뮤니티 페이지와 공식 페이지 6가지 유형이 있습니다. 페이지의 용도와 목적에 따라 선택한 후 [공식 페이지 만들기] 버튼을 클릭하면 페이지 생성이 끝납니다.

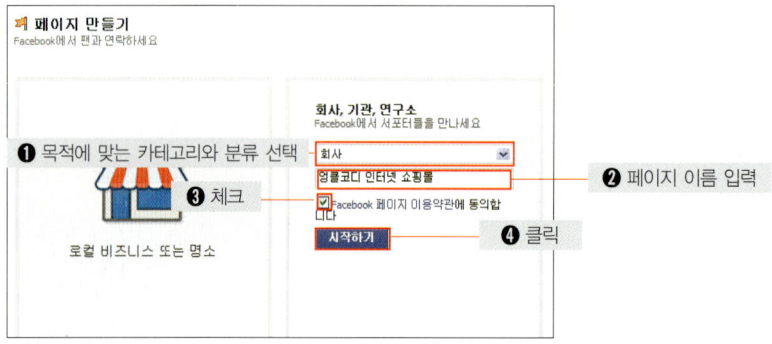

**| 페이지의 광고 제목은 검색 노출 대상입니다.**

광고 페이지를 만들 때 작성하는 광고 제목은 검색 대상입니다. 다음은 검색 창에서 '엉클코디'를 입력하면 '페이지' 란에 '엉클코디' 광고 페이지가 검색되는 그림입니다. 그렇기 때문에 광고 페이지는 광고의 핵심 키워드를 작성하여야 광고 효과를 높일 수 있습니다. 다음은 '엉클코디 연예인 여성의류 쇼핑몰' 제목의 페이지를 만든 후 검색 창에서 '엉클코디'를 입력하면 페이지가 노출됩니다.

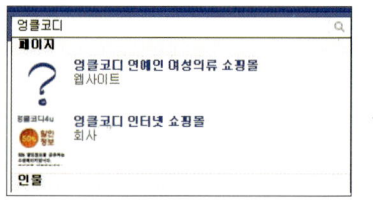

**04** 이미지 업로드 버튼을 클릭한 후 광고 페이지로 사용할 이미지를 업로드한 후 광고로 홍보 메뉴를 선택합니다. 이미지는 미리 준비해 두어야 합니다.

**05** 이제 만들어진 페이지에 대한 추가 옵션이나 내용을 [페이지 편집]을 클릭하여 채웁니다.

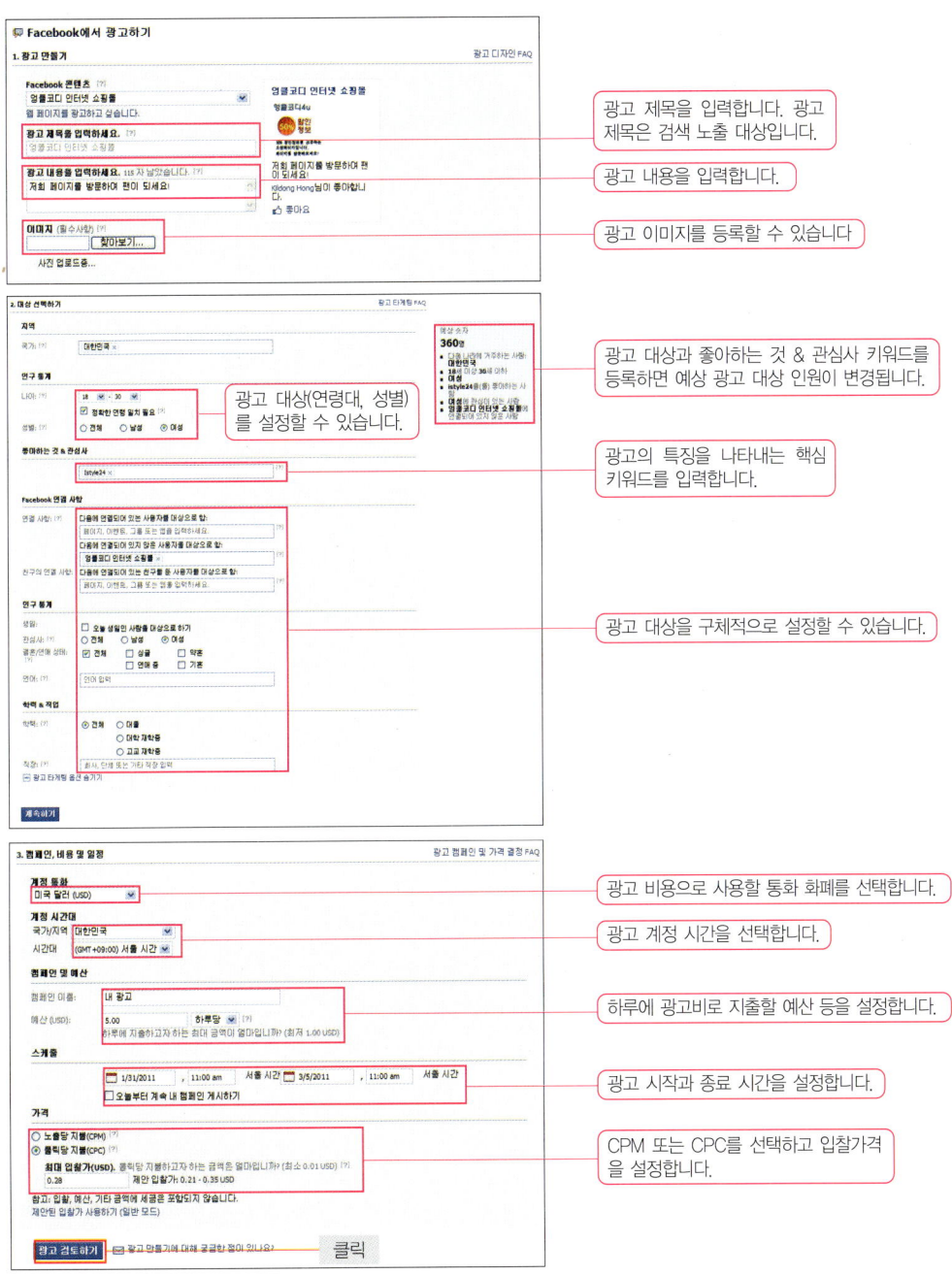

### TIP ➕

**| 페이스북 광고 통계 분석 시 주의할 사항**

페이스북에서 광고 시 페이스북 프로필에 노출된 관심사로 지정해 놓은 키워드, 좋아요(Like)를 클릭한 페이지 등을 분석한 결과 등의 정보를 이용한 타겟 광고의 클릭율은 업종별, 국가별, 성별, 연령별 등 기타 광고 대상자를 선정하는 방법보다 10배 이상 높게 나타나는 특징이 있습니다. 또한 광고 시 이름 또는 특정 브랜드를 좋아하는 친구들과 공감할 수 있는 사진 등의 요소를 포함시키면 광고 효과가 더 높아집니다.

**06** 광고 페이지가 완성되었습니다. 수정할 부분이 있다면 [광고 편집] 버튼을 클릭하고 수정할 부분이 없다면 [주문하기] 버튼을 클릭합니다.

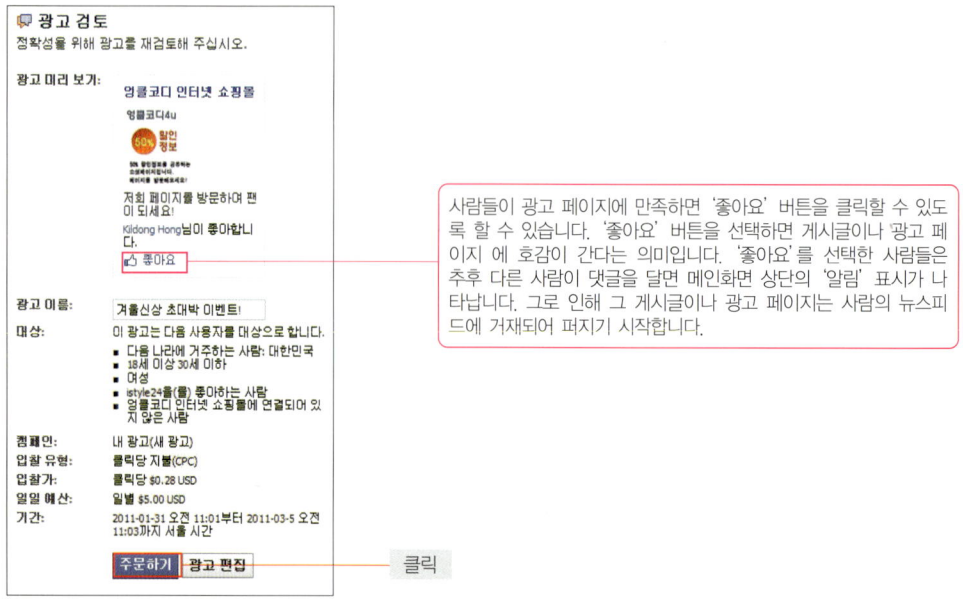

**07** 결제 수단을 선택합니다. 신용카드 또는 페이팔을 선택한 후 [확인] 버튼을 클릭합니다. 여기서는 페이팔을 선택하겠습니다.

| 페이팔에 대해서

페이팔(PayPal) 회원 가입, 페이팔 계좌, 페이팔 주요 기능 등에 대한 내용은 앤써북 카페(cafe.naver.com/answerbook)의 [도서 자료방/Q&A]-[인터넷 마케팅] 카테고리에서 '페이팔 기초' 페이팔 회원 가입 페이팔 계좌 페이팔 주요기능에 대해서' 콘텐츠를 참조하세요.

## 2-1. 페이지 광고 통계 분석

페이지를 개설하고 광고한 후 페이지를 얼마나 많은 사람들이 보았는지, 얼마나 많은 사람들이 '좋아요'를 선택했는지 등 광고 효과를 분석할 수 있습니다.

## 따라하기 페이지 광고 통계 분석하기

**01** 개인 프로필 정보란에서 [광고 및 페이지]를 클릭합니다.

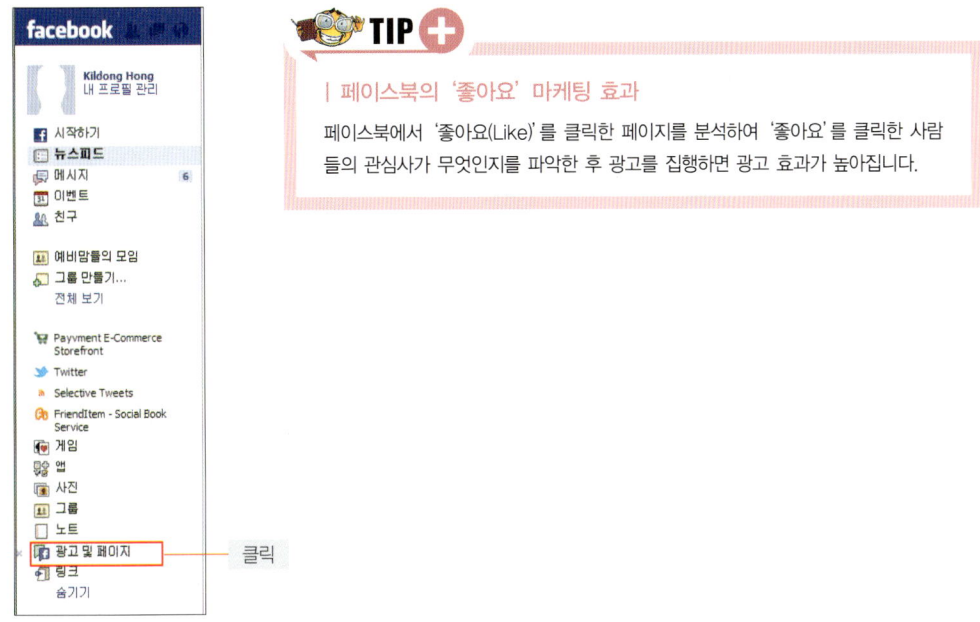

> **TIP** | 페이스북의 '좋아요' 마케팅 효과
> 페이스북에서 '좋아요(Like)'를 클릭한 페이지를 분석하여 '좋아요'를 클릭한 사람들의 관심사가 무엇인지를 파악한 후 광고를 집행하면 광고 효과가 높아집니다.

**02** 내가 개설한 광고 페이지에서 '인사이트 보기'를 클릭합니다.

**04** '좋아요'를 선택한 사람이 몇 명인지, 페이지를 본 사람이 통계가 어떠한지 등 페이지에 대한 사람들의 반응을 살펴볼 수 있습니다.

## 3  블로그에 페이스북 명함 위젯 추가하기

페이스북에서는 위젯을 사용하여 본인의 페이스북으로 들어올 수 있도록 위젯 제작을 지원하고 있습니다.

### 따라하기 페이스북 명함으로 블로그 방문 유도하기

**01** 페이스북 명함 페이지(http://ko-kr.facebook.com/badges/)에 접속한 후 제작할 명함의 종류를 선택합니다. 여기서는 프로필 명함을 선택하겠습니다.

**02** 프로필 명함 페이지에서 위젯 코드가 만들어진 것을 확인할 수 있습니다. 우선 명함부터 제작해야 하기 때문에 [새 명함 만들기] 버튼을 클릭합니다.

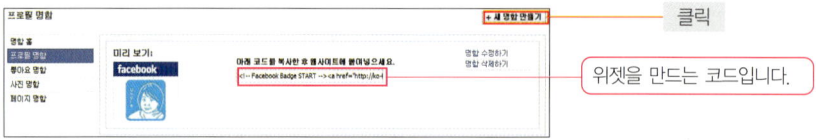

**03** 새 명함을 제작합니다. 레이아웃은 세로, 가로, 2열이 제공되며 목적에 따라서 선택하고 그 레이아웃에 들어갈 내용을 체크하면 체크된 상태로 미리보기 화면이 나옵니다. 기본적으로 프로필 사진, 이름, 이메일 등을 체크하고 인터넷 쇼핑몰이나 회사 홈페이지를 홍보하기 위해서는 웹 사이트를 체크합니다. 항목을 체크한 후 [저장] 버튼을 클릭합니다.

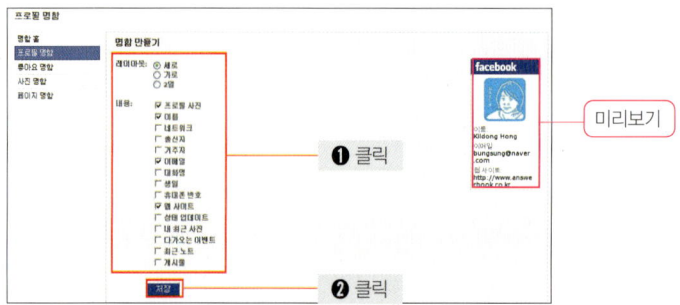

**04** 아래 코드를 클릭하여 모두 선택한 후 Ctrl + C 키를 눌러 클립보드에 복사해둡니다. 이제 페이스북 명함 제작은 완성되었습니다. 이제 블로그, 카페, 홈페이지, 인터넷 쇼핑몰 등에서 명함 위젯을 추가하면 됩니다.

**05** 블로그에 명함 위젯을 추가시켜보겠습니다. 우선 내 블로그에 접속한 후 프로필 창 오른쪽 밑 [관리·통계]에서 [관리]를 클릭합니다.

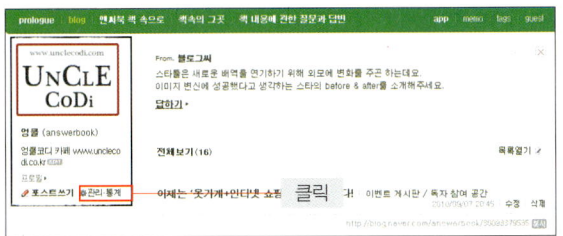

**06** [꾸미기 설정]-[레이아웃·위젯 설정] 항목을 클릭합니다.

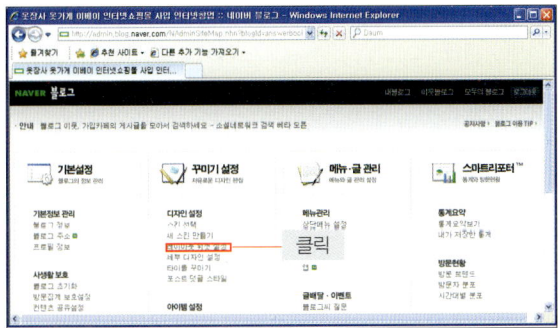

**07** [레이아웃·위젯 설정 페이지 우측 아래 [+위젯직접등록] 버튼을 클릭합니다.

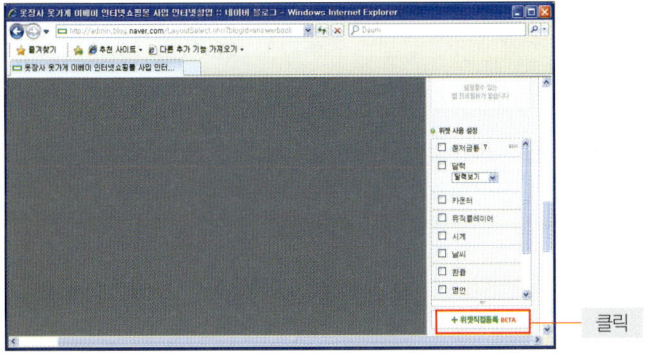

**08** 위젯명과 위젯코드를 입력합니다. 위젯코드는 클립보드에 복사해둔 명함 코드를 붙여넣기 합니다. [다음] 버튼을 클릭하면 적용되기 전 미리보기가 가능합니다. [등록] 버튼을 클릭합니다.

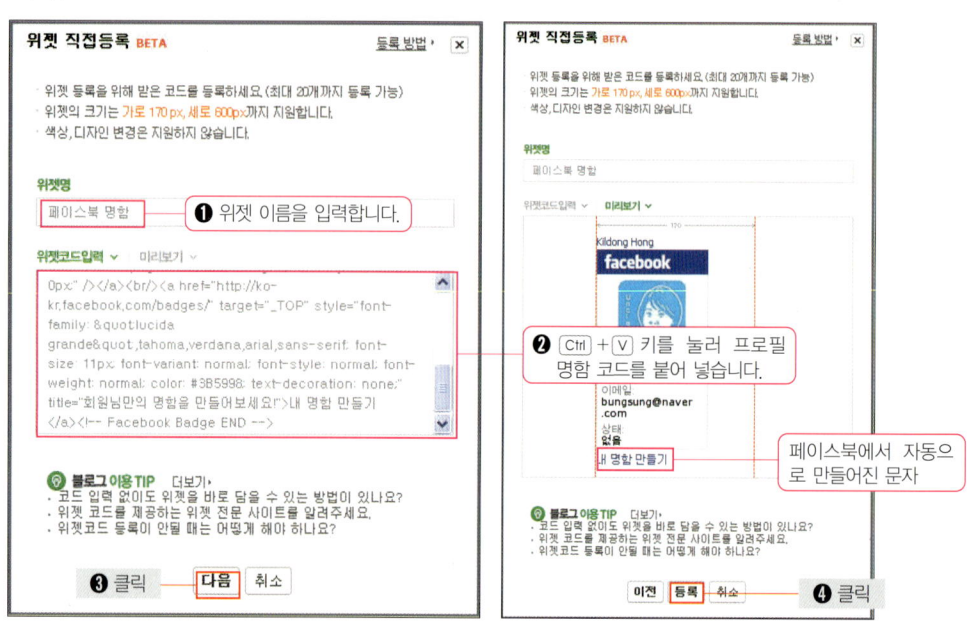

### TIP

**| 페이스북 명함 제목 삭제하기**

붙여넣기 후 위젯 소스 코드에서 '내 명함 만들기'를 드래그하여 선택하고 Delete 키를 눌러 삭제하면 명함 아래쪽에 자동으로 만들어졌던 '내 명함 만들기' 글자가 제거됩니다.

**09** 레이아웃 화면 좌측 아래에 '페이스북 명함' 위젯이 만들어졌습니다. 위치를 블로그 프로필 아래로 이동시켜보겠습니다. '페이스북 명함' 위젯을 '프로필 영역' 아래까지 드래그하여 이동시킵니다.

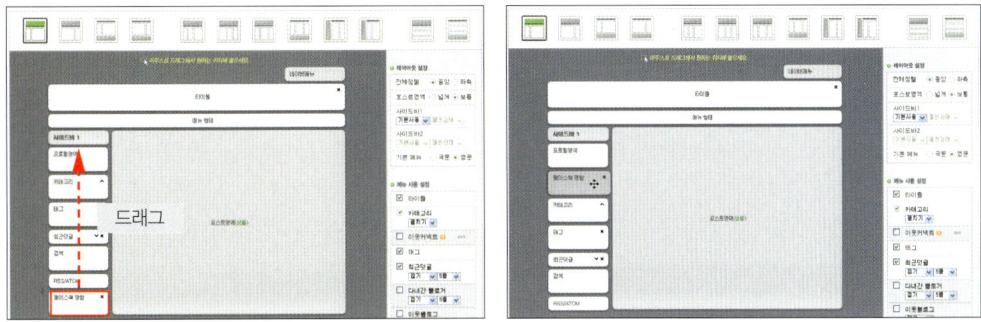

**10** 화면 아래 [적용] 버튼을 클릭한 후 레이아웃 블로그 적용 창에서 [확인] 버튼을 클릭합니다.

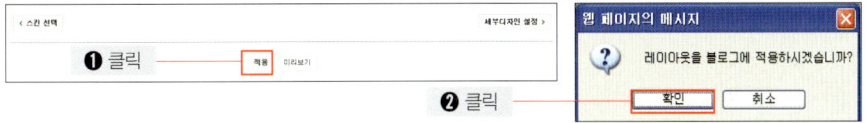

**11** 페이스북 명함이 블로그에 추가되었습니다. 페이스북 명함을 클릭하면 설정한 페이스북의 특정 페이지나 페이스북 홈으로 이동하게 됩니다.

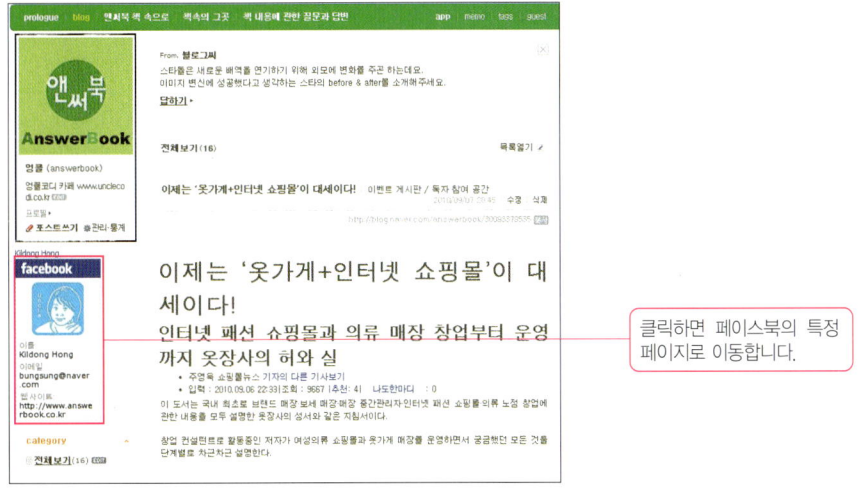

클릭하면 페이스북의 특정 페이지로 이동합니다.

## Lesson 04 페이스북 계정 최적화와 연동

### 1 페이스북 계정(URL) 만들기

페이스북이나 미투데이 등은 가입 시 등록한 아이디가 계정 주소입니다. 하지만 트위터는 가입 시 입력한 아이디와 계정은 별개입니다. 예를 들어 페이스북 아이디는 'uncle'이지만, 계정은 'unclecodi'가 될 수 있습니다. 사이트에서 자신의 페이스북을 소개하는 가장 효과적인 방법은 페이스북 이름, 이메일 주소보다는 소유자의 이름, 즉 페이스북 주소(URL)를 알려주는 것입니다.

#### 따라하기 페이스북 계정 만들기

**01** 페이스북 홈페에서 [계정]-[계정 설정] 메뉴를 선택합니다.

**02** 내 계정 페이지에서 [설정] 탭을 선택한 후 사용자 이름(Facebook URL)의 [변경]을 클릭합니다.

**03** 사용자 이름(Facebook URL) 란에서 [계속하기] 버튼을 클릭합니다.

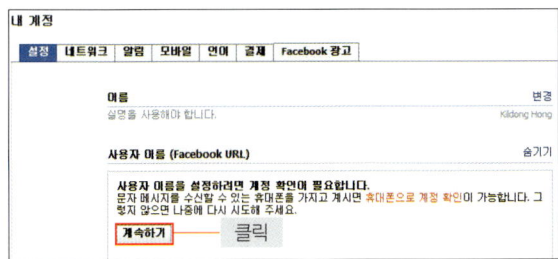

**04** 본인 확인을 위한 '전화 확인' 페이지에서 휴대폰 번호를 입력한 후 [확인] 버튼을 클릭합니다.

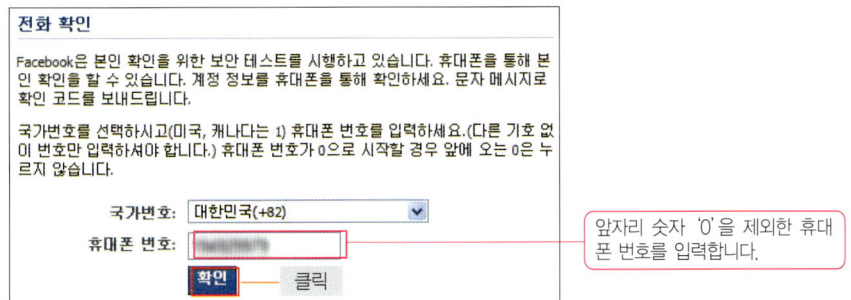

**05** 인증번호가 휴대폰 문자 메시지로 전송됩니다. 인증번호는 문자 메시지는 수초에서 수분까지도 소요됩니다. 인증번호를 입력한 후 [확인] 버튼을 클릭합니다.

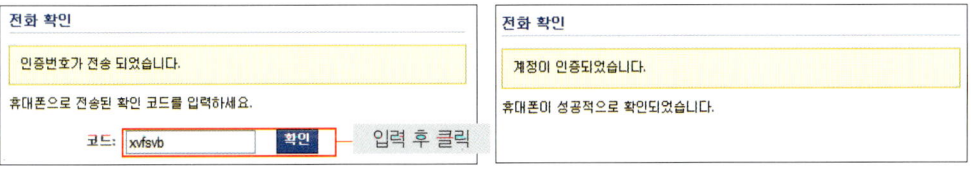

**06** 다시 페이스북 [내 계정]-[설정]-[사용자 이름]을 선택하면 페이스북에서 추천해주는 사용자 이름 목록이 보입니다. 직접 자신의 이름을 입력한 후 [사용 가능 여부 확인] 버튼을 클릭합니다.

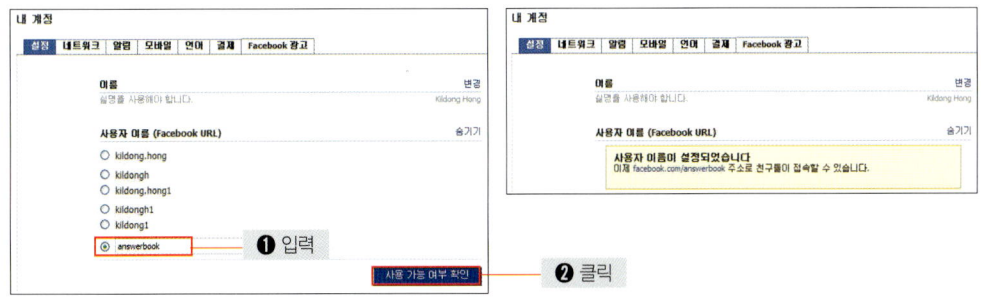

Chapter 09 | 검색 노출에 최적화된 페이스북 마케팅 · **393**

**07** 이제 웹 주소 창에 페이스북 계정 주소를 입력하면 바로 나의 페이스북으로 이동합니다.

## 2 트위터의 계정을 페이스북에 연동하기

트위터의 계정을 페이스북 계정에 연동시키는 방법에 대해서 알아보겠습니다.

### 따라하기 트위터의 글을 페이스북으로 자동 배달시키기

**01** 페이스북에 로그인한 후 [계정]-[어플리케이션 설정] 메뉴를 선택한 후 검색 창에서 'twitter'를 입력한 후 파랭새 모양의 트위터 어플리케이션을 선택합니다.

**02** 트위터 로고 바로 아래 [어플리케이션으로 가기] 버튼을 클릭합니다.

**03** 트위터 어플리케이션 허가 요청 페이지에서 [허가하기] 버튼을 클릭합니다.

**04** 트위터 계정 아이디와 비밀번호를 입력한 후 [Allow] 버튼을 클릭합니다.

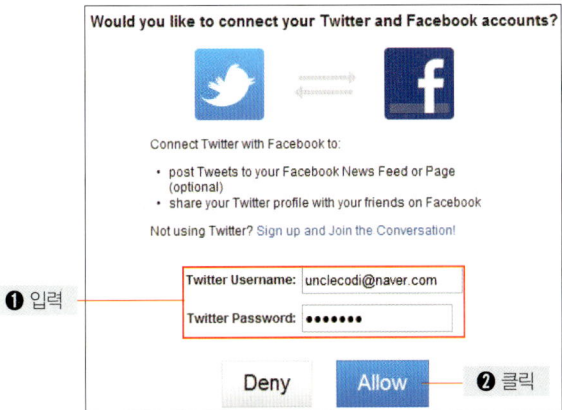

**05** 어플리케이션 허용(App permissions)란의 페이스북 프로필(Facebook Profile)을 체크합니다. 허용 요청 창에서 [Allow(허용)] 버튼을 클릭합니다. 시스템에 따라서 수분에서 수십 분까지 소요됩니다. 공유할 페이스북 페이지를 선택합니다. 선택하지 않을 경우 페이스북 담벼락에 작성한 글이 포스팅(연동)됩니다. [Share link] 버튼을 클릭하여 페이스북 친구들에게 내 트위터 계정을 홍보합니다.

| 페이스북 노트와 블로그 연동

페이스북의 '노트' 기능을 활용하면 자신의 블로그를 연동하여 블로그에서 작성한 포스트를 자동으로 트위터 노트와 담벼락에 게시될 수 있도록 할 수 있습니다. 설정 방법은 [프로필]-[노트]-[노트 작성하기]를 클릭한 후 프로필 하단에서 [가져오기 설정 관리] 메뉴를 선택합니다. '가져온 블로그 미리보기' 페이지에서 [확인]을 클릭하면 자신의 프로필 담벼락에 노트로 발행한 블로그의 글을 자동으로 가져와서 보이게 됩니다.

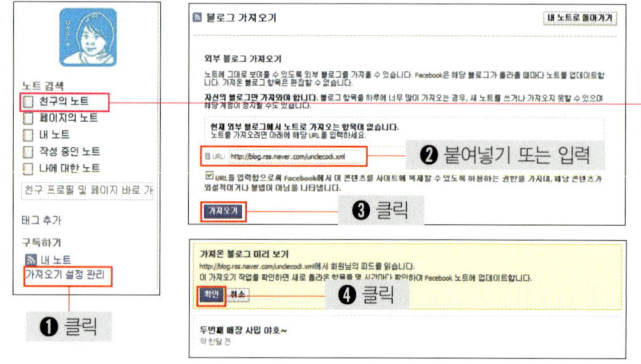

만약 내가 발행한 노트는 나의 페이스북 친구들에게도 자동으로 배달되고, 친구들은 노트 내용을 보고 '좋아요', '댓글 달기' 등을 할 수 있습니다. 링크를 클릭하면 자신의 블로그 원문이 아니라 페이스북 노트로 이동합니다. 블로그의 방문자수를 늘리기 위한 목적이라면 페이스북 노트로 자동 발행하지 말고 페이스북 링크로 직접 발행하는 것이 더 효과적입니다. 또한 노트를 발행할 때 사진을 첨부한 후 트위터로 보내면 파급력이 더욱 커질 수 있습니다.

## 3 트위터와 페이스북 연동하기

트위터와 페이스북 연동하기트위터와 페이스북을 함께 사용하는 사람이 크게 늘어나고 있는 추세입니다. 트위터와 페이스북 계정을 모두 관리하는 것은 여간 번거로운 일이 아닙니다. 트위터의 모든 글을 페이스북에 연동시키거나 트위터의 특정 글만 페이스북에 연동시키는 방법에 대해서 알아보겠습니다.

### 따라하기 헤시태그로 트위터의 특정 글만 페이스북과 연동하기

**01** 트위터의 어플리케이션이 실렉티브 트위츠 어플리케이션 페이지(http://apps.facebook.com/selectivetwitter)에 접속합니다.

**02** 나의 프로필(Your Profile) 페이지의 @옆 입력 상자에 연동하고 싶은 트위터 아이디를 입력한 후 [Save] 버튼을 클릭합니다. 여기서는 아이디명을 'unclecodi'로 입력해보겠습니다.

**03** 트위터에 올리는 글을 페이스북의 담벼락에 올릴 것인지 허가 요청 대화상자가 나타납니다. 여기서 [허가하기] 버튼을 클릭합니다.

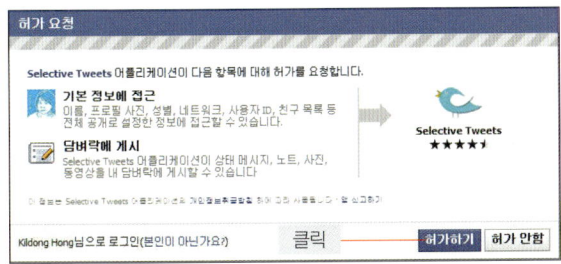

**04** 셋팅(Setting) 탭의 첫 번째 질문은 #fb 태그를 확인해주는 것으로 체크합니다. 즉, 트위터에 내가 작성한 글을 페이스북에도 보내고 싶을 때만 글 내용 끝에 #fb 해시태그를 넣어주면 됩니다.

## 따라하기 트위터의 모든 글을 페이스북으로 연동하기

**01** 페이스북 메인화면에서 'Twitter'를 클릭합니다.

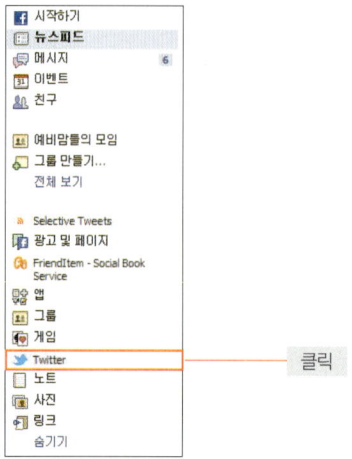

**02** 트위터 아이디(여기서는 unclecodi)와 패스워드를 입력한 후 [Allow] 버튼을 클릭하고 'Facebook Profile' 체크박스를 클릭하면 담벼락 권한을 줍니다.

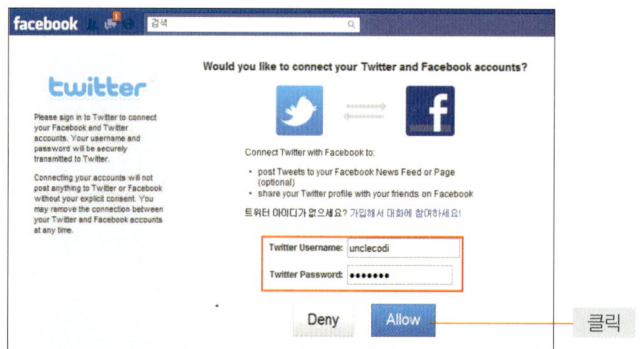

**03** 트위터 계정과 페이스북 계정 공유 연결 페이지에서 트위터 아이디를 확인한 후 Facebook Prfile 체크박스와 Facebook Page 체크박스 체크한 후 [Share link] 버튼을 클릭하면 공유 완성합니다.

**04** 글 입력 상자에 글을 입력한 후 [트윗하기] 버튼을 클릭합니다.

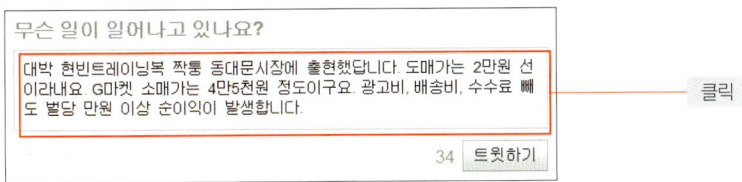

**05** 트위터 타임라인에 글이 등록되었습니다. 연동시킨 페이스북 계정의 담벼락을 확인하면 트위터에서 작성한 글이 등록된 것을 확인할 수 있습니다. 또한 'unclecodi' 페이스북 계정과 친구 관계에 있는 친구들의 페이스북 최신글에도 함께 등록됩니다.

### PLUS

**｜트위터와 페이스북 연동되면 멘션도 동시에 등록되나요?**

트위터의 멘션 글이나 답변 멘션은 페이스북 담벼락으로 연동되지 않습니다.

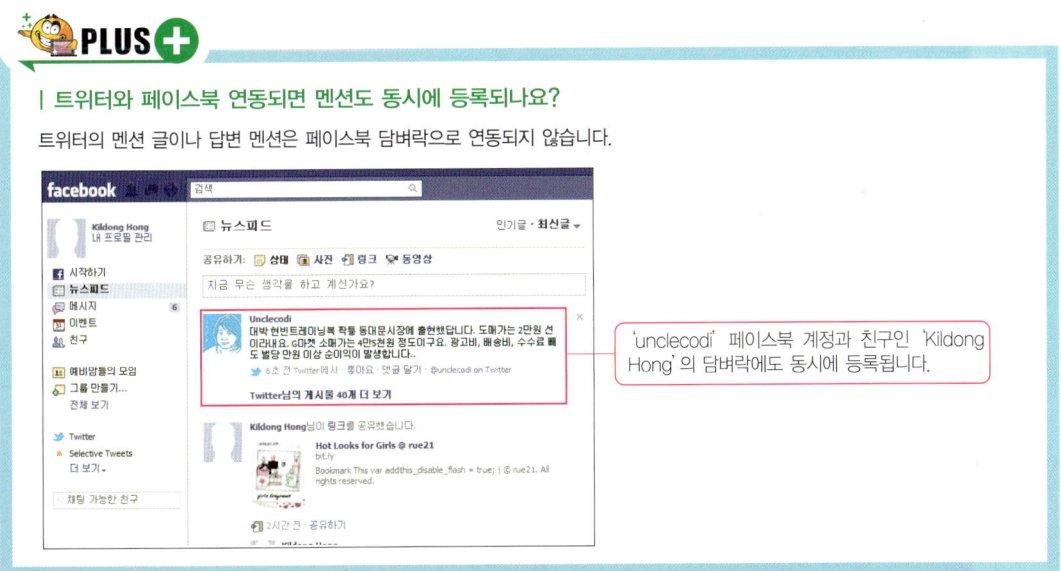

'unclecodi' 페이스북 계정과 친구인 'Kildong Hong'의 담벼락에도 동시에 등록됩니다.

NAVER   me2DAY

Google

twitter

Find us on:
facebook

Daum

# Chapter 10

## 검색 노출에 최적화된 미투데이 마케팅

Lesson 1. 한눈에 보이는 미투데이 최적화
Lesson 2. 검색 정확도에 유리한 글쓰기 기능 익히기
Lesson 3. 검색 정확도와 입소문 내기에 유리한 기능 익히기

Lesson 01

# 한 눈에 보이는 미투데이 최적화

## 1 미투데이 메인화면 구성 요소

미투데이의 메인 화면을 구성하는 요소들입니다. 각 요소들의 기능에 대해서 살펴보도록 하겠습니다.

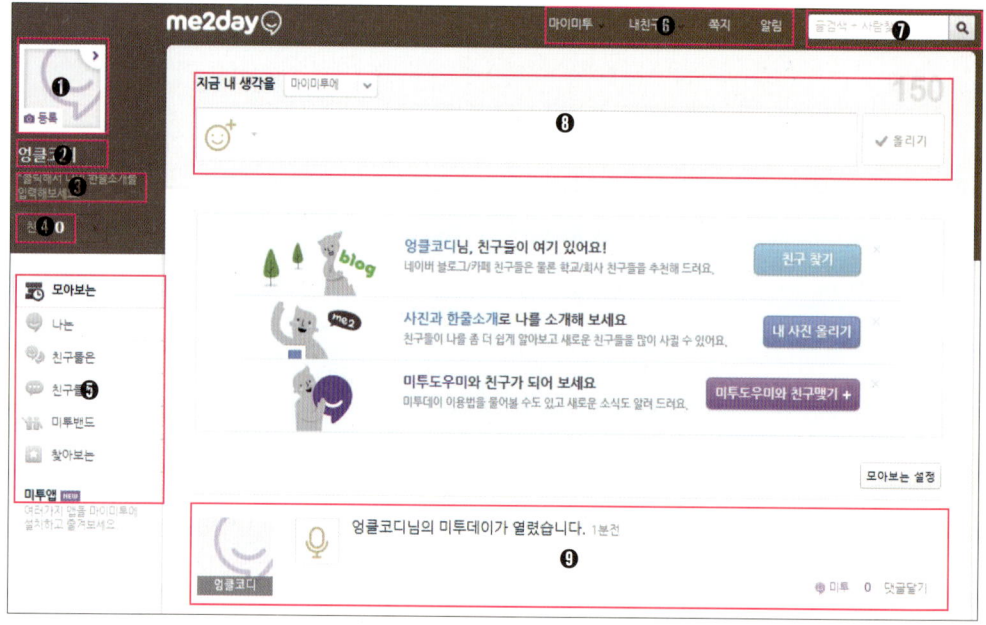

❶ **프로필 사진** : 남에게 보여주는 프로필 사진으로 변경할 수 있습니다. 프로필 사진은 앞서 소개했듯이 트위터, 페이스북, 카페, 블로그 등과 동일한 이미지를 사용하여 통일성을 줍니다. 스마트폰의 활성화로 인해 최근 트위터, 페이스북, 미투데이 등의 프로필 사진을 QR코드 이미지로 만들어 사용하는 사례도 늘어나고 있습니다.

다음은 트위터 프로필 사진과 미투데이 프로필 사진을 QR코드로 만든 이미지로 사용하는 사례입니다. 스마트폰을 이용하면 QR코드에 설정되어있는 웹 페이지로 직접 접속을 유도할 수 있다는 장점이 있지만 식별하기 쉽지 않다는 단점이 있습니다. 그런 단점을 보완하기 위해서는 QR코드에 브랜드 로고나 특징을 나타내는 식별 텍스트나 이미지를 첨부하여 사용합니다.

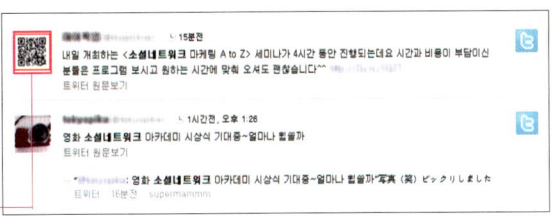

QR 코드를 프로필 사진으로 활용한 사례

❷ 닉네임 : 다른 사람에게 보여지는 닉네임으로 변경할 수 있습니다.

❸ 한줄 소개 : 프로필 사진 아래 나를 소개할 수 있는 문구를 작성할 수 있습니다. 목표, 계획하는 일, 이벤트 내용 등 어떠한 이야기를 작성해도 무관합니다. 단 한줄 소개는 검색엔진의 검색 정확도의 기준 요소로 작용되기 때문에 핵심 키워드나 이슈 키워드를 배치하면 검색 노출에 유리하게 작용됩니다. 자기소개 부분에 마우스를 클릭한 후 자기 소개 내용을 입력하고 Enter 키를 누릅니다.

이벤트 종료일, 이벤트 실시일 등의 경우 D-DAY 기능(D-Day숫자)을 사용하면 매일 매일 자동으로 계산되어 표시됩니다. 이벤트 D-10은 몇일 남았는지 숫자를 의미합니다.

❹ 친구관리 : 번 항목의 친구관리 메뉴로 바로가기 할 수 있습니다. 가시적으로는 자신의 친구가 몇인지 확인할 수 있겠습니다.

❺ 메뉴 : 미투데이의 주요 기능을 모아놓은 메뉴입니다.

- **모아보는** : 지정한 글을 모아볼 수 있는 역할을 합니다. 내가 쓴 글, 모든 친구, 관심친구의 (댓)글, 구독 미투, 소환 글, 쪽지, 관심태그까지 다양한 글을 선택하여 모아볼 수 있습니다.
- **나는** : 내가 쓴 글만 볼 수 있습니다.
- **친구들은** : 친구들의 글을 볼 수 있습니다.
- **친구들과** : 내 글에 달린 댓글, 다른 글에서 나를 언급한 댓글을 모아서 보여줍니다.
- **미투밴드** : 소모임인 미투밴드의 글을 볼 수 있습니다.
- **찾아보는** : 특정한 키워드를 모아서 볼 수 있습니다. 대괄호를 이용하여 관련 링크생성이 가능합니다.

❻ 상위메뉴

- **마이미투** : 자신의 미투데이(me2day.net/자신의id)로 돌아오며, 휴대폰 및 미투데이 환경을 설정할 수 있습니다.
- **내친구들** : 자신의 친구들을 관리하는 메뉴로 친구 신청을 수동으로 수락할 것인지 자동으로 수락할지 설정할 수 있습니다. 친구 신청, 이름, 학교, 회사, 출생연도 등 특정 조건

에 맞춰 친구를 검색할 수 있는 친구 찾기, 친구 만들기를 통해서 미투데이에서 가장 인기 있는 100명의 친구를 소개 받을 수도 있습니다.

- **알림** : 수락한 친구의 숫자, 미투데이의 알림 등 받아볼 항목을 설정하여 그 설정에 도달하는 조건이 이루어졌을 때 숫자로써 표기해줍니다.

❼ **검색 창** : 미투데이 내부의 포스트(글 검색)나 친구의 닉네임(사람 찾기)을 검색합니다.

❽ **글쓰기 창** : 이곳을 이용하여 글을 쓸 수 있습니다. 글을 작성할 때 핵심 키워드를 적절히 배합하여 검색 노출에 최적화될 수 있도록 합니다. 미투데이의 포스트는 미투데이 검색 창 뿐만 아니라 검색 포털 사이트의 검색 로봇에 의해서 소셜 네트워크 검색, 실시간 검색에 노출됩니다.

❾ **포스트 창** : 자신이 쓴 포스트나 다른 메뉴에선 각기 다른 포스트가 등장합니다.

## 2 미투데이 프로필과 외부 연동하기

미투데이를 시작하기 전에 준비해야 될 핵심 항목은 프로필과 외부연동입니다. 프로필은 닉네임, 프로필 사진, 이름, 등 나의 프로필 정보이고, 외부 연동은 사진, 동영상을 다른 서비스에 함께 저장하거나 블로그, 지식iN 등에 글을 함께 등록될 수 있도록 연동 작업입니다. 프로필의 외부연동 설정 항목은 대부분 검색엔진의 검색 정확도에 기준이 되는 항목들이기 때문에 검색 최적화에 기준하여 작성하는 것이 검색 노출에 유리합니다.

### 2-1. 검색 노출에 최적화된 미투데이 기본 프로필 설정

프로필 항목은 대부분 검색엔진의 검색 정확도의 기준 항목으로 사용되기 때문에 검색엔진의 최적화 기준에 준하여 작성하는 것이 검색 노출에 유리합니다.

❶ 프로필 사진 : 사진은 자동으로 77x77로 변경되며, 1 MByte 이내의 jpg, gif. png 파일을 등록할 수 있습니다. 프로필 사진은 [등록] 아이콘을 클릭한 후 파일을 선택하면 자동으로 등록됩니다.

❷ 닉네임 : 닉네임에는 미투데이에서 사용할 닉네임을 입력합니다. 검색
❸ 자기소개서 : 자기소개서에는 간단한 자기소개를 입력합니다. 자기소개 내용은 검색로봇의 수집 대상이기 때문에 미투데이의 운영 성격, 특성 등을 고려하여 검색 노출에 최적화된 핵심 키워드를 적절히 배치하여 작성합니다.
❹ 프로필 정보1 / 프로필 정보2 / 블로그 주소 : 프로필 정보1에는 생일, 성별, 이메일 등 개인 신상 정보를 입력합니다. 프로필 정보2에는 학교, 회사 등 개인 신상 정보를 입력합니다. 학교, 회사 등은 친구 찾기에서 친구를 찾는 방법으로 많이 이용하기 때문에 출신 학교 등은 모두 추가합니다. 블로그 주소란에는 연동시킬 블로그 주소를 입력합니다.
❺ 관심사 : 관심 키워드를 입력합니다. 친구 찾기에서 친구를 찾는 방법으로 많이 이용하기 때문에 관심 키워드는 모두 입력합니다. 트위터에서 소개했듯이 관심사의 텍스트는 검색 정확도를 높이는 요소이기 때문에 핵심 키워드를 적절히 사용하여 작성합니다.

## 2-2. 검색 노출에 최적화된 미투데이 외부 연동 설정

미투데이 외부 연동 설정 항목 중 검색 정확도 기준 요소들은 검색엔진의 검색 정확도 기준 요소들이기 때문에 검색 최적화에 기준하여 작성하는 것이 검색 노출에 유리합니다.

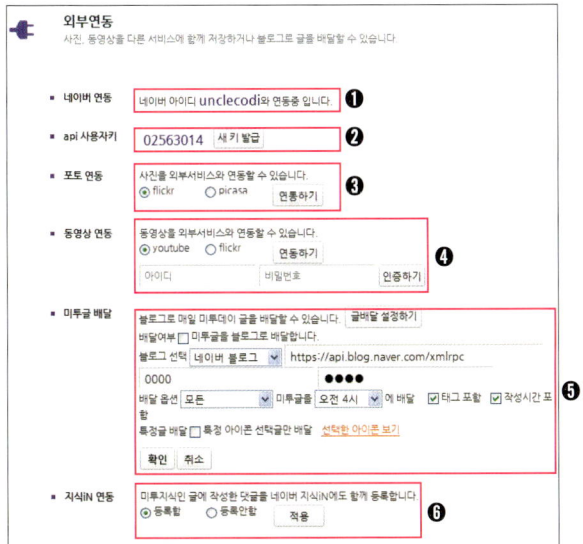

❶ 네이버 연동 : 네이버로 아이디로 로그인한 경우 자동으로 네이버 아이디와 연동됩니다.

❷ api 사용자 키 : 사용자 키는 비밀번호와 같은 것입니다. 예를 들어 미투테트리스, 미투프리셀, me2google 등 이런 외부 어플리케이션을 사용할 때 나의 비밀번호 대신 쓰는 것이 사용자 키입니다.

❸ 포토 연동 : 미투데이 글에 포함된 사진을 ficker 등 외부 서비스에서도 업로드할 수 있도록 연동시킬 수 있습니다. 연동시킬 외부서비스에 회원으로 가입되어 있어야 합니다.

❹ 동영상 연동 : 미투데이 글에 포함된 사진을 유투부, ficker 등 외부 서비스에서도 업로드할 수 있도록 연동시킬 수 있습니다. 연동시킬 외부서비스에 회원으로 가입되어 있어야 합니다.

❺ 미투글 배달 : 미투데이에서 작성한 글을 블로그로 매일 배달할 수 있습니다. 배달여부 체크 박스를 선택한 후 배달할 블로그를 선택합니다.

❻ 지식iN 연동 : '등록함' 라디오 버튼을 선택하면 미투지식인 글에 작성한 댓글을 네이버 지식iN에도 함께 등록할 수 있습니다.

| 미투데이와 페이스북 연동하기

미투데이에서 작성한 글을 페이스북에 연동시켜서 페이스북도 함께 공유할 수 있습니다. 연동 방법은 페이스북 검색 창에서 'me2acebook' 키워드를 입력한 후 'me2acebook'을 선택하고 [앱으로 가기] 버튼을 클릭합니다.

'허가 요청' 페이지에서 [허가하기] 버튼을 클릭한 후 연동 페이지에서 미투데이 아이디와 연동 태그를 작성합니다. [저장 & 연동] 아이콘을 클릭하면 연동이 완료되고, [연동테스트] 버튼을 클릭하면 미투데이에서 작성한 콘텐츠가 페이스북에 노출되는 것을 확인할 수 있습니다.

## Lesson 02 검색 정확도에 유리한 글쓰기 기능 익히기

### 1 검색 노출이 잘 되게 글쓰기하기

이제 가장 기초적인 글쓰기(포스팅)입니다. 빈 공간에 클릭하면 본문 쓰기 아래 태그 쓰기 박스가 생겨나면서 본문을 작성할 수 있습니다. 본문은 150자 이내로 작성해야 되고 태그도 함께 작성하여 [올리기] 버튼을 클릭하면 글이 미투데이에 등록됩니다.

단순히 글만 쓰면 다른 사람들이 내 글을 확인할 소지가 적습니다. 인터넷 마케터 입장에서는 보다 많은 사람들에게 노출시켜야 관심과 친구들과 만들 수 있는 기회를 갖게 됩니다. 그래서 활용하는 것이 태그입니다. 인터넷 검색을 통해서 어떤 내용을 검색하기 위해서는 검색어를 사용합니다. 마케터 입장에서는 사람들이 원하는 검색어가 무엇일까 고민해야 하듯이 미투데이에 글과 태그를 입력할 때도 마찬가지입니다.

미투데이 검색 페이지(http://me2day.net/search)에서 태그를 선택한 후 검색하면 특정 태그를 사용한 글만을 조회할 수 있습니다. 태그를 누가 얼마나 어떻게 사용하고 있는지를 파악한 후 태그 사용 전략을 세울 수도 있습니다.

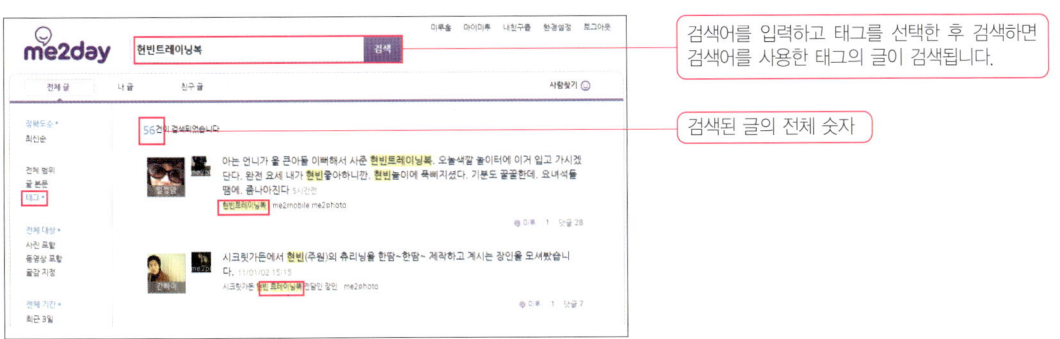

다음은 미투데이 검색 페이지(http://me2day.net/search) 검색 창에서 '현빈트레이닝복' 검색어로 검색한 결과의 글입니다. 처음엔 자기 자신을 노출시키고 남들도 자주 쓰는 태그를 바탕으로 글을 쓰시는 것이 바람직합니다. 주의하실 점은 상위 노출을 극대화시키기 위해서 상관없는 태그를 붙여버릴 경우 어뷰징 콘텐츠로 전락한다는 사실입니다.

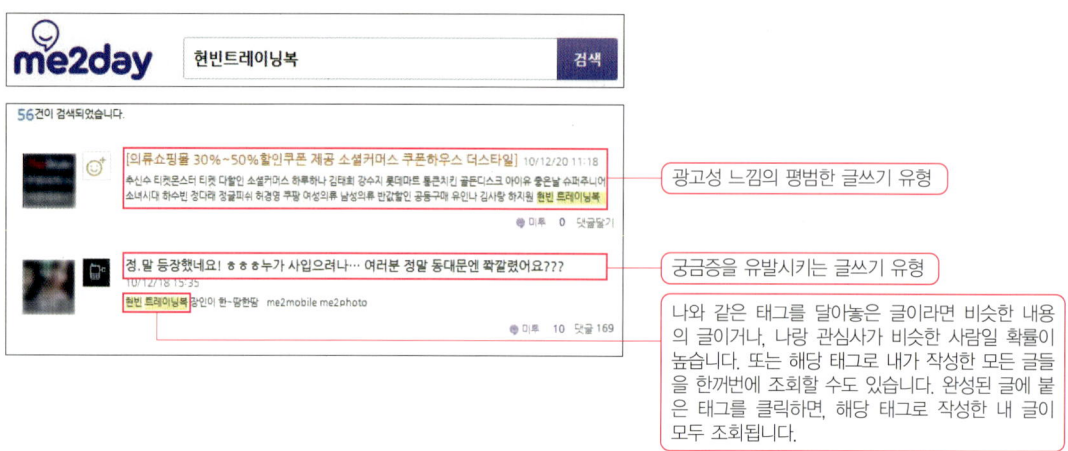

| 메인화면에 노출되는 태그를 무엇이라 하나요?

메인화면에 노출되는 태그를 메인태그라고 합니다. 메인태그를 본문의 글 혹은 태그에 입력하면 메인화면에 노출되며, 자신의 글이 자주 노출되게 됩니다. 메인화면에서 메인태그를 찾아볼 수 있으며, 검색로봇의 주로 메인태그 추출 대상은 이슈화되는 태그입니다. 메인화면에서 볼 수 있는 메인태그는 약 4개이며, 이중 후자의 2개 정도는 이슈화가 되어서 뽑는 것이 아닌 이벤트 등에 의한 의도적인 선택태그입니다.

## 2 댓글과 댓댓글의 숫자와 검색 정확도 관계

댓글은 다른 사람의 글에 즉각적인 반응을 보일 수 있는 직접적이고도 즉각적인 수단입니다. 댓글과 댓댓글이 많이 달릴수록 검색 정확도가 높아지고, 검색 포털 사이트의 소셜 네트워크 검색 탭의 상위 노출에 유리하게 작용합니다.

## 따라하기 댓글 쓰기와 댓글 달기

**01** [댓글달기] 버튼을 클릭하면 댓글을 작성할 수 있는 상자가 표시되고 여기에 댓글을 작성한 후 [쓰기] 버튼을 클릭하면 댓글 작성이 완료됩니다.

**02** 미투데이 내에서는 댓글을 작성한 글에 다시 반응을 할 수 있는 구조를 가지고 있습니다. 이를 '댓댓글'이라고 합니다. 댓댓글 버튼(☺)을 클릭합니다. 댓글란에 '/unclecodi/'라는 글씨가 자동으로 작성됩니다. unclecodi는 엉클코디의 ID입니다.

Chapter 10 | 검색 노출에 최적화된 미투데이 마케팅 · 409

**03** 닉네임 부분에 링크가 표시됩니다. 이러한 형식을 미투데이에서는 댓댓글이라 합니다. 왜 댓댓글이라고 하는지 [친구들과]-[받은댓글]을 선택하면 알 수 있습니다.

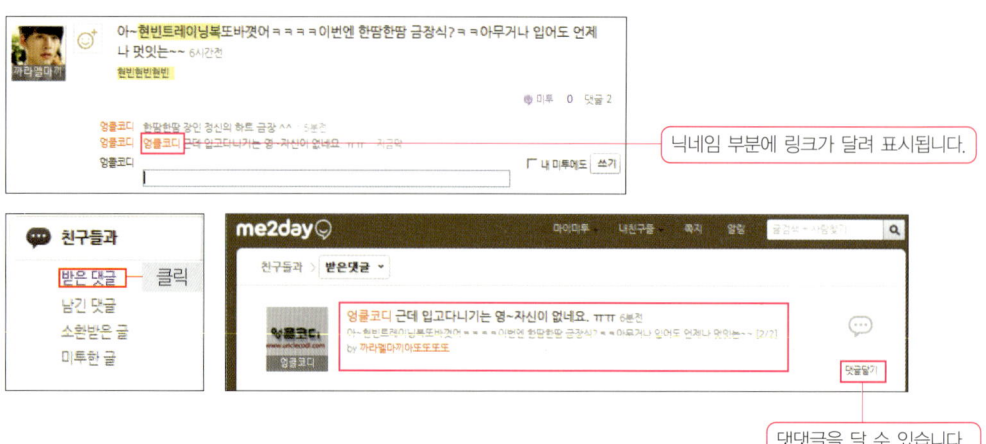

## PLUS +

### | 댓댓글과 공감

댓글을 달 때에는 댓댓글을 달려고 하는 댓글의 글을 작성한 사람을 언급해야 하며, 이는 '/언급할 사람의 ID/'를 사용합니다. 역슬래쉬(/)는 원 표시(\)는 동일한 기능을 합니다.

댓글 참여가 많다는 것은 그 만큼 친구들로부터 공감을 얻었다는 것을 의미할 수 있습니다.

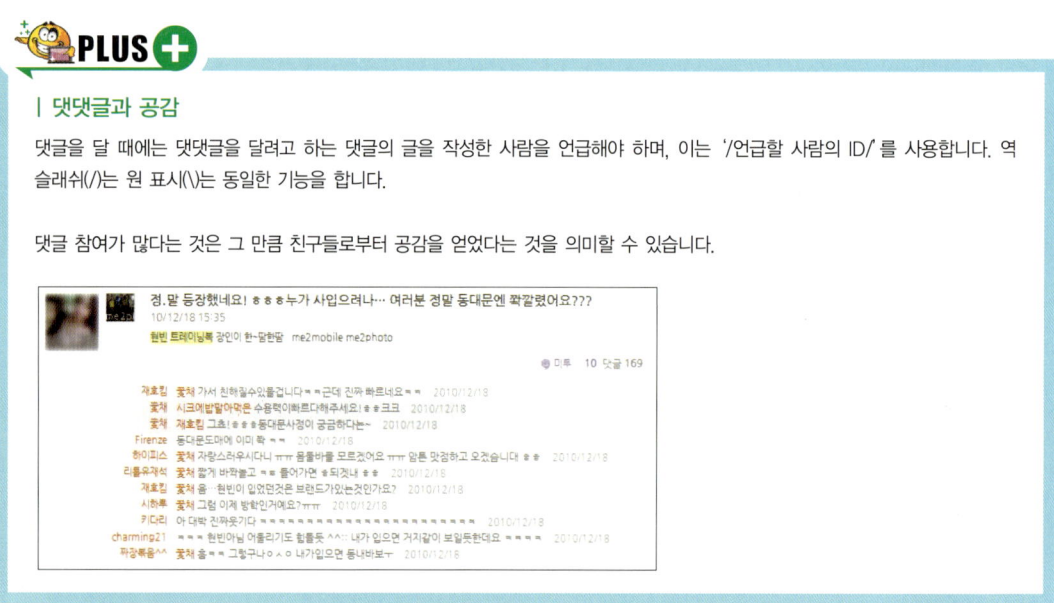

# Lesson 03 검색 정확도와 입소문 마케팅에 유리한 기능 익히기

## 1 검색 정확도에 유리한 링크 걸기와 이미지 첨부 기능

본문의 특정 단어나 문장에 링크를 설정할 수 있습니다. 미투데이의 링크는 트위터, 페이스북, 카페, 블로그에서 본문의 단어나 문장에 링크 거는 것과 동일합니다. 링크가 걸린 사이트를 통해서 유입되는 수가 많을수록 검색 정확도가 높은 콘텐츠로 판단되기 때문에 콘텐츠 작성 시 링크 걸기 사용 빈도를 높이는 것이 검색 노출에 유리하게 작용합니다.

### 따라하기 문장에 링크 걸기

**01** 글의 본문과 태그를 작성합니다.

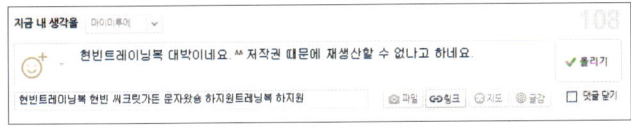

**02** 링크하고 싶은 글을 드래그하여 선택한 후 [링크] 버튼을 클릭합니다.

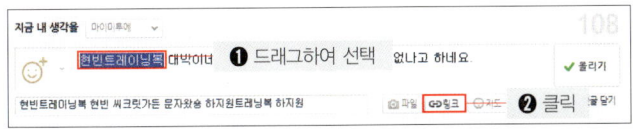

**03** 링크 주소를 입력한 후 [걸기] 버튼을 클릭합니다.

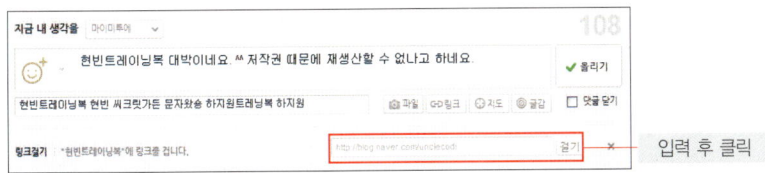

**04** [올리기] 버튼을 클릭하면 글이 미투데이에 올라가고 링크 건 단어(여기서는 현빈트레이닝복)가 오랜지색으로 표시됩니다.

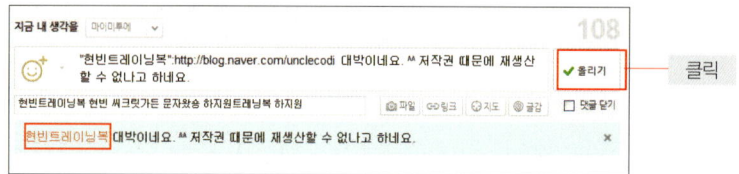

### PLUS+

**| 링크 거는 방법**

링크 버튼을 이용하지 않고 링크를 걸 수 있는 방법이 있습니다. 쌍따옴표 사이에 링크를 걸 문구를 적어주고 콜론(:)을 적고 바로 URL을 적어주면 링크가 완성됩니다. 단, 링크를 마무리 지으려면 띄어쓰기를 한번 해야 합니다.

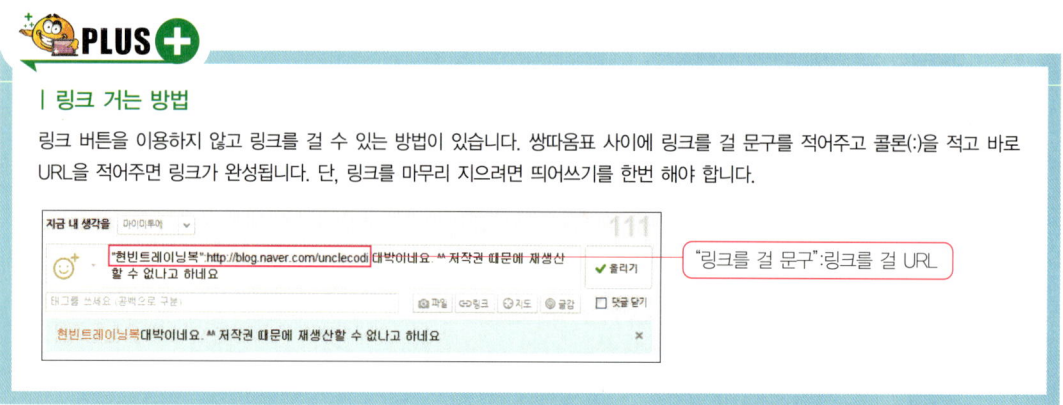

## 따라하기 문장에 이미지 첨부하기

**01** 글의 본문과 태그를 작성한 후 [파일] 버튼을 클릭합니다.

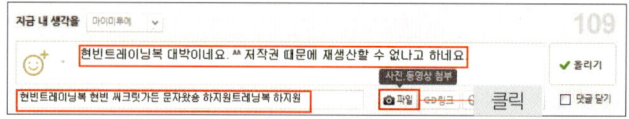

**02** 업로드할 파일(사진, 동영상)을 선택합니다. 업로드 할 수 있는 파일 형식은 사진은 jpg, png이고, 동영상은 avi, wmv, mpg, mpeg, mov, asf, mp4이고 최대 10MB입니다.

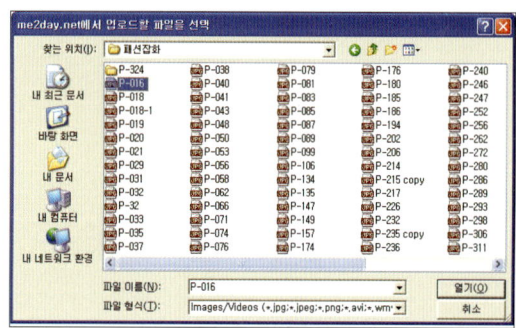

**03** 사진이나 동영상이 서버로 올라가면, 아이콘 자리에는 작은 이미지가 보이고 파란 버튼은 보라색 버튼으로 변경됩니다. [올리기] 버튼을 클릭하면 글과 함께 첨부한 이미지도 올라갑니다.

**04** 아이콘을 클릭하면 사진이나 동영상이 아래로 확장되어 열립니다. 사진이 첨부되었기 때문에 태그 오른쪽 끝에 사진 첨부 태그(me2photo)가 표시됩니다.

me2photo는 사진이 첨부된 사진 첨부 태그이고 동영상이 첨부된 경우 me2video 태그가 자동으로 표시됩니다.

## 2 검색 정확도를 높이는 핑백 걸기

핑백의 일반적인 기능은 포스트에 보낸 링크를 자동으로 알려주는 것입니다. 미투에서는 핑백은 두 가지 유형으로 이용할 수 있습니다.

첫 번째 방법은 글을 작성할 때 기존 글을 링크함으로써 핑백이 가능합니다. 이 때 그 기존 글에는 댓글로써 핑백의 흔적이 남으며, 핑백한 글에는 별다른 특징이 없습니다.

두 번째 방법은 기존 글에 댓글을 달면서 '내 미투에도 쓰기'에 체크를 함으로써 핑백이 가능합니다. 이 때, 기존 글에 댓글로써 핑백의 흔적이 남고 핑백한 글에는 어떠한 글을 핑백하였는지 회색글씨의 링크가 남습니다. 핑백을 자유자재로 함으로써 미투데이를 활용하는 스펙트럼이 많이 확장될 수 있습니다. 두 가지 방법 모두 검색 정확도를 높이는 요소로 작용합니다.

## 따라하기 링크 핑백으로 입소문 내기

**01** 핑백을 달기 위해서는 기존 글의 주소를 알아야 합니다. 주소를 알기 위해서는 그림과 같이 글이 올라온 시간대를 나타내는 텍스트 '1시간 전'을 클릭합니다.

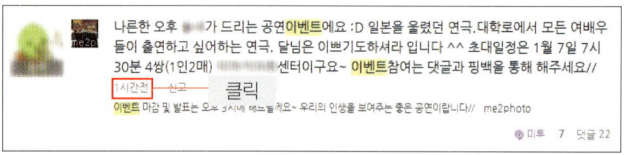

**02** 페이지가 바뀌면서 주소창에 'http://me2day.net/○○○○/날짜#시간' 이라는 주소가 나타납니다. 이 주소가 이 글(포스트)의 주소입니다. 즉 이 주소를 클릭하면 이 글이 있는 페이지로 바로가기 됩니다. 이 주소를 드래그한 후 Ctrl + C 키를 눌러 복사합니다.

**03** 나의 미투데이에서 글을 작성한 후 드래그하여 선택하고 [링크] 버튼을 클릭합니다.

**04** 링크걸기 주소 창에 Ctrl + V 키를 눌러 복사한 핑백 주소를 붙여넣기합니다. [걸기] 버튼을 클릭하면 자동으로 글자에 핑백 주소가 링크됩니다.

| 핑백 주소 다음에 글자를 쓸 수 있나요?
핑백 주소 다음에 글자를 쓰기 위해서는 URL이 끝나고 띄어쓰기를 한 번 한 후 바로 본문을 작성하면 됩니다.

**05** 핑백이 완성되었습니다. 일반적인 글과 별 차이가 없습니다. 하지만 링크를 클릭하면 차이점을 알 수 있습니다. 링크를 클릭합니다.

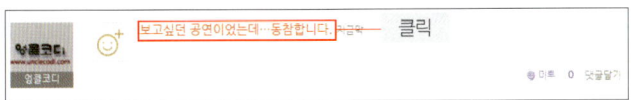

**06** 박스가 나타나면서 링크된 미투글이 나타납니다. '댓글'을 클릭하면 나의 핑백 댓글이 달려 있는 것을 확인할 수 있습니다. [글보러가기]를 클릭하면 내가 작성한 미투글이 보입니다. 이런 방식으로 기존 글을 링크함으로써 핑백 할 수 있습니다.

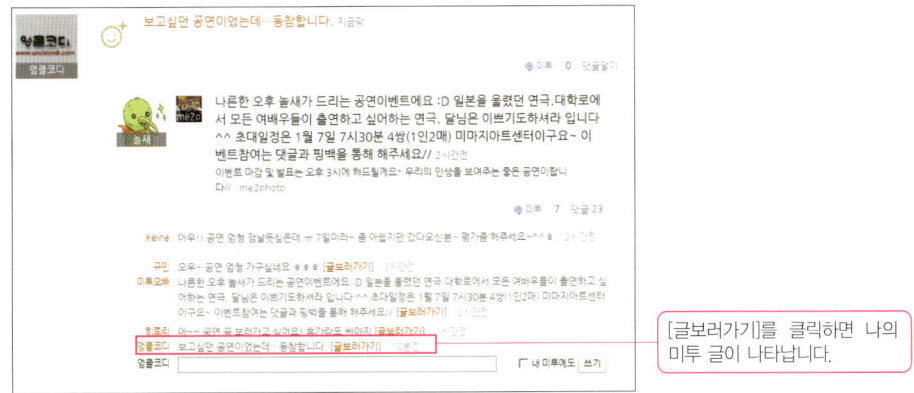

## 따라하기 댓글 핑백으로 입소문 내기

**01** 핑백할 다른 사람의 미투 글의 댓글 달기를 클릭한 후 댓글 박스에 댓글을 입력합니다. [내 미투에도] 체크박스를 클릭한 후 [쓰기] 버튼을 클릭하면 핑백이 완료됩니다.

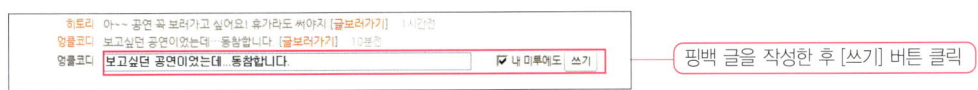

**02** 내가 작성한 댓글에서 [글보러가기]를 클릭하면 링크한 내용이 표시됩니다. 링크한 내용을 클릭하면 원문이 나타납니다.

# 돈버는 사입 쿠폰 사용법

1. 도매.꾹(domeggook.com) 사이트에 로그인한 후 마이도매.꾹 -> 쿠폰관리 -> 서적쿠폰사용 메뉴로 이동합니다. 쿠폰등록번호 16자리를 입력 후 [서적쿠폰 사용하기] 버튼을 클릭합니다.

2. 마이나까마 -> 쿠폰관리 -> 구매할인쿠폰 메뉴로 이동한 후 생성된 구매할인쿠폰을 확인합니다.

3. 상품 주문 시 할인쿠폰사용 옵션에서 사용가능한 쿠폰을 선택한 후 할인 후 금액을 확인하고 주문을 계속합니다.

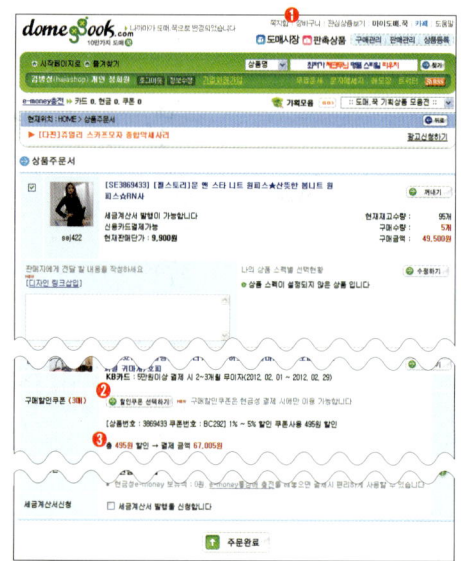

인터넷 쇼핑몰·소셜 커머스에서 판매할 상품을 구매할 때 최대 5%까지 할인 받으세요.